激荡三百年

两晋南北朝的
撕裂与融合

艾公子 著

时代文艺出版社
SHIDAI WENYI CHUBANSHE

图书在版编目（CIP）数据

激荡三百年/艾公子著. —— 长春：时代文艺出版社，2024.4
ISBN 978-7-5387-7467-2

Ⅰ．①激… Ⅱ．①艾… Ⅲ．①中国历史－魏晋南北朝时代－通俗读物 Ⅳ．①K235.09

中国国家版本馆CIP数据核字(2024)第016894号

激荡三百年
JIDANG SANBAINIAN

艾公子 著

出 品 人：吴 刚
责任编辑：孟宇婷
装帧设计：仙 境
排版制作：姜 楠

出版发行：时代文艺出版社
地 址：长春市福祉大路5788号 龙腾国际大厦A座15层 （130118）
电 话：0431-81629751（总编办） 0431-81629758（发行部）
官方微博：weibo.com/tlapress
开 本：690mm×980mm 1/16
字 数：403千字
印 张：24
印 刷：唐山富达印务有限公司
版 次：2024年4月第1版
印 次：2024年4月第1次印刷
定 价：78.00元

图书如有印装错误 请寄回印厂调换

目录 CONTENTS

自序

乱世潜流

　　写作两晋南北朝的历史，是一件棘手的事。众所周知，这是一个大乱世，时间跨度长达三百年（剔除三国鼎立时期），民族关系错综复杂，政权林立且更迭频繁。无论是吕思勉先生的《两晋南北朝史》，还是王仲荦先生的《魏晋南北朝史》，都是书写此一时期历史的皇皇巨著，是极好的入门断代史。但它们毕竟卷帙浩大，每一部都有七八十万字，一般人难以啃下来。所以我们一直想写一部通俗可读的两晋南北朝史，篇幅不要太大，但脉络要清晰，主线要分明。最好是向古老的写史传统致敬，即以人物为中心，以故事为内核，将这段纷繁的历史娓娓道来。

　　两晋南北朝是汉帝国崩溃后的大乱世，其间充斥着无尽的杀戮与流离，这是任何个体都不愿亲历的悲剧时代。但在这乱世当中，仿佛有一股潜流始终漫向历史的出口——文化在迭代，民族在融合，社会在重组，制度在新创，秩序在重建，一切都在指向一个更好的未来。

　　在这本书中，我们一方面注重生命个体的时代体验，愿用温情的笔触去感受他们的冷暖与悲欢；另一方面则在生命史之外开启大局观，愿以历史之眼去洞悉这三百年对于宏观史的价值与意义。是怎样的时代赋予了个体的悲剧？又是怎样的时代缔造了帝王、枭雄、政客、武将、英雄、才子等各式人物各自的使命？一代人有一代人的遭遇，正如一代人有一代人的机缘，当我们写完了从司马懿到杨坚之间跨越十几代人的历史，也就勘探出了从乱世走向治世、从分裂走向一统、从异常走向常态的无声潜流。

　　很多人知道，春秋战国时期是个诸子百家争鸣的时代，也是中国文化的轴心时代。但很少人知道，魏晋南北朝是第二次百家争鸣的历史时期，是中国传统文化进一步发扬光大的阶段。儒学已经失去了独尊的地位，但通过儒玄双修、儒佛调和及道教的依附而出现的新儒学仍然不失为这一时期文化构架的主体，从而形成一种多层次的文化结构模式。（罗宏曾《魏晋南北朝文化构架的特征》，《天

津社会科学》，1987年第3期）

这一历史时期，除了西晋短暂的、形式上的统一，其余时间均陷入一种深层次的分裂。这种情况不仅体现在大范围内的南北对峙，也体现在区域范围内的政权并存。按照中国魏晋南北朝史学会副会长胡阿祥的说法，在西晋以后直到隋朝统一，长江流域与黄河流域始终分属不同的政权，黄河流域更是始终存在两个以上的政权，甚至同时有十多个政权存在。在政局或南北分裂、或东西对峙、或地区割据的长期影响下，"地域"独立趋势加强，由此形成强烈的地域意识与地域传统，而地域意识与地域传统的形成，从本质上讲也是一种"分裂"。（胡阿祥等著《魏晋南北朝史十五讲》，凤凰出版社，2010年6月第1版）

至于深层次分裂的主线，当然是南北分立。北京大学历史学系教授阎步克指出，南北朝的政治史，某种意义上就是南朝的文化士族与北朝的军功贵族的竞争史。但即使是如此深刻的分裂，秦汉大一统帝国的历史基因仍然非常强大地主导着当时人的历史意识。"局外的旁观者往往忽略了中国史的历史惯性，而在那个时代的当事人的潜意识中，其所遭逢的那种分裂动荡只是一种'乱世'现象，它理应回归'常态'，回归于历史的中轴线。"（阎步克《波峰与波谷：秦汉魏晋南北朝的政治文明》，北京大学出版社，2009年1月第1版）而这个历史的常态，或者说这条历史的中轴线，就是乱世终结后结出的果子——隋唐大一统帝国。

在具体的制度上，阎步克进一步指出，六朝与隋唐一个分裂动荡，一个是统一帝国，重大变动发生了，其本身就是个划时代的事件。进而，精致的宰相三省六部制发展出来了，奠定了此后千年中央政治行政体制的基本框架；科举制发展出来了，在中国史后半期构成了政权的主要制度支柱；唐律诞生了，一整套律令典章确立了"律令秩序"，唐律还成了"东亚刑律之准则"。毫不夸张地说，仅此三项进步，就足以在中国制度史上承前启后、继往开来。

也就是说，魏晋南北朝的制度进步，构成了隋唐制度进化的基石。

举大家熟悉的科举制来说，隋唐科举制的发明便是魏晋南北朝"察举＋考试"制发展的成果。西晋时，察举制采用了考试的方式，君主出五道政论题，由秀才作文回答，成绩好的授官就高。考试这种人事录用制度，主张选贤任能，跟门第选官讲究出身是对立的。但魏晋的察举制还是为普通士人保留了一道"成功的阶梯"。东晋门阀政治盛行，察举制坠入低谷；进入南朝，皇权复兴，察举制亦随之复兴。可见，察举制的兴衰与皇权的强弱呈正相关关系。有意思的是，十六国虽为胡人政权，但在察举考试、学校教育上，比东晋更胜一筹。清人李慈铭曾感慨道，十六国"虽旦夕小朝，兵戈云扰，而文教之盛，转胜江东，岂非盗亦有道者欤"。北齐时期，地方官会对秀才进行初试，这成为后世乡试制度的滥觞。上述种种表明，魏晋南北朝的察举制演变成隋唐的科举制，只需交给时间就能"瓜熟蒂落"了。

就政治体制而言，士族门阀阶层是西晋的政权支柱，到了东晋，皇权微弱，门阀显赫，获得了与皇帝"共天下"的权势。这种政治组织形态反过来决定了玄学作为主流思想的地位。为什么不是法家，也不是儒家，而是偏向道家的玄学成为此一时期的主要思潮？其背后的逻辑便是取得至高权势的士族不愿意捧出一个法家式或儒家式的专制君主，他们需要的是一个清静无为的道家式君主，来满足"皇帝垂拱，士族当权"（田余庆《东晋门阀政治》，北京大学出版社，2005年6月第1版）的政治需要。

在北方，由于骑马民族的军事性格和主奴观念，在异族政权中造成了更大的结构性张力，故而出现了阎步克所称的"国人武装＋军功贵族"的政治组织形态。以北魏来讲，北魏的皇帝会频繁巡行，宴耆老、问疾苦、赐医药、赈灾民，这不一定是政治作秀，而是部落平等精神在皇权时代的遗存；北魏的均田制也讲究平等，保证了每位国人都有一块田地，即使是新迁到平城的归附者，也能享受类似国人的"同胞"待遇。这些看似原始的氏族风习，其实蕴含着阶级社会业已丧失的某些东西，而这在江左的东晋和南朝已经看不到了。

正如阎步克所说，虽然北魏政权也存在阶级和压迫，平等、互助只是一种残留因素，但这些因素的加入便有可能让历史看到新的曙光——自由民成为社会基石，劳动者地位得以提高，由此展示出了有别于东晋、南朝的社会前景。在其与汉式的官僚组织结合之后，便能够孕育出更强悍的专制与集权。所以魏晋南北朝这个帝国的低谷，是以北朝作为"历史出口"的。

在民族方面，两晋南北朝是一个历史的"大熔炉"。从秦汉时期的匈奴人开始，边疆游牧民族就有进入中原争夺正统的观念。西晋后期所谓的"五胡乱华"，其实就是各民族加入争正统序列的历史过程。匈奴人刘渊直接假托刘氏后裔，建立汉政权，氐人苻坚出兵百万，发动"淝水之战"，以及后来北魏孝文帝的一系列汉化改革，都是意欲争正统，统一全中国。这些政权在努力汉化，学习和继承汉晋的政教遗产，直到北魏孝文帝时期形成汉化改制的高潮。

在这个过程中，跟不上汉化潮流的鲜卑族武人被时代抛离，从而酿成六镇起义，北魏随之陷入动乱。契胡首领尔朱荣制造"河阴之变"，屠杀了北魏两千多名王公大臣，一时间，汉化势力遭受重创，这影响了此后的东魏北齐和西魏北周政权重新转向"胡化"。但即便如此，胡汉融合已成为时代潮流，"胡化"政策并未能阻止汉化的步伐——地处关东的东魏北齐深受南朝士风影响，而地处关西的西魏北周连政治改革都要依托《周礼》，可想而知，真空式的隔绝是不可能存在的。陈寅恪有一个著名的论断："李唐一族之所以崛兴，盖取塞外野蛮精悍之血，注入中原文化颓废之躯，旧染既除，新机重启，扩大恢张，遂能别创空前之世局。"（陈寅恪《金明馆丛稿二编》，上海古籍出版社，1980 年 10 月第 1 版）此种"混血"，既是种族意义上的，也是文化意义上的。前者造就了新的汉族族群，后者开启了新的历史生机。

评价一个时代，当时的人主要看它做了什么，而后世的人主要看它留下了什么，尤其是要看这个时代对接下来的时代产生了怎样的影响。现在，我们可以一起总结两晋南北朝的历史遗产：文化上，无论是思想、文学、艺术还是宗教，此一时期诞生了一批经典人物和经典著作，影响及于隋唐，乃至当下，隋唐的文化繁荣，稍往上溯便很容易看到两晋南北朝的踪影；制度上，两晋南北朝的礼制、律制、三省制、科举制、均田制、府兵制等，都是值得隋唐两朝承袭与变新的模板。经济上，除了田制和税制的创新外，长江流域此一时期的经济发展，已经具备了不亚于北方的实力，这为隋唐时期经济重心的逐步南移奠定了基础；军事上，此一时期的战乱客观上造就了一股尚武精神，而在长期的战争中所积累的作战经验及军备改良，奠定了隋唐两朝军事强盛的基础；民族上，此一时期战争与动乱的根源是胡汉矛盾，但在持续的动荡中，伴随着迁徙、贸易、通婚以及文化上的交流与认同，胡汉的界限越来越模糊，民族融合的趋势则越来越强烈，直到隋唐时期造就了一个全新的汉族。

以上从宏观层面勾勒出来的两晋南北朝的一幅剪影，是我们写作这本书的一个参照系，也是诸位读者阅读本书需要提前了解的观念梗概。

最后，需要说明的是，本书作者"艾公子"系文史原创品牌"最爱历史"创作团队的集体笔名，主要执笔者为梁悦琛、陈恩发、李立廷、吴润凯和郑焕坚，全书由吴润凯统筹。感谢我们的第一批读者，他们在"最爱历史"公众号上阅读了本书的部分内容，并提出一些宝贵的修改意见。

是为序。

吴润凯

2023 年 9 月 17 日

第一章　后三国时代：名士风流与朝臣野心

司马懿：三国时期最恐怖的阴谋家

　　混乱催生欲望，欲望激发野心。风云变幻的东汉末年，一个名叫司马防的二十六岁青年被调入朝廷担任尚书右丞。此时的帝都洛阳是一个巨大的名利场，里面遍布野心家的身影。

　　自古以来，凡是枭雄人物，身上必须兼有"狐狸"和"狮子"两种性格，一则富于权变，二则杀伐果决。司马防自认只做到了第一种。十几年后，这只"狐狸"遇见了一只"狮子"。

　　司马防三十九岁时，正逢董卓进京。这个"狮子"般的人物暴虐无道，废少帝，杀何太后，把持朝政。有人嫉恶如仇，慷慨赴难；有人曲意逢迎，为虎作伥。而司马防则奉行一个字——"忍"，他深知董卓必败，却对董卓的所作所为冷眼旁观，置身事外，活脱脱一只中年狐狸。

　　几十年宦海浮沉，司马防先后任洛阳令、治书御史、京兆尹等职。他做的唯一一件值得被史书铭记的事，就是提拔了一个既像狮子、又像狐狸的年轻人。

　　这个年轻人叫曹操。

　　那时的曹操，由于出身"赘阉遗丑"，饱受歧视，正欲靠着自己的努力，改变世人的看法。于是乎，司马防便举荐曹操任洛阳北部尉。洛阳作为京师，权贵子弟众多，而他们向来是目无法纪之徒，勾结豪强，横行不法，祸乱一方。对付这群纨绔子弟，就需要一个有头脑但是不圆滑的人物。

　　曹操在洛阳北部尉任上做得非常成功。也正是因为这段经历，他从一个愣头青，转变成一个胸怀天下的野心家，走出了开创曹魏基业的第一步。而他对司马防不抱成见的推荐，自然也心怀感激之情。曹氏与司马氏两大家族的缘分，便开始纠缠在一起。

　　建安元年（196年），已成气候的曹操想要投桃报李，提携老上司的后辈。一纸征辟令来到司马防之子——司马懿的桌前。

　　可是，年轻的司马懿并没有显露出任何的喜悦。

　　经过慎重的思索之后，他选择了拒绝。

1

司马懿的拒绝无疑是曹操意料之外的，后面发生的事情也匪夷所思。

《晋书·宣帝纪》载："魏武帝为司空，闻而辟之。帝（指司马懿）知汉运方微，不欲屈节曹氏，辞以风痹，不能起居。魏武使人夜往密刺之，帝坚卧不动。"

大意是，曹操征辟司马懿，而司马懿心存汉室，不愿意侍奉曹操，于是假装自己中风，不能起居，以此为由拒绝征召。诡异的是，曹操作为一代雄主，竟然对一个在野之人如此忌惮，还派人刺探司马懿。

于是，在后世史官的笔墨之中，一个忠于汉室的司马懿形象跃然纸上。他们尽力地想要描绘一幅曹、司马长期对立的历史画卷，即司马懿与曹魏政权早有嫌隙，司马懿仕魏本出于被迫，而曹操对他也常怀疑忌，欲除之而后快。这样便可以为后来司马懿篡魏开脱。

但历史的实情恐怕并非如此。

司马懿拒绝曹操，并非因为心存汉室，更有可能是在待价而沽。

东汉重清议，选官靠的是乡里的评论。司马氏为河内郡温县大族，门第甚高。司马防有八子，除司马懿外还有司马芝、司马朗等人，号称"八达"，这是一种造势。

当时，河内最有影响力的评论家是杨俊。司马懿十六七岁时碰到杨俊，经过交谈之后，杨俊说他是"非常之人也"。崔琰也是一个著名的评论家，曾长期为曹操掌管选举之事，素有识人之誉。他与司马朗交好，却在见过司马懿之后，十分不客气地对司马朗说："你的弟弟，聪明伶俐，果断杰出，这是你比不上的。"司马朗不以为然，但是崔琰每次都坚持这一番论调。

一个如此经营自己声望的人，是不可能无意做官的，拒绝或许是一种惺惺作态。而且司马懿向来慎重，在自己前途一事上犹豫，也极为符合他的性格。

或许，"心存汉室"是假，装病拒绝、待价而沽是真。

司马氏家族与曹操早有渊源，素有往来，关系密切，司马氏家族数人都在曹魏政权任职。曹操便是再多疑，也绝不可能无缘无故就对故人之子行刺，所以，史书中的"刺"就是刺探之意。

只不过，司马懿装病不仅得瞒住曹操，还得瞒住下人。某日，天降暴雨，司马懿忍不住从床上起身将院中晒的书收起，不巧的是，此举被一婢女看见。为了防止婢女泄漏此事，司马懿的妻子张氏把婢女杀了灭口。之后，张氏屏退左右，亲自为司马懿下厨烹饪。

从司马懿拒绝征辟一事中，我们可以看到其性格中"狐狸"和"狮子"的雏形——韬光养晦，残忍嗜杀。

建安十三年（208年），曹操已攻灭袁氏，平定乌桓，统一了北方。荀彧又向他推荐了司马懿，于是曹操再一次征辟司马懿，并对前去的使者说："如果司马懿再犹豫不决，直接把他抓了。"

如果这次再不答应，那么司马懿将永远失去施展才华、出人头地的机会。

当时曹操的从弟曹洪听闻司马懿好学多才，也想将其纳为手下，司马懿极不情愿地拒绝了，说自己体弱多病还得拄拐杖。等到曹操的使者到来，司马懿直接把杖扔了，欣然同意出仕。

在犹豫观望之后，司马懿已经隐藏不住追求功名的野心了。

2

曹操的时代，司马懿在政治上并不引人注目，也未能获得真正的重用。但在为数不多的出场时间里，他还是展现了一个顶级谋士的韬略。

第一次是建安二十年（215年），司马懿为曹操府僚，随军出征平张鲁。魏军很快就夺下了汉中，面临着继续南下益州还是打道回府的选择。

一年前，刘备初定益州，立足不稳。孙权见此机会，命令吕蒙、鲁肃率军西进，索要借给刘备的荆州。刘备不得已率主力东下江陵御吴，双方大战一触即发。

鲁肃不愿意放弃吴蜀联盟，于是"单刀赴会"与关羽会谈，双方达成了一致。刘备在得知曹操出征张鲁之后，立马做了让步：以湘水为界，东边的长沙、桂阳、江夏三郡归孙权，西边的零陵、武陵、南郡归刘备。

混乱的局势犹如一团乱麻，但是有洞察力的人总能找到其中的主线。

司马懿在抽丝剥茧之后，向曹操提出了建议："刘备骗取了益州，当地人并非真心归附。他又率军东下与孙权争夺荆州，这是我们进攻蜀地的好机会，不容错过。现在我们气势正盛，如果乘胜进兵，益州一定土崩瓦解。凭借这样的有利之势，容易获取成功。圣人不能违背时机，更不能错过时机。"

曹操回应道："人苦不知足，既得陇，复望蜀耶？"

谨慎的曹操最后还是没有采纳司马懿的攻蜀之计而班师回朝，留下曹洪、夏侯渊等人驻守汉中。仅仅两年后，稳定后方的刘备倾益州之力，在与曹操的正面交锋中取得了胜利，夺取了汉中，从此曹魏失去了汉中这一兵家要地。

第二次是在建安二十四年（219年）。

当年，镇守荆州的关羽率众进攻樊城，围困曹仁，虏于禁，斩庞德，水淹七军，威镇华夏。当时，汉献帝都许昌，离樊城很近，曹操怕失去"挟天子以令诸侯"这张牌，险些迁都河北，以避关羽的兵锋。

司马懿分析局势后，向曹操建议："于禁是被大水淹没的，并非两军作战所败，于国家大计没有什么损失。若现在迁都，既示敌以弱，又让淮河流域的军队不安。孙权、刘备表面亲密，内心疏离，关羽的得意，是孙权不愿看见的。可以告知孙权，让他袭击关羽后方，则樊城之围自然就解除了。"

曹操采纳了司马懿这个建议，暗地里与孙权拉线搭桥，达成了联合进攻蜀军的密谋。后来，吕蒙白衣渡江，孙权夺下了心心念念的荆州，曹操则保住了战略要地襄樊，还破坏了吴蜀联盟。只有刘备彻底失去了隆中对里两路进攻中原的大好条件。

两次建议，一纳一弃，一成一败，足见司马懿的谋略。

孙权夺取荆州后，上书曹操，希望曹操当皇帝，自己愿意称臣。曹操看完之后，将信交给臣下翻阅，轻蔑地说道："这小子，想把我架在火上烤！"群臣实在无法猜测出这位枭雄的用意，只能纷纷劝进，司马懿也在其中。曹操豪迈地说道："若天命在我，我为周文王矣。"

望着眼前这个如狮子般有力，又如狐狸般狡猾的枭雄，司马懿是恭顺、忠心、低调的。他就像一个勤勤恳恳、唯唯诺诺侍奉主子的臣子，只在某些时刻显露出自己的智慧。

3

即便司马懿谨慎至此，他与曹操的关系依然紧张，充满了猜疑。

《晋书·宣帝纪》载："魏武察帝有雄豪志，闻有狼顾相，欲验之。乃召使前行，令反顾，面正向后而身不动。又尝梦三马同食一槽，甚恶焉。"甚至曹操还警告曹丕："司马懿非人臣也，必预汝家事。"

"狼顾相"的本意是指人在肩头不动的情况下，头颈可以像狼一样一百八十度地旋转。显然这是人无法做到的，在更多时候，"狼顾"代表着枭雄的野心。

虽然司马懿有异心日后被历史所证实，但是聪明的猎手不会将自己的身影暴露在猎物眼前。曹操如何能在没有一点儿苗头的时候预判未来呢？抑或说，曹操究竟是在担心什么呢？

这就要从曹魏集团内部的斗争说起。

如果浏览《三国志》，将曹魏将相大臣的籍贯罗列出来，我们可以发现两个以地域为联系的派别。

一个是以汝南、颍川地区士大夫为首的集团。像曹操手下的谋臣荀彧、荀攸、郭嘉、陈群、钟繇、戏志才等人，都来自这些地区。这群人大部分都出身世家大族，标榜儒学，所以大都担任文职。

另一个是以谯县、沛国（今安徽境内）地区人物为核心的集团。曹魏主征伐的将军，或者宿卫的亲军，几乎都来自这一地区，比如夏侯渊、夏侯惇、曹仁、曹洪、张辽、许褚等人。这些人的父祖都名不见经传，可见都是寒门庶族出身，只能靠军功出头。

司马氏虽然是河内的大族，但是与汝颍士人关系匪浅。将司马懿推荐给曹操并在日后提携司马懿的，正是荀彧。司马懿也乐得依附这棵大树，双方互为世交，相互联姻。他的长女嫁给了荀彧的孙子荀霬，他的儿子司马昭、司马师与陈群的儿子陈泰，钟繇的儿子钟毓、钟会是亲如家人的好朋友。

建安十七年（212年），有人倡议为曹操晋爵并赐九锡，这个提议招致了荀彧的反对。

荀彧说："曹公本兴义兵，以匡振汉朝，虽勋庸崇著，犹秉忠贞之节，君子爱人以德，不宜如此。"荀彧要曹操做汉朝忠臣，反对曹操受九锡，曹操不能容忍，于是起了杀心，随后就逼死了荀彧。

要知道，荀彧是汝颍集团的灵魂人物，经他举荐的人才数不胜数。因此，曹操和汝颍士人之间的关系，便生出了无数的裂缝。

在荀彧死后，陈群、司马懿等人就成了汝颍集团的中心人物。当时，司马懿与陈群、吴质、朱铄号曰"四友"，为曹丕所倚重。

与父亲相反，曹丕非常信任汝颍集团的人。这是无奈的选择，因为曹丕的继承人之位一直不稳定，军队里相当多的谯沛将领偏爱的是曹彰，而支持曹植的丁仪、丁廙均是沛国人，他也就只能靠近汝颍集团了。

于是乎，司马懿自从成为汝颍集团的核心成员后，就得到太子曹丕的信任，而曹操对此很不放心，担心司马懿会成为第二个荀彧。换言之，曹操并不是担心司马懿，而是担心他背后站着的世族。世族才是真正噬人的狼群，只要牧羊人（皇帝或者魏王）稍微显示出一丝软弱的地方，那么羊群（皇权）就会被啃噬殆尽。

这可能也是曹操有先见之明的原因。

曹丕代汉称帝时，司马懿已是四十一岁的中年人了，因为是"太子党"的骨干，他的仕途就像坐上了火箭一般向上蹿升。当曹丕兴师伐吴的时候，司马懿被任命为抚军大将军，内镇百姓，外供军资，就像当年的荀彧之于曹操。

曹丕临死前，任命曹真、曹休、司马懿、陈群为顾命大臣，并且指着眼前的三人（曹休当时在东南御吴），告诫儿子曹叡："有间此三公者，慎勿疑之。"

这个设计非常有意思。既有宗族，也有外姓，既有文官，又有武将，既有谯沛集团，又有汝颍集团。如果加上一个不出问题的皇帝，这是一个非常稳定的三角结构。

4

曹叡时代，司马懿终于拿到了兵权。要知道在此之前，他并没有什么突出的政绩，甚至都没有率大军作战的经历。可是一旦军权到手，低调的司马懿便再也无法隐藏他的锋芒。

当时，新城太守孟达背地里和诸葛亮勾勾搭搭，欲叛魏投蜀，回到老东家的怀抱。司马懿闻讯后，将情况上奏给曹叡，没等到奏疏到达曹叡的案前，他就当机立断，星夜起兵，以最快的速度赶赴上庸。结果只花了八天时间就到达，仅用了十六天就攻克了上庸，斩了孟达，粉碎了诸葛亮从汉中、上庸两路北伐的计划。此后，诸葛亮只能老老实实从汉中出武都，进攻雍、凉二州。

前三次北伐，诸葛亮胜多败少，以西南一州之力，搅得魏国西北不得安宁，后者只能派遣重兵进行防御。后来主持西线军事的统帅曹真病倒，守卫雍凉的重任就交到了司马懿手上。上任之后，面对诸葛亮北伐时咄咄逼人的凌厉攻势，司马懿采取了深沟高垒、坚守不战的战略。即便是对面送来"巾帼妇人之饰"，他也能坦然接受，忍常人不能忍之辱。

看着对面的诸葛亮，司马懿心中不由得升起英雄惜英雄的感觉。他知道，诸葛孔明骨子里也有"狮子"的一面，蜀汉诸多良臣勇将，如魏延、刘封、彭羕、李严、廖立等人都直接或间接地死在诸葛亮手中，而他也在蜀国建立了把持权柄的丞相府，和当年曹操做的一模一样；甚至当时蜀国安汉将军李邈直接斥责诸葛亮"狼顾虎视"。

二人在西北之地缠斗了数年，难分胜负。但从大局来看，司马懿审时度势，凭险据守，抵御诸葛亮，以强大的国力拖垮个人的英明。这就是不战而屈人之兵的正招儿。诸葛亮请战不得，最终病逝于五丈原，有能力且有志向统一天下的英雄又少了一个。

曹魏除了有孙吴和蜀汉两大劲敌外，辽东的公孙氏也是肘腋之患。

景初元年（237年），公孙渊叛魏，自立为燕王。魏明帝曹叡先后派田豫、王雄、毌丘俭等将领前往讨伐，但都为公孙渊击败。此时，曹叡已经对位高权重的司马懿产生了些许怀疑，但是他最后不得不依赖司马懿平定辽东。曹叡询问此战需用多少时间，司马懿成竹在胸地回答："往百日，还百日，攻百日，以六十日为休息，一年足矣。"

临行前，司马懿作了一首诗："天地开辟，日月重光。遭遇际会，毕力遐方。将扫群秽，还过故乡。肃清万里，总齐八荒。告成归老，待罪舞阳。"

这首诗写得极有帝王气，诗中"肃清万里，总齐八荒"二句将司马懿的野心完全显露：他要做那个统一天下的英雄。

司马懿平辽东之战，堪称经典战例，战局的发展如他战前预料的一样。司马懿进军辽东之后，公孙渊布重兵在辽水东岸。司马懿则采取声东击西的战术，直指公孙渊的老巢——襄平。辽东军闻讯后立刻退守，而司马懿立马掉转枪头迎击，三战皆胜。辽东军只能退守襄平。

当时天降大雨，魏军不能合围，辽东军凭借雨势尚能在城外放牧、砍树。有魏将提议攻击那些城外的辽东军，司马懿不听，说："此战不怕敌人进攻，而是怕敌人逃走。如果现在进行攻击，那是赶他们弃城而走，这是打草惊蛇，非上计也。"不久雨停，魏军完全包围了襄平，昼夜进攻，矢石俱下，公孙渊突围不得，被斩于城下，辽东遂平。后世对司马懿颇有微词的唐太宗也不得不赞扬其"兵动若神，谋无再计"。

曹操死后，司马懿已然成为魏国公认的最杰出的军事统帅，哪条战线出现危机，哪里便由他出任军事首领。而他的权势也来到了一个危险的位置。

5

事实上，曹叡已经感受到了不安。

景初二年（238年），司马懿平定辽东后开始撤军，返回洛阳。十二月，曹叡忽然病重，感到自己将不久于人世，立马做出身后的安排，"帝以燕王宇为大将军，使与领军将军夏侯献、武卫将军曹爽、屯骑校尉曹肇、骁骑将军秦朗等对辅政"，司马懿竟然被排除在外。曹叡甚至下诏不许司马懿进入洛阳。

生死攸关之时，中书监刘放和中书令孙资起了决定性作用。他们利用曹肇等人趁曹叡昏迷期间与才人调情一事激怒了皇帝，使其下令修改遗诏：原顾命大臣仅保留曹爽，增补司马懿。

这时的魏明帝，仍对司马懿不放心，一日之间三次改诏，举棋不定。司马懿"三日之间，诏书五至"，他怀疑京师有变，于是昼夜兼行四百里火速返京，终于见到了弥留之际的皇帝。

曹叡握着司马懿的手，假惺惺地说道："我病得很重，把后事托付给你，你和曹爽共同辅政。我看见你，就没有遗憾了。"

司马懿叩头流涕，说："陛下不是已经见到当年先帝将您托付给我吗？"意思是要曹叡放心，他将像这些年辅佐曹叡一样，尽心尽力辅佐魏国的新君。

曹叡死后，魏国的政坛已经无法维持一个稳定的三角结构了。曹芳年幼，身为曹氏宗族代表的曹爽，与汝颍集团的核心司马懿，必然要产生一场大战。

率先发难的是曹爽。新帝即位不久，他就让皇帝下诏升司马懿为太傅，外示尊崇，而夺其实权。后来又将与司马懿交好的郭太后迁往永宁宫，让她与儿子曹芳分居，这意味着司马懿对皇帝的间接影响从此中断。

形势非常不利，如果曹爽稍微心狠一点儿，直接矫诏下令，便可以拿了司马懿的人头。因此，司马懿放弃了正面抗争，"称疾不上朝"，转而酝酿阴谋政变。

政变关系到司马氏家族的生死存亡，成功则司马氏倾覆魏朝，化家为国，失败则祸及满门，遭倾宗灭族之灾。司马懿不愧是搞阴谋的大师，这般在刀尖上跳舞的行动，他竟然玩出了一种艺术的感觉。

要取得政变的成功，首先要有枪杆子。很早以前，司马懿就预做准备，命儿子司马师暗中培养三千死士，散在民间。除了三千死士之外，司马师还能指挥一部分禁军，大约两三千人，以及司马懿太傅府的千余家兵等。谁也想不到，在曹爽的眼皮底下，就藏着一支七千人左右的军队。

曹爽也曾派李胜打探，奈何遇上了"影帝"。司马懿颤颤巍巍地出现在李胜面前，目光呆滞，老态龙钟。李胜不无试探地说："听说明公旧病复发，没想到这么严重。今天我回本州（荆州）任刺史，特来拜辞。"司马懿假装听错，说："我年老体弱，不久就要死了。你屈就并州刺史，并州靠近胡地，要加强戒备。恐怕我们不能再见面了，我把我的儿子司马师和司马昭兄弟托付给你。"

李胜说："我是回本州，不是并州。"

司马懿再次故意听错他的话，说："你刚刚到过并州？"

李胜又说："是回荆州。"

司马懿说："我年老耳聋，没听明白你的话。如今你回到本家乡的州，正好轰轰烈烈地大展德才，建立功勋。"

这般精湛的演技让曹爽彻底放下心来，殊不知，"狮子"早就盯上了曹爽的后背。

6

从上帝视角来看，高平陵之变无疑是冒险的，甚至是侥幸的。

双方的力量全然不对等。司马懿师出无名，又缺兵少粮，朝廷重臣大都心向着"曹"，只有一锤定音，才能破局。但是，老谋深算的司马懿经过多年的谋划，充分利用自己的七千将士，迅速占领了洛阳城中最关键的几处军事要地，险中求胜，进而一举击溃曹爽。

曹爽奉魏帝曹芳到洛阳郊外的高平陵谒陵的时候，司马懿的行动开始了。他亲率兵马，占据武库。武库是存放军械的国家武器仓库。攻占武库，不仅可以武装自己的三千死士，还断绝了曹爽禁军的武器来源，是极为高明的一着儿妙棋。

同时，他命长子司马师、弟弟司马孚屯兵司马门。"司马门"就是宫城外的大门，它是皇宫内廷的必经之路。一旦控制了这里，就起到了隔绝内外的作用，可以切断皇宫内外的联系，让禁军投鼠忌器。

次子司马昭则负责监视二官，他的任务是控制永宁宫的郭太后，以便让司马懿通过挟制郭太后来制约曹爽，使这场政变名正言顺，披上一层合法的外衣。

再次，司徒高柔行大将军事，领曹爽营，太仆王观行中领军，摄曹羲营。这是曹爽控制的军队，拿下他们，就拿下了曹爽的主要反抗力量。

在以上战略要点都被控制的情况下，司马懿最后与太尉蒋济一起勒兵屯于洛水浮桥，准备迎击曹爽可能的反扑。

每一步都是精心计算、环环相扣，可谓古代政变的满分操作。

当时，曹爽身边不仅没有像样的军队，甚至士卒手中连称手的兵器也没有，完全处于饥寒困境之中。在"狮子"全力的反扑面前，他就像个小孩子一样毫无还手之力。这样的无能之辈，哪怕他接受属下的建议，挟天子曹芳去许昌，与司马懿再战，也最多只能苟延残喘一段时间罢了。

为了瓦解曹爽的抵抗意识，司马懿做出了郑重的承诺："唯免官而已，以洛水为誓。"加上蒋济、陈泰、尹大目、许允等多人为司马懿做担保。曹爽动摇了，决定放下武器，成为一个富家翁。

然而，阴谋并没有结束。

司马懿很快出尔反尔，对曹爽施以"夷三族"的极刑，可是朝中无人敢公开反对。宗室完了，仅有地方还有一些忠于曹氏的反抗力量，比如之后相继爆发的"淮南三叛"。只不过，在司马懿父子三人的经营之下，曹魏政权还是走到了尽头，这些水花终究要被天下一统的潮流给盖过。

高平陵之变彻底暴露了司马懿阴狠毒辣、反复无常的真面目，让后世对他难有好感。但"狮子"从来不介意"残酷"这一名声，"狐狸"也不在乎"奸诈"这个标签。这个道理，已经被历代帝王证实了无数次。

7

司马懿在冒险过后，又回到了隐忍的状态。

曹芳册命司马懿为丞相，他辞而不受。上一个丞相，还是大权独揽的曹操，接受了，无疑是向世人宣告，自己有不臣之心。后来，曹芳又要给司马懿加九锡。上一个加九锡的还是曹操，再上一个则是王莽，谨慎的司马懿依然不要这烫手山芋。

高平陵之变两年后，嘉平三年（251年），七十三岁的司马懿去世，直到死前，他都没有往上再走一步。

在某种程度上，司马懿和曹操实在太像了。他们都是集狮子和狐狸性格于一身的人物，都残忍嗜杀，也都奸诈狡猾。曹操、曹丕父子以禅代的方式，成功进行了汉魏王朝更替。司马代魏实际上就是向其学习，其易代鼎革的方法几乎如出一辙。而在生命的最后，司马懿像曹操一样，保持了相当程度的克制，没有选择称帝。最重要的是，他们都致力于统一天下，结束群雄割据的局面。曹操最主要的功绩就是统一中国的北方，而司马父子埋葬了曹魏政权，扛起了统一的大旗，结束了三国鼎立的局面。

不同的是，曹操有两条"腿"，一条叫世家大族，一条叫寒门庶族。而司马氏则是从汝颍集团这个蚕蛹里变化成蝶的，他无疑是"瘸腿"的。

魏晋的鼎革，司马氏的崛起，天下的一统，更像是一个过渡。一个世族统治的时代，一个愈加分裂的时代，即将到来。那个时代，无比地希冀着既像狮子、又像狐狸的君主们降临世间，重振皇权。

锺会：权谋天才，政治痴儿

甘露五年（260 年）五月，魏帝曹髦拿起手中的剑，直奔司马昭的府邸。

那时，司马昭代魏自立之心，可谓路人皆知，王朝更替已是箭在弦上。但是，性格刚烈的曹髦并不甘心做一个束手待毙的傀儡皇帝，他要做最后一搏！司马昭的心腹贾充率兵阻挡，双方大战于南阙。曹髦奋勇当先，全然不在乎自己性命。反观贾充这边，将士们畏首畏尾，不敢伤害曹髦，只能眼看着他杀出一条血路。贾充知道，皇帝决心至此，事情已经没有周旋的可能了，于是大声呵斥诸将："司马公平时养活你们，正是为了今天啊！"

擒贼先擒王，太子舍人成济拿起长戈，冲着皇帝就去了。只见血淋淋的长戈从曹髦的背上穿出，这位年轻的皇帝壮烈地死在了反抗命运的路上。

曹髦虽死，却给司马昭留下了一个巨大的难题。本来司马昭徐图进取、步步蚕食，就能像当年曹丕代汉一样，平稳地将皇位转移到司马氏头上。可是皇帝冲冠一怒，让事情到了无法收拾的地步。公然的弑君行为已经触及几乎所有士人的底线，哪怕是司马集团内部。改朝换代的进程一时间陷入了僵局。在此情形下，唯有建立不世之功，司马昭才能摆脱弑君所带来的舆论危机。于是，他决心伐蜀来为代魏铺平道路。

此议一出，朝野上下一片质疑声，几乎所有人都不看好。只有一个人站出来支持司马昭——锺会。在众人的反对声中，这位意气风发的政坛新星主动承担了伐蜀的重任，率领十余万精兵，直奔西南的蜀国。如果说锺会的人生是一场戏的话，那么伐蜀之役就是整部戏的高潮。谁知道，高潮之后，"咔嚓"一声，就迎来了谢幕——莫名其妙的"二士争功"，莫名其妙的反叛，以及莫名其妙的死亡。

其中的急转直下，和他前半生漫长的铺垫，就像是两个极端。不过，当我们回望命运开始的那一幕，似乎一切都有迹可循。

1

魏晋时代，天才是可以遗传的。

锺会所在的颍川锺氏，是一个从东汉末年开始就声名显赫的大家族。锺氏一家与同郡的荀氏、陈氏乃是世交，同时也都是曹操政治上的合作者。锺会的父亲就是被曹操比作萧何、被曹丕称为"一代之伟人"的建安名士锺繇。可是，锺繇死的时候，锺会年仅五岁，他的启蒙教育几乎全来自母亲张氏。

张氏是一个聪明伶俐的女人。此前，身为偏室的张氏被锺繇宠爱的小妾孙氏嫉妒。张氏有孕在身，吃了孙氏投了毒药的食物，连续昏厥几日，醒来之后却装作没事人一样。别人问："怎么不告诉锺大人呢？"张氏回答道："嫡庶互相迫害，危害家庭国家，这是古代就知道的教训。孙氏估计我一定会说出去，所以会恶人先告状。"后来，孙氏果然对锺繇说："妾身希望她能得一男子，所以给她能得男孩儿的药，她反过来说我毒害她。"锺繇说："得男药是好事，你却偷偷给她，这不合常理。"于是询问侍者，侍者说出了真相，孙氏因此获罪被驱逐出府。

或许，锺会性格上的机变伶俐便有一部分来自母亲。张氏同时也是一位儒道兼综的知识女性，她为锺会安排了一套非常紧凑的文化课程："年四岁授《孝经》，七岁诵《论语》，八岁诵《诗》，十岁诵《尚书》，十一诵《易》，十二诵《春秋左氏传》《国语》，十三诵《周礼》《礼记》，十四诵成侯《易记》。"（《三国志·锺会传》）因此，锺会自小就聪慧老成、才华横溢，尤其是精通《易》中那些阴阳变化的道理。

《世说新语》里记载了锺会的两则故事：

锺繇引见两个儿子锺毓、锺会去见曹丕，锺毓紧张得全身冒汗，锺会则从容自若。曹丕问："锺毓啊，你怎么出了那么多汗啊？"锺毓说："陛下天威，臣战战兢兢，汗如雨下。"曹丕又问锺会："你怎么不出汗呢？"锺会说："陛下天威，臣战战兢兢，汗不敢出。"曹丕大笑。不过，曹丕驾崩时，锺会年仅一岁。这则故事显然是虚构的，但它却反映了时人对锺会的看法。

另一个故事，司马昭和陈骞、陈泰同乘一辆车子，当车子经过锺会家时，司马昭招呼锺会一同乘车。等锺会出来时，车子已经走远了。锺会赶到后，司马昭借机嘲笑他说："与人期行，何以迟迟，望卿遥遥不至。"这里的"遥"是一语双关之字，除了说钟会迟到外，还顺便点出他父亲的名讳钟繇。

而钟会的回答也非常机智。他答道："矫然懿实，何必同群！"意思是，我本来就是一个喜欢独行的人，懿美丰盈，何必要和你们同群。此处也是一语双关，不仅表明自己卓尔不群，而且还用陈骞之父陈矫、陈泰之父陈群、司马昭之父司马懿的名讳来回答。

司马昭又问道："你父亲是怎样的人呀？"钟会答道："上不及尧、舜，下不逮周、孔，亦一时之懿士。"钟会的意思是我父亲虽然比不上尧舜周孔，但和你父亲一样，也是懿德之士。

在中国古代，随便提别人父亲的名字是非常忌讳的，但如果是非常亲密的朋友，却可以毫无顾忌地拿对方父亲的名讳开玩笑。可见钟会自小就和司马昭关系亲近，有着非常深厚的友情。这也说明了钟氏一家在曹魏政权之中的地位：上得曹氏信任，下与士族交好，如无意外，这个家族绝对是一棵政坛长青之树。在这样充满权力、利益的交游之中，钟会性格中的伶俐善变为他带来了不少称誉。或许正因为如此，有着这么多"小聪明"的少年钟会，才会变成那个多理性少情感、重利益轻信仰的大人钟会。

2

景初三年（239 年），十四岁的钟会得到母亲的认可，可以去太学自由学习。

那一年，魏明帝英年早逝，顾命大臣曹爽和司马懿辅佐八岁的曹芳继位。曹爽为了扩张自己的权力，提拔了何晏、夏侯玄等一大批亲附自己的名士。这些人在思想界刮起了一阵玄学的风暴，史称"正始之音"。

他们聚众清谈，辩名析理，以儒道融合的新思想迅速风靡了士族上流社会。一大批极富理想和才华的士族子弟加入到激情飞扬的玄学清谈中，似乎要将汉代的儒学踩在脚下。年少的钟会自然也想探求世界的真理，于是加入了这场辩论之中。

正始五年（244 年），十九岁的钟会在学术圈已有相当的知名度了。精力旺盛的他几乎参加了当时所有的论战，如"有无之辩""象数义理之辩"和"才性之辩"，等等。"才性之辩"，是关于才能与本性关系的讨论，这是钟会研究最深的一个课题。仁孝道德谓之性，治国用兵谓之才。汉末，曹操提出了"唯才是举"的用人标准，只要有才能，大奸大恶之徒也可以得到任用。到正始年间，司马氏提出"以名教治天下",直接和曹操的主张对立。

当时,锺会正值创作期,撰写了多部著作,其中最有价值的就是关于"才性之辩"的《四本论》。虽然锺会年少得志,才华纵横,但在学术方面他总是有着一种莫名的自卑。他一方面仰慕那些高谈阔论的学者,另一方面也憋着一股气想要证明自己。刚写完《四本论》,他很想让名士嵇康看看,于是决定去见嵇康。随后,锺会害怕嵇康刁难自己,将书揣在怀里不敢拿出来,几番纠结之后,就从门外隔墙扔了进去,然后一溜烟跑了。

正始十年(249年),高平陵之变后,一切都变了。何晏等人被灭族,正始名士成为政治斗争的牺牲品,正常的学术论辩进行不下去了,偌大一个洛阳已经容不下一张安静的书桌。士人们有的辞官归隐,如山涛、阮籍;有的骑墙观望,如李丰兄弟;有的激烈地反抗,如嵇康;有的直接投入了司马师的怀抱,如锺会。

性格里的通达机变,决定了锺会永远也不可能"不识时务",一旦前方的道路有分歧,他会毫不犹豫选择最为功利的一条路。投靠司马氏的锺会一路平步青云,成为政坛一颗耀眼的新星。成名之后的锺会难免有些沾沾自喜,或许是想要向他们证明自己的才学,或许是恼恨于自己当年的自卑,锺会再次来到嵇康的面前。

史载他"乘肥衣轻,宾从如云",浩浩荡荡地走进了嵇康的园子。当时,嵇康正在树下打铁,向秀在旁边烧火。面对这位不速之客,他们不予理睬,连手中的铁锤都未停下。锺会讨了个没趣儿,起身准备离开时,嵇康忽然冷冷发问:"何所闻而来?何所见而去?"颇有奚落的意味。锺会巧妙地回应:"闻所闻而来,见所见而去。"心高气傲的锺会自然咽不下心里那口气,心中的怨恨不断放大,以至于后来他开始对那些名士朋友落井下石。阮籍与锺会同为司马昭幕僚,阮籍因不满司马氏"以孝治天下"而被围攻,锺会则诱骗阮籍对时局发表看法,以便抓住把柄。对于嵇康,锺会也极尽诋毁之能事。在司马昭面前,他将嵇康描绘成一个可比卧龙的危险人物,并捏造了嵇康曾叛乱的谣言,直接导致了嵇康被杀。

这时,作为学者的锺会已经完全死去,取而代之的是一个唯利是图、心思深沉的政客。

3

锺会真正进入司马氏集团的核心,是从嘉平六年(254年)开始的。

中书令虞松起草上表,几易其稿后,司马师仍不满意。虞松技穷,为之愁眉苦脸。锺会翻阅奏表之后，改了五个字，便成一篇妙文。司马师阅后认为非虞松所能为之。当得知出自锺会之手后，约他前来细谈，考察一番。锺会知道后，并未急于晋见，而是闭门谢客，沉思十天，将谈话内容反复考虑成熟后，才去了大将军府。锺会清晨入府，深夜二更才出来。司马师高兴地拍手称赞："真王佐之材也。"

上到治国理政，下到阴谋诡计，锺会确实是一个不可多得的全才。

嘉平六年十月，曹髦即皇帝位于太极前殿，锺会混在庆贺的群臣中鉴别这位小皇帝的才性。罢朝之后，对司马师说了八个字："才同陈思，武类太祖。"这句话直接让司马师提高了警惕。此后，曹髦举办的文人集会上多有锺会参加，佯装谈经，实为坐探。

正元二年（255年），毌丘俭在淮南发动了兵变，刚刚切除眼睛肿瘤的司马师忍痛亲征，锺会随军参谋。不出一个月，兵变平息，而司马师在许昌逝世，临终前把军权交给了从京师前来许昌的弟弟司马昭。当时，朝廷发诏书给尚书傅嘏，以东南刚刚平定为理由，让司马昭留在许昌，负责内外接应，由傅嘏率领军队回朝。魏帝曹髦此举是想夺回司马氏的兵权。显然，一旦部队回京，军权必然重归皇室，形势将发生决定性的逆转。此时对司马氏集团来说，无疑是个生死攸关的时刻。

锺会和傅嘏密谋后决定不执行朝廷的命令，与司马昭一起率军返回了京城。当部队再次驻扎在洛水南岸时，曹髦不得不承认司马氏权力交接的成功和自己的失败。这一次，锺会掩盖不住自己居功自傲的神情，傅嘏连忙劝道："你这个人，志向大于能力，建立功勋这种事是很艰难的，你怎么这么不谨慎呢？"

可惜的是，锺会并没有认真听取这位好友的意见。甘露二年（257年），朝廷任命诸葛诞为司空，招其回京。当时锺会因母亲去世，正守丧在家，他算定诸葛诞必不从命，于是驰马报告司马昭。司马昭认为事已至此，不再追改。后来诸葛诞谋反，也是著名的"淮南三叛"中的最后一次。司马昭带着魏帝统帅二十六万大军亲征，锺会再次随行。当时东吴右大司马全琮之子全怿等人率领三万大军来救援诸葛诞。全怿兄长的儿子全辉、全仪留在建业，二人因为惹上官司，带着母亲和数十曲部渡江，投降了司马昭。

锺会设计，模仿全辉、全仪的字迹，派遣全仪、全辉的家人进城送信给全怿，说吴主因全怿等人不能拿下寿春而暴怒，要杀尽他的家人，故而逃往北方。全怿等人闻讯内心恐惧，于是开城投降。寿春一时间人心惶惶。善于模仿别人的书法，这是锺会自小就会的技能，没承想如今还能影响一场战争的胜负。

后来攻破寿春，锺会出谋划策最多，因此越来越得到司马昭的宠信，时人都将他比作西汉谋士张良。那时的锺会，还不到四十岁，朝廷大小事务无不插手，一时风光无限。因此，司马昭才敢把平定西南的重任交到锺会的手上。

<h1 style="text-align:center">4</h1>

司马昭任命锺会伐蜀的计划，几乎遭到了所有人的反对。

司马昭的妻子王氏经常告诫丈夫对锺会提高警惕："（锺）会见利忘义，好为事端，宠过必乱，不可大任。"锺会的哥哥锺毓也曾密启司马昭，说锺会"挟术难保，不可专任"。后来的名帅羊祜，有雄才大略，在士人中威望甚高，同样畏惧锺会的淫威。羊氏的叔母辛宪英对锺会十分反感，听到锺会任镇西将军时说道："会在事纵恣，非持久处下之道，吾畏其有他志也。"因此，她极怕从征的儿子羊琇也受到牵连。最重要的是，当时曹魏最杰出的将领邓艾并不赞成伐蜀。邓艾久在关陇前线，熟悉蜀汉形势，本是伐蜀主帅的最佳人选，但邓艾本人却坚决反对，多次上书异议。最后无奈，司马昭只能派遣师纂出任邓艾的司马，来说服并监视邓艾。

可见，锺会是决策层唯一的主战派。他虽然嚣张跋扈，但要说他从这里开始就有造反之心明显是无稽之谈。更深层次的原因，是朝廷上下都不愿意大动干戈征伐蜀国。事实上，直至誓师出征的当天，军中依然存在着反对伐蜀的声音，将军邓敦公开表示蜀未可伐，司马昭不得不将其诛杀，才保证了伐蜀之役的顺利展开。

司马昭的人事安排，可谓是煞费苦心。锺会越过地位、资历皆在其上的邓艾，成为主帅。久经沙场的邓艾统帅的是一支担负牵制任务的偏师。当然，司马昭也没有完全对锺会信任，他还派遣卫瓘监视邓艾、锺会，并给兵千人。锺会、邓艾、卫瓘，三人之间形成了一个复杂的相互掣肘的关系。于是，在猜忌、质疑、野心的相互交织下，锺会率领大军浩浩荡荡杀向西南。

锺会的谋划是发动一个钳形攻势：自己统帅伐蜀部队的主力十余万，直取汉中；邓艾与诸葛绪各统诸军三万余人从陇西进攻，进行战略牵制。但是，由于诸葛绪在行动上的犹豫，差了一日的行程而未能阻截到姜维，姜维得以成功引军退往剑阁，依仗天险，与锺会率领的魏军主力相持。

邓艾本来应该与锺会率领的主力会师，但他发现无论往剑阁塞多少人，都很难突破这个天险，不如另辟蹊径。因此，邓艾决定改走阴平小径，穿越七百里的无人山地，从而绕开剑阁天险，直取成都。就在锺会对剑阁无可奈何，想要退兵的时候，邓艾冒险成功，率军攻破绵竹，直逼成都。吓破胆的刘禅开城投降，并且命令姜维放下武器。

作为这次伐蜀之役的主帅，最终却无功而返，这对于一向骄横自满的锺会而言，无疑是个不小的挫折。他是一个权力欲和功利心极强的人，而邓艾在灭蜀之后，又独断专行，丝毫没有过问锺会的意思，双方的矛盾愈演愈烈。

最终，锺会与卫瓘、师纂一起上奏言邓艾叛乱，锺会还利用自己善于模仿书法的技能伪造信件，加深司马昭的疑心。再加上师纂乃是受司马昭之命监视邓艾的人，他的证言让司马昭下令抓捕邓艾。这就是历史上有名的"二士争功"。

邓艾被捕杀是一个冤案。这一点，或许司马昭心知肚明。出身低微的邓艾从来无法融入当时的上流社会。而这个上流社会，正是司马氏政权的基石。因此，偶有风吹草动，悬浮于司马氏政治权力网络之外的邓艾，便难免被清理掉。

5

解决完邓艾之后，锺会达到了政治生涯的顶峰。但他迅速地走向叛乱，又迅速地兵败被杀，给历史留下一个不大不小的谜团。

卫瓘认为锺会是因为"跋扈"才谋反，仿佛一夜之间，锺会突然间野心膨胀，觉得不能再受制于人，于是毅然走上了谋反之路。但从其性格来看，锺会几乎不可能因所谓"皇帝欲"去铤而走险。况且魏国一直实行质任制，但凡外出征伐的大军，上到长官，下到士兵，他们的家属都作为人质留在后方。伐蜀大军在大胜之后早就归心似箭了，这一点锺会不会看不出来。

最根本的原因恐怕还是出在司马昭身上。司马昭是个什么人，锺会心里很清楚。锺会在姜维降后，曾对姜维有如下赞誉："以伯约比中土名士，公休、太初不能胜也。"他以诸葛诞、夏侯玄为中土名士，至今仍未忘却，而他们都为司马氏所杀。这些人连同曹髦之死，都在提醒着司马昭的反复嗜杀。

锺会从未也永远不可能取得司马昭的真正信任。尤其当他远离了权力中枢，还立下不世之功的时候，内心的忧惧只会与日俱增。直到有一天，司马昭来信说自己已经率十万兵马动身前往长安，相见在即。这是一个不好的信号，锺会在此时可能想到即使回魏国也未必能保全自己，所以他说"我自淮南以来，画无遗策，四海所共知也。我获得了这么多的功名，哪里还会有好的归宿呢"。

而他又不是一个隐退避难之人。姜维曾以退为进，劝锺会效法"陶朱公泛舟绝迹，全功保身"，锺会则答"君言远矣，我不能行，且为今之道，或未尽于此也"。或许仗着手中的精兵，或许仗着蜀地的险要，或许仗着自身的才能，他能够有一战之力。

可惜的是，锺会既是聪明博学的才子学者，也是见风使舵的政治市侩，却不是一个能成大事的英雄。在如山的压力面前，他的智谋似乎无法发挥作用了，他慌了。造反的第一时间，锺会竟然跑去征求诸将意见，无一人响应，最后弄得狼狈不堪，不得不将诸将囚禁起来，造成了自己孤立无援的局面。随后所谋泄露，思归的将士立马攻打锺会。在魏军将士的围堵之下，他和姜维一起奋力拼杀，最后死在了一起。

如果他先向司马昭表示忠诚，然后抓紧时间布置相关事宜，在进行一定准备后再起事呢？如果他利用蜀国的降兵呢？如果他用自己的亲信替换掉部分魏军将领呢？他能做的事还有很多，并不会如此快地败亡。这也恰恰说明，锺会反司马氏的决心本不坚定，只是蜀灭之后在忧惧中不甘心被司马昭灭掉，才仓促起事。

锺会举事旋起旋灭，犹如魏灭蜀之役的余波一样，只是浪潮下的一朵水花。这次潦草的起事未能撼动司马氏的统治，也未能在益州建立新的割据政权，其真正后果只是葬送了锺会自己，连带其亲信数百人。

锺会、邓艾、姜维，这次西南之役的主角都败了，唯一的胜利者是司马昭。他攻灭了蜀国，还平定了锺会的叛乱，这足以让他拥有改朝换代的底气。在伐蜀之役初战告捷之时，他就立刻接受了先前屡次辞让的相国、晋公、九锡之命。在平定蜀国之后，他立马受晋王的封号，还追封司马懿为晋宣王、司马师为晋景王。

虽然司马昭还没来得及完成嬗代，即于咸熙二年八月（265年9月）死去，但魏晋鼎革之势已不可动摇，其子司马炎于当年十二月（266年2月），受魏禅称帝，建立西晋王朝。

"扶不起的阿斗"：被污名化的刘禅

蜀汉灭亡七百多年后，后主刘禅祠被强拆了。北宋庆历年间（1041年—1048年），益州知州蒋堂在成都搞基建，修了一半发现木材不够用。他先把刘备惠陵的柏树砍了，但材料仍然不够，便以刘禅不能保有疆土为理由，下令拆毁刘禅祠。

当时，刘禅祠与诸葛亮的武侯祠并立于成都南郊。在古代，只有那些有大功德于民的人，才能专立祠庙，可见在宋代以前，蜀地百姓将刘禅当作正面人物膜拜，这大抵是因为他亡国时避免蜀地生灵涂炭的"爱民"之举。蒋堂下令拆刘禅祠，引起了蜀人的强烈不满，有人带头闹事，一时间竟出现"狱讼滋多"的情况。

奉行忠孝思想的儒家士大夫自然不会同情一个不战而降的亡国之君，后世说起他的名字，想到的也是"扶不起的阿斗"。但是，作为三国时期在位时间最长的皇帝，刘禅在巴蜀稳坐江山四十年，其是非功过，也不是三言两语就能说清的。

1

刘禅在位的前半期，离不开"相父"诸葛亮的辅佐。这段非常的君臣关系，始于一次极富戏剧性的托孤事件。

蜀汉章武三年（223年），历经夷陵之败后，一代枭雄刘备在白帝城（今重庆市奉节县）陷入病危。当时，蜀汉政权尽失荆州，兵力锐减，北有曹丕虎视眈眈，东与孙权同盟瓦解，可谓"危急存亡之秋"。

刘备临终前召见丞相诸葛亮，将奋斗一生建立的蜀汉政权托付给他，并说了一番耐人寻味的话："君才十倍曹丕，必能安国，终定大事。若嗣子可辅，辅之；如其不才，君可自取。"这是说，如果即位的刘禅无能，诸葛亮可自行取度，至于其背后的深意历来众说纷纭。感性的看客认为这是刘备与诸葛亮君臣相知的肺腑之言，热衷于阴谋论的人则以为这是刘备在用道德绑架诸葛亮，许下一张空头支票。

无论如何，诸葛亮在接受托孤的重任后，感激涕零地立下誓言："臣敢竭股肱之力，效忠贞之节，继之以死。"

之后，刘备诏敕刘禅："汝与丞相从事，事之如父。"刘备希望刘禅将诸葛亮当成父亲一样看待。

实际上，早在刘禅即位之前，诸葛亮就为立嗣出了不少力。

刘禅并非刘备的嫡子，其生母甘夫人，是刘备在小沛时纳的妾。刘备可能是克妻命，早年流离困顿，失去了好几任妻子，由甘夫人代为主持家事。刘备人到中年时，甘夫人才为他生下了这个小名叫"阿斗"的亲骨血。此前，在寄寓荆州时，刘备因尚未有子嗣，收养了长沙一户人家的儿子为养子，取名叫"刘封"。刘备这两个儿子，一个叫"封"，一个叫"禅"，合起来就是"封禅"，可见刘备虽然中年失意，但仍胸怀大志。刘封成人之后，成为刘备麾下一员心腹大将，年少有为，屡立战功。

刘备出兵汉中时，命刘封、孟达从汉中顺沔水南下攻取东三郡（即汉中以东三郡：房陵、上庸和西城）。后来，关羽大意失荆州，向镇守东三郡的刘封求援。刘封与另一名守将孟达都不愿意出兵救关羽，事后关羽被孙权军的吕蒙袭杀，孟达感到事态严重，投降曹魏。这下，刘封闯祸了。

此时的"阿斗"刘禅已经是十几岁的少年，他没有像刘封一样立有战功。刘禅的高光时刻可能就是当年刘备兵败当阳时，尚在襁褓的他在大将赵云的怀抱下一同突出重围，幸免于难。

乱世中，立嗣之争尤为激烈，此前的袁绍、曹操都曾为此头疼，如今，年长的刘封难免会对刘禅等年少的皇子产生威胁。此时，诸葛亮站了出来，他以刘封勇猛刚烈，刘备去世后无人能驾驭为由，劝刘备借此机会除掉刘封。于是，刘封被赐死，他死后，刘备为之流涕，蜀汉损失了一员大将，但刘禅的储君之位就此稳固。

刘备将刘禅作为继承人培养，还有一个原因是，刘禅在群臣之中的口碑不错，而给予刘禅极高评价的人，正是诸葛亮。有一次，诸葛亮和同僚射援聊天，说到刘禅聪明过人，射援就将这番话悄悄地告诉刘备。刘备这老父亲听了自然挺自豪，对刘禅说："丞相叹卿智量，甚大增修，过于所望，审能如此，吾复何忧。勉之，勉之！"意思是说，连丞相都夸赞你天分极佳，远远超过期望，我还有什么可以担忧的呢？

刘备去世后，继任的刘禅遵照遗嘱，"政事无巨细，咸决于亮"，而诸葛亮也再次称赞刘禅"年方十八，天资仁敏，爱德下士"。君臣默契，开启了蜀汉发展的一段黄金时期。

2

蜀汉建兴五年（227年），诸葛亮即将北上伐魏。临行前，他将满腹深情与忠贞品格，化作一纸慷慨深沉的表文，上呈后主，此即千古名篇《出师表》。史书没有记载刘禅看了《出师表》后是什么反应，这一处"留白"，也让后世对君臣二人的关系产生了诸多遐想。

刘禅即位后垂拱而治，命丞相诸葛亮开府治事。诸葛亮堪称"劳模"，在之后的十一年间鞠躬尽瘁，事无巨细，皆要过问。在贤相主政之下，蜀汉经济恢复，南征北伐，从而度过了"先帝崩殂"的危急时刻，此后以一州之地雄踞西南数十载。

诸葛亮治蜀，致力于开发经济，稳定民心。他主政后，采取"务农殖谷，闭关息民"的政策，使蜀地民安食足。汉中经历战乱，土地荒芜，诸葛亮便命另一名辅政大臣李严移民两万充实汉中，使"男女布野，农谷栖亩"。平定南中后，诸葛亮又让当地少数民族"徙居平地，建城邑，务农桑"，改善其恶劣的生活条件。此外，诸葛亮还在蜀汉兴修水利，工商并举。其中，蜀锦作为蜀汉的特产，远销魏、吴两国，为蜀军北伐贡献了大量财力。诸葛亮说："今民贫国富，决敌之资，惟仰锦耳。"随着蜀地经济繁荣，蜀汉一度出现"田畴辟，仓廪实，器械利，蓄积饶，朝会不华，路无醉人"（《三国志·蜀书》）的盛景。

在对外方面，弱小的蜀汉以一州之地对抗占据天下半壁的曹魏，多次出师北伐。诸葛亮树立起"汉贼不两立，王业不偏安"的北伐旗帜，以"兴复汉室"为政治目标，恢复孙刘联盟，前后五次北伐曹魏，直到积劳成疾，病逝于五丈原。

为了使蜀汉存续，必然要付出许多代价，其中的牺牲品，有诸葛亮自己的生命，也包括刘禅的皇权。诸葛亮主持朝政时，蜀汉政权实际上是一种"虚君制"，其本质是皇帝在"循名责实"的前提下，对宰相采取不干涉主义，任由其建立一个可靠的政府，充分发挥才能。

宰相是政府首脑，带领百官管理国家事务，类似于"责任内阁"，接受皇帝问责。就像诸葛亮自己说的，"愿陛下托臣以讨贼兴复之效，不效，则治臣之罪，以告先帝之灵"，第一次北伐失败后，他就曾自贬三等。

诸葛亮带兵北伐时，远在成都的朝廷也由诸葛亮安排的大臣各司其职。诸葛亮在《出师表》中推荐了多位大臣主持宫里宫外事务，如担任侍中、侍郎的郭攸之、费祎、董允，掌管宫中之事；曾得到刘备赞誉的将军向宠，负责军事；尚书陈震、长史张裔、参军蒋琬等掌理丞相府中事务。

诸葛亮竭尽心力履行相父之职责，他希望刘禅"亲贤臣，远小人""咨诹善道，察纳雅言"，以长辈和老师的口吻跟刘禅说："陛下要广泛地听取臣下的意见，以彰显先帝遗留的美德，激励有志之士的气概，不要妄自菲薄，要公正合宜，以免阻塞忠言进谏的途径。"

正如陈迩冬先生所说，庸主往往是贤能之相所造成的。刘禅是一个有自知之明的人，他没有急于与诸葛亮争权，而是乐得安逸，甘于平庸。刘禅说："政由葛氏，祭则寡人。"国家大事由诸葛亮负责，自己只担任名义上的国家元首，负责祭祀之类的礼仪就行了。这种类似"虚君制"的权力分配，随着诸葛亮的去世走向瓦解。

3

蜀汉建兴十二年（234年），秋风拂过五丈原，诸葛亮在最后一次北伐时不幸病逝于军中。按照诸葛亮的遗嘱，他的遗体归葬于汉中定军山，身着寻常服饰，无需其他陪葬物，坟墓依山势修建，墓穴大小能容纳下棺木即可。

此前，诸葛亮事必躬亲，长期劳累，就连老对手司马懿也预感到了诸葛亮的死期。这年八月，诸葛亮面对坚守不出的司马懿，多次派遣使者求战。司马懿见了蜀军使者，不谈军事，倒唠起家常："诸葛公饮食起居如何，一顿能吃多少米？"使者如实说："三四升。"之后，司马懿又问营中政事，使者答："二十军棍以上的处罚，丞相都要自己阅批。"经过这一番询问，司马懿回头跟部下们说："诸葛亮恐怕不久于人世了。"

诸葛亮的去世，让曹魏少了一个心腹大患，也带给蜀汉政坛极大的震荡。对于诸葛亮的溘然长逝，刘禅沉着冷静地应对，立刻在成都城内实行宵禁，进入警备状态。孔明灵位送回后，刘禅率文武百官出城二十里相迎，又素服发哀三日。刘禅伤心不已，甚至哭倒在朝堂之上。

诸葛亮治蜀有功，深得人心，朝中群臣和各地百姓纷纷上书，请求在成都为已故的丞相立庙。刘禅的做法却让后世浮想联翩，他以为丞相立庙违背礼制为由，没有同意为诸葛亮立庙，老百姓只好逢过节时在路边"私祭"。此事一直拖了三十年，刘禅才下诏，远在沔阳为诸葛亮立庙，并禁止民间的"巷祭""野祀"。

后世有人以此推测刘禅对诸葛亮擅权早已心生忌惮。实际上，当时就有人这么想。诸葛亮去世后，丞相参军李邈以为刘禅将对诸葛一党进行清算，赶紧投机倒把，上书说："吕禄、霍禹未必怀反叛之心，孝宣不好为杀臣之君，直以臣惧其逼，主畏其威，故奸萌生。亮身杖强兵，狼顾虎视，五大不在边，臣常危之。今亮殒没，盖宗族得全，西戎静息，大小为庆。"这是将诸葛亮比作西汉吕氏、霍氏等嚣张跋扈的外戚，还将孔明之死当作喜事，可谓用心险恶。

刘禅看到这份奏疏后，二话不说，将挑拨君臣关系的李邈下狱处死，也是从另一方面肯定了诸葛亮的忠诚和功绩。从现存史料中无法解读出刘禅是否对诸葛亮心生不满，但在后诸葛亮时代，刘禅确实对蜀汉的政治模式进行了洗牌，这是他夺回君权的举措。

4

学者饶胜文认为，诸葛亮去世后，蜀汉形成了一种"三英共治"的局面。所谓"三英"，指诸葛亮生前信任的三名大臣——蒋琬、费祎、董允。他们都是诸葛亮政策上的继承者，和诸葛亮并称为蜀汉"四相"（或"四英"）。

诸葛亮死后，刘禅听从诸葛亮的遗嘱，先任命蒋琬为尚书令、大将军，后以其为大司马，行丞相之职；蒋琬病重后，又任费祎为大将军、尚书令；董允则长期负责宫省之事，在蒋琬、费祎北赴汉中时，以侍中身份代理尚书令。

蒋琬和费祎先后受命仿照诸葛亮开府治事，但级别越来越低。史书记载，"琬卒，禅乃自摄国事"，刘禅由此悄无声息地夺回君权。这也意味着刘禅废除了丞相制，蜀汉不会再有第二个"诸葛亮"出现。

三英之中，蒋琬、董允都于蜀汉延熙九年（246年）去世，而费祎于延熙十六年（253年），被降将郭循刺杀身亡。此后，蜀汉朝廷进入了近臣陈祗和宦官黄皓弄权擅政的时代。

董允在世时，继承了诸葛亮"家庭教师"的职务，每每弹劾刘禅身边小人，义正词严，很有威慑力。深受刘禅宠爱的宦官黄皓不敢为非作歹，见了董允只得唯唯诺诺。有一次，刘禅想要广采民间美女以充后宫。众臣皆不敢多言，只有董允仗义执言："自古以来，天子的后妃之数不过十二，如今您已是嫔嫱满室，不宜再选民女进宫。"刘禅不得已放下架子，请董允通融一下。董允丝毫不退让，就是不给刘禅面子。刘禅执拗不过这个老顽固，只好放弃选美。

董允死后，陈祗接任其侍中之职，他为人奸佞，极其谄媚，得到刘禅的信任，后来以近臣的身份兼任尚书令，成为朝廷秘书机构的首脑。与此同时，曾经长期受到董允打压的宦官黄皓也解脱出来，官职一路飙升，与陈祗互为表里，"始预政事"。

黄皓得势时，连蜀汉大将姜维都得自请到沓中屯田种麦，避免他的迫害。后来，魏将邓艾偷渡阴平，在前线的姜维提醒朝中要增兵防守途中要道，黄皓却扣下他的谏言，致使魏军轻易地兵临成都。

本质上，陈祗和黄皓都是皇帝的代理人，与其说是奸臣祸乱朝政，倒不如说是刘禅彻底放飞自我，他没有刘备和诸葛亮那样远大的志向，只是一个平庸的守成之主，或许他也看到了，后诸葛亮时代蜀汉立国信念的崩塌。

5

诸葛亮去世后，早年仕宦于魏的姜维成为其军事上的继承者，在孔明逝世后接过北伐大旗，执掌蜀汉前线战事近三十年。诸葛亮出山时，曾在《隆中对》中提出北伐中原的一个前提条件是"天下有变"。姜维多次北伐，正是在曹魏出现剧烈变局的情况下。

249 年，曹魏发生高平陵事变，司马懿发动政变，诛杀大将军曹爽一党，从此独揽大权。此后，曹魏的地方大员为反对司马氏，发动了多次政变，大将夏侯霸害怕受到司马懿父子迫害，叛魏降蜀。要知道，夏侯霸的父亲夏侯渊，当年在曹、刘争夺汉中时被蜀将黄忠所杀，蜀汉是夏侯霸的杀父仇人。刘禅接纳了夏侯霸，在接见他时一笑泯恩仇，说："卿父自遇害于行间耳，非我先人之手刃也。"一句话就将仇恨化解，两军相争，难免有死伤，你的父亲也并非死于我父亲之手。之后，刘禅话锋一转，指着自己的儿子对夏侯霸说："此夏侯氏之甥也。"你看，我儿子还是夏侯家的外甥啊。刘禅的皇后是张飞之女，张飞的妻子出自夏侯家族，这不就是一家人嘛。

三言两语让夏侯霸感动不已，他从此死心塌地追随蜀汉，多次参与蜀汉北伐的战争，成为姜维的得力助手。

但这并没有坚定蜀军北伐的意志，反而让蜀军出现意识形态的混乱。当初诸葛亮北伐尚且有"汉贼不两立，王业不偏安"的旗号，如今在蜀汉主持北伐大业的却是从曹魏投降而来的姜维、夏侯霸，相当于一帮外地人带着蜀人去拼命。

当年诸葛亮北伐中原，是为了兴复汉室，而今中原已经进入司马氏夺权的时代，连曹魏都要被篡了，曹氏篡汉已是遥远的往事。况且，蜀军将领并非都支持北伐。其中一名将领张翼以"国小民劳，不宜黩武"为理由，反对姜维连年征战；另一名老将廖化也认为不应该北伐，因为姜维"智不出敌，而力少于寇"。

投降派的舆论也在蜀汉大兴风浪。姜维北伐时，光禄大夫谯周作《仇国论》，讽喻政事，认为姜维之举不识时务，"极武黩征""民之疲劳，则骚扰之兆生，上慢下暴，则瓦解之形起"。为了宣传自己的言论，谯周甚至编造谶语，用刘备和刘禅的名字大做文章。先帝叫什么名字？备嘛，意思是足够了。刘禅的"禅"又是什么意思？不就是让出去嘛。蜀汉凭什么和曹魏斗，还是早早投降吧。

6

蜀汉景耀六年（263年），司马昭派邓艾、钟会、诸葛绪分三路大军进攻蜀汉，蜀汉大将姜维率领主力驻守在剑阁，与钟会大军对峙。精通山川形势的邓艾看到剑阁难以攻破，就带着精兵绕过剑阁，逢山开路，遇水架桥，奇袭几百里，偷渡阴平，攻破绵竹，直奔成都城下。魏军一到，整个蜀汉朝廷乱成一锅粥，就如何摆脱困境展开讨论：一派主张投靠盟友孙吴；一派主张迁都南中；还有一派主张固守待援；而益州士族的代表谯周站出来，主张降魏。谯周说，自古以来，没有依附在他国还能当天子的，如今若入吴，只能臣服于吴国，但魏国更加强大，投靠小国为臣，不如投降大国，这样不用一再受辱，等到曹魏攻吴时再投降一次。

决定权在刘禅手中，他起初更倾向于撤退到南中。但谯周跟他说，南方蛮夷之地，平时无所供给，当地土著也有可能反叛，如果魏军穷追不舍，到时我们就腹背受敌，难以自保。于是，在谯周的反复劝说下，刘禅决定出城降魏，避免了蜀中陷入新的战乱。

蜀汉直到灭亡，国库里尚有"米四十余万斛，金银各二千斤，锦绮彩绢各二十万匹"。刘禅的投降，也被蜀人认为是"爱民"之举，往远的说，蜀地在东汉灭成家的战争中，有惨遭屠城的旧事，往近的说，蜀汉长期北伐，蜀人已经心力交瘁，刘禅的选择满足了巴蜀百姓要求和平的愿望。

后来，成都的刘禅祠和武侯祠分列于刘备的昭烈庙两侧，一直保留到北宋。然而，更多的人只记住了刘禅不战而降的懦弱。身为国君，他未能以身殉国；身为儿子，他未能坚守父业；身为领袖，他未能以身作则。更何况，当时一些蜀国人还表现出了过人的气节。

刘禅之子北地王刘谌，在听到其父决定投降后，怒道："若理穷力屈，祸败将及，便当父子、君臣背城一战，同死社稷，以见先帝可也！奈何降乎！"刘禅将其喝退，刘谌带着全家老小前往祭拜刘备之后，起身杀死妻、子，然后自杀于昭烈庙里。

刘禅的后妃中有一位李昭仪。魏军攻占成都后，曾将蜀汉宫中的一些宫人赏赐给尚未娶妻的将领。李昭仪愤然表示："我不能二三屈辱！"随后自杀而死。

远在前线的姜维大军得知刘禅投降的消息，"将士咸怒，拔刀砍石"。在绝境之下，姜维还试图挽救蜀汉，谋划策反锺会，不幸失败后被杀，蜀汉太子刘璿也死于乱兵之中。

刘备生前对刘禅寄予厚望，在遗诏中对儿子说过："勿以恶小而为之，勿以善小而不为。惟贤惟德，能服于人。"刘禅也许记住了父亲的教诲。他一生平庸处世，在诸葛亮等能臣的辅佐下，使蜀汉雄立西南，对峙曹魏，后来又在谯周等人的劝说下放弃抵抗，投降魏军。

历史不会歌颂一个平庸的弱者，刘禅便被贴上了无德无能、呆头呆脑的标签。蜀汉灭亡后，刘禅被送往洛阳软禁，封为安乐公，只有郤正等少数蜀汉旧臣跟着一同进京。

掌握曹魏大权的司马昭设宴款待，故意命人表演蜀地的音乐舞蹈，然后暗中观察刘禅的表现，只见刘禅嬉笑如常，没有半点儿悲伤的神情。事后，司马昭对其心腹贾充说："刘禅这人没心肝到了这个地步，就算是诸葛亮在世，也无法保全蜀汉，何况是姜维呢？"贾充说："若不是这样，殿下岂能轻易将其吞并。"

过了一阵子，司马昭问刘禅，还想念蜀地吗？刘禅笑嘻嘻地说出一句千古名言："此间乐，不思蜀。"蜀汉旧臣郤正听到他这么一说，觉得太丢人了，回到府中就告诉刘禅，您不该这样回答晋王。下次再问起您，应该流着眼泪说："先人坟墓远在陇、蜀，我心里难过，无日不想念。"

后来，司马昭果然又问刘禅同样的问题。刘禅照着郤正说的从头到尾复述了一遍。司马昭欣赏完他的表演，说："这好像是郤正说的啊！"刘禅故作惊讶道："对啊，就是郤正教我的。"此言一出，哄堂大笑。

刘禅以一句"乐不思蜀"全身而退，得以善终，究竟是大智若愚，还是运气使然，只有他自己知道了。

隐入尘烟：竹林七贤消亡史

听说嵇康隐居于山阳县（今河南辉县、修武一带）一片竹林内，锺会立马放下手中庶务，赶赴竹林与"偶像"相见。

此前，少年成名的锺会曾撰写《四本论》，希望得到"偶像"的指点。奈何那会儿自卑，胆子小，不敢面见偶像，便将书册掷于嵇康屋外，含羞而回。如今，锺会已是朝中重臣。无论见谁，他都足够有底气。然而，当锺会带着一群有学识的年轻人进入竹林后，看到的却是另一番景象。

竹林里，嵇康与向秀正忙着打铁，对于锺会等人的来访，充耳不闻。清风吹过，空气中只有向秀拉风箱以及嵇康手中的大锤与生铁碰撞发出的声响。双方沉默了一段时间后，大失所望的锺会决定掉头离开。此时嵇康突然转身说道："何所闻而来？何所见而去？"嵇康本打算用一句没头没尾的话来噎走那些邀请自己出山的政治说客。怎料无意间，却让自己的"小迷弟"锺会听了去。大感羞耻的锺会，反唇相讥："闻所闻而来，见所见而去。"

至此，锺会与嵇康，算是彻底结下梁子了。

1

嵇康，魏晋时期名士组合"竹林七贤"的精神领袖。他身高七尺八寸（1.9米左右），风姿特秀，见过他的人都说他是"岩岩若孤松之独立"。

嵇康少时即有才名，《晋书》说他"学不师受，博览无不该通，长好《老》《庄》"。及长，娶曹操的曾孙女长乐亭公主为妻。用今天的话说，嵇康是妥妥的高富帅一个。但其性格"远迈不群"，平生只喜欢与其他六个至交好友——阮籍、山涛、向秀、刘伶、阮咸、王戎，一起躲在竹林中喝酒、纵歌、讨论人生。

而嵇康的这六个好兄弟也绝非等闲之辈。阮籍、山涛、向秀、刘伶等人，几乎都是当时名满天下的文艺界人士，每个人都有自己独特的兴趣爱好。阮籍擅长赋诗，阮咸擅长作曲，刘伶喜欢饮酒，向秀喜谈道家哲学……因七人常在云台山下的竹林中聚会，故世人将此七人称为"竹林七贤"。

"七贤"不是当时人眼中的圣人，而是叛逆者。在儒家伦理纲常面前，他们有颇多"越矩"的行为。七人当中，阮籍就是当时人们眼中"荒唐"的范例。

据说，阮籍家隔壁是一家小酒馆，老板娘年轻貌美，阮籍和王戎常到她家买酒喝。阮籍喝醉了，就直接挨着老板娘睡觉，全然不顾纲常礼法。还有一次，听说附近人家有个才貌双全的女子未及出阁便夭折了，阮籍也不顾自己跟对方到底熟不熟，就跑到去世女子家中号啕大哭了一场，搞得大家一脸蒙。

而喜欢饮酒的刘伶在家中喝得兴起时，可以直接脱光衣服，冷眼面对世人的嘲笑，醉眼蒙眬地说："我以天地为房屋，以房屋为衣裤，诸位为什么钻到我的裤裆里来？"

在这片"竹林"中，酒成了七人共同的精神寄托。然而，在品酒路上，七人却各有千秋。嵇康喜欢小酌一杯，增加生活情调。而七人中最年长的山涛却能一口气喝下八斗酒。阮籍一喝，也能醉个十几天。最能耐的当属刘伶，他大概是七人中最能喝的，除了喝酒，他别的啥也不会。他曾对人说，如果醉倒起不来了，你们应该就地把我埋了。

除此之外，他们还经常服用当时流行的"毒品"——五石散。服用五石散后，会浑身发热，精神兴奋乃至癫狂，需要疾走散热。因此，在竹林中常常能见到这样一幕：几个酒鬼穿着宽袍大袖，觥筹交错，开怀畅饮。酒酣之际，或袒胸露背，或摘掉头巾，披头散发。

也许，对于"七贤"而言，竹林是世间仅剩的可以放飞自我的净土。因为，在竹林之外，他们要面对的是来自真我与性命之间争斗的考验。

2

故事还得从嵇康十六岁那年讲起。

彼时正值三国时期，魏明帝曹叡驾崩后，少帝曹芳登基，遗命宗室曹爽及老臣司马懿辅政。不久，曹爽重用何晏、毕轨等人，极力排挤司马懿。司马氏与曹氏宗族内部矛盾日益激化。

正始十年（249年），司马懿趁曹爽陪着少帝曹芳前往高平陵祭拜曹操之际，发动政变，起兵控制了曹魏首都洛阳城。在随后长达二十年的政治大清洗中，司马氏的政敌一个个人头落地，曹魏军政大权落入司马氏之手。

乱世避祸，这本就是历代知识分子惯用的生存手法。远离官场，身处尘世，忘却烦恼。但很多时候，你不向山走去，山也会朝你走来。司马氏随着权力越来越大，他们想起了当初曹操父子一步步逼汉献帝退位的场景，于是也开始招安各路名士，为以后司马氏坐天下储备人才。然而，卷入这场突如其来的政治风波，对于身处竹林的"七贤"而言，却未必都是人间幸事了。

至少对嵇康而言是极度痛苦的。

从前曹氏宗族掌管天下，他好歹也是宗室贵戚一员，虽做不到与统治者同一步伐，但也可以躲在竹林中，采取"非暴力不合作"的态度，超然世外。可如今司马氏凌驾于曹魏皇室之上，大有篡权之兆，对嵇康这种天下闻名的人才，司马氏是不遗余力要争取的。故此，便有本文开篇时钟会拜访嵇康时的误会。在嵇康看来，自己目前唯一能做的便是逃避，逃到竹林里，以喝大酒、嗑猛药、打铁自毁形象，逼迫司马氏做出让步。

而与之交好的阮籍，虽没有嵇康那样的背景，但很显然，他打心眼儿里赞同嵇康的做法。阮籍的父亲阮瑀曾是曹操身边的大笔杆子，颇得曹操器重。因此，在司马家需要笼络的天下名士中，阮籍也是挂了号的。不过，阮籍的逃避并没有像嵇康那么决绝。他奉行的逃避态度是：做事留一线，日后好相见。

司马昭为儿子司马炎求取阮家女儿为妻，希望通过联姻笼络阮籍。阮籍无法强硬拒绝，只能拼命将自己灌醉，天天如此，一醉就是六十天，让前来说亲的媒婆两个月来一句话也说不上。司马氏与阮氏的联姻无疾而终。而阮籍既没有当面开罪掌权的司马氏，也没有因此悖逆曹氏皇族。

试想一个人如果天天喝酒直至醉倒，身体承受的负荷有多大。但对阮籍而言，身体之醉，抑或是切肤之痛，又如何能抵亡国之悲。在他所作的《咏怀八十二首》中，常常以琴、鸟等物隐晦地表达自己对当下社会现实的不满和愤懑不已的情绪：

夜中不能寐，起坐弹鸣琴。

薄帷鉴明月，清风吹我襟。

孤鸿号外野，翔鸟鸣北林。

徘徊将何见？忧思独伤心。

在那个政治极度高压的时期，阮籍的不决绝，只能让他以借酒消愁的方式继续着"中立"的态度。而与嵇康、阮籍相对的其他几人，在面对招安笼络时，则选择了一种积极的态度，支持司马氏夺权。其中以山涛最具代表性。

相较于嵇康和阮籍，山涛与司马氏的渊源要更加深厚。说白了，山涛与司马氏就是一家人，山涛的表姑是司马懿的夫人张春华。因此，在面对司马家族对天下名士进行招安时，山涛心理上的抵触要小得多。司马懿死后，司马师掌权。凭着"亲戚关系"，山涛在洛阳拜会司马师。作为天下的实际掌权人，司马师没必要对这位亲戚客气。于是，两人刚见面，司马师便直截了当地询问山涛："吕望欲仕邪？"将山涛比作姜太公，看似对山涛很尊重，实际上，是把自己当成了周文王，而且不是周文王去找姜太公出山，是姜太公主动上门来的。这不免有盛气凌人的感觉。如果会谈对象换作嵇康，估计两人当场便剑拔弩张了。

山涛并没有，他是个可以低头的人。在他选择与司马氏坦诚合作的那一刻开始，竹林当中的名士精神已离他远去，他势必成为世人口中那个背信弃义之小人。

3

其实，无论是嵇康、阮籍还是山涛，他们都明白司马代曹，是时代所趋。这与当年曹氏父子逼迫汉献帝退位禅让，如出一辙。之所以对政斗集团的态度不同，除了与个人背景、情感因素相关之外，也源自竹林名士心中最后的一丝风骨不同。

自汉武帝以来，"罢黜百家，独尊儒术"已经使儒学成了社会的主流文化思想。儒生构成社会主要知识分子群体，登上历史舞台。他们纷纷离开学堂，进入朝堂，影响着国家的政策实施。他们中的很多人，秉承儒家忠君爱国的理念，拥有着强烈的历史使命感和忧患意识。因此，在汉末面对像曹操这种枭雄"挟天子以令诸侯"时，他们挺身而出，如孔子的后代、曹操的手下大名士孔融，即戳着"老板"的脊梁骨骂他不忠不孝。

而对于掌权者而言，无论是过去的曹氏还是现在的司马氏，他们要的都不过是能够影响社会风向的士大夫阶层的造势，而非看重他们所代表的时代精神。对于不听话的士大夫，曹操早就做了一个很好的表率——将孔融满门抄斩，以正视听。

有鉴于此，士大夫的心态发生了转变，既然儒家学说已经沦为政治舆论工具，干吗还坚守着过去的纲常伦理。避祸求生的士大夫套用道家老子和庄子的学说，发明出一种专门探讨人生哲学与自然关系的玄学，追求本真。

以嵇康为首的"竹林七贤"正是当时全天下数一数二的玄学家。如阮籍在著作《大人先生传》中提出，"盖无君而庶物定，无臣而万事理，保身修性，不违其纪"，主张以"无君"的虚旷之心对待世俗名教。嵇康则在《释弘论》中提出了玄学最具代表性的口号："越名教而任自然。"所谓名教，即以儒家学说为名，教化世人遵从统治阶层的命令。说白了就是利用儒家学说的部分原理，来证明司马氏篡位的合法性。嵇康公然宣传"越名教而任自然"，很显然是正面"硬刚"司马氏篡位行为，有种步"孔融骂曹操"后尘的意味。

这种不屑与世间俗人同流合污的精神固然可嘉，但以避世之名，批判世俗政治的行为，却是相当危险的。对于这一点，山涛大抵是最明白的。虽然他接受了司马氏的授官，重返朝堂，为司马家族鞍前马后地操劳着，在世人眼中，他早已不算是过去隐匿竹林、对酒当歌的风流名士。但在山涛心里，他似乎从未忘记昔日与自己一同在竹林中痛饮的朋友嵇康。

听闻曾经的挚友对世俗的批判如此猛烈，山涛也担心，司马氏未来会对嵇康动手。因此，在吏部尚书郎任期将满时，山涛向朝廷推荐嵇康代替自己出任此官职，以求通过政治身份，庇护好友一生平安。不过，嵇康并不领情。他给山涛写了一封信——《与山巨源绝交书》。巨源，是山涛的字。信的开头第一句，嵇康直接说山涛不够了解自己，有何资格相称知己，并公开提出与山涛老死不相往来。在世人眼中，这封信的出现，算是嵇康和山涛彻底决裂了。

但实际上，这封信的内容，除了第一句之外，后面几乎没有再出现过骂山涛的字眼了。信件的内容，看起来更像是嵇康与山涛的诀别。其中一句："又每非汤、武而薄周、孔，在人间不止，此事会显，世教所不容，此甚不可一也。"明眼人一眼就看出，嵇康这是借绝交之名，讽刺成汤、周武王得位不正，言外骂的是司马氏集团倡导的虚伪礼法。正如后来鲁迅先生所说："汤武是以武定天下的；周公是辅成王的；孔子是祖述尧舜，而尧舜是禅让天下的。嵇康都说不好，那么，教司马氏篡位的时候，怎么办才是好呢？"

因此，与其说《与山巨源绝交书》是嵇康对山涛的态度，倒不如说这是给司马氏集团下的最后通牒——我就是看不上你的官职，找谁当说客都没用。而嵇康的选择，最终也注定了他将以一死来全竹林名士之节。

当时，嵇康有个好友叫吕安，吕安的妻子徐氏遭其哥哥吕巽迷奸，嵇康曾劝吕安家丑不可外扬。不承想，内心不安的吕巽恶人先告状，以吕安殴打母亲为由，告其不孝，使吕安流放外地。吕安求助于嵇康，嵇康愤然挺身而出，为朋友辩护。而先前被其无意间羞辱过的锺会，终于抓住了机会向当权的司马昭进言，说嵇康明目张胆反汤、武，薄周、孔，说明人家跟咱不是一条心，留着也是祸害，干脆一并端了。

想起嵇康，司马昭心里多半应该也是赞成锺会的。毕竟嵇康是当时的名士，其作用与当年的孔融是一样的。留着，等同坐实了自己篡位者的身份。于是，此刻，嵇康非死不可。

嵇康下狱后，自知命不久矣，便自行着手安排后事。他有一对尚未成年的儿女，为了孩子的未来，便找来了曾经正式书面绝交的山涛，并对儿子嵇绍说："山公尚在，汝不孤矣。"可见即便到了最后，撇开政见因素，嵇康和山涛二人仍是知己。

4

景元四年（263年），在吕安案尘埃落定后，嵇康也走到了生命的尽头。临刑之日，洛阳城内三千太学生集体上疏请愿，恳求权臣司马昭赦免嵇康，并让其到太学当中负责教学事务。不过，见其民间影响力甚广，司马昭更坚信嵇康必须死。临刑前，眼见时间还早，嵇康向其兄要来一把古琴，在世人面前弹起了《广陵散》，最后一次展现竹林名士该有的风度。铮铮琴声，幽幽曲调，铺天盖地，令在场诸人动容。一曲终了，嵇康仰天长叹，说："《广陵散》今绝矣！"随后，从容就戮，时年仅四十岁。

世人皆道，嵇康之死完全是其不忠于司马氏所导致的。然而嵇康在临死前留下的一份《家诫》中，却又告知儿子嵇绍要遵从礼教，做一个忠君爱国之人。或许，在嵇康心里，他并不是反对司马氏代曹魏坐天下，而是想要从一而终。因此不难理解，嵇康让儿子嵇绍忠于司马氏，其实也只是希望儿子能继承自己的遗志，从一而终，好好辅佐明君，治理天下。

嵇康死后，魂归故里，竹林之风，不复存在。曾经的竹林名士，嵇康的好友阮籍，在目睹了好友的惨状后，决定为司马昭书写《劝进表》，助其夺位。本意并不想卷入政治斗争的阮籍，在做了这件让自己都很讨厌的事情后，也郁闷不已，不久即离开人世。

而山涛，则继续在司马氏掌控的朝堂中，平步青云。对于好友临终所托，他没有顾及前嫌，悉心教导。嵇绍在他的教导下，成了后世文天祥笔下"嵇侍中血"的原型人物。

　　至于阮咸、王戎、刘伶等，嵇康不在了，竹林之游也就散了。阮咸、王戎步山涛之路，入朝为官，而刘伶除了喝酒，啥也不能了。王戎见其可怜，将其招到自己手下当参军。但不久之后，刘伶还是辞官回家了。

　　这些人当中，唯有当年给嵇康拉风箱的向秀最受打击。在嵇康遇害前，他始终居于庙堂之外。而嵇康死后，他也逐渐"大彻大悟"，出山为官，以图避祸。在前往洛阳面见新君主司马炎的时候，向秀特意绕道嵇康故居。想起昔日与好友游宴竹林的美好时光，向秀悲从中来，含泪提笔写下《思旧赋》：

　　悼嵇生之永辞兮，顾日影而弹琴。
　　托运遇于领会兮，寄余命于寸阴。

　　竹林已经消亡，净土不复存在。

第二章　从一统走向崩溃：都是人心惹的祸

司马炎时代：一统三国的功绩转瞬成空

临终前，司马昭最放心不下他的两个儿子。

他将长子司马炎与次子司马攸叫到床前，给他们讲了西汉淮南王刘长与曹魏陈思王曹植的典故：淮南王刘长是汉高祖的小儿子，经常跟随哥哥汉文帝到御苑打猎，自视和汉文帝关系最亲，因此骄横跋扈、违法乱纪，后来竟图谋叛乱，被贬后自戕而死；而曹植是曹操的儿子，其与兄长曹丕的世子之争一度十分激烈，司马家族也曾经参与其中。

说完这两个故事，司马昭执着司马攸的手托付给司马炎，希望兄弟俩和睦相处。不久，司马炎继位为晋王，接过了父祖两代人经营的权势，随后篡魏称帝，建立晋朝。

当初，司马炎的祖父司马懿发动高平陵之变，为司马氏篡夺曹魏大权铺平道路。司马懿去世后，执掌大权的是其长子司马师。后来由于司马师暴毙而亡，没留下后嗣，才由其弟司马昭继任。司马昭意外得位，迫于政治压力，或出于人之常情，将自己喜爱的次子司马攸过继给已去世的司马师，继承兄长的爵位。

司马攸在史书中评价颇高，时人称其"性孝友，多才艺，清和平允，名闻过于炎"。这是说，在很多人看来，司马攸比哥哥司马炎还要优秀。司马昭也很看好司马攸，经常说："天下者，景王（司马师谥号）之天下也，吾摄居相位，百年之后，大业宜归攸。"可见司马昭有意让次子司马攸当接班人，让权力名义上重归司马师一脉。但是，司马昭的亲信山涛、裴秀等据理力争，认为"废长立少，违礼不祥"。司马昭只好放弃这一想法，还是将司马炎立为世子。

直到临终前，司马昭还担心儿子们反目成仇，而他生前的安排，成了司马炎永远的心结，也为后来晋朝的动乱埋下了伏笔。

1

咸宁五年（279年），镇守荆州的大将杜预多次上书，向司马炎陈述灭吴大计，请求发兵攻吴。自从继承父祖基业、代魏建晋以来，司马炎对伐吴一事有些犹豫，先后推迟了十余年。一方面是因为北方胡人不断举兵，各地零星爆发叛乱，另一方面，也是由于"腹心不同，公卿异议"，朝中主战派与主和派意见不合。

但司马炎已在暗地里做好一手准备。他听从老将羊祜临终前的建议，派同样力主伐吴的杜预接替其职务，都督荆州，安定民心。在长江上游，益州刺史王濬受命修造船舰，组建强大的水军。当时，造船的木屑满江漂流，下游的孙吴大臣发现后连忙捞起一些，带着去见吴主孙皓，可并没有引起孙吴方面的警觉。

这一年，当杜预的最后一封请战表从前线送到都城洛阳时，司马炎正在与大臣张华下棋。司马炎本来醉心于棋局，对杜预的奏表不置可否。一旁的张华是坚定的主战派，见状，立马推开棋盘，拱手道："陛下英明，国富兵强；吴主昏聩，残害忠良。现在讨伐孙吴，可以轻而易举地平定，请您不要再犹豫了！"

在张华等人的劝说下，司马炎终于下定决心。是年冬，司马炎调集晋军的精兵猛将，发兵二十余万，从涂中（今安徽滁州）、江西（今长江下游北岸淮水以南）、武昌（今湖北鄂州）、夏口（今湖北武汉）、江陵（今湖北荆州）与巴蜀等地水陆并进，大举攻吴。诸路人马中，尤以从巴蜀顺流而下的水军为强。正所谓"王濬楼船下益州，金陵王气黯然收"。晋军战船攻破吴军横断江路的铁锁铁锥，直指孙吴都城建业（今江苏南京）。

开战仅仅几个月后，王濬率领的晋朝水师浩浩荡荡东进，攻破石头城。吴主孙皓赤裸上身，出城投降。大军压境之下，割据江东的孙吴灭亡，三国重归一统。为了彰显功绩，司马炎改年号为"太康"。

孙吴的末代君主孙皓一向荒淫残暴，他被俘到洛阳后，还不忘耍嘴皮子。司马炎接受孙皓拜见时，对他说："我安排这个座位等你来朝见，已经很久了。"孙皓不服输，答道："我在江东也设了同样的座位等待陛下呢！"司马炎似乎没把手下败将的话放在心上，他给孙皓取了一个讽刺的爵号"归命侯"。作为被俘虏的亡国之君，孙皓最后几年都在洛阳度过。在他来到洛阳的十年前，蜀汉后主刘禅在这里安乐地度过了余生，而在孙皓去世八年后，早已退位的曹魏末代皇帝曹奂也得以善终。三国时代，至此终结在司马炎手中。

2

自三十岁称帝算起，晋武帝司马炎共在位二十五年。他继承晋王爵位，代魏称帝，摧枯拉朽般地平定乱世，却在历代开国皇帝中存在感堪忧，甚至贬多褒少。后世提及司马炎，说得更多的，也许是他荒淫风流的后宫秘辛。

司马炎热衷于选美，在位时多次下诏，选拔公卿大臣之女入宫，命人将各地美女大批地送往京城。世家大族女子为逃避入宫，故意身穿粗陋衣服，平时也不敢用脂粉化妆，有的甚至节食服药，以显示出病容，避免被四处寻访美女的宦官看中。

平定孙吴后，司马炎的胃口变得更大。他将吴主孙皓宫中的江南佳丽接到洛阳，以此填满自己的占有欲。后宫人数一下子翻了一倍，宫中美女多达万人。司马炎有粉黛近万，自己却不知道该临幸哪个佳丽。他计上心头，命人设计出一辆舒适的小车，用几头强壮的公羊牵引，自己乘坐着这辆羊车，每天在宫苑中闲逛。每次羊车停在哪里，他就去这个宫里找乐子。后宫女子为了吸引羊车来找自己，也想尽法子，她们在门上插上竹枝，在地上洒盐水。羊喜欢盐水的味道，常会停下吃食，如此，皇帝就来到了美女的面前。于是宫中出现了群芳争宠、羊车望幸的场面。

其实，在放飞自我之前，司马炎一度也有"大弘俭约"的一面。司马炎即位晋王之初，曾倾尽府中所藏珠玉古玩之物，赐给朝中大臣。别人献给他的宝物"雉头裘"，他认为这是"奇技异服"，下令在殿前将其当众烧掉，充分发挥节俭的带头作用。当时，司马炎连牵牛用的缰绳这种小事都要上心，下令以麻代丝，表示节约。朝野上下对他多怀拥戴之心。

一统三国后，司马炎则为减少国家开支，进行裁军。西晋初年，由于三国乱世带来的弊端，冗官冗员现象极其严重。司马炎曾向朝臣询问为政得失，大臣傅咸上书说："如今，国家与百姓财用匮乏，是由于设官太多，户口只有汉代的十分之一，设置的郡县却多于汉朝。设立的军府有上百个，还有公、侯、伯等各级诸侯自己设置的官吏。官禄和经费都出自百姓，这是百姓贫困的原因。当务之急，应是'并官息役，上下务农而已'。"官员们经过讨论，提出了减少一半州、郡、县各级地政府官吏的意见。

司马炎虽没有完全采纳他们的建议，但在280年平吴后，他下了一道诏书，进行"精兵简政"的改革。他说，汉末以来，州刺史既要管民政，又要管军队，现天下合一，应止息干戈，州郡两级政府都撤销军队，只设武装吏员，大郡一百人，小郡五十人。司马炎裁撤地方军队的做法，减轻了农民的负担，更多人得以摆脱兵役，回家耕田垦荒。

一个短暂的盛世随之到来。

3

司马炎统一天下后，开创了长达十年的繁荣盛世，使久经战乱的百姓得以安居乐业，史称"太康之治"。

平定孙吴后，司马炎颁布占田令，在全国推行占田课田制。占田课田制，由曹魏的屯田制发展而来。在这一田制下，一夫一妇之家可占田一百亩，其中课田七十亩，按一定数额交纳田租。虽然劳动者仍被束缚在土地上，有较强的封建依附性，法律也不允许他们逃亡，但总归比屯田制下租役繁重的屯田客自由一些。很多逃亡的隐匿人口接受编户，参与西晋初年的经济建设，解决长年战乱带来的经济凋敝问题。

史载，从280年灭吴到290年西北发生自然灾害前的十年间，晋朝百姓生活安定饱足，迎来了东汉末年以来最好的时代。灭吴后的两三年内，晋朝人口就增加了一百三十多万户。当时，"天下无事，赋税平均，人咸安其业而乐其事"。

农民安于耕作，牛马遍野，田园丰收，余粮都剩在田里；外出住宿时，大门可以不关；谁家有了匮乏，出门在外就可以得到帮助。民间流传着一句谚语："天下无穷人。"

西晋初年，除了经济繁荣带来的人口增长外，还有少数民族内迁，填补了三国战乱带来的人口空缺。司马炎在位时，对少数民族采取怀柔、招抚政策，以匈奴、鲜卑、羯、氐、羌等为主的四方民族纷纷内附于晋，形成了一股少数民族内迁的潮流。在天下一统的盛世中，四夷宾服，万民归心。司马炎深醉其中，并没有意识到隐患。

当时归附的匈奴贵族刘渊，相貌魁梧，勇力过人，在洛阳当人质时深得司马炎的器重。朝中大臣王浑等人多次举荐刘渊，提出让他带兵平定凉州的叛乱，但因为刘渊出身匈奴，被其他大臣反对，司马炎才无奈作罢。司马炎的弟弟、齐王司马攸却对刘渊颇为忌惮，他对司马炎说："陛下如果不除掉刘渊，恐怕并州（当时匈奴的势力范围）不能够长久安定。"多年后，刘渊成为"五胡"中起兵反晋的匈奴首领。

4

司马炎最后十年的为政举措可谓褒贬不一，而他立储时的昏聩之举，更是让人诟病。被史书评价为"明达善谋"的晋武帝，偏偏选了一个傻儿子司马衷（晋惠帝）当接班人，这可能出于他心中的小算盘。由于当年司马昭差点儿将权位传给司马攸，司马炎称帝后，对弟弟司马攸有所防备，没过多久就立了储君——当时他的长子司马轨已经夭折，只好立九岁的次子司马衷为太子。

史载，司马衷生性痴愚。后来有一次，天下闹饥荒，百姓没饭吃，到处都有饿死的人。有人报告给司马衷，他竟然说："没有饭吃，那他们为什么不吃肉粥呢？"

司马衷当太子时，早就有人指出他没有理政能力。司马炎迫于群臣的压力，组织了一次对太子的"考试"。他召集东官大小官属，将一些疑难问题写在纸上密封起来，准备当着众臣的面，让太子司马衷回答。

此前，晋朝元老贾充将女儿贾南风嫁给太子，借此进一步攀附皇室。贾南风听说司马炎要对太子进行测试，不由提心吊胆。她知道太子司马衷的底细，以他的水平一定难以作答。倘若司马衷答不出，那太子之位恐怕就不保了。于是，贾南风费尽心机，事先通过东官官员打听到考题，再请来博学之士拟就答案，到时让太子照着写。

前来帮忙的都是饱学之士，给出的答案多引经据典。一旁的给使张泓知道太子不太聪明，特意将上面引述古义的部分删去。他说，太子平时不爱学习，如果答题时张口都是"子曰""诗云"，更容易被人识破，不如用更浅显易懂的语句作答。贾妃听后，不得不佩服，赶紧让张泓将答案改好，交给太子司马衷抄写一遍，让他死记硬背。

等到当场作答时，司马衷通过作弊，顺利过关。史书记载此事时，有不少含糊不清之处，比如贾南风如何得到密封的考题，就十分值得怀疑。

知子莫若父，或许司马炎早已知道司马衷天生愚钝，他表面上是被蒙骗，实际上是睁一只眼闭一只眼，故意让太子蒙混过关。

即便是在人生的最后十年，司马炎也有过更换太子的想法，但每次都会遭到皇后与大臣反对，而他对皇位正统的执着，也让他迟迟迈不开这一步，以至于想废太子，却始终没有废。对此，《晋书·武帝纪》评价道："夫全一人者德之轻，拯天下者功之重，弃一子者忍之小，安社稷者孝之大。"

《晋书》成书于唐朝。晋武帝的本纪中，有不少论赞还是唐太宗李世民的亲笔。李世民本人正是通过杀兄逼父登上帝位，本非皇位的第一顺位继承人。因此，他经常拿司马炎开涮，强烈批评晋武帝晚年失政，没有把皇位让给弟弟司马攸，或选拔更优秀的幼子，而是选了资质平平的司马衷。

李世民对司马炎的评价其实是借古讽今，为自己的皇位做辩护，但司马炎立储时的昏招儿，确实让他成了典型的反面教材。

5

朝中不少大臣是齐王司马攸的支持者，不看好生性愚钝的太子司马衷。司马炎曾问过张华："在我百年之后，谁继承皇位更合适。"张华坚持自己的立场，说："要论既有德才，还是亲骨肉，我认为齐王司马攸最合适。"司马炎听了很不高兴，从此排斥张华，后来借机将他贬到北方边远的幽州为官。

司空卫瓘知道太子难堪大任，屡欲进言而未敢说。有一天，司马炎在陵云台举行宴会。卫瓘假装喝醉了酒，摇摇晃晃地来到皇帝面前跪下，对晋武帝说："臣有话要讲！"司马炎问："你要说什么？"卫瓘欲言又止，只好摸着晋武帝的座位，叹息一句："此座可惜！"司马炎也许明白卫瓘的意思，故意打岔说："你喝醉了吧。"之后叫人将他扶了下去。卫瓘见司马炎不听劝，从此不再提太子之事。

直到司马炎去世前，先后有多名朝廷重臣因为劝谏立储之事被贬，要求更换太子的呼声却不断高涨。伐吴胜利后，司马炎的政治权威达到顶峰，他更有力量摆脱朝臣的掣肘，彻底解决皇位继承人的问题。

有一次，支持太子的荀勖借机向司马炎进言道："陛下万岁之后，太子不能继承皇位。"司马炎装作惊讶的样子，问他是何原因。荀勖说："朝廷内外的人都倾向齐王，认为他贤明，太子到时如何能继位？陛下如果下一道诏书，让齐王离京回封国，满朝大臣准会争相出来阻止。"晋武帝听后，更加忧虑。

太康三年（282年），司马炎下了一道诏书，命齐王司马攸都督青州诸军事，让他从洛阳返回封国，以此巩固太子司马衷的地位。司马攸不愿就此远离京城，他请求留守生母文明皇后王元姬的陵墓，却遭到哥哥司马炎的否决。

朝中许多大臣都站出来阻止齐王离京。老臣王浑直言不讳地说："陛下让齐王回封国，远离朝政，带个都督头衔，却没有镇守一方的军队可指挥，未免太不重兄弟手足之情了，有违文帝（指司马昭）临终前对陛下的嘱托。"

第二年，晋武帝的态度依然坚决，司马攸愤恨不已，竟抑郁成疾，病倒了。

司马炎派御医前去诊治，可御医迎合皇帝的意愿，故意说齐王没病，走个流程就回来了。司马攸的病情越来越严重，只好勉强打起精神，向司马炎辞行，没过多久便在病榻上吐血而死。

司马炎知道齐王是受自己逼迫而死，起初也表现得心中有愧，不禁落下眼泪。太子一党的冯纨站在一旁冷言冷语地说："齐王徒有虚名，朝中百官却都归心于他，对太子不利。现在齐王自己得病死了，正是国家的福气，陛下何必伤心呢？"

司马炎一听，竟收住了眼泪。在至高无上的皇位面前，兄弟情谊早已无关紧要。齐王一死，太子司马衷的地位更加不可动摇。一统天下的司马炎，在暗流涌动中，一步步迈向晚年。

6

司马炎对太子司马衷的继位仍然有所顾虑，但在生命的最后岁月里，聪敏的皇孙司马遹成为他最后的慰藉。

因为太子妃贾南风迟迟没有生育，司马炎便将自己的才人谢玖赐给太子司马衷。谢玖到东宫侍寝后有了身孕，为太子生下了儿子司马遹。司马遹十分聪慧，似有人君之资，晋武帝很是疼爱他。

一次宫中夜间失火，司马炎登楼瞭望。当时，皇孙司马遹只有五岁，跟在爷爷身边。他一边看热闹，一边牵着司马炎的衣角说："夜晚仓促之间，应该防备非常变故，不应让火光照见陛下。"司马炎听了，连连夸赞司马遹会说话，认为他的天赋可与自己的爷爷司马懿相比。但司马炎最喜爱的这个孙子，后来也没有继承皇位，而是死在"八王之乱"中。

为了保证皇位在本房支内延续，司马炎至死都不愿放弃太子司马衷，而为了捍卫家族的荣耀，他又大兴分封，为西晋埋下了另一大隐患。关于西晋恢复分封制的做法，史学家范文澜认为，这与曹魏衰败的教训有关："晋武帝亲自看到魏国禁锢诸王，帝室孤立，司马懿父子结合士族，夺取曹氏政权的事实，因此，他违反秦汉以来虚封王侯的惯例，恢复周朝的分封制度，大封皇族为国王，希望这些诸王屏藩帝室，对抗士族中的野心家。"

司马炎在短短几年间，就分封了二十七个王。诸王起初在京师为官，以朝中高官的身份参与朝政。后来为避免他们过多地干预朝政，就派遣他们分赴封国，都督诸军事，出镇要害之地。这些诸侯王不仅对州郡行使行政权，还有军事统率权，拥有自己的武装力量。

司马炎的做法，是聪明反被聪明误。他想豢养一群辅佐皇室的忠犬，可他们后来成了争夺皇权的野心狼。他在晚年或许已经发现了这一错误，便仿照汉武帝"推恩令"，对西晋分封制度进行改革：首先规定非皇子不得为王，将封国资格限定为自己的直系血统；其次是实行推恩分封，使诸王的子孙后代不能永袭王位，而且封爵越往后越小，封国的军权也不断削减，比如王的儿子除嫡长子世代继承王爵外，其他儿子只能封公，公的儿子们只能封侯。

然而，诸侯的子孙更替绝非十几年就能完成的事情，司马炎这一想法并没有实现。统一天下后，老天只给了司马炎十年的时间。在这短暂的时光中，他曾经有所作为，也曾执迷不悟，到最后，也抵抗不了生命的脆弱。

太康十年（289年），五十四岁的司马炎生了一场大病。当年十一月，病情好转之际，司马炎特意下诏赏赐王公大臣，表示庆贺。可就在同一天，京城修成堂、景坊东屋、晖章殿等地接连发生火灾。这场意外的灾难，让原本沉浸在喜悦中的司马炎心生恐惧。

他苦苦守护的皇权，在自己行将就木时，也逐渐流失。次年（290年），司马炎已经一病不起。此时，开国功臣大都已去世，宗室也大多被派遣出京，朝中大权只好委托给国丈杨骏（司马炎第二任皇后杨芷之父）。

杨骏亲自在司马炎左右伺候，借机随意撤换公卿，安插自己的心腹。司马炎稍微清醒的时候，听说国丈用人不当，就严肃地对杨骏说："怎么能这样做呢！"随后，司马炎下诏，让汝南王司马亮与杨骏共同辅政。但杨骏担心受到排挤，竟然把诏书藏起来，其他近臣怕出事，找杨骏要诏书，杨骏还不给。

过几天，司马炎已经病危，终日倒卧龙床，生活不能自理。杨皇后奏请让杨骏辅政，司马炎只好艰难地点了点头。于是，杨皇后召集大臣，口头传达司马炎的旨意，让他们作遗诏，并呈给司马炎看。司马炎看后，已经说不出话了。两天后，司马炎于含章殿中病逝。

史载，当初一统天下后，司马炎很是得意，有一次问大臣刘毅："我可以和汉朝哪个皇帝相比？"面对自视甚高的司马炎，刘毅却直言道："陛下与桓灵二帝（东汉时期的昏君）是一类。"司马炎说："你这也太不给面子了，我虽不及古人之德，但也不至于像他们那样不堪吧？"刘毅接着说："桓帝和灵帝卖官得到的钱收归国库，可您卖官得的钱都进了自己的口袋，如此看来，您还不如他们。"

听到刘毅这番不留情面的贬损，司马炎没有勃然大怒，反而自嘲道："桓灵在位时，没人敢这么说话，我有像你这样的直臣，还是比他们强多了。"但司马炎绝对想不到，这个新生的大一统王朝，在他身死之后，只勉强维持了二十七年。

王朝的危机，在司马炎死后不断爆发。太子司马衷继位，果然如当初一般愚昧无知，遂使皇权旁落，引起外戚杨氏、贾氏与宗室司马氏激烈争斗，同室操戈，天下重归战乱。血腥的"八王之乱"历时十六年，引发了此后近三百年的乱世。与此同时，匈奴、鲜卑、羯、氐、羌等民族纷纷入主中原，洛阳被匈奴大军攻破，大批士民被迫南迁，南北分裂，兵革不休。这一切，司马炎是看不到了。但这场动乱，终究让他一统三国的功绩转瞬成空。

司马衷：王朝内斗的工具人

光熙元年十一月十七日（307年1月8日），晋惠帝司马衷迎来了生命中的最后一个夜晚。这天夜里，他吃下了人生最后一顿夜宵——麦饼，随后便痛苦地倒卧床上，四肢抽搐，一番折腾后咽气，享年四十八岁。

作为历史上最出名的愚蠢帝王，晋惠帝生前是宗室内斗的"工具人"。此时，"八王之乱"已接近尾声，东海王司马越成了最后的胜利者。对于晋惠帝的暴毙，人们将嫌疑的矛头指向了这名胜利者。但无论晋惠帝死于何人之手，对于苟活了近半个世纪的他，已然不重要了。

1

这出悲剧的产生，源自晋惠帝的祖父、晋太祖司马昭。

司马昭活着的时候，没有一天做皇帝的命，但他却给司马氏后世子孙奠定了代魏称帝的基业。他的儿子、晋武帝司马炎于咸熙二年十二月（266年2月）践祚称帝，建立西晋王朝。此时，距离司马昭去世不过五个月时间。

对于司马昭来说，司马炎一开始并不是他属意的继承人人选。比起司马炎，司马昭更喜欢次子司马攸。父亲的偏爱，严重影响了司马炎的晋升之路。他担心，哪天司马昭真去世了，自己这个所谓的"晋世子"，估计就做到头了。

司马炎虽不讨父亲欢心，那些替司马家篡夺江山的功臣们，却不想换领导。太尉何曾乃晋室元勋，早年便投靠了司马家。当察觉到老领导司马昭有换世子的想法时，他当即表示："中抚军（司马炎）聪明神武，有超世之才。"何曾夸司马炎显然有些用力过猛，但司马昭深知，即便司马炎并不具备"聪明神武"的条件，废长立幼、与众大臣为敌，也是不可取的。最终，在克服情感阻碍后，司马昭还是按既定方针完成了传位。

危险暂除。但司马炎称帝后，司马攸的威望却有增无减。咸宁二年（276年），司马炎曾生过一场重病。朝廷重臣商量了一番，共推司马攸继承司马氏遗志，主治江山。当初曾力主司马炎登基的辅佐大臣贾充，也把长女贾褒（贾充与原配李婉之女）嫁给司马攸当正妃。后来贾充受到了惩处，并逐渐被排挤出权力中心，晋武帝司马炎更坚定了自己未来要立嫡立长之心。司马炎与原配杨皇后膝下仅有三名皇子，长子司马轨早夭，次子司马衷自然成了兄弟里的"老大哥"，于是顺理成章坐上晋朝第一任太子宝座。

可是，朝臣们对司马衷的评价却是"纯质，不能亲政事"。也就是说，司马衷为人天真、鲁钝，智商完全不足以应对朝堂上尔虞我诈的派系斗争。这一评价，对于经历了曹魏兴衰的司马炎而言，简直是晴天霹雳。

2

为了王朝的将来与儿子的幸福，司马炎在立嫡立长的问题上也曾动摇过。除了司马衷，司马炎与杨皇后还生有三子司马柬。史载，司马柬"性仁讷，无机辩之誉"，但为人"沈敏有识量"。就是说，性格仁厚内向，嘴也比较笨，不善言辞，但沉稳机敏，有见识和器量。总之，在智商层面，司马柬比哥哥司马衷强多了。

司马炎便跟杨皇后商量废太子之事，不料却引起杨皇后的强烈反对。作为一位母亲，手心手背都是肉。而母爱的自然流露，或许是把更多支持给到较为弱势的那个儿子。因此，杨皇后直言："立嫡以长不以贤，岂可动乎？"杨皇后表示，是时候给司马衷纳太子妃了。她认为，太子妃的家族如若势强，未来必能在政务上帮太子一把，让傻儿子独享傻福。

起初，司马炎为儿子相中了重臣卫瓘的女儿。他的理由是"卫氏种贤而多子，美而长白"，而卫瓘的孙子卫玠更是与潘安齐名的晋朝美男子。但司马炎没想到，娶个漂亮的儿媳妇也有阻力。杨皇后不同意丈夫的决定，始终坚持选贾充的女儿。因为贾充是司马家的忠臣，在朝廷素有威望，当年刺杀曹魏高贵乡公曹髦的凶手成济就是他的手下。无论何时，贾充都只会和司马氏休戚与共，所以他的女儿如若成为太子妃，必然时刻维护丈夫的地位。

帝、后二人，谁也说服不了谁。

天下没有不透风的墙。贾充的背后，是与司马炎紧密联系的近臣集团。听闻皇后有意遴选老领导的女儿做儿媳，贾充的死党们便开始运作起来。最终，司马炎松了口。贾家还有两个女儿待字闺中——贾南风和贾午，大的那个风闻"黑丑矮"，小的虽然矮小，至少面容姣好，配司马衷也算凑合。

但历史永远喜欢给司马炎制造误会。在专人的安排下，贾午因"短小未胜衣"，提前退出了太子司马衷的纳妃典礼。贾充顺势又将贾南风推了出去。如此一来，贾南风就成了众望所归的太子妃了。

司马炎看到这样的结果，也无可奈何，只能顺叹天意。

泰始八年（272年），贾南风被正式册封为太子妃。

3

太熙元年（290年），晋武帝司马炎病逝。太子司马衷成为晋朝第二任皇帝，史称晋惠帝。临终前，司马炎依旧担心鲁钝的司马衷无法应对朝堂上那群"老油条"，便找来了自己的叔父、汝南王司马亮和老丈人杨骏，要他们共同担纲辅政大臣，竭力辅佐新君。

没想到，一个皇亲宗室，一个太子外家，看上去能有效维护权力平衡的组合，却在司马炎刚咽气时就坍塌了。而出手破坏这种平衡的，正是司马炎十分信任的老丈人杨骏。杨骏素无威望，又为人专擅，严厉琐碎，朝廷内外都很讨厌他。他担心，如果按照诏书与司马亮共同辅政，则自己的权力会被分割，因此心里十分不爽，遂决定先挤走司马亮。

杨骏执政期间，一边重用自己的心腹，把控朝廷内外关键岗位；一边花重金封赏朝廷重臣，希望用钱买来一大堆效忠自己的亲信。但杨骏的做法，令一个人很不爽，那便是皇后贾南风。杨骏的擅权，致使晋惠帝司马衷完全失去了自主把控朝政的机会。作为司马衷的正室，贾南风明显感觉被边缘化，老公都靠边站了，朝廷上哪还有她与贾氏宗亲说话的份儿。于是，利用家族声望，贾南风召集了所有能替她夺回权力的宗亲、旧党，发起了针对杨骏的讨伐。由于贾氏一家力量不足，贾南风又先后号召了楚王司马玮、赵王司马伦加入己方阵营，捕杀杨骏。

贾南风的所作所为，是为了给自家夺权，她以晋惠帝的名义把控着朝堂的一切。不久之后，她也玩火自焚，被人所杀。

杀死贾南风的，正是赵王司马伦。司马伦是司马懿与柏夫人所生的幼子，论辈分，司马衷得管他叫一声叔祖父。仗着自己是司马家辈分最高的宗亲之一，司马伦从没把侄孙司马衷放在眼里。永宁元年（301年）正月，已经全面把控了朝廷的赵王司马伦，派侄孙司马威、黄门郎骆休等人去司马衷那儿讨要玉玺。

司马衷平常被几大权臣玩得团团转，关键时刻，却也不是好欺负的。见平常对自己比较温和的司马威，突然凶神恶煞地来抢玉玺，他登时警觉，死死攥着玉玺就是不放。司马威软硬兼施，司马衷却始终坚信他另有目的，不肯放手。最终，司马威只好用强，硬生生地将皇帝的手掰弯，强行夺下玉玺。

年迈的司马伦终于坐上了皇帝的宝座，登基后，他立即将侄孙司马衷尊为"太上皇"，以示其得位的合法性。然而，司马家族除了司马衷智商稍逊外，其他人都是"人精"。司马伦篡位自立，显然将自己推到了整个家族的对立面。作为司马懿的嫡系子孙，这群宗王同样拥有皇位继承权。既然赵王司马伦敢冒天下之大不韪，篡夺皇位，那么，他们也完全具备加入追逐皇位游戏的资格。

于是，赵王司马伦从前的同盟、齐王司马冏首先发难。作为司马衷的堂兄弟，司马冏是司马攸与贾荃之子。虽然司马冏的外公是贾充，但司马冏及其母不受贾家待见，因此，司马伦当初为了推翻贾南风与贾氏家族的专权，曾联合他起兵作乱。

贾南风正是被司马冏收捕的。但是凭借这样的"军功"，登基称帝的司马伦却只给了他一个"游击将军"的虚衔。做将军还是做皇帝，这道判断题难不倒司马冏。打着勤王救驾的旗号，他很快找到了两个新的盟友：河间王司马颙和成都王司马颖。这两人，一个是司马衷的堂叔父，一个是司马衷的弟弟，都称得上是皇室重臣。没过多久，他们就聚集了二十多万军队。

而司马伦手中，除了自己的亲兵外，能打的就剩宫里的禁军了。司马伦没想到，自己还没一声令下，从前跟随他造反的禁军首领王舆就近前逼宫，重迎司马衷登基，逼其退位。大势所趋，司马伦只能认栽，如同当日他囚杀贾南风一样，他自己被重兵押至金墉城，准备受死。

没有权臣辅佐，晋惠帝司马衷到底能不能理政？重新上台当日，司马衷就指着在百官中畏畏缩缩的司马威大喊："阿皮捩吾指，夺吾玺绶，不可不杀！"阿皮是司马威的小字，不管此刻晋惠帝这一喊，到底是出于私愤还是立君威，司马威都死定了。

但处理完司马威后，晋惠帝又选择沉默了。

4

通常认为，正是有司马衷这种傻子，才会使"八王之乱"愈演愈烈。诚然，司马衷的沉默，给了身边人擅权的机会。但他的失声，并不代表他会袖手旁观。傻子与天才，有时不过是硬币的正反面。

司马伦被诛灭后，作为勤王首功的司马冏成了宗室诸王中声望最高者，由他来辅佐司马衷自是众望所归。可接下来，司马衷却给所有有功之臣下了道令人瞠目结舌的圣旨："齐王司马冏封大司马、加九锡；成都王司马颖晋大将军、录尚书事、加九锡；河间王司马颙任太尉，加三锡；长沙王司马乂为骠骑将军、统领左军。"

帝制时代，加九锡意味着受封者享有仅次于皇帝的权力。一下子封了两个"副皇帝"，很明显，这里边有司马衷自己的算盘。正如春秋时代"二桃杀三士"的典故，晋惠帝的狠劲，可见一斑。

果不其然，两个"副皇帝"刚刚上任，他们的手下就开始互掐了。幸亏成都王司马颖手下有能人，司马颖选择以退为进，将朝中大权悉数给了司马冏，先回封地静观时局，朝中乱局才平息下来。

齐王司马冏虽然坐上了首席辅政大臣的宝座，但他与父亲司马攸相比，无论人品还是才能，都差了十万八千里。昔日杨骏、贾南风、司马伦再坏，擅权时对付的多是朝廷大臣。司马冏反其道而行之，自从上位后，就跟老百姓过不去。三天两头扩建王府，找不着合适的材料，就拆民房凑数。他的胡搅蛮缠，致使天下百姓怨声载道。

眼见时机成熟，才加了"三锡"的河间王司马颙突然发兵洛阳，宣布讨伐司马冏。河间王的行动，据说与一个名叫李含的小官有关。此人曾在司马伦手下当差，后来投靠了河间王，颇受赏识。起兵之初，李含就建议司马颙把隔岸观火的成都王、长沙王等统统拉下水。一来，仿照当初讨伐赵王的模式，三王可以合兵一处，搞定司马冏；二来，长沙王执掌禁军，若是与齐王开火，杀敌一千，必自损八百。

李含还建议河间王无须着急登基，先让成都王篡位杀晋惠帝，然后，才可名正言顺收拾残局，攫取帝位。

只能说，李含的算盘打得非常响。可长沙王司马乂"材力绝人"，有万夫不当之勇。本想趁机收割的河间王司马颙，一下子处于被动状态。因为，坐拥优势兵力的司马冏被长沙王擒杀了。

<h1 style="text-align:center">5</h1>

永兴元年（304 年）正月，一向没怎么露面的司马衷又出来了。此时，他正处于长沙王司马乂的严密掌控中。但出来替长沙王的军队打打气，发表两篇感人的战前宣言，他还是不遑多让的。司马衷替长沙王"站台"，表面上可理解为他支持司马乂对抗"三王"。

可几场大战下来，人们惊讶地发现，司马乂的士兵死伤惨重。更严重的是，司马乂的兵力大部分用于固守洛阳，兵员、粮食等各方面的补充，均达不到敌方水平。因此，在司马乂手下当差的东海王司马越担心，再打下去，自己凶多吉少。司马越虽说不是司马懿的直系子孙，但他好歹也姓司马。他坚信，只要处理好与其他三王的关系，凭着宗室的身份，照样能飞黄腾达。于是，司马越干了票大的，直接把司马乂绑了，还通风报信告诉了成都王。

凭借拥戴之功，东海王司马越成功进入帝国中枢。成都王毕竟是目前公认的"副皇帝"，拨乱反正后，他当仁不让成了仅次于皇帝的皇太弟。或许是洛阳城内曾死过"副皇帝"司马冏，成都王为晋惠帝改元后，就回到了自己的封地邺城（今河北临漳）。

孰料，两地之间的交通阻隔给了东海王绝佳的可乘之机。上一回，东海王在长沙王手下时，便见识到了晋惠帝这个"工具人"的震慑力。如今，与晋惠帝朝夕相处，怎能不利用一番呢？于是，东海王司马越以皇太弟"僭侈日甚，有无君之心"为理由，下令讨伐邺城。

自从进洛阳受封皇太弟以来，成都王司马颖手上又多了二十个郡的地盘。其中，素有兵家必争之地美誉的荆州便是其下辖的封地之一。东海王打成都王的唯一结果，就是落荒而逃——趁兵乱返东海国（今山东郯城一带）。

东海王跑了，可把司马衷害惨了。战乱中，司马衷与侍卫们失联，身边仅有侍中嵇绍。嵇绍是当年"竹林七贤"之一嵇康的儿子，他爹当年正是死于晋太祖司马昭之手。然此刻，嵇绍心中，只有忠君爱国之念。眼看皇帝即将折辱于成都王乱军之手，嵇绍决定以身护君。不多时，他便被成都王大军团团围住。这时，司马衷突然开口："忠臣也，勿杀！"但士兵们压根不听他的，乱刀砍死了嵇绍，将司马衷绑到了成都王面前。

后来，有人见司马衷身上有血污，劝其将衣服脱下，却遭到他训斥："嵇侍中血，勿浣也！"也许，司马衷不是傻，他只是善良。他唯一的错，是生在这个靠阴谋诡计与血腥屠戮获得天下的司马家。在这个家族里，心狠手辣才是生存武器。而善良，只会断送卿卿性命。

6

永兴三年（306 年），缓过劲来的东海王司马越发起了对河间王与成都王的最后一次进攻。当时，河间王与成都王产生内斗，司马衷已落入河间王之手。据说，河间王强行要求司马衷迁都长安，并一把火烧了洛阳。临行前，知道无法改变事态的司马衷，选择了单打独斗。利用自己的"傻劲"，司马衷与河间王的手下玩起了捉迷藏游戏，他跑到御花园的竹林中躲了起来。河间王的人一点儿不惯着这个"傻皇帝"，强行将其拖上车，扬长而去。一代帝王的背影，落寞而孤单。

这时候，东海王赶忙打出"恭迎惠帝还都洛阳"的旗号，一场三王争帝的闹剧，即将上演。东海王的檄文，一经发出，就得到了范阳王司马虓、幽州刺史王浚等人的响应。范阳王是东海王的堂兄弟，很早就希望在司马氏的权斗中占据一席之地。见迎接晋惠帝有利可图，他不妨插上一足，准备分一杯羹。

而幽州刺史王浚原先是赵王司马伦的死党，与成都王仇怨颇深。当初，为了保命，王浚曾与塞外的鲜卑贵族结成亲家，从而获得外援。鲜卑首领段务勿尘、乌桓羯朱等也早有趁乱侵入中原的想法，因此，双方因为利益，结成了同盟。这便是"五胡乱华"的开始，不过，此乃后话。

看着东海王、幽州刺史王浚等带着十数万汉、鲜联军风尘仆仆而来，自知力不能敌的河间王仓皇出逃，长安成了东海王的囊中之物。

跟随东海王进入长安的鲜卑人，给长安百姓带来了一次大洗劫，他们放火杀人，无恶不作。但东海王司马越压根不想理这些"琐事"，连日来，他只有一个目标：在乱军之中找到自己的"工具人"——晋惠帝。晋惠帝最终还是落入了东海王手中。尔后，大军班师返回洛阳。还都洛阳后，晋惠帝司马衷改元光熙。

成都王司马颖是个明白人，知道自己大限将至，他也不反抗，只对来送他上路的人提出了一个小小的愿望："我自放逐，丁今三年，身体手足不见洗沐，取数斗汤来！"沐浴更衣后受死，成都王只想干干净净地来，干干净净地走。

反观河间王，可就没有这样的觉悟。东海王希望早日将河间王捉拿归案，便向其许下加官进爵的谎言。从前的仇敌，一秒握手言和。河间王满怀信心地进京受赏，结果被灭满门。东海王终于成了那个时代最终的胜利者。

故事还没完，东海王春风得意之际，却见到晋惠帝身边还有个"皇太弟"司马炽。此人与晋惠帝一样默默无闻，他得以成为皇太弟，还得归功于河间王和成都王的内斗。不过，在当时很多人眼中，司马炽的默默无闻，可能是装出来的。因为，不少见过他的大臣都说他行事低调，有晋武帝再世的迹象。

但不管怎么样，"皇太弟"的确立，意味着晋惠帝的生命将走到尽头。光熙元年十一月十七日（307年1月8日），晋惠帝司马衷走完了懵懂的一生。司马炽登基，史称晋怀帝。可惜，这位"再世晋武帝"，却没能为晋朝拨乱反正。反而，如他敬重的老臣荀崧所言："怀帝天姿清劭，少著英猷。若遭承平，足为守文佳主。而继惠帝扰乱之后，东海专政，无幽厉之衅，而有流亡之祸。"

晋怀帝成功熬死东海王司马越后，西晋已错失自救的机会。匈奴人刘聪的军队攻入洛阳，晋怀帝在逃往长安途中被俘，太子司马诠被杀，史称永嘉之变。"五胡乱华"正式拉开帷幕。一年多后，建兴元年（313年）二月，晋怀帝被刘聪鸩杀。此时距离晋惠帝之死不过六年时间。

天下大乱，对于一个政治"傻子"来说，死了远比活着幸福。

贾南风：谁引发了蝴蝶效应？

西晋元康六年（296年），洛阳贾府，贾家的"母老虎"郭槐走到了人生的尽头。

作为当朝皇后贾南风的母亲，郭槐年轻时曾以善妒著称。她的丈夫、太宰贾充是个悲催的"二婚男"。起初，贾充迎娶李丰之女李婉，生了两个女儿，日子过得相当滋润。可是，李丰与司马师政见不合。因此，在西晋建朝过程中，李氏家道中落。为了摆脱妻室对自己仕途的影响，贾充不惜与李婉恩断义绝，转头便娶了郭槐。

郭槐出身太原郭氏，伯父是曹魏名将郭淮，嫁给贾充也算是门当户对。婚后，贾充与郭槐有了二女二子，其中长女是贾南风，次女是贾午。贾充一向疼爱孩子，自他与郭槐的两个幼子出生后，每天就在书房与乳母的房间往返数次。此举却让郭槐生疑，以为贾充与乳母有私情，遂命人将乳母活活打死，从而导致贾充仅有的两个儿子很快夭折。

尽管郭槐与贾氏关系恶劣，但在人生弥留之际，她对女儿们还是抱有一丝温情的。鉴于贾南风已嫁入皇家成为皇后，郭槐临终前，挣扎起身，握着贾南风的手，再三叮嘱："你并非太子的生母，务必要全心全意善待太子。至于赵粲和贾午，虽然都是咱家至亲，但她们只会坏了你的大事。我死后，你千万不要对她俩听之任之！"可惜，贾南风不仅没有听取母亲的遗言，甚至还谋杀了太子司马遹，终致贾氏败亡。

1

贾南风能当上皇后，最该感谢的人正是她的母亲郭槐。

当年，晋惠帝司马衷纳太子妃时，其父晋武帝司马炎最早看上的是重臣卫瓘的女儿。但是，这个事被郭槐搅黄了。

当时，贾充与前妻所生的女儿贾褒是齐王司马攸的王妃。郭槐想使自己的主母地位不受影响，唯有让自己亲生女儿的地位凌驾于贾褒之上。于是，郭槐通过关系向司马衷的母亲杨皇后灌输了一个理念——太子妃的家族如若势强，未来必能在政务上帮太子一把，让她的傻儿子独享傻福。这个观念，对于一向下不了决心废太子的晋武帝司马炎来说，也同样受用。毕竟，除了太子司马衷之外，司马炎还有一个威震朝野的亲弟弟：齐王司马攸。两兄弟的父亲司马昭还在世时，就极度希望司马攸能继承自己的衣钵，甚至产生了废长立幼的念头。好在司马炎智商在线，才得以顺利继承家业。如今，儿子司马衷与弟弟司马攸相比，孰优孰劣，皇族与重臣都心知肚明。

就这样，泰始八年（272 年），贾南风被正式册封为太子妃。

2

虽然在母亲的运作下，贾南风顺利完成了家族使命，但她的形象着实令公爹、晋武帝司马炎感觉受到侮辱。因此，自贾南风正位东宫始，司马炎就无时无刻不想废了她。

由于郭槐是出了名的霸道女子，在其言传身教的影响下，嫁给司马衷的贾南风尽管只有十五岁，却早已将"善妒"的家风练得炉火纯青。

当时，除了贾南风，太子宫中还有数名晋武帝派过去的嫔御，专为教会司马衷男女之事。面对这群女人，贾南风可不客气。只要被她知道东宫妃子有孕，无论孩子是谁的，她都要手持数十斤大戟冲到对方房里手刃"情敌"。因此，被送到司马衷宫里的嫔御们，既希望太子早日宠幸自己，也担心冲撞太子妃性命不保。

在这群人中，晋武帝的才人谢玖最先得太子司马衷青睐，贾南风为太子妃时，她即将临盆。听闻太子妃的野蛮和善妒后，惊慌失措的谢玖第一时间跑去向晋武帝求救。由此，贾南风在东宫的恶行被公诸天下。

听说贾南风胆敢擅杀司马氏的子孙，晋武帝勃然大怒。恰好洛阳城北专司收押宗室的金墉城落成，晋武帝打定了废黜贾南风、另替司马衷择亲的主意。但杨皇后得知废妃之事，亲自面见晋武帝，竭力进言太子妃贾氏不可废。杨皇后给出的理由是：贾充有大功于国，陛下理应站在抚慰勋臣的角度，宽宥贾氏后人，怎能因贾南风一时的过失而重责她，及其背后的贾氏家族呢？

杨皇后的劝谏，既源于对儿子的关心，也源于对家族复兴的顾虑。杨皇后出身东汉名族弘农杨氏，家族本是一等一的豪门，可自从家族里出了个自视甚高的杨修后，整个弘农杨氏就遭遇灭顶之灾。而杨修生前与贾南风的爷爷贾逵都曾任丞相主簿，都曾支持曹植，所以，杨皇后想把这种世谊变成一种牢不可破的血缘关系。

对于杨皇后的劝阻，晋武帝不为所动。直到荀勖、赵充华等一批晋武帝素来信任之人力陈利弊后，贾南风的太子妃位才得以保存。

3

太熙元年（290 年），晋武帝司马炎病逝，太子司马衷顺利继承皇位，史称晋惠帝。晋惠帝登基，最高兴的莫过于从太子妃变成皇后的贾南风了。

不过，地位的荣升并没给她带来多大的权力。由于担心自己死后继承人大权旁落，晋武帝临终前遗命自己的叔父、汝南王司马亮与自己的老丈人杨骏共同辅弼新君。

杨骏志在振兴弘农杨氏，他知道，历史上但凡皇帝驾崩，朝堂总得来一次高层洗牌。既然晋武帝让他做辅政大臣，那就应该好好利用当下的权力，使他以及他背后的家族权倾朝野。于是，趁着晋武帝重病昏迷，杨骏与女儿杨皇后合谋，偷偷篡改了晋武帝的诏书。待晋武帝驾崩后，司马亮被排挤出去，杨骏事实上成了唯一的钦命辅政大臣。

杨骏掌权后，以弘农杨氏为首的后党全都鸡犬升天，一个以杨骏、杨珧、杨济为主的"三杨"集团正式形成。随着杨家的掌权，杨氏党羽遍布天下，极大地挤压了司马氏宗室以及贾皇后背后的贾氏家族的政治权力空间。

而贾南风嫁给痴儿一般的晋惠帝，本就无任何婚姻幸福可言，她唯一的婚姻驱动力就是权力，梦想着有朝一日能借皇帝老公的地位母仪天下。

杨骏毕竟是前朝老人，贾南风十五岁手持大戟擅杀小妾的行为，他即便没见过，也早有耳闻。为了限制贾南风及其背后贾氏家族的势力扩张，杨骏先是"以其甥段广为散骑常侍，管机密"，再派自己的亲信"张劭为中护军，典禁兵"。他认为，这样全面性封锁宫廷与外界的联系，即便贾南风再虓悍，也翻不了天。

当然，作为一个谨慎的小人，杨骏不仅在生活环境上管束贾南风，还利用辅政大臣的身份制定了一项措施要求："凡有诏命，帝省讫，入呈太后，然后行之。"总而言之，即便晋惠帝鲁钝，贾南风想要绕过他干政，门儿都没有！

好在，杨骏弄权时从未想过要借机废黜贾南风的后位。这也使得一直被压制的贾后，得到了喘息及翻盘的机会。

4

贾南风清楚地知道，当下最急迫之事，便是把杨骏一党清出朝堂。为了活命，也为了掌权，她试着学习杨骏，在朝中培植贾氏亲族势力，并时时警惕宫中形势，利用自己皇后的地位，计划联合外镇宗室亲王，实施拨乱反正。

经过一轮调查摸底，她发现，不仅宗室亲王对杨骏恨之入骨，就连自己身边的禁军将领孟观、李肇对杨骏也颇有微词。没几天，这几个人一碰头，一个"倒杨"计划就出炉了——先杀杨骏，再废杨太后。

紧接着，在孟观、李肇两人的介绍下，小太监董猛也宣誓效忠贾后。从这个时候起，贾南风第一次有了当领导的骄傲。

不过，此时的她并不敢大意。她十分清楚，自己的"四人小队"虽有出入宫禁之便，却无兵权之实。"倒杨"并非简单将杨骏杀掉，弘农杨氏背后的党羽，才是这场政斗的关键。所以，这三男一女的"倒杨"大戏，还得有司马氏宗王的支持才行。

贾南风一早便想让汝南王司马亮牵头。这老家伙本来就是晋武帝钦命的辅政大臣之一，如今所有权力都归杨骏，按理说他应该是最恨杨骏的人。但当贾南风找到他时，他却老奸巨猾地表示这个事不好办，需要从长计议。

"倒杨"之事就怕出现变故。贾南风见司马亮劝不动，便转头让李肇找来了楚王司马玮和淮南王司马允。这两人都是晋惠帝的亲兄弟，晋武帝生前让二人分别镇守荆州和扬州，为的就是万一外戚作乱，这两位宗王兄弟可以及时起兵清君侧。

听说皇后贾南风想借二人之手铲除乱政的外戚杨骏，楚王司马玮第一个站出来表示支持。贾南风等人由此商定，先由楚王司马玮和淮南王司马允以思念长兄为由，上书请求入京，之后再让李肇和孟观二人上奏告发杨骏谋反。

永平元年（291年）三月初八深夜，李肇和孟观趁晋惠帝睡得正酣，把他摇醒，说杨骏要造反，乱兵即将杀入宫了，请陛下早做决断。晋惠帝虽说鲁钝，但也知道如果让杨骏造反成功，自己就没活路了。于是，在这二人的忽悠下，晋惠帝下令让中外戒严，并"遣使奉诏废骏，以侯就第"。

当然，晋惠帝只负责下令，执行的还是贾南风。有了这道诏书，贾南风立即让楚王司马玮和淮南王司马允分别带领本部兵马把守在洛阳城的各个紧要路口，然后再下令让参与"倒杨"的东安公司马繇奉旨前去提拿杨骏。

至此，一场不流血的政变以贾南风和司马氏宗室的联合胜利告终。

5

杨骏倒台后，贾南风迎来了她梦寐以求的掌权时刻。弘农杨氏倒台留出的权位，第一时间成了贾南风背后的贾氏族人的囊中之物。为了宣示贾氏政治集团的崛起，诛杀杨骏后，贾南风还以晋惠帝的名义改元元康，大赦天下。

杨骏虽倒，宫里却还有一位棘手的杨太后。当初，贾南风几人密谋陷害杨骏造反时，搞不清楚状况的杨太后还曾让人手持她的谕旨前来调停双方的矛盾。站在道义的层面，杨太后既是先帝的正宫，也是当今陛下的养母。作为晋武帝的儿媳，贾皇后即便做不到日夜孝敬君姑，也理应念及亲情放过杨太后。况且，杨太后当初还曾在晋武帝面前力保其太子妃之位免于被废。于情于理，贾南风都应该手下留情。

但贾南风是个狠人，她知道杨骏之所以权倾朝野，肆无忌惮，背后正是有女儿杨太后这棵"大树"。如今，杨骏虽然没了，杨太后若还在，弘农杨氏迟早会卷土重来。贾皇后这股"南风"就是要将弘农杨氏连根刮起。

于是，在贾皇后的授意下，群臣上奏称："皇太后阴渐奸谋，图危社稷，飞箭系书，要募将士，同恶相济，自绝于天。鲁侯绝文姜，《春秋》所许，盖以奉顺祖宗，任至公于天下。陛下虽怀无已之情，臣下不敢奉诏。"言外之意，像杨太后这种自绝于天地之人，判杀判剐都不为过。古已有先例，陛下若是担心有人戳着脊梁骨骂，不妨参考历史。总之，杨太后不死，对不起天下苍生。

贾皇后对众臣之议相当满意，正打算付诸行动，却遭到了重臣张华的反对。张华也是"倒杨派"的一员，只不过与那些奉承贾后的大臣相比，他的资格老出许多。贾后掌权后，虽然任命了一连串的贾氏大臣，但总摄朝政的大权，还是委托给了张华。可见，张华就是当时的朝堂大佬。

张华认为，杨太后并没有得罪于先帝，只不过因为她姓杨，家里有人造反，现在就要废黜她的地位，似乎不太公平。西汉时赵飞燕也曾因故被褫夺太后位分，当时朝廷给的处罚是贬称孝成皇后，出居别宫，咱们是不是可以遵照此例执行？

张华的本意或许想留着杨太后仅剩的一点儿颜面，可他忘了，赵飞燕被废后仅一个月，就在别宫自杀身亡。而今，等待杨太后的，正是这种悲惨的命运。

元康二年（292年），杨太后被贾南风下令押到金墉城幽禁。八日后，杨太后冻饿而死。贾南风下令将杨太后尸首脸朝下放入棺椁，再盖棺贴上符咒，使之永世不得超生。

6

尽管贾南风自当太子妃始就不断刷新着她的"犯罪记录"，但公平地讲，贾后当政还是给西晋王朝带来了"数年之中，朝野宁静"的安生日子。

与弘农杨氏相比，贾南风身后的贾氏家族人丁并不兴旺。贾南风当政后，对贾家的男丁，特别是自己的外甥贾谧荣宠之至。贾谧原名韩谧，其父是贾充当年的小秘书韩寿，其母则是"落选"的太子妃贾午。因郭槐善妒，导致贾充绝后，无男丁存活，没有办法，贾充只能经由晋武帝的许可，收韩谧为贾氏唯一的继承人，韩谧由此成了贾谧。

贾谧长大后，倚仗姐姐兼姨妈贾南风的影响力，组建了一个近似于"三曹七子"的文学团体——金谷二十四友。这群人里面，不仅有西晋"首富"石崇、天下第一美男子潘安，还有以"洛阳纸贵"闻名的左思，"太康二俊"陆机、陆云兄弟，以及"闻鸡起舞"的主角之一刘琨等一众士族大咖。他们谄事贾谧并与之以文会友，不为别的，正是看中贾谧背后雄厚的政治资源。

比如"二十四友"中的陆机，"少有奇才，文章冠世"。杨骏在世时就曾想征辟他做国子监祭酒，只不过之后突如其来的政变，打断了先前的计划。杨骏被杀后，陆机、陆云两兄弟也就坐了冷板凳，先后历任太子洗马、太子中舍人等闲职。考虑到自己的爷爷陆逊、爸爸陆抗皆是三国时代的名将良臣，兄弟俩看着自己碌碌无为的人生，别提多着急了。因此，当得知贾谧到处搜罗文人奇士充实贾家势力，兄弟俩不约而同都报了名。

虽然党附贾氏传出去的名声并不好听，但陆氏兄弟也实打实得到了贾氏以及朝廷的重用。加上二人本就是当世久负才名之人，用于治国，利大于弊。因此，贾后当权这十年，虽令出庸主，然朝野一片祥和。

7

但这并不能撇清贾后在"八王之乱"中的"作用"。与后来搞乱西晋王朝政治的赵王司马伦、齐王司马冏、成都王司马颖等人相比，作为"八王之乱"的始作俑者，贾后更是罪行滔天。

这个当初持戟杀小妾的皇后，与晋惠帝司马衷成婚近二十年始终未有所出。反而是当初侥幸逃过其迫害的谢玖，顺利地给晋惠帝诞下唯一的子嗣司马遹。晋惠帝继位后，司马遹成为太子，而谢玖则母凭子贵，晋升淑妃。

看着曾经的情敌混得风生水起，贾南风的嫉妒之心油然而生。当然，作为一个不大合格的女政治家，她更担心司马遹性情刚烈，又间接经历过杨太后被废的岁月，未来如若顺利坐上皇位，难保不依照当初自己对付杨骏那样，把贾谧和其他贾氏族人杀了，再把她贾南风丢到金墉城里自生自灭。所以，趁对方羽翼未丰，她要把这个太子先搞死。

尽管司马遹从小就因聪慧深得晋武帝喜爱,但正如陈韪当年评价孔融一样,这个太子"小时了了,大未必佳"。长大后的司马遹不仅不好学,还迷上了算卦占卜,没事就带着一群太监在宫里给人卜吉凶,断生死。

针对司马遹不学无术的特点,贾南风对外宣称晋惠帝病重,让宫女把太子找来,并忽悠他吃下醉枣,趁他迷迷糊糊之际,让他写下一些劝晋惠帝退位的字句,然后交给大才子潘安润色。随后将太子的信件转呈晋惠帝。

晋惠帝经历过一次杨骏"谋反",这回轮到他儿子"谋反",他就学聪明了。看见书信,他便写下"遹书至此,今赐死"几个大字,交给董猛,让他拿给众卿家看。晋惠帝要赐死自己的儿子,明眼人都知道他没这智商。所以,包括张华、裴𫖮在内的重臣,以及司马氏的宗王,都持反对意见。就连贾南风的母亲郭槐,临死前也加入了劝说之列。

贾南风同意先将太子废为庶人。但待母亲郭槐死后,丧事一毕,她就自作主张地命人毒死了司马遹。贾南风没想到,此举却打破了贾氏与司马氏长久以来的权力平衡。听闻太子被废,司马氏的野心家们都活跃起来了。其中以赵王司马伦最甚。此人是晋惠帝的叔祖,柏夫人与司马懿的儿子。

司马伦认为,太子被废杀,意味着由晋武帝确立的皇位继承顺序被打破,晋惠帝死后皇位后继无人。传承皇位就要向上溯源,他辈分最高,理应具有优先权。可晋武帝除了晋惠帝外,还有其他子孙,他也担心,自己要不先下手为强,皇位很可能就成了其他侄孙们的囊中之物。

于是,打着废黜贾后的旗号,司马伦率先联合梁王司马肜、齐王司马冏等宗亲起兵发难。

8

永康元年(300 年)四月初三夜,一切准备就绪。赵王司马伦如同当初贾后诛杀杨骏一样,率兵急匆匆入宫,乱军一入,就先杀了贾谧。随后,司马伦又下令让齐王司马冏带兵搜捕贾后。

齐王司马冏正是当年贾充与李婉所生的大女儿贾褒的儿子,虽然他与贾南风名为姨甥,但因为郭槐的关系,两人早已是仇人。

贾南风见司马冏赍夜入宫,就知道大事不妙,她惊问对方意欲何为?齐王直接回答，奉诏前来抓拿皇后。贾南风还想挣扎一下，便厉声呵斥道："诏书当从我手中发出，你奉的什么诏？"司马冏也不跟她废话，上前押着她就出了后殿。随后贾南风得知，今夜带头造反的是赵王和梁王。

贾南风悔恨不已，恶声恶气地骂道："拴狗当拴颈，我反倒拴其尾，也是活该如此。只恨当年没先杀了这俩老狗，反被他们咬了一口。"

待见到贾南风后，赵王司马伦二话不说便让手下依当年贾南风处置杨太后的先例，将她关到洛阳城北的金墉城。随后，司马伦又赐以一杯金屑酒，草草结果了这个丑皇后的一生。

贾南风死后，赵王司马伦顺理成章成了晋朝最有实权的男人。没多久，他便以上天示警为由，擅自废了晋惠帝的皇位，自己称帝，改元建始。然而，司马伦终究不是真龙天子，在他短暂执政一年后，晋朝不仅进入了"八王之乱"最酷烈的六年，更是揭开了"五胡乱华"的历史大幕。

贾南风活着的时候，虽曾给西晋带来十年的安定，但此刻回过头看，若不是她当初因妒擅权、胡作非为，也不至于引起司马氏宗室的集体反感与不满，从而导致宗王回京夺权，边镇疏于管理，此后引发胡人南下、西晋灭亡等一连串"蝴蝶效应"。最终，承担这一切恶果的，却是中原的无辜百姓。

蝴蝶扇动一下翅膀，天下比以前更乱了。

祖逖与刘琨：黑暗时代的孤勇者

祖逖年轻时，与同事刘琨关系特别铁，甚至到了"情好绸缪，共被同寝"的地步。这两位志同道合的青年同为司州主簿。司州在西晋指京城洛阳周边的地区，主簿也就是当地长官手下掌管文书的佐吏，虽官卑职小，但前途光明。

一天夜里，祖逖听闻窗外鸡鸣，轻轻踢醒一旁的刘琨，说："此非民间传说中的'恶声'。"当时，有人将三更前的鸡叫称作"荒鸡鸣"，认为这是不祥之兆，祖逖却不信邪。

夜半鸡鸣声中，祖逖与刘琨互相勉励，起身舞剑，在月光之下练习武艺，以求日后报效国家。他们常在一起谈论时事，聊到半夜，由于预感天下将乱，便立下约定："若四海鼎沸，豪杰并起，吾与足下当相避于中原耳。"

正所谓"时危见臣节，世乱识忠良"，多年后，乱世中的祖逖与刘琨天各一方，都成为立志克复中原的忠臣，可惜壮志难酬，悲情谢幕。

1

祖逖为人豁达不羁，轻财好侠，虽出身世代两千石的大族，却喜欢与老百姓打成一片，是位个性十足的人物。后来，他携大量流民南下避祸，日子过得紧巴巴。门下宾客时常劫掠富户，祖逖不加以制止，反而对他们说："比复南塘一出不？"南塘是当时的富人区，祖逖的意思是，要不我们再去豪门大族家干一票？当手下的人被官府抓获后，祖逖还亲自前去解救。

相比祖逖的豪侠气息，刘琨却是一身贵族公子气质。"八王之乱"时，刘琨比祖逖更早来到历史舞台的中央，见识时代浪潮翻涌。刘琨出身官宦世家，乃汉中山靖王刘胜之后，与蜀汉开创者刘备同宗。刘琨的前半生，流连于奢华游宴，常出席各种文化沙龙。

《晋书》说刘琨"素奢豪，嗜声色"，而他本人自称少壮时"远慕老庄之齐物，近嘉阮生之放旷，怪厚薄何从而生，哀乐何由而至"，完全是一副魏晋玄学家的模样，他还有一张英俊帅气的面孔，"少得俊朗之目"，以雄豪著称。两晋之际，像刘琨这样的"名家子"很吃香，他凭借着出众的文学才华，与哥哥刘舆一同跻身当时最负盛名的文学团体——金谷二十四友。这个文学集团几乎集齐了西晋时期的文学大家，除了刘舆、刘琨兄弟，还包括石崇、潘岳、陆机、陆云、左思等，因他们常在石崇的别墅金谷园举办雅集，谈论文学，故有此名。

石崇是金谷游宴的发起者。此人平生最有名的事迹，是与晋武帝的舅舅王恺"斗富"。当时，晋武帝为了舅舅不落下风，还暗中帮助他，赐给王恺一棵二尺来高的珊瑚树。没想到石崇看到王恺的珊瑚树后，当即把它敲碎，对王恺说，我赔给你，接着把家中六七株高达三四尺的珊瑚树搬出来，让国舅爷挑选。

石崇与刘舆、刘琨兄弟结缘，也与王恺有关。刘琨年少时，与哥哥工于诗赋，才名享誉京师，时人称为："洛中奕奕，庆孙（刘舆字）、越石（刘琨字）。"兄弟俩的才华不知为何招来了王恺的嫉妒。有一次，王恺请刘琨兄弟留宿，暗地里想把他们坑杀。石崇听说后，连夜骑着马车赶到王恺家中，接走了刘琨兄弟，对他们说："年轻人不要轻易在别人家里留宿。"刘舆、刘琨兄弟对此十分感激。

金谷二十四友中，还有美姿仪、善姿仪的潘岳（字安仁），他就是后来被当作美男子代名词的"潘安"；"二陆"陆机、陆云兄弟，出自江东世家大族，祖父是孙吴名臣陆逊，后世常用"陆才如海，潘才如江"来形容潘岳与陆机的文学成就；作《三都赋》的左思，他用十年时间写出此赋，"豪贵之家，竞相传写，洛阳为之纸贵"。

二十四友其实是外戚贾谧之友，他们之间的关系虽然盘根错节，却有共同的政治利益。作为皇后贾南风的侄子，贾谧得到朝廷重用，位高权重，有意罗致天下文学之士，为己所用。石崇便豪掷千金，为他集结了这帮文坛大咖。但好景不长，随着"八王之乱"的到来，二十四友皆被卷入政治旋涡之中。

永康元年（300年），赵王司马伦伪造诏书，废贾后，杀贾谧，独揽大权。不久后，二十四友成员中的石崇、欧阳建、潘岳等皆因与贾谧关系密切而遭到诛杀，而刘琨幸免于难。这是因为，司马伦的儿子司马荂是刘琨的姐夫，他们两家有姻亲之好，所以刘琨与父兄未受牵连，反而得到司马伦重用。

"八王之乱"历时十六年，将原本处于上升期的晋朝搅得天昏地暗，百姓颠沛流离，神州流血千里。刘琨为了求生，多次改换门庭，在司马伦倒台后，又先后依附于其他诸王帐下。或许，直到这一刻，刘琨才幡然醒悟，明白了与祖逖那句"相避于中原"的约定，知道谁才是他真正的知己。不过，祖逖的处境同样艰难。在权力编织的巨网中，无数英杰身不由己。

当刘琨活跃于贵族文化圈时，祖逖也受到诸王赏识，为齐王司马冏、长沙王司马乂、豫章王司马炽等王爷效力，为这场毫无意义的内战心力交瘁。永兴元年（304年），东海王司马越挟持晋惠帝讨伐成都王司马颖。双方在荡阴（今河南汤阴）展开激战，侍中嵇绍在乱军中保护晋惠帝，被司马颖的士兵团团围住。士兵将嵇绍按在马车前的直木上，拔刀就砍。晋惠帝高喊："这是忠臣，不要杀他！"一向被视为愚笨之人的晋惠帝，此时也能分辨谁才是忠臣，但他无法制止士兵的暴行。嵇绍被杀害时，血溅到晋惠帝的衣服上。后来，晋惠帝回京，官人要为他浣洗御衣，晋惠帝悲伤地说："这是嵇侍中的血，不要洗掉。"

此战，在军队的冲杀下，朝廷一方的"百官侍御皆逃散"。祖逖也在其中，他可能目睹了嵇绍的牺牲。洛阳城中，千年古都的盛世繁华美梦被乱军的马蹄声惊醒，祖逖亦对朝廷心灰意冷。之后，东海王司马越举荐祖逖到地方任太守，祖逖以母亲去世、守孝不出为由，拒绝了朝廷的任命。

此时，一场更可怕的战乱，即将席卷天下。

2

螳螂捕蝉，黄雀在后。西晋王室动乱不休，给了北方内迁的少数民族可乘之机。匈奴、鲜卑、羯、氐、羌等逐渐摆脱朝廷控制，他们以摧枯拉朽之势侵掠中原，一步步将晋朝推向"衣冠南渡"的厄运。

晋怀帝即位后，"八王之乱"进入尾声。经此一难，西晋的军事力量已然消耗殆尽。光熙元年（306年），在诸王提拔下崭露头角的刘琨受命为并州刺史，但他接手的是一个烂摊子。此前两年，匈奴五部大都督刘渊见晋室同室操戈，于左国城（今山西方山县）以兴复汉室为名集结数万之众起兵反晋，自称汉王（刘渊所建政权史称前赵或汉赵）。随后，并州所辖二国四郡半数落入其手。

刘渊的儿子刘聪与羯族大将石勒带兵南下，一路势如破竹，并州治所晋阳（今山西太原）转眼间沦为边陲孤城。刘琨上任时没有军队护卫，他只能自己在途中招募兵力。从洛阳前往晋阳的一路上，三十七岁的刘琨亲眼看到民生凋敝、官民逃散的惨状，悲不自胜，遂提笔向朝廷上表陈述，请求下拨粮食布匹支援，文中字字泣血："臣自涉州疆，目睹困乏，流移四散，十不存二，携老扶弱，不绝于路。及其在者，鬻卖妻子，生相捐弃，死亡委危，白骨横野，哀呼之声，感伤和气。"

他的人生轨迹从此改变，从半生蹉跎的纨绔子弟，成了临危受命的孤胆英雄。当时，并州哀鸿遍野，原先镇守晋阳的宗室司马腾与刘渊几经交手，连连败北，不得已调任邺城，不少百姓为了吃一顿饱饭，沦为流民，美其名曰"乞活"。面对残破的晋阳城，刘琨"对症下药"，率军民清除荆棘，收葬尸骨，重建府第，经营市场，修缮牢狱，并重筑晋阳城，使其城墙高达四丈，同时联合由豪强地主郭默、魏浚等领导的坞堡势力，共拒强敌。

所谓坞堡，又称坞壁，是汉代以来地方豪族为求自保而修建的防卫性建筑，一般驻有大批的部曲和家兵，在战乱中时常形成地方自卫武力，为各方势力争取的对象。在刘琨的号召下，留下来的并州军民同仇敌忾，耕田耨地时仍不忘带着盾牌，背着弓箭。不到一年，晋阳城内外又闻鸡犬之声，之前流亡各地的百姓也陆续返回，还有无主可依的士人慕名前来投靠。

史书记载，当时上党、壶关守将先后战败投降，"并州诸郡为刘元海（刘渊）所陷，刺史刘琨独保晋阳"。有道是"国家不幸诗家幸"，自从赴任并州刺史，刘琨的诗不再是风花雪月，而多为慷慨悲歌，伤怀时乱。他的诗成了"五胡乱华"的真实写照，满含血泪书写一个时代的悲剧。在赴任途中，刘琨将一路上的苦难经历和忧思，化为一首《扶风歌》：

> 朝发广莫门，暮宿丹水山。
>
> 左手弯繁弱，右手挥龙渊。
>
> 顾瞻望宫阙，俯仰御飞轩。
>
> 据鞍长叹息，泪下如流泉。
>
> 系马长松下，发鞍高岳头。
>
> 烈烈悲风起，泠泠涧水流。
>
> 挥手长相谢，哽咽不能言。
>
> 浮云为我结，归鸟为我旋。
>
> 去家日已远，安知存与亡。
>
> ……

后人评价道："作者一生气象，于此亦见一斑。"

刘琨独守晋阳，远在洛阳的朝廷却已经走向毁灭。永嘉四年（310 年），刘渊之子刘聪即位。次年，刘聪亲率大军，与石勒两路联军，攻克洛阳，掳走晋怀帝，残杀王公百姓数万人。国都陷落时，中原权贵弃城而走，几乎搬空了洛阳，宫廷守卫溃散，饥饿肆虐皇城，盗贼公然抢劫，曾经繁华的都城成了人间地狱。"衣冠南渡"之后，留下的百姓饱受蹂躏。

六年后，迁都长安的晋愍帝也在匈奴大军的包围下城破被俘。西晋灭亡。

3

西晋"永嘉之乱"时，祖逖走上了与刘琨截然不同的道路。面对中原陆沉的局面，祖逖决定前往南方，举起北伐义旗。洛阳陷落后，中原士民"避乱江左者十六七"。出身范阳祖氏的祖逖率领宗族乡里南下，途中将衣粮车马让给老弱病残，成为深受百姓爱戴的"流民帅"，率领一支流民武装驻扎于京口（今江苏镇江）。史载，祖逖"以社稷倾覆，常怀振复之志"。

当时，琅邪王司马睿（即后来的晋元帝）在南方的地位并不稳固，他正在王导、王敦的辅佐下经营江左，为日后建立东晋朝廷做准备，无心北伐。胸怀壮志的祖逖求见司马睿，并自荐愿率部北伐，收复中原。祖逖对司马睿说："晋室之乱，不是皇帝无道而使臣民怨恨背叛，而是藩王争权，自取灭亡，遂使胡人乘隙发兵，流毒中原。如今中原百姓遭受残害，人人有抗击戎狄的志向。大王若能发号施令，让我等统领，则各郡国豪杰必定前来投奔，困苦中的士民也会得到解救，不久后就可一雪国耻。我愿为大王谋划此事。"

西晋永嘉七年（313年），立足江东的琅邪王司马睿（时为左丞相）给祖逖奋威将军、豫州刺史的头衔，表示支持其北伐。西晋的豫州，包括今河南省大部分，为胡人南下的必经之路。但司马睿名义上给了祖逖一面北伐的旗帜，实际上提供的支援并不多，只资助其一千人的粮食、布三千匹，不给铠甲武器，士兵也由祖逖自行招募。

祖逖率领原来一同南渡的亲族及部曲渡江北上。船到中流，祖逖击打船桨起誓："祖逖不能清中原而复济者，有如大江！"意思是，若不能收复中原，自己就像滔滔江水一样，有去无回，此即"中流击楫"的典故。

祖逖北伐是"永嘉之乱"后的第一次北伐行动，他的主要对手主要有两股势力：一个是盘踞于豫州的汉人坞堡组织，另一个是前赵大将、日后建立后赵的羯族人石勒。

4

留守北方的刘琨，处境不容乐观。《晋书》记载，刘琨镇守晋阳常被胡骑围攻，城中窘迫无计。一天夜里，月黑风高，刘琨登楼眺望。城外，胡马嘶啸，旌旗飘扬。城中，断壁残垣，满目荒凉。孤城陷入胡人兵马的重重包围，援军杳无音讯。此情此景让刘琨悲愤交加，他在高楼上清啸数声，以抒其怀。城外大军闻此声，皆凄然长叹。

夜半，刘琨吹奏胡笳，这是北方少数民族擅长的乐器。悠扬凄婉的乐声传到敌营，熟悉的乡音勾起城外士兵的怀土之情，他们不禁歔欷流涕。天明，胡笳声又起，城外大军已然无心再战，竟弃围而走。

山河破碎，民不聊生。黄河以北八州，有七州已被少数民族占据，晋朝最初委任的大臣中，也只有刘琨一人仍在坚守。时人认为，少数民族顾惮者唯刘琨而已。刘琨在并州一守就是十年，成为留守北方的"孤勇者"。他也将驰骋北方的石勒视为主要对手，双方屡次交锋，互有胜负。

石勒早年被西晋官员卖为奴隶，与晋朝有着深仇大恨。刘琨却幻想过收服石勒，写下《与石勒书》，劝说石勒脱离前赵，效力晋室。听说石勒昔日为奴，与其母失散多年后，刘琨甚至派人寻找石勒的母亲及其从子石虎，好生照料，送到石勒营中。但石勒决意与晋为敌，回绝了刘琨的好言相劝，只回赠给刘琨名马、珍宝与书籍。后来，石勒发展壮大，与前赵政权分道扬镳，成为后赵的开创者。

刘琨是一个浪漫的理想主义者。书生意气为他镇守并州的传奇生涯增添了几分文艺气息，但也导致他最后的败亡。刘琨一曲胡笳曾使城外敌人思乡流涕而退，但他因为音乐上的爱好，亲信小人徐润，导致徐润日渐骄纵，刘琨的部将令狐盛忠心劝谏，反而被冤杀。

当时，刘琨父母都在晋阳城中。刘琨母亲看到儿子处死手下大将，指着他骂道："你这小子不能经略大业，任用豪杰，怎么能成事！如此，必会牵连我们一起遭难。"刘母一语成谶。不久，令狐盛之子叛逃匈奴，将并州的情况一一告知，并担任向导，趁刘琨带精兵出城之际袭取晋阳。苦心经营的晋阳城又遭兵燹之祸，刘琨父母双双遇害，只剩下几千残兵败将。

尽管刘琨向鲜卑借兵，后来收复了晋阳，但并州的局势已经急转直下。在最后一次战役中，刘琨军中了石勒的埋伏，几乎全军覆没。无力回天的他，只好投奔时任幽州刺史的鲜卑段部首领段匹磾。穷途末路的刘琨，依旧不忘志灭二房（刘聪、石勒）。东晋建立后，晋元帝司马睿派人到北方赐刘琨宝刀，加封他为太尉。刘琨豪情不减，答复道："谨当躬自执佩，馘截二虏！"

但历史没有给刘琨第二次机会。

段匹磾起初很敬重他，两人歃血为盟，结为姻亲。刘琨也希望借助段匹磾的力量反攻赵军，一雪前耻。可是，其他势力也在拉拢段匹磾。段匹磾的堂弟末波收受石勒贿赂，挑拨离间段匹磾与刘琨的关系。另一个兄弟叔军则提醒段匹磾说："吾胡夷耳，所以能服晋人者，畏吾众也。今我骨肉构祸，是其良图之日，若有奉琨以起，吾族尽矣。"段匹磾一听，若有所思。

与此同时，东晋的琅邪王氏权臣王敦素来忌惮刘琨，也暗中派密使唆使段匹磾杀之。三人成虎，心生猜疑的段匹磾在谗言的围攻中，似乎感觉到刘琨对自己的威胁，最终于太兴元年（318 年），假借诏书将其下狱缢杀，刘琨子侄四人同时遇害。

此前，刘琨听说王敦派使者来，就知道自己即将被害，在狱中留下了绝命诗《重赠卢谌》，诗中满怀悲愤：

> 功业未及建，夕阳忽西流。
> 时哉不我与，去乎若云浮。
> 朱实陨劲风，繁英落素秋。
> 狭路倾华盖，骇驷摧双辀。
> 何意百炼刚，化为绕指柔。

幽州别驾卢谌是刘琨的外甥，曾为其下属。刘琨以诗抒发自己壮志难酬的幽愤，也希望卢谌设法营救，然而，一切都是徒劳。没想到百炼而成的钢铁，竟变为绕指的柔丝，我堂堂七尺硬汉，此刻竟身陷囹圄，任人宰割。

历经挫折的刘琨，最终含冤而死。东晋朝廷为了拉拢段部鲜卑，竟然不敢为刘琨举哀，唯有自称"短弱"的卢谌写信到南方，为刘琨申冤，东晋朝廷这才下诏追赠刘琨功名。刘琨被害后，卢谌辗转于北方各地，常对儿子说："吾身没之后，但称晋司空从事中郎尔。"我至死，都是晋朝刘司空（刘琨）的从事中郎。他们都是身在北方却无家可归的汉人。

5

祖逖受命北伐的那一年，刘琨得到好消息，写信给亲友说："吾枕戈待旦，志枭逆虏，常恐祖生先吾著鞭。"但他无法亲眼见证祖逖北伐的辉煌战绩，也永远不能与好友会师中原了。祖逖渡江后，手中无寸土寸兵，于是亲率部曲，建起冶铁作坊造兵器，招募两千多名士兵之后，立即沿着淮河挥师北上，进军豫州。

东晋建武元年（317年），祖逖发兵谯城（今安徽亳州），欲收服占据此地的流民首领张平、樊雅。"永嘉之乱"时，张平、樊雅聚集数千人，建立坞堡，自号"坞主"，割据一方。祖逖出任豫州刺史后，派部下殷乂去劝说张平。张平无意归降晋朝，殷乂也看不起他，二人展开了一场辩论。

殷乂看了张平的房子，讥讽道："这是养马的屋子。"随后看到张平摆放的大鼎，说："这可以用来铸造铁器。"张平大怒，说："这是帝王用的宝鼎，天下太平时才能用，怎么可能用来炼铁！"殷乂说："你连人头都保不住了，何必爱惜这个铁锅。"

恼怒的张平将殷义杀死，带兵固守坞堡。祖逖的军队到来后，用了一年多的时间才将其攻破。此时樊雅的军队还在谯城与祖逖对峙。祖逖久攻不下，请以信义闻名的桓宣前去劝降樊雅。

于是，桓宣单人匹马，只带两个随从，到谯城面见樊雅。桓宣以民族大义相劝，说："祖将军正准备荡平刘聪、石勒，想仰仗您的大力支援，先前殷义对张平傲慢无礼，不是他的本意。如果现在和解，您既可以建立功勋，又可保全富贵。如果您还要顽抗到底，北边有强贼窥伺，南边朝廷再派遣猛将进攻，凭着您手下一座危城和一帮乌合之众，恐怕要赔光老底。"

樊雅听后，当即归降东晋。之后，黄河以南各地的坞堡纷纷接受祖逖的指挥调度。祖逖与将士们同甘共苦，尽心尽力安抚新来归附的士民，无论亲疏贵贱都以厚礼相待，并劝课农桑，使战乱后的河南重新焕发生机。黄河两岸各坞坞主害怕石勒的军威，大都向石勒臣服，但探听到石勒的动向后，常常秘密告知祖逖，助祖逖一臂之力。

后赵的石勒也对祖逖十分忌惮与敬佩。有一次，祖逖手下的牙门将童建杀死同僚，逃奔后赵，石勒将他斩首，随后把首级送给祖逖，说："像童建这种小人，是我最憎恶的，也是祖将军最厌恶的。"石勒听说祖逖在豫州操练士兵、囤积粮草后，下令在范阳的官吏修缮祖逖父祖的坟墓，安置守墓人，并写信给祖逖，请求通使往来，恢复贸易。祖逖对待石勒也颇有江湖豪气，他没有回信，却放任两边的商人贸易往来，从中获取十倍的利润。

然而，面对后赵的虎狼之师，祖逖势单力薄，缺乏后勤支援，往往只能智取。东晋太兴三年（320 年），祖逖与石勒部将桃豹交战，双方相持了四十多天，粮草消耗殆尽。祖逖没有更多粮饷支撑，于是命人用布袋装上泥土，伪装成大量米袋，让士兵们担着这些袋子行走在路上。桃豹看到后，误以为是祖逖的后勤部队，立马带兵追赶。后赵军队到后，祖逖的士兵丢下几个真正装有米的袋子，然后扛着其他泥袋，拔腿就跑。桃豹的军队抢到米袋后，见里面都是粮食，以为晋军带走的其他袋子也都是粮草，大为恐惧。石勒得知情况后，为了稳定军心，派一千多头驴组成运粮队，前去支援桃豹。

这次轮到祖逖劫掠后赵军，他派兵到汴河一带拦截，等后赵运粮队一到，粮食均为缴获。祖逖军队得以饱餐一顿，与桃豹再度交战。桃豹军身心俱疲，一战即溃，连夜逃跑，退兵到东燕城（今河南延津）。不过，从祖逖与桃豹争夺粮食一事可见，东晋朝廷对祖逖北伐的支援可谓寥寥。

东晋建立之初，晋元帝司马睿曾向天下发布征讨诏书，并派遣宗室率领精兵三万人，分水路四路开赴战场，配合祖逖北伐。可没多久，这支军队又接到朝廷命令，返回建康（今江苏南京），祖逖只能继续孤军奋战。

历史上，偏安一隅的南方政权历来缺乏北伐之志，大多数政权只求维持半壁江山。司马睿统治下的江东亦矛盾重重，他不仅要倚靠门阀士族进行统治，还要调和南北士族之间的矛盾。世家大族出身的权臣王敦位高权重、野心勃勃，晋元帝不得不重用刘隗、刁协、戴渊等士人与之抗衡，以维护皇权，而掌握重兵的王敦对晋元帝步步紧逼，对朝中的至高权力虎视眈眈，也无意助祖逖北伐。

祖逖进驻雍丘（今河南杞县）后，历经几年惨淡经营，基本收复了黄河以南的领土，保护百姓不再遭受兵戈之苦，使他们得以休养生息。乡亲父老为之感动，将祖逖当作再生父母。有些当地耆老痛哭流涕地说："我们老了，还能得到祖将军这样的父母官，虽死无憾啊！"

正当祖逖为进军河北做准备时，北伐大业戛然而止。晋元帝派戴渊为都督兖、豫等六州诸军事、司州刺史，将祖逖也归于其指挥之下。戴渊是南方人，虽有才能和名望，却没有北伐的志向，晋元帝用他节制祖逖，其实也表明了留守南方的态度。祖逖认为，自己剪除荆棘，收复河南，如今却归戴渊管辖，心有不甘。与此同时，王敦与刘隗、刁协等钩心斗角，祖逖预感内乱将至，而石勒势力更盛，已尽有幽、冀、并三州之地，祖逖被架空后不久便积郁成疾。

太兴四年（321年），祖逖深感北伐的前途渺茫，忧愤病逝。河南的百姓听闻其去世噩耗，哭之如丧父母，谯、梁一带的百姓皆为他立祠。祖逖郁郁而终后，后赵军队卷土重来，多次侵犯黄河以南地区，使豫州之地再度陷入动荡不安之中。之后，石勒占据河南诸郡，与东晋以淮水为界，势力达到鼎盛。

昔日，祖逖与刘琨闻鸡起舞，激起豪情壮志，立下约定。到了晋室南渡之际，他们仍然不忘当年的约定，一南一北，共赴国难，但天下倾颓，即便是英雄盖世，也难以力挽狂澜。

致敬，黑暗时代的孤勇者。

第三章　十六国风云：乱世强人争天下

刘渊：一个边缘人，开启大乱世

曹魏嘉平三年（251年），刚刚在陇西拒蜀一战中大放异彩的邓艾，把注意力放在了北方的并州。他注意到那里的匈奴部落似乎有点儿不安分，右贤王刘豹将分散的匈奴各部落"并为一部"，武力强盛，让人颇为担心。

这位年过半百、却依然处于上升期的名将献上了釜底抽薪之计。他建议将刘豹所部分为二国，再拉拢其中一派，"使居雁门，离国弱寇"，这样不费一兵一卒，便可使得边境安宁。

当时，高平陵之变已经发生，司马氏正在逐步蚕食魏国的政权。虽然内部变乱丛生，外部也动荡不安，但是天下一统的大势已经无法阻止。并州的异动，就像一个小感冒，虽然有点儿痛苦，但稍微忍忍就能扛过去。毕竟，匈奴的威慑力，已经远不如从前。

东汉以来，匈奴分为南北两部，南匈奴逐渐内迁，依附于中原的王朝。中原的统治者们也乐见其成，因为这样一来削弱了匈奴的实力，二来增加了抵御其他少数民族的力量。建安末年，曹操为了加强对南匈奴的管理，将单于部众分为五部，并选派官员担任司马监视之。而南单于也不得不远离单于庭，作为人质居住在魏国的都城。

从曹操到邓艾，都遵循同样一个策略：分化、分化、再分化。一方面，南单于和各位名王入质中原，被迫与匈奴部众分开。另一方面，匈奴部众也总是被分化成几国，再与汉人和其他少数民族居住在一起。虽然他们有一定的武力，但其实是一盘散沙，也就不足为惧了。

邓艾上言建议分化匈奴的四十八年后，正值西晋贾南风当政，一个叫江统的人上表了著名的《徙戎论》。他不无忧虑地提到并州的情况："今五部之众，户至数万，人口之盛，过于西戎。"最好的办法就是将这些少数民族迁出关外。可是，汉人与各少数民族杂居的趋势已成必然。隔离华夷的做法，明显是办不到的，就算这个建议被采纳，也只会造成更大的变乱。所谓"戎狄乱华"，并不是因，而是西晋王朝结出的果。

巧合的是，第一颗果，就落在了并州。

1

曹魏咸熙年间（264年—265年），作为南匈奴"上供"的人质，来自并州的刘渊走进了洛阳。关于刘渊的族属，有非常大的争议。史书记载他是匈奴人，父亲就是右贤王刘豹。但经过学者唐长孺考证，刘渊极有可能是"杂胡"的一种——屠各人。

原来的匈奴帝国本就是由众多部落族群所组成，南迁之后又和并州屠各杂居在一起，早就融为一体了。因此，无论刘渊是否为刘豹之子，刘渊是不是匈奴人的嫡系血脉，他一定出身匈奴贵族无疑，不然也不可能成为质子。

刘渊从小就是一个接受了汉化的"新匈奴人"。他学的是汉语，读的是《诗经》《尚书》《孙子兵法》《史记》等经典。同时，他弓马娴熟，不失草原重武的气质。他曾对同门说："每次看书，我都鄙视随何、陆贾无武，周勃、灌婴无文。若有一物不知，是君子的耻辱呀。随、陆二人遇到汉高祖而不能建功立业，周勃、灌婴遇到汉文帝不能兴文教，可惜啊！"他的志向，是做一个辅佐皇帝的文武双全的"君子"。可惜的是，他的理想注定无法在洛阳实现。

当时的洛阳盛行"胡风"。魏晋的高官们非常喜欢来自并州的胡奴、胡婢。这些胡人奴婢基本不会用于耕织，而是用来充当家内的侍奴。贵族之间也流行着"胡物"，比如胡床、貊盘、胡服，等等。

万国来朝，海纳百川——这样一种盛世局面，是随后建立的西晋王朝所追求甚至是刻意营造的。因此刘渊在洛阳最重要的工作，就是出席晋国的各种典礼，作为称贺的一方，接受皇帝的恩赐。如同一个无人在乎的龙套演员，陪着皇帝作秀。就像身为亡国之君的刘禅，还是不得不说出"此间乐，不思蜀"这样的恭维话，以证明蜀亡乃天命所归。同为天涯沦落人，他们的心情可能是相通的。

刘渊在洛阳也有朋友，大多是并州的汉人同乡，这些人给了刘渊相当大的帮助。比如太原王氏家族。他们之间的友谊很早就开始了。刘渊七岁时，母亲去世，他哀号痛哭。时任司空的太原人王昶知道后非常赞赏，还派人来吊唁。刘渊青年时在上党学习，与王昶之子王浑成为挚友。后来，任职东南、都督军事多年的王浑向晋武帝推荐刘渊，陛下若任之以东南之事，吴国定能扫平，但是马上有人跳出来反对，此议最后作罢。再比如上党人李熹。秦、凉之地发生动乱的时候，他上书建议委任刘渊为将军，率匈奴五部进剿。但又遭到反对，反对的声音认为："刘渊如果能平凉州，那才是凉州的劫难。蛟龙得云雨，就不是池中物了。"不过，王浑、李熹等人对刘渊的推荐并不只是出于乡党私情，他们很有可能看中了刘渊背后的匈奴五部。当时并州已是胡、汉杂居多年，并州的士族们不得不基于保全家族的考虑，而去拉拢刘渊。这是一笔稳赚不赔的投资。

因为出身，刘渊几次想为朝廷建功立业均碰壁而归。而他也无法离开，因为一旦成为质子，他便处在监视之中。有一日，刘渊在九曲送好友王弥归乡时，流着眼泪说："王浑，李熹是我的老乡，每当他们在皇帝那儿说我好，谗言就随之而来，这恰恰是害了我。我本无心做官，这一点你是知道的。我恐怕会死在洛阳，永远与你别离。"随着一声叹息，他纵酒长啸，把多年的愤懑倾泻了出来，闻者流泪不止。

后来这段话传到了齐王司马攸耳中，司马攸又向皇帝告状："如果此人不除，并州不得安宁。"生死存亡之际，又是王浑站了出来："我大晋对远方要施以恩德，怎么凭空无故杀人质呢？"这句话说到司马炎心坎里去了，对啊，吉祥物怎么能说杀就杀呢？杀了还能叫盛世吗？

刘渊就这样侥幸活了下来。

2

来到洛阳二十多年之后，刘渊终于有了施展才华的机会——他被委任为匈奴的北部都尉。这是他当质子以来第一次离开洛阳。从回到老家并州任职，一直到后来因为部落有人叛逃出塞被卸职，他一干就是十年。史称刘渊"明刑法，禁奸邪，轻财好施，推诚接物，五部俊杰无不至者。幽冀名儒，后门秀士，不远千里，亦皆游焉"。

这段长达十年的任职经历，对刘渊来说非常关键。一方面，他展示了自己的能力，让匈奴五部熟悉并接受了他，而不是像南单于一样成为摆设；另一方面，刘渊也赢得了一些晋人的支持。

永康元年（300年），掌握宿卫禁军的赵王司马伦起兵杀了把持朝政的贾后、张华等人，后又废惠帝，自立为皇帝，由此引发"八王之乱"。朝中执政者如走马灯，万众瞩目的洛阳几度沦为战场，皇帝就是任人屠宰的羔羊。如果说西晋是天命所归，那么谁会对这样的天有半点儿敬畏之心呢？

就在这时，刘渊也遇到了他的伯乐——成都王司马颖。与晋武帝时屡遭猜忌、怀才不遇的境遇不同，刘渊深得司马颖信任，官职逐渐上升，权力越来越大。后来，并州刺史司马腾、安北将军王浚起兵讨伐司马颖，还调动了鲜卑兵马助战。司马颖被吓破了胆，产生了放弃邺城、带惠帝南奔洛阳的想法。刘渊劝司马颖固守邺城，不能南下，以免受制于人，并建议发动匈奴五部之众，进行反击。此说打动了司马颖，他拜刘渊为北单于，参丞相军事。于是，刘渊得以名正言顺地返回五部。

这一次却如同开启了潘多拉盒子，历史走上了司马颖想象不到的异路。当时，并州的匈奴看见天下大乱，已经有了造反的念头，但缺少一个具有声望的领头人。左贤王刘宣等人便把目光放在了刘渊身上，私下将其推举为大单于。刘渊返回五部之后，本来的确是要发兵帮助司马颖的，并没有想直接造西晋的反。在得知司马颖退出邺城、南下洛阳之后，刘渊痛斥道："司马颖不用我言，溃败奔逃，真奴才也。但我和他有约定，不可不救。"准备派遣步骑两万，迎击鲜卑。刘宣等人眼见大事不成，苦苦谏道："晋朝无道，像奴隶一样奴役我们。今司马氏父子、兄弟自相残杀，这是老天厌恶晋朝，把机会给了我们。天与不取，反受其咎！"

汉人奴役胡人、胡人沦为田客的情况的确有，但不能说晋朝将所有匈奴视为奴隶。这类极端的说法，其实是一种动员的手段。匈奴贵族们丧失了昔日之权力和地盘，受到汉族制度之压抑，在承平之时尚且能够安享荣华富贵，可是一旦天下大乱，他们心中的失落和愤怒就会爆发出来。刘渊一直生活在洛阳营造的四方归心的天下秩序之中，在那个世界里，他只是一个点缀。如今他意识到，这个秩序并不是永恒不变的，天命未尝不会眷顾一个匈奴人。

3

同样是造反，刘渊和刘宣的想法，显然是不一样的。刘宣的想法是联合鲜卑、乌丸等民族的力量，重振匈奴的雄威，"复呼韩邪之业"。但是，自小汉化的刘渊想要的更多，他说："我们该做那高山峻岭，而不是低矮的山丘。大丈夫当为汉高、魏武，呼韩邪何足效哉！"他要当统一中国的汉高祖，或是称雄中原的曹操，而不仅仅成为另一个呼韩邪单于。

当皇帝，既是刘渊的野心，也是他的谨慎。尽管在并州，匈奴五部的力量拥有绝对性的优势，可是从整个北方来看，他们并不具备多少优势。一面单于的旗帜，无法归拢汉人的人心，甚至连其他民族的支持也无法得到。更何况，他的对手是西晋，瘦死的骆驼比马大，人心依旧普遍向晋。

所以，刘渊必须有一个超越民族特性的旗帜——他选择了"汉"。他首先伪造自己的身份，假冒是汉氏后裔，以此来标榜自己是刘氏正统。汉高祖曾将宗女嫁给冒顿，约定互为兄弟。如果单于和汉帝互为兄弟，那么刘渊不就是汉家的外甥吗？

永兴元年（304 年）十月，刘宣等人给刘渊上帝号，刘渊拒绝说："今晋氏犹在，四方未定，可仰遵高祖（指刘邦）法，且称汉王。"他不急于称帝而称王，就是要淡化反晋的色彩，争取汉族的人心。即汉王位时，他称刘邦为"我太祖高皇帝"，又称刘秀为"我世祖光武皇帝"，甚至还尊"刘禅为孝怀皇帝"，俨然成了刘邦的"嫡系子孙"。

这个策略无疑是成功的，史载"远人归附者数万"，大批士人百姓聚拢在"汉"的旗帜之下。称王的第二年，刘渊便开始向外扩张，进据河东，威逼洛阳，各地的割据势力纷纷投降，比如上郡的鲜卑，盘踞青、徐的王弥，以及占领河北的石勒等。

永嘉二年（308 年）十月，刘渊即皇帝位，这是中国历史上第一次少数民族登上帝位。汉国的制度面貌也充满了中原王朝的气息。制度基本仿照西晋，朝廷有丞相、御史大夫，地方有郡守，就连国都里的门名，都要和洛阳的一致。

第二年，汉国大将军击败晋军，将三万男女沉于黄河，刘渊听后大怒道："你有什么面目再见朕！这是天道可以容许的事情吗？我想要除掉的人，只有司马氏，细民何罪！"不管这话是不是真心的，已经完全是一个中原皇帝的态度。

为了统摄境内除了汉人之外的广大少数民族，比如鲜卑、乌桓、氐、羌等，他采取了胡汉分治的办法，以中原的办法对待汉人，以草原的办法对待少数民族。

那时的刘渊已经病重。他明白，汉国就是一个潦草建立的国家，遇到的问题翻遍史书也无法找到答案，是坚持胡汉分治，还是统一制度？是坚持草原特色，还是完全汉化？是遮掩匈奴身份，还是自立正统？这些问题他无法解决，但是有一个东西必须解决——那就是龟缩在洛阳的西晋王朝。

如果不灭掉西晋，刘渊依旧是一个反叛者。所以，即位之后，他先后两次派自己的儿子刘聪纠集兵力进攻洛阳，意欲灭亡西晋，但均以失败告终。

永嘉四年（310 年），刘渊去世，留下了一个无比巨大又无法解决的烂摊子。

4

刘渊死后，汉国陷入内乱，最终刘渊之子刘聪凭借武力，杀掉兄长，夺取帝位。刘聪和其父的人生轨迹很相似。幼年接受汉化教育，弱冠时在洛阳游历，结交名士，后来回到并州，受到匈奴五部的拥戴。在帮助父亲建功立业的时候，刘聪展现了非凡的军事才能。因此，即便刘聪是篡位，推崇武力的匈奴人也不觉得有任何不妥。

即位之后，刘聪便将矛头指向洛阳。当时，石勒在洛阳东北的赵、魏一带活动，王弥转战于洛阳东部的兖、豫、青、徐诸州，刘聪则直接控制了洛阳西北平阳、河东、上党等郡，已经对洛阳渐成包围之势。于是，他派遣刘曜、王弥等人领兵进攻洛阳，掳掠了洛阳周边大片土地，并攻陷上百个壁垒。随后，又派前军大将军呼延晏领二万七千人直取洛阳，这一路势不可当，晋军前后败了十二次，毫无抵抗之力。

等到诸军会合，洛阳失去了抵抗的意志，刘曜、王弥等人纵兵劫掠，抢劫财物。刘曜冲入宫中，杀晋太子及诸王公大臣等二十余人，士民死者达三万余人。晋怀帝和羊皇后及传国六玺被移送到当时的汉国都城平阳。史称"永嘉之乱"。

刘曜是刘渊的养子，也是一个汉化程度相当高的匈奴人，看见晋室已经在控制中，便想收紧屠刀，禁止王弥大肆劫掠，甚至不惜与其火并。后来双方停战，王弥劝刘曜说："洛阳天下之中，山河四险之固，城池、宫室不需要再造，可迁都于此。"这时，刘曜却显露出野蛮的一面，放了一把火就走了，气得王弥破口大骂："屠各子，一点儿帝王的志向都没有！汝奈天下何！"遂率军还据青州。

洛阳在一场大火后沉寂，被俘虏的晋怀帝也受尽屈辱。有一天，刘聪宴请群臣，命怀帝身穿青衣行酒，晋国旧臣看见昔日帝王竟然低声下气服侍他人，起而号哭。刘聪十分厌恶，便找了一个机会，毒死怀帝，处决了晋旧臣十余人。怀帝被杀的消息传到长安，怀帝之侄司马邺即帝位，是为晋愍帝。

后来，汉政权又多次进攻关中，均无战果，直到汉建元二年（316年），刘曜攻陷长安外城，晋军退内城固守。当时长安城内外断绝，城中无粮，人相食，死者大半，晋愍帝为了不被饿死，出城投降。至此，西晋灭亡。

晋愍帝也遭到了和晋怀帝一样的命运，在宴会中被迫与人行酒，在大庭广众之下被刘聪肆意折辱，最后也是被随意地杀掉了。

虽然汉政权攻陷了洛阳、长安，俘怀、愍二帝，灭西晋，但这其中的战事可谓艰难。种种迹象表明，匈奴人没有足够的力量控制洛水、渭水流域。刘聪名义上是中原的共主，但是地方的石勒、王弥等人并不是完全忠心。

偏偏就是这般危机四伏的局面，刘聪反而开始享乐。他把国事交给儿子刘粲，一头扎进后宫，两耳不闻窗外事。之后更是设立上皇后、左皇后和右皇后以封妃嫔，造成"三后并立"的局面，最多时有十一人佩戴皇后玺绶，这在历史上也是独一份儿的。

318年左右，刘聪为近臣蒙蔽，杀掉了皇太弟刘乂，株连一万五千余人。刘乂是刘渊嫡子，同时也是氐族首领的外孙，他的死直接导致了匈奴与氐羌联盟的瓦解，"氐、羌叛者十余万落"。汉政权的国力一落千丈。

很快，刘聪病死，其子刘粲即帝位。外戚靳准掌权，逐步铲除了刘氏子弟，然后收捕刘粲杀之，将刘氏男女不论少长皆杀于东市，掘刘渊、刘聪陵墓，焚刘氏宗庙。刘聪的坟草都还没长出来，刘家就被屠戮光了。不知道这算不算他残暴不仁的报应？

5

靳准政变后，刘渊一家唯一的独苗就是镇守长安的刘曜了。他轻松地平定了叛乱，并登上了皇帝的宝座，但是令人不解的是，他竟然将国号从"汉"改成了"赵"。

形势已经变了。风雨飘摇的西晋王朝已经灭亡，以华夏正统自居的东晋政权已移居长江以南，偏居一隅。作为与晋朝争夺合法性的"汉"国号似乎已经没有利用的价值。而多年在北方驰骋的石勒力量不断壮大，此时，刘曜的主要敌人由司马氏变成石勒。

胡汉两族之间的冲突和融合不再是唯一的焦点，不同民族、不同部族的冲突和融合，反倒成了北方社会的主线。刘曜没有必要再冒充汉室后裔，他可以公开以少数民族后裔的身份在中原腹地称帝。他之所以将国号改为"赵"，就是不承认石勒在河北的统治——石勒的势力范围正好就是古时的赵地。刘曜改国号不久，石勒也自称赵王，史称"后赵"。

两"赵"相争，必然只有一个能活下去。为了对付石勒，刘曜十分注意笼络关中各民族。关中之地的民族复杂程度，丝毫不亚于并州，匈奴人在这里并没有多少优势。刘曜对这里各部族或拉拢，或打击，或迁徙，逐渐稳定了匈奴人在关中的统治。

324年，刘曜征河西张氏，史载有"戎卒二十八万五千"，光是击鼓之声就足以震动大地，吓得对手望风而逃。这样一支庞大的军队，不可能只有匈奴五部，主要部分应是关中之地的其他少数民族。

无论是哪一个民族建立统治，统治者永远都只能算"少数民族"，而其他民族在反抗其统治方面，永远是"多数民族"。因此，前赵立国的两大基石，一个是五部的强大，一个则是其他民族的合作。可是，刘氏赖以征战天下的匈奴五部并不是铁人，他们会老、会死，会因为腐化而失去锐气，一旦这些人没有足够的力量，前赵就要陷入危机。

两赵相争的前期，双方互有胜负。但刘曜已经发现了问题：中军宿卫、五部旧人都是老弱病残，不可用也。于是他亲自建立了一支名叫"亲御郎"的军队，由匈奴五部的贵族子弟组成。可这样还是无法阻止匈奴五部衰落的颓势。

328 年，石勒兵发三路进攻刘曜，刘曜忙陈兵十万于洛西，与其对峙。战前，刘曜喝酒数斗，经常骑的马无故跌倒，于是换骑小马。大战时，石勒命令石虎直接杀向刘曜的中军，自己率军前后夹击。战功赫赫的前赵军队显得不堪一击，全军败溃。

刘曜在逃跑时坠马被俘，后来被石勒所杀，前赵随后被后赵吞并。

这是十六国历史一个普遍的现象：当权者永远都是一个在军事上暂时占优势、但在人口上占劣势的部族。无论这个部族是追求大家公认最优秀的汉文化，还是坚持草原少数民族的特性，其军事优势必然逐步丧失，而其人口劣势却无法改变，继而迎来新的挑战者和替代者，如此反复。这就是当时北方动荡不息的根本原因。

6

还有一个非常有趣的现象：后世的史书中，史官在描写十六国君主时，似乎遵循着某个统一的模板，他们的故事千奇百怪，形象却似乎大同小异。

首先，这些君主似乎都很有文化。

刘渊少好学，看的是《毛诗》《左氏春秋》《尚书》《史记》等经典；刘聪也很好学，精通经史，擅长草、隶，还会写诗。刘曜同样是能作诗，书法好。再比如前秦的符登博览书传，后秦的姚兴在战乱之时，也不曾放下手中书卷。诸如此类，不胜枚举。

其次，这些君主身上都有神异之处。

刘渊出生前，他的母亲呼延氏曾在龙门祈求神灵赐给她儿子，不一会儿，有一条头上长有两只角的大鱼，游到祭神的地方。当天晚上呼延氏梦见白天所看见的那条鱼变成了人，他左手拿着一样东西，约有半个鸡蛋大，交给呼延氏说："这是太阳的精华，吃了它就能生下贵子。"十三个月后，刘渊就降生了。

刘聪出生前，其母同样梦见了太阳进入肚子，十五个月后，刘聪诞生。

这类感生神话，自上古时期便屡载史册。最接近刘渊父子出生"神迹"的个案，则源自汉武帝的诞生，其母为景帝王夫人，"男方在身时，王美人梦日入其怀"。很难不怀疑，史官是照着《史记》来写的十六国历史。

苻坚出生的时候，被记载为有神光，应该是抄的《后汉书》，因为汉光武帝出生的时候也有神光。

至于刘曜、苻坚、姚襄、慕容垂等人都"垂手过膝"，应该模仿的是刘备与司马炎。

可以发现，十六国君主的种种奇异之处，都能在华夏历史上的帝王库中找到对应的模板。

这或许正是史官的小心思：通过复制华夏史书已有的故事，让人在读十六国的历史时，自然联想到秦汉魏晋的故事，从而在不知不觉间，将十六国的历史当作华夏帝国历史的延续。只不过，对于想要探知真相的后人便有些麻烦了，究竟哪段历史是真的？哪段是编的？直到现在，都没有一个定论。

史官并不是为了塑造一个"华夏化"的过去，而是为了创造一个"华夏化"的未来。就像刘渊冒认汉室后裔一样，不是为了遮掩匈奴的过去，而是为了创造匈奴的未来。

这些高度模式化的历史文本，不断提醒着统治者（无论是汉人，还是其他民族）这片土地的文化传统，塑造着整个社会的文化认同，最终将文本中的"历史"变成正在发生的历史。

过去、现在和未来的关系，并不只是时间的先后关系，它们也可能是一个又一个的循环。在这些历史的循环里面，时间或许已经丧失了意义。特别是像刘渊开启的十六国乱世，这样一个大分裂与大乱斗的时代，人们只能通过制造历史的幻觉，来面对无法直视的生存困境，摆脱长时间游离的精神洼地。

石勒：三十岁奴隶，五十七岁皇帝

王衍与石勒的第一次擦肩而过，差点儿改变了历史。那是晋武帝太康九年（288年）的一个平常日子，十五岁的石勒跟随老家的富户郭敬到洛阳贩马。

那时，他还不叫石勒。由于西晋初年塞外水旱频发，无处生存的羯人只能随大溜迁居到并州一带，石勒一家就是如此。虽然他家属于羯部落首领家庭，可小时候的石勒根本不配拥有名字。为了称呼方便，家里人给他随便起了个小名，每天"阿匐""阿匐"（音同背）地叫着。

与羯人苦不堪言的生活环境相比，此时的帝都洛阳却是另一番景象。经过晋武帝前期的励精图治，晋朝实现了天下一统，洛阳成为当时天下少有的大都市，每日来自四方的商人都聚集于此贩卖商品。

就在石勒等人进入洛阳城后，时任司徒的王衍正难得有闲心在洛阳城内逛街。为了尽快卖完货物找郭敬拿钱换饼子吃，石勒一进城就使劲吆喝，兜售着他的骏马。他奇特的嗓音不仅吸引了一批好奇的百姓，还把坐在车里逛街的王衍吓着了。

王衍出身琅邪王氏，是清谈名士，也是"竹林七贤"之一王戎的堂弟。或许是平日里与嵇康、阮籍等人交往甚深，王衍居然在石勒的吆喝声中，听出了一种类似于"弹琴复长啸"的愤世嫉俗。王衍因此断定，这个少年日后必定会搅动天下风云。趁其吆喝声还没传远，王衍便命人去追杀他，以绝后患。然而，当王衍的士兵循声追击时，石勒早已没了踪影。一行人只好回禀王衍，王衍一听，暗暗为自己的未来担忧着。

后来的历史证明，王衍确实眼光毒辣。就在"阿匐"贩马二十三年后，石勒最终砸开了西晋王朝的大门，要了王衍的性命。

1

自从贩马归来，石勒就成了雇主郭敬家里最忠诚的佃农。当时，胡人在中原地区地位普遍较低，可即便如此，郭敬却没有虐待石勒。郭敬出身太原郭氏士族，家里田多产业多，平日里就靠石勒等几人给他打点着。石勒这段时间过得虽然很苦，却也还算安稳。

石勒的感官与听觉，自小就异于常人。在郭敬家耕田时，他时常听到耳边传来阵阵金鼓擂动之声，每次都会有种热血激昂的感觉。石勒不适应这种感觉，便老是向家人抱怨周围噪音太大，甚至怀疑自己是个怪胎。对此，石勒的母亲经常安慰儿子，"阿䜣"从小吃不饱，饿到幻听了，"阿䜣"是个好孩子。母亲的话是否足以安慰石勒，不得而知；不过，自石勒洛阳贩马回来后不久，天下是真的乱了。

太熙元年（290年），晋武帝驾崩，即位的是史上以痴傻闻名的晋惠帝司马衷。晋惠帝虽然痴傻，但其心不坏。只因皇帝实在无力把控朝局，皇后贾南风便越俎代庖，替丈夫号令天下，从而引起一众司马宗王的不满。后来，贾南风为了一己私欲，废杀太子司马遹。这下西晋王侯更坐不住了，纷纷打出为太子复仇的旗号，"八王之乱"席卷天下。

就在"八王之乱"斗得正酣之际，并州一带出现了史上少有的大饥荒。为了活命，石勒只能和其他与之出身类似的佃农逃亡外地，寻求生机。但因天下大乱，到处都是军人在疯狂地抓捕羯人，将他们绑去黑市贩卖，以赚取外快，石勒也在其中。在逃亡的路上，石勒遇到了昔日的雇主郭敬。郭敬对石勒的出逃表示同情，并愿意为石勒提供二次就业机会。石勒却并不安分，他有自己的想法，他想学那些军人贩卖人口。他想利用自己家族在羯族部落中的声望，将羯人诱骗到冀州"就谷"，理由是那里物产丰富。他认为，即便这些羯人被卖过去后会成为地主家的农奴，但日子总比荒年的佃农要好一些。

讽刺的是，石勒还没实施贩卖人口计划，自己就先被人卖了。盯上石勒的人，是并州刺史司马腾的部下阎粹。阎粹干的是官方认证的"人口运输"工作——抓胡人卖到山东换粮食。为防止石勒等被抓的胡人逃跑，阎粹特地给他们安排了一个大枷，两人一组，戴枷前行。所幸，郭敬的族兄郭阳也参与了此次胡奴的押送工作。通过这层关系，石勒在路上被多加照顾，最后落户于冀州平原郡荏平县（今山东聊城市荏平区），成为地主师欢手中最值钱的农奴。

按说一般人沦为奴隶，就基本没啥出头之日了。可人生的低谷，对石勒而言，代表的恰是触底反弹。许是看到了石勒令人惊异的样貌，师欢竟不敢使唤石勒干活儿。不久，他就做主废除了石勒的农奴身份，并将其介绍到附近的养马场帮工。在那里，石勒遇到了自己的第一个合作伙伴——汲桑。此时的汲桑是这家牧马场的"牧帅"，据史书记载，他的能力与石勒不相上下，"力扛百钧，呼闻数里，时人服之"。或许是因为气质相近，石勒和汲桑很快便以兄弟相称。

在汲桑的引荐下，石勒又找到了与自己经历相似的王阳、夔安、支雄、冀保、吴豫等八人，组建起第一支小部队"八骑"，依托汲桑的牧马场资源，专门在荏平一带打家劫舍。"八骑"很快打出了名声，随后，郭敖、刘征、刘宝、张曀仆、呼延莫等十人又加入了石勒的队伍。于是，一支号称"十八骑"的土匪队伍，就此见诸史书之中。

2

与此同时，西晋"八王之乱"越打越乱。304 年，已晋升为皇太弟的成都王司马颖在政斗中落败。其部将公师藩为救主公，特在清河郡起兵，打算接回司马颖东山再起。

此时，石勒、汲桑等人已经意识到，单靠打家劫舍，发展机会有限。因此，听闻公师藩到平原郡一带募兵，汲桑与石勒便带着"十八骑"前往投靠，打算干一番保驾从龙的大业。投奔前，读过点儿书的汲桑给"阿訇"起了个大名——石勒。从此，这个名字在十六国的风云变幻中，令人闻风丧胆。

但这会儿，他们失算了。就在"十八骑"宣布参军后不久，公师藩兵败，为名将苟晞所杀。汲桑、石勒因此沦为官府通缉犯，被迫亡命天涯。第一次投靠失败，石勒与汲桑都不甘心。潜逃回平原郡后，他们又利用各自的社会关系缓慢发展出一支上万人的土匪大部队。既然他人不足恃，自己单干行不行？

汲桑和石勒开始了新一轮的尝试。永嘉元年（307 年），汲桑在荏平发动起义，打出为司马颖报仇的旗号，自号大将军，以石勒为扫虏将军，攻打附近郡县，并释放囚徒，壮大队伍。此时，西晋朝廷已为东海王司马越所掌控。司马越为人毒辣，他知道晋惠帝的智商仅停留在灾荒之年"何不食肉糜"的程度，便给晋惠帝送了张"麦饼"，将其毒杀。晋惠帝驾崩后，皇太弟司马炽即位，是为晋怀帝。晋怀帝不喜政治斗争，故登基后，国家大事听由司马越安排。

得知汲桑等人在并、冀一带制造暴动，司马越立即吩咐自己的弟弟司马腾联合名将苟晞组织大军进行剿匪。而汲桑、石勒听闻自己的对手竟然是旧仇人，也抑制不住心中的怒火，不假思索便向司马腾所在的邺城发起冲锋。司马腾自恃经略并州多年，曾组织过大规模贩胡活动，对付汲桑、石勒还不是手到擒来？这边，石勒积极备战；那边，司马腾却在府里吃香喝辣，丝毫不顾拼命守城的将士。结果可想而知，司马腾身首异处，邺城陷落，石勒成就了个人军事生涯的里程碑式大胜。

随后，汲桑和石勒将矛头对准了曾经大败过公师藩的苟晞。但这一仗非但没能扩大战果，还使汲桑搭上了性命。好好的万人大部队，愣是被折腾成了最初的"十八骑"。

3

石勒被一股强烈的挫败感所笼罩，此刻的他终于想明白，自己的挫败正是因为"十八骑"从未有过宏大的目标和纲领，很容易被他人利用，沦为战争的牺牲品。经过一番思量，他率部投奔了汉王刘渊。刘渊本为匈奴贵族，早年曾在晋朝为官，史书记载其文武兼修，膂力过人，极得晋武帝等当朝权贵的欢心。但晋人一直抱着胡汉不两立的观念，晋武帝去世后，刘渊就屡受朝廷打压排挤。直到"八王之乱"爆发，刘渊趁势揭竿而起。

304 年，刘渊在离石（今山西吕梁市离石区）自立为汉王。他知道，无论汉人还是胡人，对汉朝都有说不出的崇敬，他干脆改姓刘，自称是刘禅的后代，以此打造"刘皇孙"的人设。这个策略无疑是成功的。自他称王第二年起，大江南北就出现了一批文人百姓聚拢于他的"汉"旗之下。除了石勒之外，盘踞在青、徐一带的王弥，上郡的拓跋鲜卑，也都是汉王刘渊的臣属。

在这群人里边，刘渊最赏识的是王弥和石勒。王弥是刘渊的故旧，而石勒则凭借智谋使刘渊对自己刮目相看。当时有个叫张伏利度的乌桓首领，恃众屡拒刘渊招纳。这让刘渊颇感头疼。石勒得知后，认为这是自己递交"投名状"的绝佳时机。他假装得罪刘渊，跑到张伏利度部"投诚"。张伏利度不知是计，便与石勒称兄道弟，不再设防。某次醉酒，石勒当场擒拿张伏利度，并威逼其手下投靠了刘渊。就这样，石勒获得了刘渊的认可，在短短一年内，成为刘渊手下最得力的干将，获封平晋王，都督山东诸军事，完成了从奴隶到将军的身份转变。

4

长期被奴役的命运，让石勒对魏晋时代的士大夫阶层充满了仇恨。自从成为手握大权的封疆大吏后，他在征伐常山、巨鹿等郡时就以组织"攻城而不有其人，略地而不有其土，翕尔云合，忽复星散"的闪电战为荣，把劫掠和屠戮士族官吏作为战术指标。为此，北方士族遭受沉重的打击。

但在对待老弱妇孺上，石勒却显示出"堪为人主"的一面。他对手下约束甚严，规定只要部队进城，就严禁毁坏群众财物，违抗军令者，立斩不赦。因此，石勒赢得了受掠地百姓的支持。他们拖家带口前往投奔，让石勒在河北攒下了一支逾十万人的大部队。

不过，比起意外收获兵马，石勒这个时候最开心的，大概是组建了个"君子营"，功能相当于禁卫军加谋士集团。"君子营"的谋主叫张宾，是西晋中山太守张瑶的儿子。史书曾言，"成勒之基业，皆宾之勋也"。石勒之所以会脱胎换骨，逐渐成就霸业，大抵就是因为有张宾的存在。

本来张宾是石勒要屠杀的对象，可此人却有着过人的胆识。他一直以当世的张良自居，认为唯有像刘邦那样的人，才值得他这种冠绝天下的谋士为之倾献。当一众西晋贵族请他出山时，他要么婉言谢绝，要么装病免官。直待石勒的出现，他才对外宣称："吾历观诸将多矣，独胡将军可与共成大事。"胡将军，就是胡人将军石勒。为了投奔石勒，张宾提着一柄剑冲入石勒军营，要求对方出来见自己。石勒对眼前这位士人也是颇为震惊，不过，出于对西晋士族的一贯鄙视，石勒既不杀张宾，也不重视他。

张宾的机会很快就来了。永嘉四年（310年），刘渊去世，偌大的"汉政权"陷入了疯狂的内斗。刘渊的第四子刘聪最终凭借武力，即位称帝。刘聪以高官厚禄笼络石勒，以使后者继续为己卖命。石勒的表现还算令刘聪放心，趁着西晋局势混乱，他配合刘聪的儿子刘粲发兵洛阳，"永嘉之乱"初现端倪。随后，石勒相继攻下南阳、襄阳，掠江西之地，从黄河打到长江。此时的石勒遥望着江南，不免有些野心膨胀。

当时，为了给西晋留有更大的战略转移空间，后来的名相王导以及东海王妃裴氏都曾劝司马越迁都江南，但此建议为司马越所否定。自秦以来，塞外各部族虽强大，却从未有过完全侵占中原之事。不过，为防万一，司马越与辅佐自己的琅邪王氏达成了某种政治协定：让自己的盟友、琅邪王司马睿与王导率北方士族南下，衣冠就食；自己则与王衍留守中原，应付朝堂政斗以及对外作战。

司马越没想到，这番策略居然会导致中原发生"永嘉之乱"。眼见司马睿分批运走北方士大夫，石勒有了打劫江南据为己有的想法。但以王导为代表的士族并不是"软柿子"，石勒孤军深入，很快被王导发现了"死穴"。王导派兵重击，导致石勒因粮饷不继，打起了退堂鼓。这时候，张宾终于露脸了。他极力反对石勒的撤兵计划，并痛陈以进为退之策。他认为，若此时石勒后撤，难免又给王导一个可乘之机，届时南北遭夹击，怕是插翅难飞。石勒果断听从张宾的计划，继续前进，渡过沔水，攻克江夏。待补给无碍后，再向北折返，杀回北方。

5

石勒谜一般的操作，着实将司马越搞糊涂了。他担心自己再在洛阳城待下去，石勒不久便会杀到跟前，遂将一干国务尽数还政晋怀帝，自己以讨伐石勒为由，出去避风头了。结果，司马越刚还政晋怀帝，晋怀帝便发布了讨伐司马越的檄书，要求各方起兵护驾勤王。司马越本来身体就不行，经此一吓，半路上就暴毙而亡了。

东海军群龙无首，只好把先前跟司马越关系甚佳的王衍请了出来，希望由他统领全军，征伐石勒。王衍此时还未意识到石勒就是其当年错过的暗杀对象，但面对"贼寇蜂起"的现状，他已经吓得两腿发软。为了推掉众将的请求，他编出了一套说辞称，当官非他所愿，但愿能护东海王灵柩返回故里，以全忠节。

即便如此，王衍还是走上了一条不归路。永嘉五年（311年）四月，奉司马越的棺椁还葬东海国的途中，王衍与石勒在苦县宁平城（今河南郸城东北）遭遇。司马越的部将钱端作为军中能战的将领，对石勒发起一顿冲锋。最终，在石勒骑兵的包围之下，曾经保东海王夺取洛阳军政大权的部队被全数歼灭，王衍等一群只会逃跑的文官和宗王沦为阶下囚。

为了活命，王衍不管不顾，直接跪倒在石勒面前。对于这个曾经的"仇人"，石勒倒还算看得起他，问他对当下西晋破败的局势有何看法。王衍却只是一味澄清西晋乱政不干他的事，而石勒如若要称帝，他必鼎力支持，前提是让他活下去。石勒没想到王衍居然是如此厚颜无耻之人，他怒斥道："你的名声传遍天下，年轻时即被朝廷重用，一直到头生白发都身居要职，怎么能说不干你的事呢？天下大乱，正是你的罪责。"随后，石勒命士兵在夜里把王衍等西晋旧臣通通活埋了。

6

一个新的天下在石勒的经营下，逐渐被重塑。自王衍败亡后，西晋王朝苟延残喘。仅两个月后，刘聪亲率大军打下了洛阳，晋怀帝在逃往长安途中被俘，"永嘉之乱"拉开了帷幕。

此时，刘聪的"汉"政权统一中原已是大势所趋。然而，石勒经过张宾的辅佐，也是实力大增。张宾建议石勒可在邯郸、襄国两地择其一，建立大本营。张宾还告诉石勒，要想地盘大，得学会放权，"命将四出，授以奇略，推亡固存，兼弱攻昧，则群凶可除，王业可图矣"。也正是因此，襄国（今河北邢台）成为日后石勒政权的统治中心。在张宾的协助下，此时的石勒就像是一个不服王化的诸侯，在襄国设置百官，订立制度，向东智取王浚，向西打败刘琨。

由于石勒统治的区域胡汉混杂，为了减少矛盾，自统治襄国起，石勒就在自己的地盘上实行胡汉分治制度。具体来说，就是在各郡设置内史一职专管汉人事务，而胡人打架斗殴等难题，则通通划归"大单于台"主管。在汉人聚集的区域内，石勒要求各地设置学官，选派"君子营"的谋士及其他有识之士到学官为师，教授适龄儿童知识，以备日后效国之用。同时，为了维持"君子营"的高质量运转，石勒依照西晋时期的"九品中正制"，在自己的属官中"典定士族"，允许他们以公卿的身份，推举有用的人才。

石勒这边正春风得意，而拿下洛阳的刘聪却悲剧了。在立太子的问题上，刘聪犯了与其父刘渊类似的毛病，那就是，以为立了太子就天下太平了。刘聪死后，太子刘粲即位，因暴虐无道被岳父靳准篡了位。靳准自称汉天王，杀掉几乎所有的刘氏皇族，唯刘渊义子刘曜幸免于难。

汉国的内乱，让张宾和石勒迅速捕捉到建立王图霸业的气息。与石勒有同样想法的，还有刘曜。石勒与刘曜都是曾跟随刘渊、刘聪打天下的猛将，所以一听说两人抱着同样的目的而来，靳氏家族直接起了内讧。靳准的儿子靳明捧着传国玉玺找上了刘曜，向刘曜请降。石勒见靳明不向自己投降，大怒，率兵击破靳明。靳明向刘曜求救，刘曜派兵接收了靳明的一万五千人马后，就下令杀了靳明及其全族。

国玺是皇帝身份的象征，石勒的发怒表明了他的觊觎之心。有意思的是，刘曜在接过靳明的国玺后，就宣布刘渊的"汉"政权无效。理由是如今西晋已灭，晋在五行里属于"金德"，金生水，刘曜需要找一个代表"水德"的字号称帝，方可使天下归心。"赵"就这样取代了"汉"，成为十六国里又一个新兴的政权，史称前赵。

与此同时，刘曜以新皇的身份任命石勒为太宰，并以河内二十四郡封其为赵王。但无论刘曜封给石勒何等高官厚禄，两人决裂也不过是时间问题。没过多久，石勒于319年称大将军、大单于、冀州牧、赵王，在襄国即赵王位，正式建立后赵，称赵王元年。

到 328 年，石勒命堂侄石虎进攻刘曜。刘曜不愧为沙场宿将，面对石虎这个日后的"杀人狂魔"，调度有方，曾一度将石虎逼到山穷水尽的地步。但刘曜自领兵以来就有个坏毛病——打胜仗后必喝酒，每次喝酒必烂醉。最终，在石勒大军的围攻下，刘曜兵败被俘。石勒让刘曜写一封劝降信给儿子刘熙，刘曜却在信中要求刘熙"与诸大臣匡维社稷，勿以吾易意也"。石勒大怒，遂杀刘曜。

至此，石勒的高光时刻终于到来了。

7

公元 330 年，石勒正式称帝，改元建平，大赦天下。从奴隶变成皇帝，这一刻，石勒做到了。石勒称帝本是大势所趋，但随着他的地位改变，后赵内部却出现了不同程度的分化。

从前，随石勒南征北战的"十八骑"多在后赵军中为武将，他们攻城略地是能手，在政治上却毫无建树。伴随北方战事逐渐平息，"十八骑"在后赵朝堂中的影响力越来越弱。反之，由于石勒前期倾向优待士族，到了后赵时代，士族与"君子营"逐渐成为治国的重要力量。

特别是石勒在立太子时，摒弃军功甚重的侄子石虎而选文弱的儿子石弘，更是将这种矛盾推向极致。听闻石弘成为皇太子，石虎第一个跳出来反对："大单于之望实在于我，而授黄吻婢儿，每一忆此，令人不复能寝食。待主上晏驾之后，不足复留种也。"石虎的惊人之言，自然引起石勒的注意。可面对这个侄子，石勒到底下不了手。他只能让太子石弘提前代行国政，事先安插人马，即便未来石虎真有反心，大概率也反不了天。

可惜，石勒这次错了。333 年，六十岁的石勒病逝。临终前，他要求丧事一切从简。对于石虎和石弘的紧张关系，石勒特别交代，两兄弟勿要自相残杀，司马氏的"八王之乱"就是你们的前车之鉴。这话，石虎只当耳旁风。石勒死后，石虎立即废了石弘的皇位，自称天王，将石勒的子孙、妻妾通通屠戮殆尽。此后，石虎称后赵皇帝，并在其统治地盘上掀起了一阵又一阵的杀戮。

石勒好不容易奠定的治世，瞬间成了人间炼狱，让后人徒留兴叹：在军功强人的时代，历史总是充满了变数。

苻坚时代：统一大业的推进与中断

大秦天王苻坚（338年—385年）生命中的最后两年，便是历史变数的真实写照。

383年，他以巨大的国力和兵力优势，信心满满地对东晋发起统一战争，志在必得。仅仅两年后，385年，他被曾经的部下姚苌抓获，随后在一座佛寺中自缢而死。

从巅峰到殒命，从成为"秦始皇第二"的神话，到沦为历史和谶纬学者的笑话，中间只隔了一次"淝水之战"。而这次战争的结果，不仅宣告了前秦帝国的崩溃，也宣告了中国大一统的机会之门又关闭了，一关就是整整两个世纪。

1

我们都知道，苻坚生活的年代，历史上称为十六国时期（304年—439年），是著名的大乱世。但苻坚本人给人的感觉并不属于这个乱世，或者说，他就像是乱世中的一股清流。

八岁的时候，苻坚就显得与众不同。他竟然主动要求拜师读书，这对于崇尚征战的氐族人来说，是破天荒的事儿。他的祖父苻洪知道后，高兴地说："我们这些戎狄部族，世世代代只知道喝酒，你小小年纪却要求读书，真好。"

氐族是世代生活在青藏高原边缘的一个部族，从西汉以来，就成为中国的子民。但他们还保留着自己的部落和部落贵族。在十六国乱世中，苻坚的祖父苻洪也跃跃欲试，想建立氐族政权。不过一开始实力不够，他选择了投靠后赵石虎。后来，苻洪被石虎授予龙骧将军，镇守枋头（今河南浚县），遂带着族人和部队离开故土，到了中原。多年后，后赵盛传"苻氏有王气"的说法，石虎开始谋划杀掉苻洪。苻洪当时已拥兵十万，一不做二不休，干脆自称大将军、大单于、三秦王，并率军西进，想在长安建立自己的政权。途中，苻洪被人毒杀。

苻洪的继承人是他的儿子苻健，即苻坚的伯父。苻健遵从苻洪的遗训，率领人马西渡黄河进入关中，渡河后，把浮桥烧了，以示断绝退路。当时的关中，都是流亡豪强为避乱自建的坞堡，相当于一个个独立的军事单元。苻健大军所到之处，这些堡垒纷纷归降，符健遂直入长安。351 年，符健自称天王，建立前秦。符健曾大败北伐的东晋将领桓温，也曾挡住前凉的进攻，在关中站稳脚跟。可惜他不到四十岁就病逝，他的太子符苌此前也战死了，他的第三子符生，也就是符坚的堂兄被立为皇帝。

接下来的事情，就有点儿历史"罗生门"的意思了。

按照正史的记载，符生在位仅两年时间，他把昏庸暴虐的事儿干了个遍。他嗜酒无度，以杀人为乐。他天生独眼，忌讳臣下提及"不足、少、无、缺"等字眼，谁不小心提到了，杀无赦。别人恭维他，他说你取媚于我，杀；别人批评他，他说你诽谤我，也杀。史书说他一年内就诛杀后妃、公卿以下官员五百多人。不过，符坚的上位史跟后来的李世民太像了，堪称前秦版"玄武门之变"。所以符生真的是十恶不赦的暴君，抑或只是符坚为了宣扬自己篡位的正当性而刻意抹黑符生，真相已经无法还原了。

正史载，357 年，年仅二十岁的符坚不忍前秦毁在暴君符生手里，于是秘密联合了同父异母兄符法、御史中丞梁平老等人，包围皇宫，发动政变。符生帝位被废，不久被处死。

诡异的是，没过多久，符法也被处死了。符法是符坚同父异母的哥哥，两人发动政变并杀了符生以后，谁来继承帝位呢？按照正史的说法，兄弟二人你推我让，十分客气，最后符坚的生母苟氏拍板，让自己的亲生儿子上台。再后来，苟氏"以（符）法长而贤，又得众心，惧终为变，至此，遣杀之"。苟氏为了让符坚坐稳帝位，竟然派人把符法解决掉了。而符坚在这个过程中，表现得跟傀儡似的，全然听命母后的安排，只是在符法被处死前跟他诀别，"恸哭呕血"。这样不合常理的记载，只能让人怀疑，符坚不过是借母亲之手杀掉符法罢了。由于运作手法高超，后人只会骂符坚之母恶毒，而不仅不会骂符坚，还会同情他的无奈与仁慈。

由于历史上皇室内部的夺权血案时有发生，而史书的记载要么讳莫如深，要么遭到篡改，导致真相不明。符坚的上位，跟后来的隋炀帝、唐太宗等人一样，都属于同一类型。但说白了，这是家族内部的权斗，过程或许不光彩，但只要其上位后做出了历史功绩，就无损于他们的名声。隋炀帝如此，唐太宗如此，符坚也是如此。之所以说符坚是十六国大乱世中的一股清流，主要依据正是他上位后二十多年间的所作所为。

2

在十六国政权中，存在一个普遍性的问题，即皇帝个人权力的扩张与军功贵族集团之间的矛盾。这些政权的建立，都是依靠部族内部军功贵族的武力实现的。起初是军事封建制，由宗室成员集体分享权力，但当皇帝希望打破这种集团权力体系实现独裁的时候，矛盾就产生了。为了压制宗室军功贵族，皇帝一般都会构建自己的官僚系统，另组权力决策层。苻坚整顿前秦朝局，走的也是这条路。用现在的话来说，就是引入职业经理人，对创业股东进行夺权。

王猛（325年—375年）正是苻坚理想中的那个职业经理人。两人初次见面，就一见如故，苻坚说自己像是刘备遇到了诸葛亮。而王猛此后辅佐苻坚长达十八年，君臣关系如胶似漆，在历史上也确实只有刘备与诸葛亮可与他俩媲美。375年，王猛病逝后，苻坚痛哭流涕，下诏说："王猛当丞相时，我经常说做皇帝很轻松，现在王猛走了，我似乎一夜之间就须发皆白，难啊！"

以王猛为代表的汉人官僚，成为苻坚打击和压制氐族宗室、军功贵族，强化中央集权的一件利器。这是政体转型的必然，谷川道雄在《隋唐帝国形成史论》一书中说，苻坚与王猛这种君臣关系，推进了种族国家向普遍意义上的帝国发展。

氐族豪强在被迫退出权力核心的过程中，并非束手就擒。他们用既有的地位和军权进行抵抗。然而，他们并未将矛头直指皇帝，而是指向汉人官僚。所以苻坚越是重用王猛，氐族豪强就越忌恨王猛。

前秦特进（官职名，地位类似于三公）樊世为前秦建国立过大功，他曾当着众人对王猛说："我们都是跟着先帝打江山过来的，凭什么我种地而你来收获？"王猛不是省油的灯，当场反驳了一句："何止让你种地，我还要让你当屠夫，宰杀牛羊，然后我来吃肉呢。"樊世气得要命，放下狠话："我一定要把你的人头挂到长安城门上，不然我就不是人。"

王猛立马将此话转告苻坚。苻坚盛怒："必须杀此老氐，然后百僚可整。"不久，在一次会议上，王猛与樊世又发生口角。樊世欲打王猛，被人劝阻后大骂不止。苻坚直接命人把樊世杀了。自此，"公卿以下，无不惮（王）猛焉"。

在苻坚的支持下，王猛一连诛杀了二十多个贵戚豪强，统治秩序大为改观。连苻坚都感叹说："吾今始知天下之有法也，天子之为尊也。"言外之意，我到今天才知道做皇帝的尊贵，终于不再受军功贵族的制衡了。这跟西汉初叔孙通帮刘邦构建了帝王仪式之后，刘邦感慨"当皇帝真爽"，道理是相通的。加强君权，权力的滋味就来了。

符坚是一个有理想的帝王，他仿照汉族政权加强君权，目的是按照心中的蓝图，做更大的事业。在王猛几乎成为前秦二号人物期间，君臣二人的统治有口皆碑。符坚劝课农桑，抵制奢侈，怜惜人民，厚待士兵，遇到天灾就削减宫廷用度。他想建立一个理想的道德王国，故而广修学官，振兴儒学，曾经一个月三次视察太学。他缔造了十六国时期最安定、最强大的政权，也让乱世中的人民看到了统一的曙光。他治下的国家，甚至让一些历史学家联想到汉唐统一帝国的极盛时期。

3

在把国家治理强盛的同时，符坚开启了统一中国的历史进程。

370 年，符坚任王猛为主帅，攻打前燕。前燕曾是中国北方最强大的政权，是统一北方的"大热门"，但由于慕容家族内部的猜忌与权斗，导致关键人物慕容垂出逃，投靠前秦。符坚热情迎接慕容垂，第二年就发动了"灭燕之战"。

当王猛率军围攻前燕都城邺城时，符坚突然从长安赶到前线。王猛随即离开军营，去迎接符坚。符坚说："你怎么能在战争的紧要关头离开军营呢？"王猛却反问道："攻燕如摧枯拉朽，不足为虑，倒是您怎么能轻易离开长安？万一发生意外，如何对得起宗庙社稷？"

可见，君臣两人对自己都胸有成竹。他们很快攻破邺城，俘虏了前燕君臣。攻灭前燕是符坚统一北方进程中最大的胜利，得到一百五十七个郡，九百九十八万人口。接下来的一系列南征北伐，对符坚而言，难度系数几乎为零：371 年，攻灭氐族杨氏建立的仇池国；373 年，攻占成都，拿下四川；376 年，攻灭前凉和鲜卑拓跋氏建立的代国，基本统一了长江以北地区；382 年，前秦大将吕光远征西域……至此，前秦的疆域达到极盛，"东极沧海，西并龟兹，南包襄阳，北尽沙漠"。十分天下而居其七，仅有东南一隅的东晋还在苟延残喘，不过，在符坚看来，也快了。

在他的蓝图里，混合天下为一家，实现大一统的日子快到了。离理想的最终实现越来越近，他竟变得有些寝食难安，迫不及待。

如果说在一次次扩大前秦疆域的胜利中，有什么事最让符坚伤心，那一定是王猛的病逝。王猛临终前劝符坚不要急着进攻东晋，而要先铲除前秦的真正敌人鲜卑和羌人。王猛向来主张对鲜卑贵族采取强硬态度。他早就看出投奔前秦的慕容垂绝非等闲之辈，屡次劝说苻坚杀之，苻坚不听。他设计要置慕容垂于死地，结果苻坚又宽恕了慕容垂。也许是从小受到了儒家的深刻影响，苻坚打天下的理念，跟十六国时期盛行的残杀与暴虐的整体氛围完全不搭边。对于被他征服的地区，不管是统治者还是人民，他都采取了优待政策，从未发生过一起屠城事件。在他的心中，也没有族群的界限，尽管那是一个民族碰撞、猜疑和壁垒最为严重的时代。

攻灭一个政权后，苻坚的惯常处理方式是将投降的君臣、宗室和贵族一同迁往关中，再根据他们的地位和能力进行优待，要么授予荣誉爵位，要么授予重要官职。慕容垂出奔前秦后，曾被授予京兆尹的重要职位，还曾多次领兵作战，成为前秦开疆拓土的大功臣。而前燕国主慕容暐被授予新兴侯，慕容冲则被任命为平阳太守，前燕的贵族、官僚几乎在前秦都获得了相应的官职。后来逼死苻坚的羌人姚苌，早年也是在与前秦的战斗中被俘，归降苻坚而得到重用。苻坚自信有能力驾驭慕容垂、姚苌等枭雄，想领导他们在各国、各族的战争中为己所用。所以苻坚敢任用这些降将，也不怕把军政大权交给这些曾经的宿敌。

"淝水之战"大败后，前秦的各族降将纷纷打起复国旗帜，从内部瓦解了庞大的前秦，这一历史事实导致很多史学家认定，苻坚的民族宽容政策是一种错误。但司马光恰如其分地指出，这不是前秦失败的原因："论者皆以为秦王（苻）坚之亡，由不杀慕容垂、姚苌故也，臣独以为不然。许劭谓魏武帝（曹操）治世之能臣，乱世之奸雄。使（苻）坚治国无失其道，则垂、苌皆秦之能臣也，乌能为乱哉！"事实也是如此，慕容垂、姚苌等非汉人将领为苻坚服务十几二十年，没有这些人才的加盟，前秦不可能所向披靡，发展为强大的帝国。这些隐藏的枭雄，在苻坚手下一个个化身为能臣，奠定了前秦霸业。

更为重要的是，优待被灭国的军功贵族可以利用他们在本民族的影响力，去安抚和号召各族人民，为前秦效力。苻坚的百万雄兵，单靠氐族人是远远不够的，鲜卑、羌、汉等每个族群都是他的重要兵源。这或许才是苻坚善待战俘和实行宽容政策的真实原因。从理想主义的角度看，他想要构建一个类似于唐朝的多民族融合国家；而从实用主义的角度看，他的宽容和仁慈最终从人才、兵源、财力等多方面奠定了他的霸业基础。

苻坚绝不是一些人所说的仅有妇人之仁，实际上，他比同时代的任何人都看得远。

当时，前秦帝国的境内，关陇一带遍布羌人，山西西北部和陕西西北部是匈奴人，山西东北部和内蒙古一带是鲜卑拓跋氏，河北、辽东以及河南北部则是鲜卑慕容氏的族人，而汉族是当时中国北方的主要人群……苻坚每消灭一个政权，民族关系的复杂程度就增加一分。将被征服政权的权贵迁移到关中，充实长安的人口，既方便控制，又促进民族融合。在关陇地区，氐族的人口还算稍微有点儿优势，但其他地区，几乎没有他们的踪影。统一中国北方后，苻坚为了巩固氐族的政权，将十五万户氐族人以军事移民的方式，移植到各个重要方镇。一千多年后，清朝统治者也采取了同样的形式，在各地设置八旗驻防。这是一项民族大融合的伟大计划。假以时日，前秦就是先行版的唐朝，在统一体制下完成经济文化的整合，经过两代人或三代人的更替，逐渐消弭族群的芥蒂和界限，实现多族群的融合共处……一切只需要交给时间。可是，苻坚已经等不及了，他要去实现他的终极梦想了。

他不知道自己将踏入一条失败的河流。

4

383 年，苻坚发起了针对东晋的总进攻。

出征之前，苻坚将龙骧将军的称号授予羌族将领姚苌。龙骧将军这一官职，对苻坚有特别的意义。他的祖父苻洪最早被后赵石虎授予龙骧将军，而苻坚十三岁时，他的伯父苻健也任命他为龙骧将军。可以说，龙骧将军是苻氏家族发家的起点，也是苻坚个人建立功业的起点，所以苻坚很珍惜这个称号。他对姚苌说："我从未授人'龙骧之号'，现在将它授予你，希望你担起重任。"

这时，苻坚的手下赶紧跟他耳语道，王者无戏言，将龙骧之号让出去，不祥之兆呀。苻坚不听，他最烦这些神神鬼鬼的谶纬之学。

根据苻坚的部署，他的弟弟苻融督张蚝、慕容垂等率领步骑二十五万为前锋。兖州刺史姚苌获得苻坚从不授人的龙骧将军称号，负责益、梁二州诸军事。苻坚自己也带兵从长安出发，总计兵力约有戎卒六十余万、骑兵二十七万。当苻坚到达项城时，凉州之兵才到达咸阳，与此同时，巴蜀之军由长江顺流而下，幽州、冀州之众刚到达彭城。如此，水陆两军在东西两面形成了绵延一万余里的气势，确实令人震撼。

一战而攻灭东晋，完成大一统，苻坚志在必得。客观地说，两国无论从人口、领土还是兵力，实力差距都太过悬殊了，前秦占有绝对性的优势。对苻坚而言，这就像此前攻灭前燕或前凉的任何一场战争一样，结局已经提前写好了。或许只是因为这场战争被赋予了大一统的特殊意义，所以苻坚才不顾反对，一定要御驾亲征，不然他完全可以像以前一样，坐镇长安，等待好消息就足够了。想想看，确实也是如此，古往今来，从关中起家，一点儿一点儿拼接帝国版图，直至完成大一统，也就只有秦始皇一人而已。苻坚给自己的历史定位，显然不会低于"秦始皇第二"这样的头衔。

但是，在出征前的历次军事会议上，前秦朝臣几乎没有人赞成攻伐东晋。反对的理由也很奇怪，所有人都拿天象、天命来说事儿，搞得苻坚很不耐烦，说你们别整这些玄虚的东西，"以吾之众旅，投鞭于江，足断其流"。这位以虚心纳谏出名的帝王，此次却做了一次独断的决定。史书记载中，关于是否讨伐东晋的多次讨论，每次都以"（苻）坚不听"而告终。

史书说，苻坚寝食难安，迫切要攻打东晋。在他的心中，一定有一张政治地图，在那里，等他攻下了东晋一隅，流寓江南的士族就可以回归北方故里，重建中华文明和大一统帝国的事业就能经由他这个非汉人君主得以实现。这是何等的功业！

一开始，战争按照苻坚设想的方向发展，面对东晋军仅有的八万兵力和五千水军，前秦军二十五万先锋部队势如破竹，就像大象踩着蚂蚁一样。

当时，东晋水军负责人胡彬遭到苻融的多次攻击，无力支撑，便派人送信给东晋的征讨大都督谢石。结果，送信人被前秦士兵捕获，苻融由此知道东晋兵少粮绝，快撑不住了，于是立即派人向苻坚报告了信的内容。苻坚大悦。胜券在握，他闪过的第一个念头是，不要让谢石、谢玄这些东晋将领跑了。在出征前，他把东晋皇帝和丞相谢安的职位和住所都安排好了，就等着打完仗把他们接到长安去呢。所以，当他的八十万大军停守在项城后，苻坚自己率领八千轻骑急忙赶到苻融驻守的前线寿阳（今安徽寿县）。他要亲自擒拿东晋的将领。

到达寿阳后，苻坚派朱序去对谢石进行劝降。朱序原来是东晋襄阳太守，五年前被前秦俘虏，苻坚因为他的气节和能力，授予他为度支尚书一职，为己所用。苻坚之所以派朱序去劝降，是因为考虑到了朱序曾在东晋生活和做官的背景，以及现在前秦对他的优待，这些都会对谢石产生触动。

万万没想到，朱序一入东晋军营就背叛了苻坚。他在谢石面前泄露了前秦主力军还在项城、并未集结到前线的重大机密，并建议说："今乘诸军未集，宜速击之，若散其前锋，则彼已夺气，可遂破也。"

谢石很振奋，下令抓紧反击，果然打了一场小胜仗。

双方隔着淝水重新建立阵地。东晋军前锋都督谢玄向苻融提议说："你们能不能把阵地往后撤一点儿，等我们东晋士兵渡过淝水后，再在北岸决一死战，如何？"前秦诸将对这个提议都表示反对，东晋人少，我们人多，直接往前冲就是了。不过，苻坚和苻融却打算等东晋士兵渡过淝水一半时，趁其不备，一举歼灭，所以接受了谢玄的提议。

在前秦军按约定后退的过程中，诡异的事情又发生了。

由于信息传达不到位，前秦军士兵以为后退是全军败退了。这时，朱序在后面故意大喊"秦兵败矣"。原本是谋略性的后退，这下子变成了真正的败退。连苻融都在撤退过程中，落马而被杀死。而苻坚则身中箭伤，狼狈而逃。史书记载了前秦军队被打败后的惨境："（苻）坚众奔溃，自相蹈藉投水死者不可胜计，淝水为之不流，余众弃甲宵遁，闻风声鹤唳，皆以为王师（东晋军队）已至，草行露宿，重以饥冻，死者十七八。"

一场稳赢的战争，重重偶然因素叠加，加上两次重大失误，转眼间变成了惨败。苻坚的大一统之梦破碎了。在败逃途中，他对着自己最宠幸的张夫人潸然泪下。

回望历史，383年是西晋末年分裂以来中国最有机会重现大一统的年份，最终因为苻坚在"淝水之战"中的意外惨败而错失了。"淝水之战"，若前秦打赢，当时的中国肯定就统一了；但东晋打赢了，却没能实现统一。说到底，东晋没有统一的能力，也没有统一的意愿，淝水之战只是东晋一次意外的胜利而已。

东晋主指挥谢安接到前方传来的捷报时，正跟人在下棋。他故作淡定，直到下完一盘后，仓促离席，用力过猛，木屐磕在门槛上，直接折断了。对于东晋，这场胜利根本就是计划外的，难怪谢安如此狂喜。史学家王仲荦认为，"淝水之战"是民族大融合中的最大一次战争，也是决定南北能否统一的一次战争。战争的结果，按理说不是前秦消灭东晋实现大一统，就是东晋收复北方实现大一统，但最后却出现了南北对峙、北方重回混战年代的局面，这个结果纯粹是东晋的狭隘、内斗和无力造成的。

5

接下来的故事，对苻坚、对前秦、对当时的中国，都是"淝水之战"后一曲悲伤而漫长的余音。

战败后的苻坚仅率千余骑突出了重围。他治理国家二十多年留下的德政和名声，在关键时刻给了他一些稍可安慰的正向反馈。一路上，老百姓仍然很感念这名落魄的仁君，主动给他送吃的，送穿的。

苻坚先去投奔了慕容垂。慕容垂的部下都劝他杀掉苻坚，但慕容垂感念苻坚在他困难时收容并重用他，不肯下手。慕容垂把自己的三万大军还给苻坚，并跟随苻坚一路西行，准备返回长安。苻坚沿途收集离散人员，等回到洛阳时，已有士兵十余万。到达渑池（今属河南三门峡）时，慕容垂借口说要北巡燕岱，祭拜祖先陵墓，苻坚同意了。慕容垂重返关东，一去不回，很快重建了燕国。留在关中的前燕国主慕容暐的弟弟慕容泓，听到慕容垂起兵复国的消息，也在华阴举兵，慕容暐的另一个弟弟慕容冲则在平阳起兵。

即便如此，苻坚依然维持了他的风度。他的宽容，已经不能用一般的境界去衡量或揣度。当慕容冲逼近长安时，苻坚甚至还考虑出席慕容暐两个儿子的婚礼。而所谓的婚礼，实际上是慕容暐准备策动长安城内的鲜卑人刺杀苻坚的一个计谋。直至慕容暐的计谋被揭发后，苻坚才杀了慕容暐父子以及千余名鲜卑人。这应该是苻坚一生杀人最多的一次了。他一生征战，灭国无数，但从未发动过一起屠杀事件。

当长安受到慕容冲的进攻而陷入孤立时，关中的三千多个堡垒以冯翊的赵敖为盟主，送粮食支援长安。冯翊的将士们发誓要跟着苻坚奋战到底。而苻坚则劝大家说，这是要掉脑袋的行动，请不要轻易牺牲。哪怕到了绝境，他依然维持了一个有德之君的做派。

苻坚曾寄予厚望的龙骧将军姚苌，在最紧要的关头也背叛了他，建立后秦，成为苻坚的致命之敌。385年，苻坚在五将山（今陕西岐山东北）被姚苌捕获。姚苌提出要苻坚禅位于他，苻坚破口大骂。在忍痛杀了自己两个女儿后，苻坚自缢于一座佛寺中（一说被姚苌命人绞杀）。他最爱的张夫人亦跟着自杀。

苻坚死后，闻者哀痛，就连姚苌的手下将士也为苻坚痛哭流涕。

不过，前秦的历史还没完。苻坚的族孙苻登，在苻坚死后坚持抵抗长达九年。他供奉苻坚的神主牌，每逢出战，都要在牌位前禀告苻坚。将士们深受感动，在铠甲上刻上"死休"二字，拼死搏杀，渴望恢复苻坚的霸业。一直到394年，苻登被姚苌的儿子姚兴斩杀。同年，苻登的继承人苻崇被西秦的凉州刺史乞伏轲弹斩杀。前秦宣告灭亡，享国祚四十四年。

没有了苻坚的北方，进入了更加混乱的时期。据统计，"淝水之战"后，北方出现了后秦（羌族）、西秦（鲜卑）、后燕（鲜卑）、北燕（汉族）、南燕（鲜卑）、夏（匈奴）、西凉（汉族）、南凉（鲜卑）、北凉（匈奴）、后凉（氐族）等十国，分裂混战长达半个多世纪。直到439年，才由北魏太武帝拓跋焘完成了重新统一，开启南北朝对峙的格局。每次读史至此，难免黯然神伤。传统史观认为，少数民族的君主是中华文明的破坏者，但从苻坚的例子来看，这个论断过于绝对了。相反，大多数情况下，他们试图通过尊重和吸纳汉人士大夫阶层来取得统治中原的合法性，因而会成为中华文明的拥护者。苻坚则更进一步，他有更为广阔的胸襟和格局——他曾把前秦推到了一个黄金时代，企图打破各族群之间的隔阂与界限，缔造一个多民族融合共处的帝国。遗憾的是，历史没有给苻坚机会。他的这个多民族融合梦想，要等隋唐来实现，而这中间隔着两百年，历史的一笔一画背后，满满都是血与泪。

姚苌：乱世白眼狼

做了亏心事，就怕鬼敲门。自从残忍地杀害了主子苻坚以后，姚苌的心病就落下了。他几乎每晚都会做同一个噩梦——梦见苻坚的鬼魂率天官使者、鬼兵等，向他索命。

为此，这个后秦的开国之君不惜在梦中干起骗鬼的勾当。面对化身成厉鬼的苻坚，他跪地磕头，坚称对方惨死，全因自己的五哥姚襄的鬼魂作祟，他也是听命行事，身不由己。然而，这一场关于弑君的噩梦，他足足做了八年，始终未曾消解。随着时间推移，噩梦中的厉鬼越来越多。以至于半梦半醒的姚苌下令，让宫中侍卫每晚持枪站于榻侧，只要他一做噩梦，侍卫们就负责帮他捉鬼。结果，在一次慌乱的捉鬼行动中，宫中侍卫的长枪"误中（姚）苌阴，出血石余"。

《晋书》记载，姚苌惊醒后，"遂患阴肿，医刺之，出血如梦"。没过多久，姚苌自己便做了鬼。

1

姚苌作为一个开国之君，这样的终局实属怪谈。不过，站在羌族崛起的角度，他的开局，却称得上"奋父兄之余烈"。史料记载，姚苌出生在一个羌族首领世家，自幼聪明过人，且志向远大。他的父亲姚弋仲和哥哥姚襄皆是当时天下闻名的豪杰。

由于西晋末年诸王内斗，中原纷乱给了少数民族趁虚而入的机会。西晋永嘉五年（311年），前赵皇帝刘聪率先发难，攻入洛阳，俘获晋怀帝，拉开了"五胡乱华"的序幕。北方少数民族首领纷纷自立称王、称帝，身为羌族首领的姚氏也不甘人后，但姚苌的父亲姚弋仲十分谨慎。经过一番审时度势，他还是做出了"缓称王"的决定，率部辗转各地，先后投靠前赵、后赵。

东晋永和八年（352年），正在计划投降东晋的姚弋仲病逝。临终前，他选定姚襄为继承人，并告诫子孙，如今中原无主，姚氏实力不足，你们要老老实实忠于东晋，固守臣节，切记不要做乱臣贼子。姚襄对父亲的话将信将疑。毕竟姚弋仲腾挪一世，也没给羌人留下一块根据地。

就在姚襄犹豫下一步该何去何从时，扬州刺史殷浩却对其暗下狠手。殷浩不仅多次派人暗杀姚襄，更是公然挑起晋军与羌人的矛盾，逼姚襄造反。每及此时，姚苌总是力劝其兄凡事隐忍。殷浩这么做，是因为他听闻姚襄文武双全，擅于笼络人心。他担心，此人的存在不仅会妨碍自己的仕途，更可能怀有狼子野心，准备随时颠覆东晋王朝。

正当双方僵持不下之时，活跃在安徽一带的流民领袖郭敞，率上千人劫持了陈留内史刘仕，投靠姚襄。尽管郭敞的归附，很大程度上是因为姚襄的人格魅力，但其叛降，却坐实了殷浩的猜疑和推测。

姚襄也迅速意识到了不同族群之间的猜忌与裂缝。为避免摩擦，他决定带着大部队北返。但姚襄的举动又引起了桓温的误会。最终，人送外号"小霸王"的姚襄，与东晋大司马桓温展开殊死一搏。姚襄顶不住东晋部队的强大攻势，被迫抛妻弃子，率部西迁，打算回到祖源地关陇一带，寻求东山再起之机。

只不过，姚襄的运气实在差得很。就在他打算雄踞关中、以图来日逐鹿中原时，北方的前秦已经将关中大地视为龙兴之地。姚襄的突入，势必与前秦的崛起产生矛盾。于是，在经历了与桓温的大战后，姚襄、姚苌等人又迎头撞上了前来围追堵截的前秦大军。

东晋升平元年（357年），姚襄的部队在三原（今陕西三原）与前秦大军展开决战。姚襄寡不敌众，为苻坚所擒。姚苌阵前接棒姚襄，但自知独力难抗前秦，遂率部投降苻坚，以图东山再起。姚苌的投降并没有得到前秦高层的宽谅。苻坚的堂哥苻黄眉力主杀了姚苌，斩草除根。所幸，在苻坚的力保下，姚苌得以幸免于难。

历史就是这么诡异，后来的事实证明，苻坚救姚苌，只是一则现实版"农夫与蛇"。

2

姚苌这辈子，可以说是成也苻坚，败也苻坚。他投降苻坚时，对方还不是天王。当时前秦的王是人称"独眼龙"的苻生。击溃姚襄的苻坚返回长安后就萌生了废立之念。对此，姚苌及其昔日部下权翼、薛赞等皆为苻坚谋划，劝其早做决定，行商汤、武王之事。

就在苻坚等人打算起事之时，某天夜里，苻生突然喷着酒气跟身边的侍女透露，他打算次日一早就把苻坚宣进宫杀掉。好在，这名侍女是苻坚安排的眼线。待苻生睡下后，苻坚便率人冲入苻生寝宫，将其勒死。

苻生死后，苻坚即位，姚苌事业上的"春天"随之到来。凭借佐命殊功，苻坚一上任就让姚苌做了他身边的扬武将军。这个职位，三国时代的法正、魏延也做过，说明此时的姚苌已然成了苻坚的心腹爱将。而姚苌在前秦统一北方的过程中，也凭借攻灭西北前凉的大功，再度向苻坚证明了自己的忠诚之心。

3

苻坚称霸北方的同时，各部族如何共存的大问题也摆在了他面前。长期以来，受"自古以来诚无戎人为帝王者"的理念束缚，北方部族虽一直侵袭中原边界，却始终无人敢踏出逐鹿中原、称霸天下的步伐。自从前赵皇帝刘聪攻入洛阳、俘走晋怀帝后，北方各部族首领才开始意识到，自己与中原的帝王并无二致，他们能称王称霸，我也可以。

这种意识在一定程度上促进了北方各部族文明的发展，但也给十六国时期各少数民族政权带来了更多的不安与纷争。最典型的例子便是十六国的前赵与后赵。

前赵灭亡时，后赵皇帝石虎坑杀前赵皇帝刘曜及宗室、百官、部族八千余人；而到了后赵灭亡时，冉魏的开国皇帝冉闵变本加厉，将屠杀范围扩展到其他部族。此类大屠杀在短期内震慑住了一帮部族首领的野心，但只要政权衰落，屠刀便随即架到了自己的后人及族群的头上。

为打破灭门灭族的循环，苻坚执政期间，主张"夷狄应合"，力主以高官厚禄笼络、感化那些被他征服的部族首领与降将。因此，除了姚苌之外，曾与之为敌的前燕遗族慕容冲、慕容垂等人也相继得到这位天王的重用。苻坚相信，优待被灭的军功贵族，可让其他尚未归附前秦的政权了解他的宽大政策，这比自己手下拥有百万雄兵更具影响力。

眼见姚苌在统一北方的过程中尽心尽力，苻坚打算将他树立为典型。于是，在大规模伐晋之前，苻坚升时任兖州刺史的姚苌为龙骧将军，督益、梁、宁州诸军事，并加封益都侯。在授职仪式上，苻坚又一次以此事激励姚苌，希望其带领麾下的羌人，冲锋在最前面。

可姚苌对苻坚的勉励，却有着不同的见解。正如他后来向苻坚忏悔时所言，苻坚既能以龙骧建业相托，那必然也有将江山托付于他的隐晦表达。在场的其他人也意识到这个问题，当苻坚授予姚苌龙骧将军的话脱口而出时，在他身旁的将军窦冲赶紧劝谏苻坚："王无戏言，此不祥之征也。"但伐晋行动迫在眉睫，苻坚显然没工夫搭理这些神神鬼鬼的说法。

4

苻坚伐晋注定是要失败的。这一点，前秦的首席谋士、丞相王猛在临终前便已言明。王猛认为，晋朝虽偏安江南，但说到底还是华夏正统。最主要的是，东晋上下安和，大家对司马氏称帝都没有异议。如果贸然发兵攻打东晋，吃亏的必然是前秦。

王猛的观点可谓一针见血。姚苌、慕容垂等归降者与苻坚的关系再好，都很难绕开杀兄屠弟的血海深仇，始终无法与他们名义上的主公保持一条心。前秦帝国当时的现实也很残酷，羌人追随前秦统一北方的进程，已经布满了关陇一带，而河北、辽东以及河南北部、山西东北部、内蒙古一带的慕容鲜卑和拓跋鲜卑也在蓬勃发展。另一方面，无论北方战事如何焦灼，汉人人口始终占据主导地位。

在明知不可为的情况下，苻坚提前启动了统一中国的宏大计划。383年，苻坚发起了针对东晋的总进攻。大军出发前，苻坚对群臣做了总动员，但除姚苌、慕容垂等少数与他有旧仇的贵族外，多数朝臣对此次前秦大规模南下都抱持否定态度。作为这场战役的前敌总指挥，苻坚的弟弟苻融更是告诫哥哥："鲜卑、羌虏，我之仇雠，常思风尘之变以逞其志，所陈策画，何可从也！"姚苌、慕容垂等人极力推动前秦伐晋，意在挑起战事，造成前秦动荡，他们才可以趁乱实现复国啊。

苻坚没有听从弟弟的良言，他命苻融督张蚝、慕容垂等率领步骑二十五万为前锋，自己则和龙骧将军姚苌兵分两路出发。此战总计约投入戎卒六十余万、骑兵二十七万。结果，东晋天才宰相谢安抓住前秦兵力严重分散的弱点，愣是以八万步兵战胜了对方的八十余万部队。前秦前锋统帅苻融死于乱军之中，苻坚自己也被流矢射中，落荒而逃。

5

淝水战败，对历史而言，是错失了一次提前南北一统的机会；对苻坚及其前秦帝国而言，却是毁灭性的打击。

战败后不久，丁零的翟斌率先发难。紧接着，慕容垂以复国为旗号起兵河内，自称大将军、燕王，建立后燕政权，势力迅速席卷关东各地。慕容垂的侄子慕容泓、慕容冲在得知叔叔起兵成功的消息后，也召集各路鲜卑人自华阴、平阳起兵，加入反秦大潮。

慕容泓占据的华阴，南靠华山，西面就是潼关，距离长安不过二百余里，战略地位十分重要。苻坚顾不得眼下的窘迫，立刻采纳谋士权翼"遣重将讨之"的建议，下令让皇子苻睿、苻熙兵分两路，讨击慕容泓、慕容冲，并让姚苌、窦冲分别辅弼之。

尽管慕容泓在反叛的过程中打出了"西燕"的旗号，但他手下都是拖家带口的鲜卑人，战斗力自然无法与整装待发的前秦军相提并论。因此，当得知苻睿大兵压境，慕容泓选择了跑路，率众出走关东。苻睿年轻气盛，又立功心切，见状，便想突发重兵在慕容泓东出的路上设伏，将其一网打尽。

这时，一向谨慎的姚苌极力谏阻："鲜卑上下皆有回归故土之心，我们目前要做的，就是帮助他们离开关中大地，不要派兵阻拦，以防他们走投无路，狗急跳墙，与我军鱼死网破。"这个建议展现了姚苌在军事谋略上的智慧。然而，姚苌的智慧，苻睿理解不了。

384年，苻睿出兵华泽，为慕容泓所杀。苻睿身死沙场，姚苌怕苻坚秋后算账。他先派军中长史赵都和参军姜协去给苻坚请罪，顺带试探苻坚的态度。正在气头上的苻坚直接将两人杀了。这令姚苌更加坚信，他若不造反，唯有死路一条。无论如何，此时人不为己，天诛地灭！

趁苻坚与慕容氏斗得水深火热，姚苌率部出走渭北马栏山区，与长期生活在那里的羌人商议下一步行动计划。在那里，姚苌不仅顺利召集了往日旧部，还得到了从前不受苻坚重用的西北豪族的重视。短时间内，他便在西北称雄。

正所谓"师出无名，非惟不胜"，姚苌想造反，还需要合理的口号。于是，西北豪强代表尹纬建议姚苌，打出为哥哥姚襄报仇的旗号，如此也算师出有名了。这个理由，姚苌觉得难以说服天下人，毕竟当初若不是苻坚阵前搭救，他岂有这数十年的荣华富贵加身。更何况，"兴衰自有天命"，姚苌需要一个更加充分的理由来撑起他那篡位计划。

经过多番商议，姚苌为"将军威灵命世，必能匡济时艰，故豪杰驱驰，咸同推仰"的理由所打动，决定以身相托，自称大将军、大单于、万年秦王，大赦天下，建元白雀，史称后秦。至此，后秦问世，距离"淝水之战"结束尚不足半年。

6

姚苌公然反叛，苻坚岂能安居长安？在应对慕容氏威胁的同时，苻坚御驾亲征，率两万部队向姚苌杀来。面对前秦军的攻势，姚苌并不慌张。他一边遣使向慕容冲求和，把儿子姚崇送去给鲜卑人当人质，一边转战北地、新平、安定等地，"厉兵积粟，以观时变"。

不久，因慕容冲大军兵临长安城下，出师未果的苻坚只能回朝，死守长安。由于鲜卑人的攻势异常激烈，苻坚返回长安城不仅没有起到积极作用，反而使偌大的都城迅速陷入断水断粮的窘境。苻坚只能另寻出路。

当时，长安城中童谣盛传："坚入五将山长得。"之后，又有守城的士兵巡逻时捡到一本古书，上面也依稀记载了"帝出五将久长得"的字句。种种怪事传到了苻坚耳里，苻坚不得不相信这是上天给他的警示。他对长安城进行了最后的部署，把一切政务丢给太子苻宏，自己率领少股部队朝五将山而去。实际上，"帝出五将久长得"，正是姚苌给苻坚安排的谶言。所谓"久长得"，也就是"姚苌得"。姚苌的"苌"，跟谶言里的"长"，是一个读音。而"久"有遥远之意，遥即姚也。

苻坚刚踏入五将山（今陕西岐山东北）地界，在此等候多时的姚苌就派人将其擒拿，押往新平。一代枭雄沦为阶下囚，这场景苻坚和姚苌都很熟悉。近三十年前，姚苌也曾被人献俘给苻坚。如今，彼此调了个儿。

然而这一次，宽容以待的剧情却无法重演了。姚苌毫不客气，上来就让苻坚交出传国玉玺，并要苻坚禅位给他。苻坚到底是见惯大场面的人——面对姚苌的逼迫，发起灵魂咒骂："禅让，乃圣贤之间的事。姚苌一介叛贼，也有脸提这个？至于你们要的玉玺，朕这儿没有，都给了晋人。朕顺带告诫你一句，五胡排位做皇帝，朕没意见，惟你姚苌，给朕提鞋都不配！"

7

后来，苻坚死了，可接下来发生的事情，却让姚苌体会到什么叫生不如死。

由于苻坚威望甚高，他的猝然死亡，直接导致前秦残部变成一个"复仇者联盟"。在众多打着替苻坚复仇的军队中，姚苌遇到了他此生最大的敌手苻登。此人是苻坚的远房族孙，但年龄与苻坚相仿，且打仗很有一套。当时，前秦残部普遍都遇到缺衣少食的问题，唯有苻登是个能承诺部下顿顿吃肉的猛人。苻登吃的肉，不是别的，正是人肉。

姚苌的后秦军在面对这群食人魔时，士气屡屡受挫。为了尽快击溃姚苌，苻登甚至打出"早上打仗，晚上吃肉"的旗号，鼓舞将士们多杀敌。苻登的举动，令姚苌害怕极了。为了泄愤，他竟将苻坚的尸体挖出，鞭打数百下，再命人脱光他的衣服，挖个土坑埋了。姚苌"辱尸"的行为，实在卑鄙。消息传出后，世人对姚苌的评价就界定在"穷凶肆害，毒被人神"之间。

苻登令人在军中设下苻坚的牌位，每次大战前，总要焚香祷告，对着苻坚启奏完自己的作战意图后，再行兴兵。对前秦的残部，这一招儿很管用。当时，苻登的部队满打满算只有五万余众，无论实力还是谋略都不如姚苌，可这支部队就像"打不死的小强"，一直折磨到姚苌断气。

无奈，姚苌也只能学习苻登，在军中给苻坚立雕像，并虔诚地祷告，希望这位老主子看在过往的情分上，保他一统天下。苻坚当然不会保佑他。自苻坚神像立于后秦军前开始，姚苌的部队在对峙苻登的过程中，就"战未有利，军中每夜惊恐"。搞得姚苌自己也神经兮兮地认为，这是苻坚的鬼魂在作祟。除了每夜按时祷告外，姚苌也时不时在苻坚的灵前将当初逼杀他的罪责，全数推给兄长姚襄，并以龙骧建业为由，再次澄清自己夺位的合法性，以此来稳定军心。

然而，一切已无济于事。随着年纪增长，此时已年过花甲的姚苌也走到了人生的尽头。最后的时刻，为了彻底消弭关中子弟对苻坚的崇拜，姚苌将苻坚雕像的头砍下，派人送到苻登军中，以此表明自己不会为苻坚的神明所蛊惑。

393 年年末，背叛前秦十年的姚苌抵达长安，除夕夜，暴毙于永安宫。姚苌死后半年，苻登败亡于姚苌之子姚兴之手。至此，反姚势力得到遏制。在姚兴的统治下，后秦兴办儒学，奉行节俭，协助鸠摩罗什完成佛法的东传。关中迎来短暂的好时光，成为中原文化残喘所托命之地。

在厚重的历史面前，回看姚苌之死，不过轻如鸿毛，即便他曾称王称帝。

慕容家族：狂飙与谢幕

在金庸的《天龙八部》中，有一位玉树临风的世家公子——姑苏慕容复。此人以一招借力打力、反转力道的"斗转星移"令江湖中人忌惮三分，与丐帮帮主乔峰并称为"北乔峰南慕容"。

按小说的设定，这位江南帅哥的先祖为鲜卑人，曾创下大燕辉煌帝业。尽管时过境迁，到了北宋时期，慕容家族仍在经济富庶的江南具备雄厚的实力。然而，就是这样一个出身优异的人，却陷入了一个名叫"复国"的精致陷阱中无法自拔。

为了复国，慕容复不惜割舍与表妹王语嫣的儿女情长；为了复国，他人挡杀人，佛挡杀佛。最终，失道寡助的慕容复在这场春秋大梦中，变得疯疯癫癫，令人唏嘘。但他到头来也未明白，他要重光的大燕，重振的鲜卑，早就不存在了！

真实的历史是，慕容家族与大燕政权均为 4 世纪的产物，还有多少荣光，多少执念，值得述说？

1

慕容家族的崛起，是一个很好的故事：在对的时间，出了对的人，做了对的事。

　　鲜卑是一个古老的民族，他们的先世是东胡人。西汉初期，匈奴出了个天才的冒顿单于，建起庞大的匈奴帝国，击溃了东胡人。东胡由此分为乌桓和鲜卑二部，他们最后的聚居地位于现在的东北地区。到了东汉时期，即 2 世纪中后期，鲜卑族终于出了个枭雄——檀石槐。檀石槐之于鲜卑，就像冒顿之于匈奴，他统一鲜卑各部，建立起北方草原强大的鲜卑大联盟。东汉无力控制，提出封赏与和亲政策，都被檀石槐拒绝：我就是要打。直至 181 年，檀石槐死去，鲜卑军事联盟瓦解，东汉的边疆危机才随之解除。

　　失去英雄的鲜卑人，在争权内斗中自我消耗。待东部鲜卑中的慕容部重新崛起时，他们已经是一副臣服于中原王朝的姿态。

　　238 年，曹魏王朝为了统一北方，派老将司马懿征讨辽东的公孙氏政权。史载，鲜卑部落首领莫护跋率人马参加了此次军事行动，立功后被曹魏封为“率义王”。四年后，曹魏派毌丘俭征讨高句丽，随同出征的鲜卑部落首领是莫护跋之子木延。木延因此被曹魏赐为大都督、左贤王。木延之子涉归，后来因功被封为鲜卑单于。随后，涉归之子慕容廆当政五十年，其间适逢西晋“八王之乱”“永嘉之乱”，他以修明政事、敬重贤人的姿态，招揽了大批汉族士大夫与中原流民，奠定了慕容家族立国的基础。

　　正是从慕容廆开始，这个部族正式冠“慕容”之姓。为何叫“慕容”？慕容家的子孙后来解释为“慕二仪之德，继三光之容”，“二仪”是指天、地，“三光”是指日、月、星。但这种解释显然是他们汉化后的附会，意图是告诉世人，慕容鲜卑是流落边远之地的华夏子孙，如今重返中原的日子不远了。

　　慕容廆的儿子慕容皝，在 337 年自称燕王，定都龙城（今辽宁朝阳）。慕容皝的对手，主要是东北的高句丽和同属鲜卑人的宇文部落。在他统一东北后，他面对的敌人，则是中原地区由羯人建立的后赵政权。但慕容皝没有等到入主中原的那一天。

　　他的儿子慕容儁等到了。慕容儁继位不久，后赵的暴君石虎死了，几个儿子争权夺位，酿成内乱。后赵政权最终落入汉人冉闵手中。352 年，慕容儁派弟弟慕容恪担任先锋，以骑兵方阵大败冉闵的精锐步兵，消灭了冉魏政权。原后赵的大部分地区，悉数归于慕容儁麾下。同年，慕容儁称帝，定都邺城，大燕政权正式诞生。史学家后来习惯称之为“前燕”。前燕一出生就抵达巅峰状态，在当时的中国版图内，与前秦、东晋形成三足鼎立之势。

　　从莫护跋算起，慕容家族经过六代人近百年的奋斗，终于建立起强大的国家政权，成为十六国时期举足轻重的族群和政治势力。几代人都是人才，开放包容，接受先进文明，主动汉化，这是慕容鲜卑成功的基本因素。史学家指出，慕容鲜卑的建国道路，在十六国早期独树一帜，前燕的官僚系统基本都是汉人，制度建构、机构设立也均以汉魏旧制为主体。正是这种开放的民族认同，使得慕容家族站上了历史的高峰。

2

前燕的覆灭，则是另一个故事。这个故事的核心，充斥着猜忌、权斗、内讧等根深蒂固的权力阴暗面。

360年，慕容儁在邺城阅兵，准备进犯东晋，却在此时病重而死。临终前，他表示要把皇位传给弟弟慕容恪。这或许是慕容儁对这个文武双全的弟弟的一种试探，因为慕容儁的儿子慕容暐当时年仅十岁，传位于子，恐难控制大局。慕容恪一生征战，没有败绩，前燕的立国仰赖于他的军功。他同时是接受汉化的一个典型，道德感极强。当慕容儁表示要传位给他的时候，他脱口而出："您如果相信我有安定天下的能力，就不要怀疑我同样有辅佐少主的能力。"

的确，在慕容恪的辅政下，慕容暐时代的最初几年，前燕保持了高歌猛进的状态。有史学家认为，慕容家族甚至一度看到了一统天下的曙光，但随着慕容恪在367年病逝，一切化作泡影。

慕容恪临终前，一再推荐五弟慕容垂继承自己的职位。慕容垂原名慕容霸，早年是慕容皝看好的接班人，由此遭到哥哥慕容儁忌恨，即位后将他的名字改为"垂"——这预示着慕容垂在前燕将屡受打压，难有出头之日。而慕容恪具有超越权力争斗的眼光，从慕容家族荣光延续的高度，向慕容暐力荐慕容垂。可惜，这番举荐，在心胸狭隘的慕容暐和当时掌权的慕容评（慕容皝的弟弟、慕容垂的叔叔）看来，变成了一种潜在威胁。他们非但没有听从慕容恪的建议，反而处处提防慕容垂。

慕容恪死后两年，369年，东晋猛将桓温率军北伐，打得前燕毫无脾气，节节败退。当桓温一路打到枋头（今河南浚县）时，慕容暐和慕容评已经开始谋划着逃回东北故都龙城。紧急关头，被雪藏的闲人慕容垂请战，说打输了再撤回老家不迟。慕容垂一方面派人联络前秦苻坚，请外援，另一方面调度人马，截断晋军的粮道，逼得桓温只好撤退。在桓温退兵的过程中，慕容垂率八千骑兵尾随，发动突袭，杀数万晋军。"枋头之战"的胜利，解除了前燕危机，但立了首功的慕容垂，却换来更多的猜忌。

慕容评与皇太后可足浑氏密谋除掉慕容垂。慕容恪之子慕容楷等人获悉消息，劝说慕容垂"先发制人"。慕容垂有实力发起夺权，但他不愿看到同族兄弟、叔侄流血相残，而自己成为挑起慕容家族内乱的第一人，因此决定退守东北龙城以自保。这时，慕容垂的小儿子却站出来告发父亲谋反。走投无路的慕容垂只好投奔前秦的苻坚，开始了长达十五年的寄居生涯。

慕容垂出走的第二年，370年，前燕被前秦灭了国。这是慕容家族遭遇的第一次致命打击，追根溯源，是慕容恪之死使得前燕失去了强大而正确的辅政力量，从而陷入小人执政模式。由此引发的慕容垂出走事件，使慕容家族几乎丧失了所有的精锐人才，亡国在所难免。

3

接下来的故事最为经典：一段关于慕容家族复国的历史，让世人看见了这个家族倔强、顽强的生命力。

慕容垂投奔前秦，苻坚大喜过望，亲自到长安郊外迎接。在慕容家族人物中，慕容儁、慕容恪、慕容垂这一代兄弟数人最为杰出。整个家族的巅峰，也是在这一代人的脚下抵达的。跟哥哥慕容恪一样，慕容垂也是战神级别的人物，被当时人誉为"今之韩（信）、白（起）"。

慕容垂辅佐苻坚前后达十五年，在苻坚统一北方的进程中发挥了重要作用。383年，苻坚以举国之兵进攻东晋，很多人对他的冒进做法表示质疑，只有慕容垂等少数人表态支持。"淝水之战"中，苻坚的前秦军惨败于东晋名将谢玄带领的北府兵。这是影响中国历史的一场关键战役，前秦的统一大业就此葬送，北方又陷入分裂混战的局面。那些被苻坚消灭的北方政权，纷纷打起了"复国"的旗帜。

慕容垂的三万兵力，在"淝水之战"中全身而退。苻坚大溃败后，前去投奔慕容垂。慕容垂没有杀掉苻坚，而是率兵护送苻坚返回关中。途中，慕容垂以镇抚河北为名，离开苻坚。在河北，慕容垂才开始复国历程。当时，镇守前燕故都邺城的是苻坚的长子苻丕，苻丕挡不住慕容垂的围城，遂投降东晋，让东晋派人来接收邺城——实际上是以东晋来抗衡慕容垂。

作为东晋北府兵的后起之秀，刘牢之一度打得慕容垂率军北逃。刘牢之乘胜追击，符丕也率军跟着追击，追到五桥泽（今河北广宗县），突然遭到慕容垂的反攻。刘牢之措手不及，遭遇人生第一场大败。可见姜还是老的辣，"战神"慕容垂绝非浪得虚名。

384 年，慕容垂定都中山（今河北定州市），正式复国，国号为燕。史学家为了区分，称之为"后燕"。此后十年，慕容垂显示了他的战斗实力，先后从东晋手中夺取淮北青、兖、徐诸州，击败高句丽夺回辽东，占据除晋北河套一带北魏政权以外的关东其余地区……恢复了前燕最鼎盛时期的势力范围。

在慕容垂实施复国之时，以慕容暐为首的前燕旧王公们也在积极复国。当年，符坚灭了前燕，但并未对慕容家族实施杀戮，而是将慕容暐等人迁往长安，鲜卑四万余户随行。在符坚宽松的族群政策下，这些亡国鲜卑贵族形成了一股强大的政治势力。但由于之前的矛盾，慕容暐与慕容垂两大集团并未达成合作，反而越走越远，在"淝水之战"后出现了"一个家族，各自复国"的诡异局面。

384 年，当慕容垂建立后燕之时，慕容暐的兄弟慕容泓、慕容冲等在关中建立政权，国号也是燕，史称"西燕"。西燕部下的鲜卑人在复国后，渴望东归。在踏上东归之路的过程中，发生了一系列的内讧和残杀，最终由慕容永掌权。由于东边已经出现了慕容垂的后燕政权，西燕的东归之路受阻，只得定都于长子（今山西长子县）。慕容永是慕容廆的弟弟慕容运之孙，并不是正牌的前燕王室后裔。在他即位为西燕皇帝后，为了保住自己的地位，大肆诛杀慕容觊一系的子孙。这导致了后燕与西燕之间的战争，从 393 年起，慕容垂两次出兵讨伐西燕，并于394 年擒杀慕容永，全面接管了西燕的领土。短命的西燕政权自慕容泓讨伐符坚算起，仅仅存在了十年。

在后燕恢复往日荣光的时候，一个新的强敌出现了。同为鲜卑族，当慕容部建国之时，拓跋部也建立过自己的政权，国号为代。前燕为前秦所灭之时，代国也被灭。"淝水之战"后，拓跋部像慕容部一样开启复国运动。这是一对同病相怜的兄弟族群，他们不仅是同族，其首领之间还世代通婚。后来开创北魏王朝的拓跋珪刚开始复国时，由于实力较弱，曾依附于后燕，以后燕为宗主国。但后燕与北魏的兵戎相见，只是迟早的事。从后世的视角来看，这一次是慕容部与拓跋部争夺前秦之后再次统一中国北方的主导权之战。

慕容垂当仁不让，西征灭西燕之后，便在 395 年发动了针对北魏的北伐。但慕容垂年纪大了。他的皇太子慕容宝性格柔弱，他想让慕容宝通过一场胜仗树立权威。在他看来，打北魏是必胜之战，所以他派皇太子去了。然而，历史却跟他开了一个残酷的玩笑——这场看似稳赢的战争，结果输得一塌糊涂，还赔上了大燕的国运。

由于慕容垂年迈且未亲自参加北伐，这给了北魏造谣慕容垂已死的绝好机会。在拓跋珪截断慕容宝军队与后燕都城的信息通道之后，这个谣言持续发酵，导致后燕军队乱了阵脚。最终，在一个叫作"参合陂"的地方，后燕军大败，被北魏坑杀数万人。

历史无法重来，否则慕容垂拖着年迈的身躯，也要亲自上场北伐，不给敌人造谣的机会。可是，一切都晚了。他的一生都在复仇，五十多岁脱离前秦复国，七十来岁还要向北魏复仇。他一个人做了别人整整三代人的事业，这注定是一个悲剧的人物。参合陂惨败后，当他出兵向北魏复仇时，他要面对的拓跋珪，在年龄上是他的孙子辈。他没有输给任何人，只是输给了时间。

396年，七十一岁的后燕皇帝慕容垂御驾亲征北魏。行军至参合陂，慕容垂看到了一年前的战场，积骸如山，于是安排祭奠死难将士。死者父兄一时号哭，军中悲恸。慕容垂忧愤吐血，一路病情加重，只好回师，途中病逝。一代战神悲情谢幕。

4

慕容垂死后，慕容家族颠沛流离的政权重建，如今看来，不过是这个家族惨淡的余晖而已。前燕失去慕容恪，后燕失去慕容垂，前后相隔三十年，都是对慕容家族最致命的打击。历史舞台的中央，站着拓跋珪和他的家族，他们将要书写接下来三十多年的青史。而时代已经把慕容家族一点点赶到了边缘。

慕容宝在慕容垂死后继位，拓跋珪趁机发动四十万大军大举攻燕，用一年多时间夺取了冀州、并州和幽州大部，取代后燕成为关东最强大的国家。慕容宝逃往东北故都龙城。397年，北魏大军攻克中山，后燕的国土被北魏从中间分为两截：在北边，仅保有东北一隅之地的后燕，很快掀起了一场内乱。慕容宝和他的继承人慕容盛先后被杀。慕容宝的弟弟慕容熙上位后，以荒淫出名。407年，冯跋发动政变，拥立慕容宝的养子高云为燕王，两年后，冯跋自立为天王，国号仍为燕，史称"北燕"。北燕436年为北魏所灭。在南边，慕容鲜卑部众则由慕容皝的幼子慕容德率领，于400年在山东青州广固城立国，史称"南燕"。慕容德是慕容恪、慕容垂的弟弟，能力不如哥哥们，但放在那一代也是个杰出人物，治国很有一套。

405 年慕容德死后，南燕苟延残喘到 410 年，被东晋实权人物刘裕所灭。

严格来说，北燕已不是慕容家族的政权。所以，慕容家族的国史，在南燕灭亡的 410 年就落幕了。在风起云涌的南北朝时期，慕容家族的狂飙与退场，前后不过半个多世纪。而这个颇有故事的家族和族群，或许最大的遗憾是未能实现统一北方的大业。相反，后起的鲜卑拓跋部走得更远。拓跋珪的长孙拓跋焘继位后，经过十余年的征战，终于实现了北方的再次统一，北魏由此成为对中国历史发展具有深远影响的胡汉融合的多民族王朝。

北魏时期，由于燕魏的宿怨，慕容鲜卑人时常遭到残酷镇压，命运非常凄惨。为了逃避政治迫害，他们纷纷改姓，由"慕容"改为"慕舆"或"豆卢"，后又改为舆、卢两姓。随着时间推移，大约过了一百多年之后，慕容部与拓跋部的国仇家恨才算彻底消弭，一些慕容鲜卑人恢复了本姓，另一些人却因时间久远再未改回"慕容"之姓。

吊诡的是，由于慕容氏在北魏遭受打压，使得他们难以进入中央，很多人还被贬到边镇。结果，在北魏末年的大乱中，慕容氏趁着六镇起义后的潮流重新崛起，出现了慕容绍宗（慕容恪后人）等家族，历经东西魏直到隋唐，成为高门大族。然而，这也仅是这个高光族群坠落之后，勉为其难的支撑而已。

也许，在某个夕阳西下的时刻，慕容氏的后人会集体惦念那个不算遥远的参合陂悲剧。

混世魔王：真实的赫连勃勃

大夏皇帝赫连勃勃又要杀人了。

攻下长安后，赫连勃勃征召京兆隐士韦祖思。此前，后秦姚兴、东晋刘裕都曾请韦祖思出山，但被他婉拒了。赫连勃勃这次召见，韦祖思却不敢继续窝在家里。前来觐见时，他对赫连勃勃毕恭毕敬，史书用了四个字——"恭惧过礼"。

韦祖思能来，赫连勃勃很高兴，但是他防范畏惧的态度，勃勃不喜欢。

赫连勃勃怒道："我以国士之礼待你，你却不把我看作同类。你当初不拜姚兴，为何现在来拜见我？可见你并没有把我当作一个真正的帝王。我死后，你们这些人执笔写史，将置我于何地！"于是，下令将韦祖思处死。

这个混血的匈奴族皇帝，像一个矛盾统一体。他追慕中原的夏后氏，定国号为"夏"，却抛弃汉姓自称大单于；他既向往千秋伟业，又沉迷野蛮征服；他建造了千年不朽的统万城，却改变不了大夏国祚短促的命运。

1

赫连勃勃原名刘勃勃，《晋书》载其字屈子。但有学者认为，"屈子"为卑下之意，应该是后来北朝对他的蔑称。

刘勃勃曾经饱尝逃亡的屈辱。391年，割据朔方的刘勃勃之父刘卫辰遭到北魏攻打。刘卫辰兵败后单骑出走，被其部下所杀，部众狼狈溃散。年少的刘勃勃成功逃生，在溃兵的保护下，前往投靠鲜卑叱干部（即薛干部）。

刘勃勃出身的匈奴铁弗部，与北魏的建立者鲜卑拓跋部早有恩怨。铁弗部的祖上，为东汉时迁入代北之地的南匈奴右贤王去卑，当年去卑归附朝廷后，和其他匈奴贵族一样，冒姓汉朝皇室的刘姓，他的子孙多与鲜卑等族通婚，形成了号称"铁弗"的混血部落。

十六国时期，铁弗匈奴与其他北方少数民族一样，一度臣服于前秦苻坚，刘卫辰还娶了前秦宗室为妻。这个苻氏女子便是刘勃勃的母亲，也就是说，刘勃勃还有氏族的血统。

"淝水之战"，风声鹤唳，让苻坚的霸业付诸东流，北方各民族也纷纷摆脱前秦控制，再度掀起战乱。铁弗匈奴占据黄河以西朔方一带，而拓跋鲜卑立足于云中、雁门，重建政权，改国号为魏，双方关系剑拔弩张。北魏太祖拓跋珪将刘卫辰视为其西进的头号阻碍，于是率领大军攻打刘卫辰。

刘卫辰败亡后，拓跋珪"收其珍宝、畜产、名马三十余万，牛羊四百余万"，北魏国力大增，但北魏仍有游牧民族的文化残余，没有留下来经营朔方地区，而是引兵而归。拓跋珪还将刘卫辰的子弟宗党五千人投入黄河，并四处打听刘卫辰其余儿子的下落。

不久后，拓跋珪得知十一岁的刘勃勃逃到叱干部，派人前去索取。叱干部虽是鲜卑人，但曾依附于铁弗匈奴，不愿落井下石，其首领太悉伏对拓跋珪的使者说："刘勃勃国破家亡，才来投靠我，我宁愿与他共存亡，怎么忍心将其绑缚送去魏国？"

叱干部为他们的情义付出了代价，愤怒的拓跋珪派兵将他们所居的三城（在今陕西延安东南）给屠了。那时，刘勃勃已经被叱干部暗中送去投靠另一个鲜卑人没奕于。没奕于曾被前秦任命为安定都尉，统辖陇东，镇守高平（今宁夏固原）。他跟铁弗匈奴也有交情，便好心收留了刘勃勃，看这小伙子一表人才，还把女儿嫁给他。刘勃勃在没奕于的保护下日渐成长，成年后的他身长八尺五寸，相貌俊美，是个能言善辩的"高富帅"。

"淝水之战"后，前秦衰落，羌族姚氏起兵叛乱，攻占关中，建立了后秦政权。没奕于失去了前秦庇护，得认个新大哥，便带着刘勃勃去长安朝见后秦皇帝姚兴。姚兴一见刘勃勃就觉得他是个人才，封他为将军，统领原先朔方的三万部属，甚至说"与之平天下"。于是，原本如丧家之犬的刘勃勃，带着铁弗匈奴余部回到其父辈经营多年的地方。

姚兴之弟姚邕是个音乐家，不仅曲子弹得好，还有一双识人的慧眼。眼见姚兴对刘勃勃这个小帅哥毫无戒备，姚邕对哥哥姚兴说："我看刘勃勃这个人对上无礼，对下残忍，不念旧情，只知利害，如果过分信任，恐怕会成为后患。"姚邕一再强调："勃勃不可近也！"但姚兴没有听从弟弟的建议，他有意扶持刘勃勃作为制衡北魏的力量。当时，铁弗匈奴所在的朔方，南有后秦，北有柔然，东有北魏，西有河西诸凉。

姚兴打着如意算盘，想把刘勃勃当成一枚阻挡北魏西进的棋子，但他万万没想到，他提拔的是一个没底线的野心家。刘勃勃返回故地后，几年间就聚拢了数万军队。之后，他恩将仇报，以到高平打猎为名，带着一支军队袭杀其岳父没奕于，收服其部众，势力迅速壮大，成为北方一支不容忽视的军事力量，无论是北魏，还是后秦，都不得不对其有所防备。

2

刘勃勃恢复铁弗匈奴的势力后，开始了他的崛起之路。有勇有谋的刘勃勃同时与后秦、北魏为敌，甚至放出豪言："不出十年，岭北、河东（后秦、北魏之地）都将归我所有。"作战中，刘勃勃发挥匈奴骑兵的优势，尤其擅长打游击战，不争一城一地的得失，而是发动突袭，在战场上消耗对方的有生力量。他说："吾以云骑风驰，出其不意，救前则击其后，救后则击其前，使彼疲于奔命，我则游食自若。"

面对刘勃勃的反叛，当初不听弟弟之言的姚兴吃了不少苦头。后秦北境不断受到铁弗匈奴的骚扰，后秦的平凉（今甘肃平凉）、定阳（今陕西延安市东南）等重镇先后被勃勃所夺。每次交战，刘勃勃的军队都会抢掠大量人口、牲畜，不到十年间，后秦损失的人口多达两万多户。

407年，刘勃勃在陕北黄土高原建立大夏政权，自称天王、大单于，并将自己的姓改为"赫连"。当初，汉高祖刘邦曾将宗室女嫁给匈奴单于为妻。后来，匈奴内附，一些匈奴贵族改用"刘"姓，声称汉匈为舅甥关系，比如匈奴刘渊入主中原时，就打着刘姓的旗号，以使自己的政权看起来更加"合法化"。刘勃勃反其道而行之，他不要姓刘了，因为"子而从母之姓，非礼也"，于是给自己改姓"赫连"，说"帝王者系天为子，是为徽赫，实与天连，今改姓曰赫连氏"。民族史专家姚薇元认为，赫连一词是勃勃从匈奴语的"祁连"改译而来的，其原意是"天"。

赫连勃勃毫不避讳自己的匈奴血统，但他以夏为国号，仿造汉制设立百官，又表现出了对汉化的追求。赫连勃勃建立的大夏政权，史称"胡夏"或"赫连夏"。这里的夏，指夏后氏，即史书中夏朝君主的姓氏。汉代史学家司马迁认为，匈奴是"夏后氏之苗裔"，这一说无从考证，一般认为是"伪托之辞"。

赫连勃勃坚持改回匈奴姓，却用汉人国号，表现出一种矛盾的心理，而这种矛盾在其征战四方的生涯中贯彻始终。他凭借匈奴的游击战术，掠夺广袤的土地，又想学汉人皇帝，建立一个坚固的都城。

后秦大臣王买德投降赫连勃勃后，成为大夏的重要谋臣，他对赫连勃勃说："后秦的势力虽然已经衰败，但地方统治仍然很稳固，希望您能继续等待，积蓄力量。"于是，413年，赫连勃勃改变"不专一城"的游击战术，开始营建都城。他任命大臣叱干阿利主持建造工程，动用十万民工，耗时五六年，在今陕西靖边的无定河北岸修筑都城。赫连勃勃为其取名为统万城，即"统一天下，君临万邦"之意。这座大夏国都的遗址，后来被荒沙围困，深陷于沙海之中。但赫连勃勃建城时，这里布满绿色植被，可谓山清水秀。赫连勃勃登高眺望，叹道："美哉斯阜，临广泽而带清流，吾行地多矣，未有若斯之美！"

更重要的是，此地靠近北魏，可以探查北魏西进的动向。史载，统万城为"蒸土筑城"，城基厚达三十丈。根据考古研究，所谓"蒸土筑城"，是用砂、黏土、石灰加水混合成三合土，作为建筑材料。在建筑过程中，需要烧制大量石灰，石灰遇水膨胀，挤压砂土，从而使之更紧密，这样建造的城墙土色为白，质地坚硬，故有"白城子"之称。

统万城的设计者还为城池修建了高耸的"马面"。宋人沈括在《梦溪笔谈》中考释，"马面"就是城墙上每隔一段距离向外凸出的部分。一般的城墙大多与地面呈垂直状态，敌军一旦靠近城墙，就会形成难以防御的死角，而有了"马面"的凸出部分，这个死角处就消失了，弓箭手在城墙上防守时，可以对来犯之敌一览无余，并以弓箭射杀。

这座雄伟的"白城子"，曾是大夏崛起的象征，却也见证了赫连勃勃杀人如麻的残暴统治。史载，赫连勃勃"性骄虐，视民如草芥"。筑城时，他命人用铁锥刺土，若扎不进去有奖励，但只要铁锥刺进一寸，便意味着不合格，要将负责夯筑的工匠杀死，尸体填入城墙之中。军中的弓箭和铠甲造好后，赫连勃勃也用残酷的方式检验，命人以箭射铠，射甲不入，便杀造弓箭的工匠，若射入，则杀造铠甲的工匠。城池竣工后，赫连勃勃常坐于城楼之上，握弓箭在手，心情不高兴时，看到城下有哪个人不顺眼，便张弓搭箭，将其射杀。他不仅残忍对待军民百姓，就连手下大臣也不放过，大臣中有人敢用不敬的眼神看他，就会被剜去双眼；有人敢嘲笑他，就会被割去嘴唇；有人敢跟他谏诤，赫连勃勃就判其诽谤罪，将这名大臣割掉舌头后处死。

史书中的赫连勃勃，是十六国时期的典型暴君，完全是个杀人不眨眼的狂人形象。但是，后世史籍可能把他的残暴夸大了，毕竟他曾与日后统一北方的北魏为敌。据考古调查，统万城遗址中并没有发现大量的人骨畜骸，但为了在强敌林立的北方立足，大夏的功业显然是建立在百姓的血泪之上。

3

正当赫连勃勃在朔方营筑都城时，南边的关中局势发生了变化。东晋权臣刘裕发兵北伐，攻下长安，灭了后秦。赫连勃勃听闻晋军北上，不由得幸灾乐祸，对群臣说："刘裕必定可以攻取关中。但按照之前南人北伐的套路，刘裕一定不能久留，他南归后若留子弟及诸将守之，吾取之如拾芥耳。"

刘裕北伐时，听说北方还有赫连勃勃这个人物，为了避免双线作战，先遣使致书，与勃勃约为兄弟，防止其偷袭。赫连勃勃收到刘裕的书信，特意找了几个有文化的官员给他草拟一封复书，随后把它背熟。等刘裕使者到来，就当着他的面向近臣背诵，写下来回复刘裕。刘裕一看这篇雄文，还以为是赫连勃勃自己写的，自叹不如。

刘裕灭后秦时，赫连勃勃暗中厉兵秣马，随时准备袭取关中。不久后，刘裕果然留下年少的次子刘义真镇守长安，自己引兵东还。赫连勃勃一看情势有利于己，问谋士王买德攻取关中的方案。

王买德说："关中形胜之地，而刘裕派儿子镇守，自己南归，肯定是急着去篡位了，没时间经营中原。但这个事，北魏也知道，我们一定要快点儿行动。青泥（今陕西蓝田）、上洛（今陕西商洛）是南北险要之地，我们先派游击兵断绝其道路，然后封锁东边的潼关，断绝其水路；如此一来，大单于可传檄三辅，施以威德，则刘义真就是网中之物。"

实际上，刘裕急于南归还有一个原因，就是为他镇守后方的心腹刘穆之突然病逝，可能导致建康局势生变。刘裕走后，一切果然如大夏君臣预料，刘裕之子刘义真太过稚嫩，干不过狡猾的赫连勃勃，很快兵败于青泥。刘裕起初不知道儿子下落，准备再次北伐，但听说刘义真已经摆脱夏军的追赶，退守洛阳，刘裕便放弃北伐，专心篡夺东晋的皇位去了。

418 年，进军长安的赫连勃勃筑坛于灞上，正式称帝。攻下长安后，大夏的国力达到顶点，"南阻秦岭，东戍蒲津，西收秦陇，北薄于河"，以陕北为中心，势力范围包括关中、河套、陇东一带。赫连勃勃在长安滞留了数月，此地的帝王旧宅让这个野心家心动不已，但他还是没有定都关中，而是回到统万城，并命人在统万城南刻石铭记。

当群臣劝其迁都长安时，赫连勃勃说："朕岂会不知长安为历代帝王的旧都，有山河四塞之险？南边的荆吴之地尚且僻远，还不会成为我的心腹大患，东边的魏国却与我大夏紧挨着，距离统万城不过数百里。若定都长安，则统万有失守的忧虑，若朕在统万城，则魏军不敢渡河。你们没有看到这一点啊。"

直到赫连勃勃去世，北魏果然都没有贸然西进攻打统万城。但赫连勃勃放弃关中，也有他难以摆脱游牧旧俗的因素，当时，陕北黄土高原遍布牧草，是游牧的绝佳场所，而赫连勃勃东征西讨，一直延续匈奴的剽悍风格。

赫连勃勃曾向西北的南凉政权求婚，被拒绝后，带兵杀入南凉，杀数万人，将人头积聚成堆，号为"骷髅台"；攻打后秦的杏城（在今陕西省黄陵县西南）时，坑杀后秦将士二万。征战时，赫连勃勃的残忍凶狠助其打下了江山，但治理国家时，游牧民族的旧俗只会让大夏陷入速朽的危机。

赫连勃勃回到统万城后，他的儿子们日渐长大，他们拥有各自的部众，为了皇位大打出手。424年，赫连勃勃打算废掉原来的太子赫连瓌，结果导致赫连瓌与另一个皇子赫连昌反目成仇，双方带兵大战，最后是赫连昌杀死了哥哥赫连瓌，收服其部众八万多人。当赫连昌带着部众回到统万城时，赫连勃勃知道木已成舟，便将赫连昌立为太子。次年，赫连勃勃病逝，他留下一处疑冢，以及一座矗立千年的都城，但他建立的大夏难以摆脱胡风的束缚，终究难以适应新的时代。

4

马上可以打天下，却不可马上治天下，大夏的老对手北魏深谙此道。赫连勃勃在世时，北魏韬光养晦，不跟他硬碰硬。等到赫连勃勃去世，其诸子陷入不和，相互争斗，北魏采纳大臣崔浩的意见，再次向宿敌发起了进攻。与此同时，一些不满赫连氏残暴统治的部落，纷纷"背夏降魏"。

当时，北魏在位的皇帝为太武帝拓跋焘，他分派诸将，分两路进攻大夏，其中一路攻取长安，另一路直趋统万城。当时正值寒冬，河水冰冻，北魏军踏冰而过，快速行军。北魏第一次出兵时，赫连勃勃生前建造的统万城，还是给拓跋焘造成不少麻烦。

北魏大军逼近统万城时，赫连昌正在宫中宴饮，只好冒死出城一战。赫连昌仓促出战，战败后又退入城中。面对坚固的统万城，北魏军一时难以攻破，只能四处掳掠城外居民，得牛马十万余，而大夏军依靠城池进行防御，发起反击，还杀死了拓跋焘左右扈从多人。

拓跋焘只好叹息道："统万未可得也。"于是迁徙大夏百姓万余户而返。回到北魏平城（今山西大同）时，有三四成夏民死去。

427年，赫连昌派弟弟赫连定率两万精锐南下，与此前已夺取长安的北魏军对峙。拓跋焘得知大夏分兵南下后，马上派人到阴山砍伐树木，制造攻城器械，准备再次攻打统万城。

拓跋焘先派出轻骑三万，舍弃辎重后迅速到达战场。拓跋焘的手下不解，认为统万城坚固，十日也不能攻下，若以轻军深入，进不可克，退无可退，不如等步兵和攻城武器到后再一起前往。

拓跋焘却说出自己的独到见解："用兵之术，攻城最下，必不得已，然后用之。如果用步兵、攻城器械进攻，夏军一定会畏惧而坚守，不如以轻骑直抵城下，让他们放松警惕，再诱使他们出战，则可将贼首擒拿。"

北魏大军压境，赫连昌赶紧派人去召回弟弟赫连定。但赫连定拒绝返回，说统万城坚不可摧，你等我打败长安的魏军，然后带兵杀回，内外夹击。赫连昌觉得弟弟的主意不错，便下令坚守不出。

拓跋焘见夏军没有出城迎战，于是派一个北魏士兵装作逃兵，去给赫连昌散布谣言，说："魏军粮尽，士卒食菜，辎重在后，步兵未至，宜急击之。"

赫连昌看到魏军果然退至城北，又听说魏军粮尽，早就把弟弟的建议抛到脑后，率军出城攻击魏军。魏军佯装不敌，夏军在身后猛追。

此时天降大雨，有人向拓跋焘建议说，风雨从对方那边刮过来，对我们所在的位置不利，这是天不助人，而且将士饥渴，请陛下改日再战。

北魏大臣崔浩竭力反对，说："千里制胜，一日之中岂能轻易改变！而且夏军贪进不止，后军已经断绝，我们应该出其不意，进行包抄。风雨之道在于人，岂是固定不变的？"拓跋焘认同了崔浩的建议，继续指挥将士在统万城外作战，用当年赫连勃勃最擅长的方式击溃了大夏军。

这一次，好运不再眷顾赫连昌，北魏大军消灭夏军的有生力量后，一鼓作气攻入统万城。赫连昌逃往上邽（今甘肃天水），遭到北魏军追击，被生擒后送往平城。

随着统万城失守，大夏沦为流亡政权，只能收拢剩下的部族苟延残喘。赫连昌被俘后，其弟弟赫连定继承夏主之位，带兵与北魏军交战，多次想夺回统万城。史载，赫连定自小"凶暴无赖"，虽然能征善战，却继承了父亲赫连勃勃的缺点，反而不被其父所疼爱，没想到，他阴差阳错地成了最后一个匈奴族皇帝。

大夏倾覆之际，赫连定仍四处征战，收复了部分故土，却再也回不到统万城。史书记载，一日，驻军平凉的赫连定登上高山，遥望统万城，哭泣着说："先帝当初若让我继承大业，岂会有今日？"过了一会儿，有上百只野狐狸在赫连定身边嗷嗷叫。赫连定命人射之，却一无所获。赫连定厌恶地说："这是不祥的征兆，上天啊，我还能说什么呢？"431年，赫连定的军队在向河西转移途中，被归附北魏的吐谷浑击败。次年，作为俘虏的赫连定被献给北魏，身死国灭。

始于游牧民族的大夏政权，最终还是以游牧民族的方式覆灭。大夏灭亡，"自是中原及西北之地一归于魏矣"。

河西五凉：从张轨到沮渠蒙逊

晋惠帝永宁元年（301年）的一个夜里，繁华的洛阳城陷入沉寂之中，却有一户人家依旧亮着微弱的灯火，宣告着主人难以消解的忧虑。

张轨，一个刚刚步入四十八岁的中年官吏，在房间内不停踱步，无法入睡。

洛阳城内一股驱散不了的血腥味让人脊背发凉。洛阳城刚刚经历了司马伦之乱，专权的贾皇后死了，许多王公大臣遭到诛杀。哪怕鲜血早已经清洗干净，可是血腥味却越来越浓。明眼人都能看出，这场宫闱之变，还没有到收场的时候，更大的混乱和杀戮就要到来。

在此之前，张轨的仕途还算顺利。他来自西北的安定郡，称得上是贵胄后裔。由于父辈的恩荫，他获"赐官五品"。按照九品官人法，五品属于"中中"，相对平庸的品级。不过，张轨得到了朝廷重臣张华的欣赏。在这位贵人眼中，张轨是"二品之精"，九品之中，一品乃虚设，因此"二品之精"就代表了最高的评价。张轨由此步步高升，从太子舍人一步步做到散骑常侍、征西军司。

可是，张华死了，就死在前不久的骚乱之中。作为张华的门生故吏，张轨很难不产生一种惊惧的情绪。乱世之中自保要紧，洛阳是待不下去了，他必须找到一个闻不见洛阳血腥味的地方。思虑许久，张轨望向西边的天空，心里浮现出一个人的身影。

当年王莽篡政，天下大乱。一个名叫窦融的人，先在朝廷效力，后又投靠绿林军，但他并没有深陷于中原的泥沼之中，而是主动携带家眷奔赴河西。窦融曾说："天下安危未可知，河西殷富，带河为固，张掖属国精兵万骑，一旦缓急，杜绝河津，足以自守，此遗种处也。"如果说中原、关中之地是冒险家的乐园，那么，河西就是一个天然的割据避乱之地。

窦融在河西四郡扎下了根，并在后来明智地拒绝了隗嚣、公孙述等人的橄榄枝，主动归附盘踞洛阳的刘秀。由此，窦融一家成为东汉的显贵，他也和东汉的开国功臣们一起在云台留下了画像。

在恐惧之中，张轨找到了对标的人物：他要效仿窦融，出镇河西。没多久，朝廷的任命下来了，张轨受命出任凉州刺史领护羌校尉。他如愿离开了洛阳这一是非之地，带着家人和少数随从，奔向河西四郡，去寻找"遗种"之处。

1

然而，凉州并不是一块好啃的骨头。《三国志》载："（敦煌）郡在西陲，以丧乱隔绝，旷无太守二十岁，大姓雄张，遂以为俗。"这是一个不需要朝廷官员也能维持秩序的地方。在张轨来的路上，随处可见大族盘踞的坞壁，里面都是悍勇的私人部曲。他们防范的可不只是强盗，还有像张轨一样的中央官员。同时，还有众多的羌胡族群在草原上放牧，与汉人杂居在一起，他们的骑兵也是一大威胁。

作为空降的封疆大吏，摆在张轨面前的命运只有三种可能：谈得拢就成为宴席的主人，谈得不好要么变成城头悬挂的一具尸体，要么成为一条唯大族是从的狗。幸好，张轨有一个"好老师"。当年，窦融到河西后，干了三件事："抚结雄杰""怀辑羌虏"，以及遥奉东汉正朔。也就是和大族搞好关系、和胡人搞好关系、和中原搞好关系。只要是"州郡英俊"，窦融都以礼相待，而刚正不阿、不知妥协的官吏，全都罢免。于是窦融"甚得其欢心，河西翕然归之"。

对付分离势力最好的办法，就是把他们和自己绑在一起。张轨无疑学到了精髓，他用高官厚禄和极为卑微的姿态招揽当地的代表人物。宋配、阴充、氾瑗、阴澹四人，被称为张轨的"股肱谋主"，全都出身敦煌的大族。而羌族的酋豪北宫氏也受到张轨的隆遇，比如一代名将北宫纯。

同时，张轨将文教作为治理凉州的根本。学馆内的子弟多一点儿，阴谋作乱的士人就会少一点儿。他引进了九品中正制，并将忠、义、节作为选举的标准。前者给了豪族子弟一个向上的阶梯，将其笼络至官府；后者将他们教育成"晋民"。在天下大乱的时候，忠于晋朝，不就是忠于张轨吗？

河西著姓是统治的基石。有了他们的支持，地方动乱就会减少，凉州就会变得安稳。有了他们的支持，就不必担忧人才短缺，凉州就能得到治理。有了他们的支持，便能得到私人的部曲（包括胡族的部落），凉州就有了一支悍勇的军队。

很快，张轨就成为河西的主宰。他登上了武威郡治姑臧城的城头，俯视脚下的一切，胡人的骑兵在军营驰骋，带着冠冕的士人出入于学馆，僧侣在寺院祈祷，百姓们享受着这个时代难得的平静。姑臧城太拥挤了，它需要扩建，才能匹配上张轨割据一方的雄心。虽然张轨完全有能力自立门户，但在西晋王朝将要被摧毁之际，他对晋室表现出超乎寻常的忠诚。

永嘉二年（308年），刘渊的手下王弥横扫中原，直逼洛阳。晋怀帝征天下之兵勤王，却只有远在西北的张轨响应了，他两次派遣北宫纯率领凉州兵马进击洛阳。面对数万叛军，凉州铁骑横冲直撞，在洛阳城前几乎以摧枯拉朽之势击破了凶悍的匈奴人。目睹凉州兵锋的京师百姓还创作了一首歌谣："凉州大马，横行天下。凉州鸱苕寇贼消，鸱苕翩翩怖杀人。"

在族群战争的血光之中，"晋"已经成为汉人心中唯一的寄托。而打出"事晋"和文教旗号的河西之地，也成为中原人士心中的世外桃源，千千万万背井离乡的难民向着河西而来。

建兴二年（314年），张轨病入膏肓，卧床不起。十三年前，他从洛阳来到凉州，为的是自保和避祸，如今自己却成为庇护众人的一方势力。他虽然没有真正建立一个政权，但无疑开创了西晋以来凉州割据一方的历史。他所奠基的这个政权，被后人称为"前凉"。

临终前，张轨遗令说："文武将佐咸当弘尽忠规，务安百姓，上思报国，下以宁家。"这段话不仅是他留给子孙后代的忠告，更是他来到凉州十三年的总结：向地方势力分享政权，同时保持对中原王朝的敬畏。

此后，凉州之地政权更迭、枭雄并起，张轨的遗言却一直发挥着作用。

2

前凉如同历史上所有政权一样，创业之主英明神武、守成之主怀仁明智、亡国之主昏庸残暴，然后迎来灭亡。接管凉州的是一个起于关中的强大政权——前秦。

对所有盘踞河西的大族和试图割据一方的枭雄来说，这都不能算是一个好消息。前秦派遣的凉州刺史梁熙是一个守规矩的人，他重用土著，克己安民。可是，张轨来的时候一无所有，而梁熙背后是整个北方的财力与军力，换句话说，梁熙和他背后的苻坚拥有掀翻棋盘的能力。

382年，苻坚将目光望向凉州之外的西域，他任命战功赫赫的吕光统领七万步卒和五千骑兵，征讨西域。西域诸国坚持了一年多，被吕光逐个击破。天高皇帝远，吕光渐渐产生了割据的想法。他迷恋于西域宫室的辉煌壮丽，产生了羁留此地的念头。在西域传播大乘佛教的天竺高僧鸠摩罗什则劝他回去，告诉他"此凶亡之地，不可淹留"，并说"中路自有福地可居"。385年春，吕光从龟兹出发，率军东归。随行有一万余匹骏马，两万多只骆驼，以及它们背上的奇珍异宝，一千余名能歌善舞的西域乐伎，还有鸠摩罗什。

吕光不知道的是，前秦早已在两年前的"淝水之战"中战败，在他回归的路途中，关中沦陷，苻坚也被杀了。苻坚死了，梁熙没了靠山，面对拥有七万步骑以及庞大财富的吕光，无力抵抗，只能投降。吕光大摇大摆进入姑臧城，成为凉州新的主人。389 年，他即王位，置官司，后凉政权正式建立。

和张轨赴凉州一样的剧本：中原大乱，北方分裂，河西自守。不一样的是，吕光是手握重兵的氐族人，他不想也不需要看河西大族的眼色。后凉政权中的中坚全是吕光的子弟，很少有当地土著的身影，只要有反对的声音，便直接上屠刀。

担任参军的汉族士人段业曾劝诫吕光说："严刑重宪，非明王之义。"吕光反问段业："商鞅之法至峻而兼诸侯，吴起之术无亲而荆蛮以霸，何也？"段业回答，严刑峻法要看如何使用，河西本是"道义神州"，"欲以商申之末法临道义之神州，岂此州士女所望于明公哉"？吕光听后，小有领悟，于是"下令责躬，乃崇宽简之政"。但这不过是一句空话。

这一段刑法与道义的交锋，并非传统的儒法之争。在凉州，文教代表着政权的分享，道义代表着对各族人民宽仁。可是，吕光凭着武力推行氐族本位政治，虽然镇压叛乱数战数胜，可耐不住迭起的起义风潮——汉族的段业心怀不满，卢水胡部的沮渠蒙逊在张掖起兵，秃发乌孤率河西鲜卑占据湟中与后凉对峙……

399 年，吕光病重，留下一个烂摊子给子孙后代。而垄断政权的吕氏子弟却陷入了内斗之中，后凉很快在众人的围攻下灭亡。

生前，吕光把鸠摩罗什当作解梦大师对待，强迫他娶妻，并使其留居河西十六年。鸠摩罗什一身的学问，却无用武之地。不过，他吸引了很多西来的中原僧人，鸠摩罗什的第一个弟子僧肇便是在凉州收的。那时的凉州既是整个北方华夏文化最为发达的地方，又是受西域文化影响最深的地方。当时，北方著名的译经中心是敦煌、姑臧、长安、洛阳和邺城，凉州五居其二。

鸠摩罗什在这里虽不曾弘道，却学会了汉语，并成为学贯中西的佛教大师，后来在长安译出佛经九十八部，所译诸经，文辞优美，便于诵读。他还发下宏愿，如翻译无误，死后焚身时舌当不烂。相传他死后，果真应验。也是从那时起，佛窟的开凿成为一种风气，佛陀的教化经由凉州一步步迈向中原。

3

发现吕光不守规矩之后，河西大族立刻抛弃了后凉，又选择了李暠、段业、沮渠蒙逊、秃发乌孤等人，再造了几个凉政权——河西迎来"战国"时代。

鲜卑人秃发乌孤兴起于河西的湟中，建立了南凉。段业与沮渠蒙逊在张掖起兵，建立了北凉。敦煌的大族则看中汉人李暠，推举他担任太守。

399年春，段业称凉王。其右卫将军索嗣是敦煌大族，本与李暠是生死之交，可是李暠主政敦煌后，索嗣心生不满，便在段业面前构陷李暠。段业不疑有假，便让索嗣率五百骑兵，从张掖赶往敦煌，取代李暠。李暠自知被诬陷，却没有办法，他毕竟不是敦煌籍人。正当李暠要出城迎接之时，名士张邈和宋繇前来劝止。

张邈说："吕氏政衰，段业暗弱，正是英豪有为之日。将军处一国成资，奈何束手于人！索嗣自以本邦，谓人情附己，不虞将军卒能距之，可一战而擒矣。"索嗣敢于取代李暠，正是因为索氏家族乃是敦煌大姓。张邈、宋繇作为当地势力的代表，提出拒索嗣于敦煌城外，无疑给李暠增添了信心，至少他知道"人心"是向着自己的。于是李暠率兵与索嗣激战，赶走北凉的触手，随后建立了西凉。

李暠是继张轨之后第二个在河西立国的汉人，他将张轨的著姓政治发挥到了极致。他曾说，敦煌历史悠久，实是名邦，乡党关系复杂，家族盘根错节，事事都须小心谨慎。"至于公理，时有小小颇回，为当随宜斟酌"，稳定乃是第一要务。因此，西凉的要职大半都是敦煌大族和名门之后，和"王与马共天下"的东晋没什么两样。

按理来说，索嗣是李暠的政敌，敦煌的索氏一门理应受到黜斥，但索家依然受到重用。这样的优待使得凉州各地的汉人蠢蠢欲动，纷纷投入西凉的帐下。402年，北凉西郡太守梁中庸来奔。梁中庸与北凉之主沮渠蒙逊私交甚深，却依然背叛。沮渠蒙逊得知他投奔西凉的事后，无可奈何地说："我待梁中庸情深意重，如同骨肉一般。而他不信我，只是对不起自己罢了。"

但是，西凉毕竟偏远，仅有敦煌一郡较为富庶。它就像诸葛亮主政时期的蜀国，内政上有人和，外交上远交近攻，经济上大兴屯田，可还是无法弥补国力和军力的巨大差距。如同诸葛亮六出祁山一般，李暠也奉行"东伐"策略，但结果大多是失利。形势越是不利，李暠越是不能放弃"东伐"，因为如果自己"鞠躬尽瘁"而死，那么西凉的堕落也就在所难免了。

李暠曾写下一篇《述志赋》以明心志。他景仰诸葛亮、周瑜、鲁肃等前世英杰，也很佩服刘邦、刘备、孙策等前世明君取得的功业。他心中的梦想是像张轨一样统一河西，却终究壮志难酬。417年，李暠病重，大有"出师未捷身先死，长使英雄泪满襟"的悲怆。他将军国重任交给宋繇，要他辅导李歆："我死之后，世子李歆如同你的儿子，你要好好辅佐，不要让他高高在上、专横骄傲。"

可惜的是，世子李歆并非明君，甚至连当一个听话的刘禅都做不到。他刚愎自用，穷兵黩武，在一次次战争之中将西凉本就不多的国力消耗殆尽。宋繇每一次劝谏都失败了，他深感痛心，只能愤而长叹："今兹大事去矣！"

果然，李歆在与北凉的战争中死去，西凉也宣告瓦解。

4

西凉是一个汉人政权，而定都张掖的北凉一开始是胡人与汉人共同建立的政权。主导者有三人：被扶持上位的文弱书生段业、有勇有谋的弟弟沮渠蒙逊，以及宽厚守信的哥哥沮渠男成。

北凉的政局能否稳定，关键在于凉王段业与沮渠蒙逊的关系处理得如何。沮渠蒙逊是一头噬人的猛虎，段业却并非一个高明的驯兽师。他深知蒙逊有大志，必不肯久居人下，却又没有制衡的法子。而沮渠蒙逊则不然，他知道段业的忌惮，便想着先下手为强。他对沮渠男成说："段业愚暗，非济乱之才……蒙逊欲除业以奉兄何如？"但男成认为段业由自己推举，先举后弃未免不义。

一计不成，沮渠蒙逊又生一计。他先邀请从兄祭祀兰门山，却早早派人向段业告密，说男成意欲谋反，如果他去祭祀兰门山，必然是组织兵力反叛。没过多久，男成果然向段业表示要去兰门山祭奠先人。段业不由分说诛杀了沮渠男成。从兄一死，沮渠蒙逊立刻召集兄长的部下，痛哭流涕道："男成忠于段公，枉见屠害，诸君能为报仇乎？"沮渠男成本就颇具威望，经过煽动之后，众人愤而起兵，段业便稀里糊涂丢了性命。

沮渠蒙逊一石二鸟，除去两个大敌，从而夺取了政权。事实证明，太过软弱和太过仁义，都无法成大事。也唯有像沮渠蒙逊这样善机变、有勇略的人才能在乱世中成就大事。

有了吕光的前车之鉴，沮渠蒙逊熟练掌握了凉州之地的生存法则：安抚大族，大兴文教。虽然是胡人，但他没有狭隘的民族意识，各族英俊都能为我所用。性格上的机变也让他在南凉、西凉、后秦之间游刃有余，该示弱时便示弱，该送人质时送人质，慢慢发育，累积国力。时人评价说："沮渠蒙逊，胡夷之杰，内修政事，外礼英贤，攻战之际，身均士卒，百姓怀之，乐为之用。"

从411年起，北凉几乎每十年就上一个台阶：411年，蒙逊攻克姑臧，驱逐南凉，占据了河西走廊的中心；421年，蒙逊攻克敦煌，摧毁西凉，统一了河西走廊……但北方"分久必合"的大势让沮渠蒙逊不得不面对一个问题：如何处理北凉与一个强大的中央王朝的关系。

411年，蒙逊占领姑臧后开始向北魏遣使朝贡。后来，他也曾几次派使者向刘宋朝廷贡献方物，包括凉州学者的一系列图书，其中有一部《甲寅元历》，被南朝的祖冲之吸收之后，编写出了大名鼎鼎的《大明历》。刘宋则回之以《周易》等典籍，司徒王弘还亲手抄了干宝的《搜神记》回赠北凉。江南与河西，这两个文化最为发达之地，总算有了实质性的交流。

这些通贡表明了一种姿态，北凉承认东方大国的地位，但极力维持自身的独立地位。然而，426年起，北魏太武帝拓跋焘率魏军进攻关中，击垮了匈奴赫连氏建立的夏政权。这时候，求取自安和延续割据就成了凉州之地最好的选择。作为一个成熟的政治家，沮渠蒙逊乖乖低下头颅，送上质子，归附北魏。

433年，沮渠蒙逊去世，享年六十六岁。当他死亡的消息传到平城，拓跋焘不由得大喜，对左右说道："沮渠蒙逊死了，我得到凉州也就为期不远了。"

的确，失去利爪的割据之地想要自守，那可比登天还难。

5

439年，北魏破姑臧，北凉名存实亡。之后，北魏将河西大族连根拔起，一共三万余户，至少十五万人，尽数被迁往平城。东汉末年以来，盘踞凉州两百年的豪族失去了赖以生存的土壤。

这是文化史的一件大事。陈寅恪先生认为："秦凉诸州西北一隅之地，其文化上续汉、魏、西晋之学风，下开（北）魏、（北）齐、隋、唐之制度，承前启后，继绝扶衰，五百年间延绵一脉，然后始知北朝文化系统之中，其由江左发展变迁输入者之外，尚别有汉、魏、西晋之河西遗传。"也就是说，魏晋以来，中原文化转移至凉州保存下来，然后经过这次迁徙，又回到了中原。

今天来看，这个观点未免夸大了中原移民的影响，而对于凉州本土的学者不太公平。河西最大的特点就是大族政治，加上张轨入主河西以来，几乎所有的凉州统治者都重视文教、延揽人才，可谓"无大族，不文化"。从中原而来的学者，却很少有在凉州开学授徒的记载，也没有在凉州留下传之后世的著述。北凉与刘宋的书籍外交之中，几乎全都是凉州本土学者的著作。

而且，北魏迁徙的三万余户，必然都是在当地有话语权的著姓。因此，转移至中原的学问应当主要是凉州自身的学术文化。

这次迁徙，对北魏来说自然是一件好事。平城突然拥有如此多学问高深的士人，好好地补了一堂文化课，从而摆脱文教落后的局面。敦煌人索敞，受命负责贵族子弟的教育，史载"京师大族贵游之子，皆敬惮威严"。经过他的教育，北魏贵族尚武轻文的作风大有改变。他的学生之中，有数十人官至尚书牧守者，这些经过教化的位高权重者再进一步影响他们的周围，如同石子落入湖水，波纹不断扩散。这样一来，北魏官僚的转型便只是时间问题了。

对于凉州学者来说，就只能喜忧参半了。他们毕竟是被征服者，被连根拔起，驱赶至平城，必然要遭受冷眼与歧视，只有极少数人才能得到真正的重用。

北魏统治者是拓跋焘，能够不造杀孽已是万幸，不能指望他像张轨一样重视文教。倒是司徒崔浩多次举荐凉州学者，邀请他们制作礼乐，并一起编纂国史。后来，崔浩因国史案被杀，参与其中的凉州士人也遭屠戮。他们在平城仅仅四年，便命丧黄泉，可见凉州士人在新体制下的普遍挣扎。可是不论是喜悦还是痛苦，河西的学术终究还是以这种强硬的方式融入了中原的政权之中。

到了北魏孝文帝改革时期，李暠的后裔李冲成了皇帝背后的男人。他与这个锐意进取的皇帝情投意合，快穿上同一条裤子了。政治上，他是三长制、均田制的创立者，又是各种礼仪、官制及律令的制定者。北魏许多宫殿的建设，也都出于李冲之手。李冲对北魏政治的影响，凉州士人无人能敌，但问题是他与东迁平城时已相隔几代人，还能算是一个凉州士人吗？

河西士人与中原士人在平城相互碰撞之时，凉州本土却是另一番景象。有影响力的大族都走了，空白由一群地方性的豪强填补。叛乱似乎更多了，不过，割据性的势力却难以在此地形成。大族没了，学问也被掏空了，如同一部气势恢宏的乐章，在高潮到来时戛然而止。

那么凉州还剩下些什么呢？抬眼望去，只见寺庙林立，香火繁盛，石窟中的佛像栩栩如生。这已经是"佛陀的世界"了。

第四章　偏安的门阀政治：一个士族势力超越皇权的时代

司马睿：史上最窝囊的开国皇帝

若论史上最窝囊的开国皇帝，晋元帝司马睿认第二，无人敢认第一。

司马睿即位的第五年，永昌元年（322年），权臣王敦突然出兵攻打国都建康（今南京），造反了。作为东晋的开国元勋之一，王敦与堂弟王导两人在建立东晋王朝时，出力颇多。因此，司马睿坐稳江山后，天下便有"王与马，共天下"的说法。

得知王敦造反，司马睿指挥若定。他连发三道圣旨，命令王导、王邃、周筵等统帅诸军，克日讨贼。为了鼓舞士气，他自己也穿上铠甲，跨上战马，来到军前，摆出一种不杀此贼誓不休的态度。然而，战场形势瞬息万变。当司马睿还沉醉于政治表演时，王敦大军已悄然破城而入。得知消息后，司马睿判若两人，立即扒下自己的铠甲，派出使者，到两军阵前议和。

面对皇帝派出的使者，王敦不依不饶。这可把司马睿吓坏了，他赶忙让百官去跪迎王敦，并再派使者议和，提出自己可退位让贤，推王敦为天下共主。开国之君，做到如此地步，实属窝囊至极。也是在这一年，四十七岁的司马睿忧愤而死，历史翻篇儿。

1

司马睿遭此终局，还得从十年前的永嘉七年（313年）说起。

那一年，晋怀帝司马炽在平阳（今山西临汾）驾崩。西晋的国都设在洛阳，司马炽怎会死在平阳呢？很简单，他被敌国君主刘聪俘虏了，死于非命。而他被俘的背后，关联的是"八王之乱"和"永嘉之乱"两大变局。

永兴二年（305年），八王乱了十五年后，晋朝宗室之间的战火才逐渐停息。此时，司马昭、司马炎传下的子孙已死得七七八八。给"八王之乱"收尾的，是一个叫司马越的宗室王爷。作为司马氏远房宗室，司马睿就在这个时候出场了。

由于司马越的封地在东海（今江苏连云港），与司马睿的琅邪国接壤。他起兵后，便特意"照顾"司马睿，让其带兵驻守下邳（今江苏邳州），间接参与了"八王之乱"。

2

"八王之乱"落幕后，司马越立司马衷的异母弟司马炽为帝，是为晋怀帝。司马越自任太傅辅佐朝政。但西晋王朝的运作始终没有回到正轨。

由于晋武帝司马炎当年对边塞部族较为宽容，趁着中原内乱，少数民族首领刘渊、石勒等迅速崛起，举兵南下。"永嘉之乱"袭来了。

趁着晋室政权衰微，永嘉五年（311年），汉赵皇帝刘聪派遣大将刘曜、石勒、呼延晏等人进攻洛阳。东海王司马越沉醉于"八王之乱"胜利的喜悦中，根本感觉不到危险的步步紧逼。不久，汉赵大军兵临城下，司马越被活活吓死。晋怀帝司马炽及其麾下大部分王公被杀，西晋王朝毁于一旦。

好在历史为晋室埋了一颗棋子。司马越在洛阳耀武扬威时，没忘记曾经从旁协助的侄子辈司马睿。在他掌权后，司马睿受命治理建邺（今南京）。洛阳蒙难，帝室衰微，作为旁系的司马睿一如从前，手足无措。不过，司马睿身边能人不少。就在他不知如何自处时，王导开始建言献策。

王导与司马睿自小相识。他出身北方大族琅邪王氏，恰巧，琅邪就是司马睿的封地。从司马睿的祖父司马伷那一辈起，司马氏就世代与琅邪王氏交好联姻，长达数十年。所以，与其说王导与司马睿是上下级关系，倒不如说他们俩是"恩侔于兄弟，义同于交友"。王导建议司马睿，趁此乱世，韬光养晦，善加经营建邺，以待他日东山再起。王导博学多才，素有韬略。他的建议，司马睿自然言听计从。

建康（建邺）地处长江之南，相对偏安。由于王导的倾力相助，司马睿南移，北方士族纷纷效仿。"衣冠南渡"远离战火，建康一时成了北方各大家族的避祸首选。众多门阀世家南下，无疑是司马睿在南方东山再起的最佳支柱。但平素名声不显的他，完全没能激起其他世家大族投靠和效劳的欲望。

对此，他相当苦恼。王导更加头疼，只能以琅邪王氏子孙的身份，跑去游说自己的族兄王敦。王敦是当时的名士，极善清谈，又是晋武帝司马炎的女婿。凭借贵戚身份，他在扬州做刺史，对南方的事不仅了解，也颇能说得上话。堂弟王导誓死追随司马睿一事，在琅邪王氏内部早就不是什么秘密。王敦本就有趁势崛起之心，故与王导一拍即合。

当时，江南的风俗是在每年三月初三祭祀神灵。那一天，无论是世家大族还是平民百姓，按照习俗都需要到长江边集体跪拜，祈求风调雨顺。借助这样的时机，王导与王敦给司马睿策划了"一出大戏"。当天，在大庭广众之下，司马睿的仪仗从大街经过，背后跟着的是以王导、王敦为首的北方士族代表。如此华丽的出行规格，瞬间吸引了出来过节的各色行人。

在人群中，一些世家大族开始暗自忖度：在晋室子孙持续凋零的状况下，莫非只有琅邪王司马睿才是复兴司马氏、还都中原的最佳人选？于是，怀着将信将疑的态度，北方世家大族纷纷派代表到司马睿处赔礼道歉。司马睿也不敢怠慢，恭敬地接待了他们，让他们心中产生了为琅邪王效忠的想法。

初步筹谋奏效后，王导又向司马睿进献下一步计策，要其多加礼遇江南本土名士。西晋灭东吴已有三十多年，但在江左地界上，本地世家大族仍以贺循、顾荣、纪瞻、闵鸿、薛兼等五人马首是瞻。此五人高风亮节，世所著称。看到北方士族前后判若两人的态度，江左"五俊"不为所动。

关键时候还得靠王导。利用自己北方头等世家子弟的身份和名声，他相继替司马睿请来了贺循、顾荣两人。由此，一向持观望态度的江左世家，才逐渐甘居司马睿之下，俯首称臣。

3

当司马睿在江南春风得意之际，北方却仍是一团乱麻。继晋怀帝之后，在晋室忠臣的辅佐下，晋武帝的孙子、秦王司马邺在长安登基，是为晋愍帝。然而，因先前晋室内耗严重，司马邺手中已无一兵一卒可以调用。他只能遥尊两位尚有些实力的宗王——琅邪王司马睿和南阳王司马保为左、右丞相，希冀他们带兵北上，兴复晋室，还于旧都。

对此，司马睿不是不想。可作为一个称职的"流民"，他除了身份高贵点儿之外，并无实权。驻扎建康以来，他俨然司马氏在江南的精神领袖，祭则司马，政在士族。对于还都北方，各大门阀虽然精神上相当支持，但谁都不愿当出头鸟，拿自家的资源，去给司马睿及败落的司马家族陪葬。

所以，当匈奴大军攻破长安，俘获司马邺时，琅邪王司马睿仍在江南烟雨中徘徊。

太兴元年（318 年），晋愍帝司马邺的死讯传到了江南。晋愍帝的离世，似乎意味着北方士族失去了回归旧地的可能。由于晋朝是中原政权的象征，这些士族想要抗拒北方势力的继续南下，唯有打出晋朝的旗号，才具有说服力。

因此，琅邪王司马睿莫名其妙地捡到了一个当皇帝的机会。在江南名士纪瞻的泣血恳求下，司马睿三辞三让，终于坐上了皇帝宝座，是为晋元帝。为了感谢好兄弟王导的付出，在登基大典上，司马睿故意摆出姿态，硬拉着王导与自己一同接受百官朝贺。

司马睿的行为吓坏了王导。为避免场面尴尬，他特意跪下劝谏晋元帝称："若太阳下同万物，苍生何由仰照！"听到王导如此吹捧自己，司马睿心里乐开了花，立即收起虚伪表情，接受百官朝拜。但他很快就开心不起来了。

4

跟历朝开国皇帝一样，司马睿对自己创立的江山，也充满着发展的希望。即位后，他就决定"以法治国"。为此，专门颁布了一道诏书，要求各地官员"正身明法，抑齐豪强，存恤孤独，隐实户口，劝课农桑"。如遇官员在当地为非作歹，"州牧刺史当互相检察，不得顾私亏公"。然而，他的政令还没到地方，就被截了下来。

司马睿登基后，国家大权基本握于琅邪王氏手中。除了丞相王导，同一时间，琅邪王氏还有王舒、王含、王虞、王彬、王邃等族人在各地担任刺史、都督等要职。而功劳仅次于王导的王敦，在司马睿登基后，出为荆州刺史，总领长江中游各部军事，成为东晋王朝时下炙手可热的军政要员。造成此种局面，有半数原因要归结于司马睿本人，但"王氏强盛，有专天下之心"却也不是一句空话。

出任荆州期间，王敦没少提拔和安插亲信。对于辖区内不服自己管教的官员，他也没多废话，直接送他们去跟阎王报到。为了宽慰司马睿，王敦在荆州坐大的同时，也不忘写几封感人至深的信，诉说自己被猜疑的事情，请求皇帝多加谅解。

当然，琅邪王氏家族也无法一家独大。在司马睿称帝过程中，拥立他的，还有各类"次等士族"。多数时候，为了实现阶层晋升，次等士族都会选择依附皇室。刘隗、刁协就是最典型的例子。

史料记载，"（刘）隗雅习文史，善求人主意，帝深器遇之"。而出身次等士族渤海刁氏的刁协，则是司马睿"并抑豪强"的拥趸。在司马睿的支持下，刘隗很快获得与王导平起平坐的地位。之后，刁协又以同样无限忠于皇室的态度，获任尚书令。两人一步步遵照司马睿的指示，分割着丞相王导手中的权力。

5

王导的权力被"一分为三"后，司马睿开始了他的第二项改革：大力任用宗室。在"八王之乱"中，宗室对皇室的威胁尤大，司马睿当然知道。不过，当初晋武帝司马炎委派宗室镇守各地，原意就是抵御外敌，拱卫皇室。而眼下，琅邪王氏的王敦正是皇室的心腹大患。

帝室羸弱，抵御外敌，当然得宗室、亲信等同心勠力。

太兴三年（320年），司马睿派遣谯王司马承出镇湘州（今湖南长沙），制约王敦。随后，又命江东豪族领袖甘卓为安南将军、梁州刺史，假节督沔北（今湖北北部）诸军，镇襄阳；尚书仆射刘隗为征西将军，都督兖、豫、幽、冀、雍、并六州诸军事，镇合肥；刘隗则代表皇帝出镇淮阴，节制北方军事。

朝廷这一系列调动，触动了王敦敏感的神经。为了安抚宿将，司马睿亲自出面解释，如此调动完全是出于北伐需要，望卿不要多想。可接下来司马睿的第三项改革，却让王敦不得不相信朝廷要"卸磨杀驴"了。

当年"衣冠南渡"，不只有北方的世家大族，更有一大批为逃避战祸、跟风南下的中原普通百姓。然而，随着局势的动荡，这群平民到了南方之后，不仅没有恢复在中原时的安定生活，甚至还有一大部分为了生存被迫沦为世家大族的奴婢。考虑到帝国发展的需要，司马睿特地下诏，所有因遭难而沦为世家大族"僮客"者，悉数复籍，鼓励他们参军，保家卫国。

这项政令，不仅削弱了世家大族的势力，最为关键的是，这群"僮客"参了军，就是国家的部队，皇帝直属的武装力量。对于疑心重重的王敦而言，要是皇帝不受控制了，掣肘皇权的琅邪王氏可还有活路？

于是，没等司马睿动手，王敦先反了。

6

永昌元年（322年），王敦以反对刘隗、刁协，替王导鸣冤为借口，骤然发兵建康，史称"王敦之乱"。王敦之所以把主要矛盾全部对准刘隗、刁协二人，一来是为了替自己谋朝篡位打掩护，二来是希望激起世家大族的共同愤怒。

与王导相比，刘隗、刁协二人在朝堂上多喜"刻碎之政"。利用司马睿那套"以法治国"的理论，只要官员违法，落到刘隗、刁协手上，轻则免官，重则丧命——不管你是一流的门阀世家，还是普通的官宦之家。

除此之外，刁协据称人品极差。大权在握时，他没少借机羞辱豪强士族。甚至有一次，王敦的舅舅羊鉴认为自己"才非将帅"，推辞带兵讨伐叛逆，却被刁协弹劾"疑虑畏敌"，遭到下狱论死。

王敦一起兵，刘隗、刁协两人就预感危险，力劝司马睿诛杀琅邪王氏全族。然而，司马睿却告诉他们，琅邪王氏有大功于国，一切要以和气为上，不要扩大事端。面对司马睿讨好的姿态，王敦可不买账。还没到建康，他就发布了刘隗、刁协两人十多条大罪，号召全天下共讨之。

眼见王敦撕破脸，司马睿大怒，下诏定王敦为"大逆"，并称"有杀敦者，封五千户侯"。同时，在城中检阅刘隗、戴渊等人回防建康所带的宿卫部队。这边朝廷准备"讨逆"，那边世家大族却不为所动。甚至诸如温峤等世家代表认为，大将军（王敦）起兵，情有可原，不算过分。

为了戏谑司马睿，王敦给自己加大筹码，特地放话：谁要杀得了王敦，琅邪王氏必保举他在朝中"封武昌郡公，邑万户"。直到王敦攻破建康城，他的人身安全仍相当有保证。

形势危急，司马睿顾不上刚刚发布的感人誓言，急令刘隗、戴渊等整军应战，自己则躲回宫中"静候佳音"。刘隗等人哪里是王敦的对手？不多时，司马睿的"六军"悉数尽败。刘隗趁乱北逃，投奔石勒。而刁协、戴渊等人则以反抗大将军的罪名被处死。

不过，作为胜利者的王敦，却始终没有进宫朝见司马睿。这使得司马睿更慌，为了平息王敦的怒火，他不仅下诏为其平反，还多番派出使者邀其入朝，共商国是。

但王敦面对触手可及的皇权，却做出了谜一般的决定。他不去直接触碰它，而是率军回了大本营，坐镇武昌，遥控朝政。

"王敦之乱"时，王导并没有第一时间站到朝廷这边。虽然他不曾为王敦之事多加筹谋，但在他眼里，琅邪王氏的家族利益始终大于一切。所以，当王敦"逼宫"时，他表面上带领族中兄弟子侄等待议罪领罚，实则选择了袖手旁观。

全程都是王氏两兄弟的表演，而开国皇帝司马睿倒像是一个观众：看着刀光剑影，自己瑟瑟发抖。

7

王敦走后，司马睿很快抑郁病倒，越病越重。他等同于被软禁在皇宫中，像是一个囚徒。在病中，他想起了昔日的太尉荀组。此人出身北方大族颍川荀氏，是东汉时司空荀爽的玄孙，西晋司徒荀勖之子。荀组为人"夷雅有才识"，对司马睿颇为忠心，且曾受琅邪王氏诸名士的称赞。司马睿以为，由其出来主持朝政，既可以缓和君臣矛盾，又可替自己一步步夺回皇权。谁知，荀组受命不久，还没到任就去世了。

余晖坠落，司马睿放弃了所有的幻想。永昌元年闰十一月初十（323 年 1 月 3 日），他在忧惧中病逝。临终前，他仍不忘将王导身上"监管江南诸军事"的重任卸下，荣尊"司徒"，求其一定要尽心辅佐太子司马绍。

站在大义的角度，王导没有驳斥司马睿的请求。司马睿去世后不久，在王导的协助下，世家大族纷纷站出来拱卫皇室，"王敦之乱"彻底被平定。双向押宝的王导，仍旧凭借智谋带领琅邪王氏继续走向巅峰。

士族终究还是压过了皇权，在东晋王朝的国祚延绵中不断发酵、壮大。继"王与马，共天下"之后，晋明帝司马绍的内舅、太尉庾亮崛起，开启了"庾与马，共天下"的新时代。这之后，是"桓与马，共天下"。然后，又是"谢与马，共天下"。

这是属于世家大族的朝代，是史学家田余庆所说的"皇帝垂拱，士族当权，流民出力"的朝代。而司马睿从一开始就只是名义上的开国皇帝，始终拗不过时代的宿命。

英雄与奸雄：琅邪王氏兄弟

西晋首富石崇在帝都洛阳城郊有一座别墅，名为"金谷园"。金谷园内夜夜笙歌，是主人联络世家豪门子弟的"高级会所"。

这日，晋武帝司马炎的女婿王敦，带着堂弟王导到金谷园做客。酒宴开始，石崇像往常一样，召来一众美女作陪，然后宣布喝酒的规矩：如果客人喝酒不能见底，劝酒的侍女就会被当场杀掉。

王导原本滴酒不沾，但怕石崇大杀侍女，所以每当侍女劝酒，他总是毫不犹豫一饮而尽，没多久便烂醉如泥。王敦却是个"狠角色"，侍女劝酒他偏不喝，眼看着三个侍女被石崇杀掉。王导被吓得酒醒了几分，连连责备王敦为什么不喝。王敦笑嘻嘻地答道："自杀伊家人，何预卿事！"石崇杀自己家里人，关我们什么事儿。

晋朝人从这件事看出了王敦、王导两兄弟的性格差异，而这，也终将决定二人后来的命运走向。

1

永嘉元年（307 年），影响中国历史走向的第一次"衣冠南渡"开始了。

移镇江南，是王氏兄弟的族兄王衍与权臣东海王司马越商定下来的，目的是保全琅邪王氏家族的血脉。当然，王衍不会对司马越这么说，他声称这是为赢得"八王之乱"最终胜利的司马越准备的后路。因此，当司马越让自己的侄儿、琅邪王司马睿从下邳（今江苏睢宁）移镇建邺（今江苏南京）时，王导、王敦也跟了去。随后，王氏家族重要成员王舒、王含、王廙以及王羲之一家等皆南迁，并带动北方士族大举南下，开发南方经济。

当时的江南，仍然是三国时期东吴士族的天下。北方大族的突然出现，打破了江南的宁静。一时间，北方士族与本土士族的地盘冲突此起彼伏，使江南陷入了动荡期。这一点，无论是身在北方的王衍、司马越，还是已经南渡的王导、王敦，都不愿意看到。王导深知，北方士族大规模南下，首要的是与江南士族和睦相处。以当时的天下大势而论，渡江的北方大族根本不可能在短期内北返，必须做好长远打算，以江南为新的家族聚居地，繁衍生息。

但如何消解江南士族的敌意？恐怕还得借助"天子"的权威。琅邪王司马睿是晋武帝的堂侄，受朝廷指派而南下，可以说是名义上的江南最高行政长官。王导认为，树立司马睿的权威，便能调解南北士族的矛盾。

然而，王敦却不认同王导的"造王计划"。在王敦看来，司马睿为人太软弱了，正如王导评价的那样，"琅邪王仁德虽厚，而名论犹轻"。这个司马睿不仅毫无帝王该有的雄霸之气，甚至都不受江南本土名士的认可。最直接的反映就是，他们一行到达江东月余，名士们竟没有一个人登门拜访。没有地方士族的支持，这个"王"是没有任何号召力的。

王导仍坚持己见。他以司马睿的首席谋士自居，认准了对方的价值，就一定要为对方打造专属的帝王威严。最终，他以"从龙大功"的诱惑，说服了王敦。

就这样，一个让司马睿露脸的计划，很快便敲定了。

2

永嘉二年（308年）三月初三，上巳节。按照传统，这一天，建邺城官民需要到长江边祭拜河神，修禊祈福。正值战乱年代，官民们自然以祈求天下太平为主要诉求。恰在此时，司马睿的肩舆出场了。紧随其后的是王敦、王导，以及一部分名望甚高的渡江名士。

但见司马睿器宇轩昂端坐肩舆，而王敦、王导等随行人员始终保持着谦卑恭敬的态度，这似乎在告诉世人，司马睿乃当世难得的明主，值得效命追随。眼见各色达官贵人皆对司马睿毕恭毕敬，不明情况的百姓纷纷沿路跪地拜迎。

王导这波宣传造势，一下子令全城震动起来，江南士族领袖顾荣、贺循、纪瞻等人对司马睿这个南下皇族顿时充满了好奇。祭祀结束后，他们赶紧让家丁出门打听，并准备好拜帖，以便随时登门造访。

王导似乎能读懂江南名士的心，顾荣、贺循等人还没行动，他就给司马睿布置了任务，请司马睿亲笔写了几封态度十分诚恳的书信，交由王导出面造访江南士族。王导意味深长地跟司马睿说，立足江南光靠立威还不行，还要笼络民心。像顾荣、贺循、闵鸿、纪瞻这些人，要么是官宦世家，要么是饱学之士，无一例外都在江南拥有广泛的人脉和资源。与他们结盟，咱们才能以江南为根据地，早日北伐复国。

就这样，在王导与司马睿的通力合作下，江南士族纷纷表示愿为琅邪王前驱。与此同时，靠着皇族间的内斗而掌权的东海王司马越，在王朝内忧外患之际，却始终以排斥忠良、诛杀异己为己任，完全不顾胡人势力的崛起与入侵。新登基的晋怀帝司马炽忍无可忍，令征东大将军苟晞联合各方势力群起讨之，司马越忧惧过度而死。司马越的突然死亡，加剧了朝廷内外局势的动荡。在这个过程中，羯人石勒率军南下，王氏兄弟的族兄王衍仓促应战，导致最后一支朝廷精锐部队被全数歼灭。

随后"永嘉之乱"爆发，匈奴人刘聪趁势发兵洛阳，掳走了晋怀帝。一年多后，刘聪毒杀晋怀帝。一得到晋怀帝的死讯，长安城内，晋室的一部分忠臣就将晋武帝的孙子司马邺扶上皇位，史称晋愍帝。晋愍帝的登基，让司马睿手中的建邺城为避讳而改为建康城，而司马睿也成为晋愍帝心中的"救命稻草"。晋愍帝热切盼望被他任命为丞相的司马睿能发兵长安，保驾勤王。

对此，司马睿并非不遵旨，只是他还得征询王导、王敦两兄弟的意见。

3

此时，王敦忙于征讨在湘州（今湖南长沙）作乱的杜弢，王导则另有想法。

站在维护士族利益的角度，兴兵克复中原固然会得到各大门阀世家的精神支持，可打仗是要烧钱的。门阀世家此刻的舒适生活，靠的是祖辈的财富积累。倘若把"克复中原"的任务比作一项战略投资，那么，估计绝大部分的门阀世家都不愿拿出家财为司马家族效力。所以，当匈奴大军攻破长安、俘获晋愍帝时，琅邪王司马睿仍在江南的烟雨中徘徊。

尽管王导没有北上救国之心，但他依旧执着于自己的"造王计划"。自洛阳城被攻破后，大量的北方士族拖家带口，尽数南下。这不仅带来了财富和技术，在南迁队伍中，还不乏司马氏旧臣。王导相信，这群人的到来，兴许可以将他的"造王计划"升级为"造帝计划"。于是，在王导的张罗下，司马睿广开府门，征辟了一百零六名当世能臣名士入琅邪王府充当秘书，时称"百六掾"。"百六掾"的出现，一方面使渡江士族暂时得以安定，另一方面也极大加强了天下名士对司马睿的归属感。

可即便江南和江北的士族均在名义上拥护司马睿，王导还是不放心。两晋之际，南北文化差异甚大。在北方，魏晋流传下来的风气，让崛起的世家大族崇尚清谈、针砭时政之风；而南方士族则坚守两汉留下的经学传统，以著书立说、坚持儒教为己任。举个例子，北方士族居丧期间照样饮酒吃肉，而江南一带因儒学盛行，更加拘于礼法。如何让这两种看起来格格不入的文化混元归一，王导还得费一番心思。

针对北方士族崇尚清谈的风气，王导即便公务繁忙，也坚持与同好清谈至深夜，甚至通宵达旦。他这么做的目的，只是让初到南方的名士们，能够在熟悉的风气中找回故土的感觉。但作为一名成熟的政治家，王导也不会对南方尚儒一事视而不见。他亲自给司马睿上书，请求遵照汉朝、东吴之例子，兴办太学，传授儒家思想。王导倡议的"玄儒平等"，很快让他在江南名声大振，人们私底下都称他为"江左管夷吾"。司马睿更是高兴地说，王导就是上天赐给他的萧何。言下之意，他自己就是刘邦。司马睿的言辞虽有僭越之嫌，但明眼人都能看出来，此人称帝是迟早之事。

果然，少了司马睿发兵助力，晋愍帝司马邺很快被刘聪的汉赵政权击败。建兴四年（316年）十一月十一日清晨，已经饿了将近一个月肚子的晋愍帝命手下反绑他的双手，抬着棺材，出城投降，西晋灭亡。

数月后，司马睿即晋王位（尚未称帝），改元建武，史称东晋。

4

建武二年（318年），晋愍帝司马邺被刘聪杀害的消息传到江南。晋愍帝之死，意味着北方士族再也没有机会回归故土。于是，在纪瞻、王导等人的劝进下，司马睿登基称帝，史称晋元帝。

司马睿登基后，为感谢王氏兄弟的付出，让王导内掌朝政，王敦外握兵权。王导、王敦两兄弟一文一武，执政内外，很快，朝野便有了"王与马，共天下"的说法。而司马睿与琅邪王氏的合作，也开启了皇帝与士族门阀共治天下的"皇权变态政治"。

但随着司马睿坐稳皇位，"王与马"便不复从前那般亲密了。与堂弟王导相比，长期领兵在外的王敦实在做不到凡事对司马睿毕恭毕敬。而司马睿也恰如史学家唐长孺先生所言："他对自己的地位是很清楚的，但他又不安于自己的地位，总力图表现自己，使士族感到他的存在。"王敦对这种"做作"的行为，多少有些不齿。故而，当晋元帝司马睿对外发号施令，要求各地"正身明法，并抑豪强"时，王敦毫不客气地派人把这道诏令拦截下来。

随着王敦执掌江南诸军事，其野心开始成几何倍数膨胀。王敦利用皇帝无法直接干预江南军事的弱点，私设公堂、私募属员，引进一些不三不四的人物，如吴兴沈充、钱凤给自己当参军。这些人虽有士族背景，但无一例外都是极善吹牛之人。在他们的吹捧下，王敦越发否定晋元帝的价值。

王敦的骄横跋扈多少令晋元帝感觉颜面扫地，但长期接受士族扶持的他，却又不想公开得罪琅邪王氏。不仅如此，自从王氏兄弟同掌内外后，王导虽然始终保持谨慎，但在对待皇室子弟的态度上也暴露出他的真实心态。据《晋书》记载，晋成帝司马衍年幼时，"见（王）导，每拜。又尝与导书手诏，则云'惶恐言'，中书作诏，则曰'敬问'，于是以为定制。自后元正，导入，帝犹为之兴焉"。另外，晋成帝还是太子时，每次去王导家拜完王导，还得再给王导的夫人曹氏磕头。尽管此时王导已是三朝老臣，但以君跪臣，这还是头一遭。

于是，晋元帝加强了对王氏兄弟的戒心，并试图在次等士族中挑选出合适的人，进一步分化王氏兄弟手中的权力。晋元帝找的人，正是出自"百六掾"的刁协和刘隗。两人迅速得到晋元帝的提拔，以尚书令、侍中的身份分割宰相王导的权力。

5

面对晋元帝的举措，作为名义上的臣下，王敦还是给晋元帝留了些许颜面。他写了几封感人至深的信，诉说自己被猜疑的事情，请求皇帝多加谅解。但王敦的主动来信，未能打消晋元帝对他的猜疑。为了进一步分化王敦的兵权，晋元帝启动了"B计划"——大力任用宗室。正如世家门阀壮大靠的是宗族血缘关系，晋元帝也需要一大帮宗室、亲信同心勠力，即便在此之前西晋出现过"八王之乱"的惨痛教训。

打着替王敦分忧的旗号，晋元帝让协助过王敦平定杜弢叛乱的老将周访出镇荆州。荆州地处长江以南中游腹地，地位十分重要。所以周访一到，王敦立马就意识到来者不善。他立即坐镇荆州，并找借口将周访调到另一重镇梁州，驻守襄阳，让他离自己远点儿。

晋元帝的见缝插针虽然没有成功，但周访年老体弱，出镇梁州不到一年就病逝。这当口儿，又给了晋元帝二次洗牌的机会。太兴三年（320年），晋元帝一次性派出了谯王司马承、江东豪族领袖甘卓、尚书仆射刘渊以及刘隗等分掌兖、豫、幽、冀、雍、并、梁、湘八州诸军事，将王敦手中的兵权悉数分了个精光。

王敦当然很生气。当初南渡时，王导就定下了"清静""宽惠"两项国策。所谓"清静"，就是"镇之以静，群情自安"，大搞无为而治；至于"宽惠"，则要求执政者允许小的政治偏差，不要苛求，切忌为政过严。如今，晋元帝似乎并未打算回归无为而治。分完王敦的兵权，晋元帝又宣称国防力量不足，无法抵御北方各民族，要求各世家大族贡献僮仆参军。

这无疑是动了广大世家大族的根本利益，所以，这次王导还没发话，王敦就造了反。永昌元年（322年），王敦骤然自武昌发兵建康，史称"王敦之乱"。他打出了"清君侧"的旗号，将此前琅邪王氏所受过的打压，通通归咎于刘隗和刁协。尽管王敦并未将矛头对准晋元帝，但晋元帝很快就看清了一个事实：天下的世家大族是绝对不会在自身利益受损时，宣誓效忠皇室的。

看着王敦起兵，王导始终保持沉默，以沉默的态度支持了王敦的行动。王导的态度，很大程度上是做给当时的南北世家大族看的。这使得许多世家大族在"王敦之乱"中一直保持中立，直至战斗结束。

即便结果显而易见，晋元帝还是像个孤勇者一般对外宣称"有杀敦者，封五千户侯"。诸世家不为所动，而晋元帝在王敦军威的震慑下，成了这场叛乱中唯一的"巨婴"。一个不甘于王敦以下犯上，又不愿放弃对皇权至尊幻想的"巨婴"。

6

王敦兵临建康城下，守城的大将就让城门洞开，放大将军雄师入城。进城后，王敦也不急着拜见晋元帝，而是先纵兵捕杀戴渊、刁协等人，继续他的"清君侧"行动。晋元帝赶紧派出使者去见大将军，并亲自修书痛悔前过，希望王敦放下成见，入朝继续"王与马，共天下"的传奇。

出于自身安全的考虑，王敦无视了晋元帝的安排。率兵洗劫建康城后，他便返回了武昌，遥控朝政。

王敦一走，晋元帝就病倒了。在病中，晋元帝对皇权的渴求再度升起。他巡视了一周，发现身边就一个年迈的老司徒荀组对自己还比较忠顺，所以王敦大军还没到武昌，荀组就受命出任太尉，参与朝政，钳制王导。

晋元帝的垂死挣扎，彻底惹怒了王敦。王敦在武昌建立大丞相府，自领宁、益二州都督，还取消司徒一职，将司徒府官属全部并入自己的丞相府。随后，他又计划将有勇有谋的太子司马绍废黜，另择晋元帝一子为储君。

晋元帝被彻底架空，不久就病逝于建康。而晋元帝死后，继承皇位的，正是差点儿被王敦废掉的晋明帝司马绍。事情闹到这种地步，王敦深知自己已成骑虎难下之势。更要命的是，他又是改革官制，又是迁徙百官，不仅把朝中大臣得罪了个遍，还严重损害了南北士族的团结。

王敦专权后，追随他起兵的党羽都做了大官。像前文提到的沈充，凭借王敦的信任，出任当时只有江东高门士族才可充任的吴国内史。尽管沈充的家族自东汉以来就涌现出不少杰出人物，但此时江东士族皆以顾荣、纪瞻等"五俊"为首，王敦的做法显然动了这些高门富户的利益蛋糕。不仅如此，王敦专权后，还相继将当初反对过自己的甘卓、张茂以及周札等江东名士领袖全族屠杀，这更是引发了朝中江东一派的极度不满。

此时王敦已经五十八岁，在这个尴尬的节骨眼儿上，他也颇费踌躇。于是，太宁元年（323 年）三月，王敦派人给晋明帝送去了一枚玉玺，暗示对方可以下诏征辟自己入朝，这样战事就能提前终止了。晋明帝是个聪明人，见王敦抛来了橄榄枝，他立马赐给王敦"入朝不趋，赞拜不名"的殊礼。王敦也识趣移镇姑孰（今安徽当涂），打算一步步向建康靠拢，以便更好地控制朝廷。

当王敦在持续扩张势力之时，晋明帝也在步步加强建康城的防卫。

7

终于，一切到了摊牌的时候。太宁二年（324 年）六月，王敦病重。为便于监视朝廷，他特命左司马温峤为丹阳尹，管理京畿要务。没想到，温峤调头就跑到晋明帝那里告发王敦谋反。事态紧急，晋明帝立即组织四路大军回防建康，并下旨令退休的王导出山"大义灭亲"，就任讨逆军总指挥。

晋明帝的操作，使王导陷入了从政几十年来最矛盾的局面。他十分清楚，自己要是接受任命，便只能与堂兄王敦为敌；自己要是不奉诏任官，则会被晋明帝视为王敦的同党，到那时，站在旁边看笑话的士族，必将蜂拥而至，以推倒琅邪王氏为己任。这是王导不愿看到的结局。

晋明帝为了消除将士对王敦的畏惧之心，对外宣称王敦已死，只是以王敦的谋主钱凤为讨伐对象。王导则配合晋明帝做戏，以琅邪王氏长辈的身份率族中子弟给王敦发丧，再以族叔的名义代表朝廷给王敦的家人们写去劝降信，希望他们放下兵器，避免人伦惨祸。

得知王导的态度后，王敦愤然举兵，但已病重，无法赴前线督战，不久就真的病死了。他生前同样矛盾，当得知讨逆总指挥是王导时，他也曾犹豫过。可在最后一刻，他明白自己已经没有退路。他临终遗命，让侄子王应先继位称帝，再为自己操办丧事。孰料，王应竟还不如阿斗。王敦刚断气，他就命人以蜡封尸，然后大办宴席，吃喝玩乐。就这样，在晋明帝数路大军的围剿下，"王敦之乱"

被彻底平定。

"王敦之乱"平定后，王导毫无疑问地成为琅邪王氏的绝对领导者。可由他和王敦以及晋元帝共同缔造的"王与马，共天下"格局，却走入了消亡阶段。这对王导的打击很大。

晚年，身居丞相高位的他以糊涂著称。据说，下属给他送"文件"，他几乎看都不看就通过了。为此，晋明帝及之后的晋成帝都对这位老臣颇有微词。而王导只是笑了笑宣称："人言我愦愦，后人当思此愦愦！"

恶果终由自己种，鲜花不为恶人开。那时的王导，是否会想起王敦当年带他到金谷园喝酒做客的情景呢？

郗鉴：军事强人，政治高手

东晋成帝时，王导接见了一名来自京口的使者。这名使者带来了当朝太傅也是辅政重臣郗鉴抛来的橄榄枝：他的女儿长大了，欲寻个好女婿，两家门当户对，正好结个亲家。

这一下，可撞进王导心里去了。王敦叛乱被平后，琅邪王氏的权势大大削弱。明帝临终托孤，王导、郗鉴、庾亮等七人受诏辅佐成帝，里面除了郗鉴之外，大多与王导关系不和。尤其是掌握大权的庾亮更是和王导势同水火。在这种情况下，琅邪王氏想要维持家族势力不坠，就必须从权臣中寻找支援的力量。唯一一个有能力且有意愿制衡庾氏的人，就是郗鉴了。

所以，听完使者表明来意，王导二话没说便同意了，并让使者直接进入内院，观察王氏各位青年才俊，随意挑选。王家青年听见当朝太傅要来招婿，全都打起了十二分精神，表现出非常稳重矜持的样子，唯独有一人依旧懒散，在床上袒腹而卧，浑然无我。使者将情况告诉郗鉴之后，郗鉴不无赞叹地说："正此佳婿邪！"他连忙派人打听，才知道此人名叫王羲之，于是便将女儿嫁给了他。

魏晋时代，如果说世家大族是一汪看似静止的深水，那么婚姻和仕宦就是这个水潭的两大活源。王羲之与郗氏的结合便属于典型的门第婚姻，保持血统的"纯

"正"倒属其次，重要的还是政治上可见的利益。王导需要借助郗鉴的力量制衡政敌，以保证琅邪王氏的长盛不衰。而郗鉴挑中王羲之作婿则是为了联合"老狐狸"王导，对抗"新狮子"庾亮，以维持孱弱的东晋王朝。

政治局势总是瞬息万变，人情冷暖也因此改变。后来，嫁给王羲之的郗夫人对自己的两个弟弟说："王家见到谢安、谢万二人来，翻箱倒柜恨不得拿出最好的东西来招待；见你们来，就平常对待。你们可以不必再来拜访。"那时郗鉴应该已经去世，而陈郡谢氏正在崛起，王氏毫不犹豫地抛弃了前者，转而攀结后者。东晋朝堂之上，新的棋手已经入局，王家也找到了新靠山。

可惜的是，朝中再没有像郗鉴一样小心翼翼维持棋盘不坠的人了。

1

郗鉴是东汉末年御史大夫郗虑的玄孙，从小孤贫，但仍然博览群书，即使耕作时仍不断吟咏文章，以儒雅著称。两晋之际，郗氏家族在朝没有什么高官，子弟们又都是郗鉴这种传统的儒学名士，没有谈玄论理之人物，所以并不是什么高门大姓。或许是有感于大乱将至，郗鉴在西晋时期并不活跃，他对于出仕一事非常之谨慎。

郗鉴年轻时曾被赵王司马伦辟为僚属。不久他察觉司马伦有不臣之迹，便称病辞职。后来司马伦篡位，他的同党都升官发财，唯独他闭门自守。东海王司马越曾举郗鉴为贤良，征东大将军苟晞也召郗鉴为从事中郎，郗鉴都没有从命。唯一的一次任官是朝廷征召，史载"惠帝反正，（郗鉴）参司空军事，累迁太子中舍人、中书侍郎"。

永嘉五年（311年），汉赵军队攻陷洛阳，并俘虏晋怀帝，整个北方陷入大乱。郗鉴亦被乞活军首领陈午的部众抓获。同乡人张寔先前要和郗鉴相交，郗鉴不予理睬，这时，张寔到陈午的军营来探望阶下囚郗鉴，趁机收买人心，召郗鉴为卿。郗鉴对张寔说："我们同处一乡，但情义不曾相通，你怎么能趁着混乱做这种事呢！"张寔非常知趣地退走了。

陈午知道郗鉴素有名望，打算推郗鉴为首领，只因郗鉴及时逃脱而未能成事。后来陈午兵败溃散，郗鉴才回归故乡。当时郗鉴的家乡被战乱、饥荒所威胁，朝廷尚且自顾不暇，只能任由百姓自生自灭。州中人士平素感于郗鉴恩义的，都带着物资接济他。而郗鉴深知乱世之中，没有独活的道理，便将所得到的馈赠，分别送给亲族和乡里孤贫老弱。

靠他的接济得以幸存的人很多，大家相互商议说："如今天子流亡在外，中原无主，我们应依靠仁德之人，才能够渡过难关，免得死于乱中。"大家就推举郗鉴为主，一千多户百姓拖家带口一起跟随郗鉴，到鲁地的峄山避难。就这样，一支在宗族乡里基础上建立的部队出现了，他们拿起锄头就是农民，扛起行囊就是流民，提起武器就是士兵。这是乱世之中百姓的生存法则。郗鉴开始掌握一支地方流民军队，这为他日后的崛起奠定了基础。

晋元帝司马睿镇守江左时，发现这么一支势力，便想利用一番。他以郗鉴为龙骧将军、兖州刺史，出镇邹山。相当于用一个虚无缥缈的封号，换一个可靠的盟友。当时兖州之地鱼龙混杂，几方势力都有封号，并各自为政，互相对立。西边亦受着徐龛和石勒两股军事力量侵扰。此种情境下，郗鉴展现出个人的统御智慧。战事不息，没有外援，时不时还闹饥荒，百姓们到了要捕野鼠、燕子等动物充饥的地步，却仍然不叛离郗鉴，反而人数渐多，三年之间就拥众数万。司马睿因而加授其为辅国将军、都督兖州诸军事。

后来，郗鉴被石勒侵逼，开始带着身边这支流民军队辗转南移，于东晋永昌元年（322 年）七月退保合肥。此时距洛阳沦陷已是十一年整了。郗鉴以流民帅的身份，得到了入朝的机会。司马睿征召郗鉴，一来是表达信任的一种姿态，二来也有羁縻而观察之的意思。

郗鉴不愿意弃跟随自己多年的流民于不顾，使自己丧失可凭恃的实力。所以他并没有完全投入东晋朝廷的怀抱，而是继续与所率流民保持联系，频繁往还于合肥、建康之间。

2

郗鉴南来之时，东晋恰好发生了王敦叛乱。晋明帝即位后，王敦准备再次起兵，移镇姑孰，屯兵于湖，有另立东海王司马冲的图谋。明帝十分忧惧，但是左右一看，没有任何可用之人，便把目光放在北边的流民身上。明帝任命郗鉴为兖州刺史，都督扬州江西诸军，假节，镇合肥，以威慑雄踞荆州的王敦。

王敦不愿意看到郗鉴回到合肥，控制流民军队，于是上表朝廷，奏请任命郗鉴为尚书令。郗鉴在还朝途中，路经姑孰，与王敦相见。为了试探郗鉴的心意，王敦邀请郗鉴一起品评当代人物。王敦认为，乐广才能短浅，年轻放荡，言论有失规矩，因而不如满奋。乐广和满奋都是西晋末年的大臣、名士。

郗鉴则针锋相对地认为，乐广为人性情平淡，见识深远，处于倾危之朝，不随意亲附疏远于人。在愍怀太子被废时，可以说柔中有刚，不失正体。满奋是失节之人，怎能和乐广相提并论？

王敦又说："愍怀太子被废之际，和他来往就会给自己带来危机，人怎么能死守着常理呢？由此可见，满奋不弱于乐广是很清楚的。"

郗鉴说："大丈夫洁身北面侍君，谨守三纲之义，怎么可以偷生而变节，这样有何面目居于天地之间？如果是天道已终，也当随之灭亡。"言下之意，郗鉴绝不与王敦同流合污，做叛逆之事。

返回建康之后，郗鉴便与明帝商议平灭王敦之事。东晋朝廷最发愁的就是无兵可用，郗鉴为明帝指出可借用流民帅的力量来平叛。当时除祖逖之弟祖约之外，力量较强的流民帅还有苏峻、刘遐、陶侃等人，这些流民帅长期与北方少数民族作战，战斗力较强，若能争取，一定能解朝廷之忧。然而，因流民帅长期拥兵自重，朝廷对这支力量极不信任，也不允许其过江。唯独郗鉴，既有流民帅之军事实力，又守儒士之礼义，因而成了朝廷与流民帅之间沟通的桥梁。

最终，郗鉴为东晋朝廷解决了军力不足的困境，并平定了王敦叛军。郗鉴过江算是非常晚了，与各个世族之间的关系不深，但由于有此功劳，得以跻身江左门阀政治之中。明帝驾崩之后，还成为辅政重臣。用流民帅解决朝中军力问题是一个险招儿，虽收到很大的效果，但也留下了不小的隐患。

咸和二年（327年），流民帅苏峻和祖约发动叛变，进攻建康。东晋军队屡战屡败，第二年，建康便沦陷了，中书令庾亮逃至江州。朝廷急忙下令以陶侃为平定叛军的盟主，郗鉴则都督扬州浙江以西八郡诸军事，以讨平逆贼。

郗鉴向江州刺史温峤分析当时的局势说，叛军攻下建康之后，放火焚烧，导致京师残破不堪，他们很可能会挟天子东入会稽郡（今浙江绍兴一带），此地为东南粮仓，战略地位极高，因而需要先在此设立营垒，占领要害关口。还需要在京口（今江苏镇江）屯兵，坚壁清野，以逸待劳。这样既能阻止叛军东进，又能切断叛军的粮草，用不了多长时间，他们就会自行溃败。

于是，他亲自领兵，进据京口。一开始，战事非常不顺，多处营垒被叛军占领，就连郗鉴的心腹、参军曹纳都劝郗鉴退还广陵一带再商议对策。郗鉴听后十分愤怒，立即召集将士开会，义正词严地说："吾蒙先帝厚顾，荷托付之重，正复捐躯九泉不足以报。今强寇在郊，众心危迫，君腹心之佐，而生长异端，当何以率先义众，镇一三军邪！"

在郗鉴的鼓舞下，三军用命，击退了围攻大业垒的叛军。郗鉴的参军李闳追斩苏峻之弟苏逸，俘获叛军一万多人。自此，经过郗鉴、陶侃等人力挽狂澜，东晋再一次转危为安。郗鉴也获得了一个足以撬动东晋政治的据点——京口。

3

京口起初并不为东晋所重视，其发展始于郗鉴。这里地形复杂，南北多山，且北部临江近海，易守难攻，实为一战略要地。在苏峻之乱平定后，郗鉴就一直率军驻守于京口，为朝廷的藩屏。一方面，它可以控制晋廷的腹地三吴，以应急需；另一方面，它又可以与长江上游的势力相抗衡，拱卫都城建康。

此后郗氏家族也一直生活在此处，对京口地区影响颇深。京口本来并非沃土，孙权甚至还到过此地打猎。但是随着北方流民的涌入，原先无人烟的地方慢慢变得拥挤起来。

这些流民并非世家大族，不能和江南的世族们掰掰手腕子，他们没有多少选择的余地。他们一般只是想找一个接近北土的地方停留，以便有朝一日重返故园。他们资财匮乏，人力寡弱，一旦到达可以暂时栖息的安全地方后，就无力继续南行。所以他们比较理想的落脚点就是京口一带。

郗鉴本身就是流民帅，他依靠流民起家，因此始终以流民事为重。他以自己原本的流民团为核心，又招来了这些零散的流民，还不断将邻近地区的流民迁到京口，给予他们田土，使他们安居下来。

这样，流民可以组成军队，三吴之地可以供给粮食，京口城就此崛起了。也正是凭借着京口之地，郗鉴在朝中才拥有相当大的话语权。他也深知，如今皇权式微，唯有各个世族协力同心，才能护住东南的偏安。

在郗鉴与王导结为亲家之前，其实双方之间并不和睦。王导曾提议追赠为王敦开城门的周札官职，郗鉴认为不合赏罚之理，王导不听，郗鉴于是驳斥他说："王敦叛乱，相持很久不能入城，因为周札为他打开城门，才使王师遭到失败。如果王敦先前的举动，如同齐桓公、晋文公一样是正义的，那么先帝不就成了周幽王、厉王那样的昏暴之君吗？"足见两人远非水乳交融的战友。

可是晋成帝即位后，庾亮掌权，朝局立刻变成了庾氏与王氏的明争暗斗。郗鉴身处其间，力求制衡各方、稳定时局，便向势弱的王导抛出橄榄枝，结为姻亲。

苏峻之乱后，王导再次执政，但是他与政敌的斗争达到了白热化的地步。

咸和五年（330年），荆州刺史陶侃想要起兵伐王导，再次上演王敦顺江而下的剧情，却被郗鉴和庾亮同时制止。四年后，陶侃去世，庾亮吞并陶侃在荆州的势力，拥有了足以扳动王氏的力量。庾亮两次写信给郗鉴，想要废黜王导，但都被拒绝。庾亮思虑再三，实在不想与京口的流民为敌，便转而北伐，建功立业去了。

王导晚年实行"愦愦之政"，放任士族横行霸道，是他招致政敌攻击的主要原因。郗鉴在护卫王导之余，也极力规劝他的所作所为。《世说新语》记载，郗鉴每次见到王导，都要摆下脸来苦苦规劝。王导知道郗鉴的意思，便故意转移话题，拖延时间。直到郗鉴要从建康返回京口了，他翘鬓厉色去见王导，语气严厉地说："快要分手了，我要把我看见的说出来！"劈头盖脸一顿痛骂。王导纠正他说："后会无定期，我也想说出我的想法，我的想法就是你以后不要再说了。"两人不欢而散。

郗鉴一生为东晋王朝操劳过度，至死不休。其晚年病情严重，自知时日不多，他上奏辞职，多言国家大事，忠心爱国之情溢于言表。正如史家对他的称赞："道徽（郗鉴）忠劲，高芬远映。"

咸康五年（339年），郗鉴和王导同年去世。郗鉴享年七十一岁，王导享年六十四岁。

4

东晋初年政局，三五年便发生一大变，动不动就是毁灭性的打击。舞台的主角是门阀士族，最不安分的也是它，一族强则想着压倒其他姓氏，便成了祸乱之源。而本非门阀士族的流民帅，也想着凭借际遇，起兵谋利。

螳螂在前，黄雀随后，长此以往，风雨飘摇的江左政权，势必在内乱中冰消瓦解，经不起北方政权的任何打击。所以，特别需要一个能够制衡各个棋子、维持棋盘不坠的人出现。

郗鉴便是这样一个人。他的工作要非常细致。首先要维护司马氏的皇室地位，保证一个强有力的稳定政权，但是皇权又不能太强，不能威胁士族的生存。其次便是杜绝任何想要取代司马氏的士族的觊觎。

郗鉴引流民帅以平王敦，并非出于壮大流民的意图；他助王导以抗衡陶侃、庾亮，也不是为了攀附琅邪王氏。他的所作所为，得利者都不只是司马家或是某个士族，而是整个东晋的天下。

因此，郗鉴并没有什么轰动的事迹，也没有得到门阀士族的认可。时人卞壶便指出郗鉴身上有三处相互矛盾的现象：侍奉君主很正直，却喜欢下属奉承自己；很注意清廉，却喜欢计较财物得失；自己喜欢读书，却讨厌别人做学问。

可见，郗鉴是一个充满矛盾的人物，也从来没有真正进入到所谓名士之流。但正是郗鉴这样流民帅出身的人，在苏峻乱平之后，打造了一个无内战的江左世界，长达七十年之久。难怪王夫之在《读通鉴论》中说："东晋之臣，可胜大臣之任者，其唯郗公乎！"的确，郗鉴是那个时代最清醒的人之一。

作为郗鉴政治遗产之一的京口，也成为左右东晋政局的重要力量。后来，桓温崛起，从郗氏手中夺过京口的军队，壮大羽翼。再后来，谢玄又以广陵、京口为基地，组建北府兵。这支以京口和广陵的流民为基础的北府兵，是维系东晋基业的保护神，最后在刘裕的手中，完成了改朝换代的历史使命。

世间再无郗道徽，棋盘被彻底掀翻了，门阀士族如同散落的棋子，七零八落。

庾亮：心有激进执念的洁癖狂人

"永嘉之乱"，江北豪姓大族纷纷南迁，"五马渡江，一马化龙"。在士族的扶持下，几乎没有什么实力的琅邪王司马睿竟然在江南立足，延续晋朝国祚。只不过，命运所有的馈赠，早已在背后标好了价格。这句话在东晋建立的第五年，便应验了。

永昌元年（322年），王敦率军顺流而下，直逼石头城。已经是晋元帝的司马睿组织的"扬州奴"毫无战斗力，在叛军的攻击下一溃而散。名为石头城的建康，如同纸一般脆弱，让叛军轻松就杀了进来。王敦进城之后的行动是诡异的。身为胜利者的王敦，拥兵自重，也不去面见皇帝，放任士兵在城中劫掠。而身为朝廷支柱的各个士族，似有默契般地不作声，如同看不见眼前的祸乱。皇宫之中，晋元帝身边只有两个侍从，沦为了真正的孤家寡人。

时人语，"王与马，共天下"。元帝又何尝不知道呢？所以他才要集权，才要任用刁协、刘隗这样的申韩术士，去打压士族。什么是申韩法术？那可是帝王之术，从秦始皇到汉武帝，那都是无往而不利的治国之策。

可是，司马睿不是秦皇汉武，东晋也远非从前。当他想当一个真正的皇帝的时候，其实造反的人是他自己。山穷水尽之时，晋元帝脱去没什么用的战衣，换上了朝服，对王敦发话道："想要我的位置，大可以早说，我可以退位回琅邪，何必让百姓遭此劫难。"这是他最后的嘲讽。他明白王敦敢造皇帝的反，却不敢造天下的反。士族是东晋政治的核心，可是他们也不能不要皇帝这面旗帜。事实也正是如此，王敦不敢废黜皇帝，只能讨要些封赏，再杀些人以作警示，最后还是率军回到武昌。

"王与马"，从合作走向对抗，却都无力改变"共天下"的格局。司马睿在不久之后忧愤而死，而王敦迷失在权欲之中，在方镇截留四方的贡献，任用亲信，排斥异己，威胁到了各大世族的利益。当"王"达到势力的巅峰，而"马"跌入低谷之时，东晋的政局中出现了一个另类的人物——庾亮。

他作为琅邪王氏的挑战者出现，却十分厌弃王氏放任士族的政治手段，对于整个"王与马"的政治格局嗤之以鼻。作为人们眼中的权臣，他一直致力于推行皇帝式的政治，这使得他既有别于王导，又和之后的桓温、谢安之辈明显不同，这在整个东晋的历史中，算是独特的。

随着庾亮的出世，皇权与门阀之间的共生与抗衡即将进入下一个时期。

1

作为士族来说，庾亮的出身并不优渥。颍川庾氏发祥于东汉末年，崛起于西晋，然后侨迁至江南，成为高门大族，其中最重要的人物就是庾亮。当时，贵族崇尚"老庄"，讲究名士风度，仪容、清谈、玄学就是门阀游戏的三张入场券。如果没有这三样东西，则很难融入士族集团。庾亮便是靠着这三样东西，攀上了权力的高枝。

史籍载："（庾）亮美姿容，善谈论，性好《庄》《老》。"庾亮年少就声名远扬，晋元帝在接见庾亮时，觉得他"风情都雅，过于所望，甚器重之"。庾亮相貌非凡，超凡脱俗，给他的从政之路开了绿灯。魏晋时期，但凡在仕途上有所成就的人，总要有那么一两个为人所知的小故事，或清谈，或风度，以显示他的名士气质。比如王导新亭聚会时的豪迈风度，或是谢安面对百万秦军时的镇定姿势，都为时人所崇尚。因此，我们在魏晋的史料中常常见到很多名人的故事会，其实是当时士人为了攫取社会声望所做的"形象管理"。作为名士的庾亮，自然不会落后于人。

当初，庾亮所乘的马匹是的卢马，殷浩认为的卢马不利于主人，劝庾亮把马卖了。庾亮回答说："怎么能将自己的祸事转嫁给别人呢？"殷浩惭愧地退下。

孙潜、孙放兄弟二人，小时候去拜见庾亮。庾亮问孙放的字是什么。孙放回答："字齐庄。"庾亮问他："你准备向谁看齐啊？"孙放说："向庄周看齐。"庾亮问："为什么不仰慕孔子而仰慕庄周？"孙放回答："圣人生下来就知道一切，所以难以企及。"庾亮非常喜欢这个小孩子的应对，认为其将来可以媲美魏晋玄学的开山祖王弼。

只不过，庾亮并不只是空谈。庾氏本来是经学世家，因此庾亮"风格峻整，动由礼节，闺门之内不肃而成"，与那些放浪形骸的玄谈名士有着本质的不同，是个务实派。晋元帝似乎也看重这一点，于是将庾亮的妹妹选为太子妃，庾亮之妹后来成为晋明帝的皇后。

就这样，庾亮的社会声望转化为权力资本，他也拥有了新的身份——"外戚"。但这个身份既是助力，也是枷锁。外戚这两个字，风评一直不太好，尤其是在汉魏时期，庾亮的前辈霍光、梁冀、窦宪等人的所作所为，让人们不得不产生这样一种感觉：只要外戚干政，国家就会面临衰败的危险。有一年江南发大水，民间都认为，是因为当时皇帝年幼，母后称制，庾亮以舅舅的身份决策中央，阴盛阳衰，才导致了这种劫难。

实际上，在古代，外戚、母后乃至于太监，都算是皇帝的影子。皇帝的权力无上，只有皇帝本人因为年幼或者其他原因无法胜任时，才会被影子僭取了权力。如果皇权不振，那么外戚的权力又能高到哪里去？

当初，王敦蠢蠢欲动，想要直取建康的时候，晋元帝曾派庾亮前去协商。王敦与庾亮交谈之时，听得聚精会神，不自觉地将座位移向了庾亮，事后不得不感叹："庾元规之贤能，远远超过了裴頠呀。"裴頠是西晋的外戚，却不愿意卷入权力之争。王敦的言下之意就是警告庾亮不要参与他和司马氏的争斗。如果庾亮参与到这场争斗中，必将受到诸如"外戚干政"的批评，那他就很难在士林立足。

最后，王敦还想来一个捧杀，满怀恶意地推荐庾亮担任中领军。庾亮确实没有加入晋元帝的阵营，但不是因为王敦的威胁。

2

在取得必要的权势之前，庾亮始终都和士族站在一起。当初元帝"任刑法"，还把《韩非子》赐给了太子。身为太子舅舅的庾亮便站出来反对，说申韩之术刻薄，会丧失人心。所谓人心，便是士族之心。

明帝即位之后，庾亮任中书监，站到了王敦的对立面。王敦心中忌恨庾亮，却在表面上装作很尊敬的样子。庾亮则一度称病，辞去官职。隔空交了几番手，双方互有忌惮，谁也没能奈何谁。

太宁二年（324年），也就是攻入建康两年之后，王敦又一次起兵，但胜利的天平早已经颠倒过来了。上一次，是元帝站在了世家大族的对立面，这一次则变成贪婪的王敦。王敦第一次叛乱的胜利有多么轻松，第二次叛乱的失败就有多么迅速。他的兄弟王导在《遗王含书》里说道："大将军来屯于湖，渐失人心，君子危怖，百姓劳弊。"又是"渐失人心"，和庾亮的话多么相似，可见"人心"之重要。

审时度势的庾亮自然选择和大多数人站在一起。乱起之时，他率兵拒钱凤，追沈充，奋力讨伐，反抗态度最为坚决。经此一役，以外戚进身的庾氏总算有了功绩，得以进入东晋政府的核心权力圈。

第二次王敦之乱，琅邪王氏栽了跟头，一时难以恢复，朝中的王导也已经成了一尊偶像，没有实际的权力。皇权似乎迎来了转机。晋明帝在王敦之乱中，引入江北的流民帅苏峻、祖约参与政局，使他们南下进攻王敦，又将宗室引入了中枢，比如西阳王司马羕。朝廷之上，已经没有任何一家势力能与司马氏单独对抗，这是强化皇权的最佳时机。

可惜天不假年，明帝很快病重。这时，异变突生。首先是庾亮和掌管宫禁的宗室司马宗发生了冲突。因为明帝病重，入宫门需要钥匙，而钥匙掌握在司马宗手里。一日夜间，庾亮有事想要上奏，问司马宗拿钥匙，司马宗不给，还直接斥责庾亮："这是你家的门吗！"庾亮气极。接下来的故事，便充满了阴谋的味道。

史载，宗室司马羕和司马宗等人将有异谋。庾亮直接进了明帝的卧室，先痛哭流涕感伤皇帝的病情，然后郑重其事地说："司马羕和司马宗密谋废除大臣，攫取大权，社稷安危，就在今日！"明帝"深感悟，引亮升御座，遂与司徒王导受遗诏辅幼主"，随后升庾亮为给事中，转中书令。太后临朝摄政，一切政事由庾亮决策定夺。

明眼人都看得出来，"将有异谋"其实就是"莫须有"。明帝是不可能因为庾亮的数语就放弃之前的部署的。之所以"深感悟"，恐怕是他已经意识到，在门阀政治的框框里，或许只有依靠士人，才能将孱弱的皇权维持下去。在生命的最后时刻，他也不得不认命。

不久之后，司马宗就被杀了，司马羕也被废。关于皇权，元帝无能为力，明帝也力不从心。我们可以看到，庾亮先是反对皇权的膨胀，又阻止王敦势力的坐大，之后消灭皇家宗室的力量，似乎他完完全全站在了世家大族的一边。王导因此曾说："吾与元规（庾亮）休戚是同。"然而，真是这样吗？

3

明帝死后，庾亮迎来了事业的巅峰期，也显示出他不同于王导的一面。

《晋书》载："先是，王导辅政，以宽和得众，亮任法裁物，颇以此失人心。"

王导说过："人言我愦愦，后人当思此愦愦。"他的执政风格就像是一张破漏的网，能漏多少漏多少，以此来换取政权的安宁。豪强侵占人口，隐瞒土地，放任之；流民帅拥兵自重，散乱无序，包容之；武将私养无赖，横行霸道，安抚之。总之就是把"无为而治"发挥到极致。

庾亮则不同，一上台便显示出极强的集权倾向。所谓"任法裁物"，不就是元帝的申韩法术吗？世家出身的贵族、寒人出身的武将、北边的流民、南边的豪强，全在他的打击范围内。其中，庾亮打击流民最为激进。流民是东晋政局比较重要的一个势力。他们从北方而来，基本上待在长江之北，处于独立的一个状态，军事上自给自足，经济上自生自灭。像闻鸡起舞的祖逖，便是著名的流民帅。东晋王朝需要流民来抵抗北方的政权，但又对流民势力的不可控心惊胆战，始终将流民当作王朝政治的一个威胁。

在平定王敦之乱时，流民帅苏峻的功劳颇大，威望也越来越高。因此，庾亮刚刚执政的时候，便征召苏峻入朝。这是请君入瓮、釜底抽薪之计。苏峻立马遣使回答："在外讨贼，左右听命。到了朝廷，难堪大任。"不从。庾亮又加大砝码，把苏峻升为大司农。整个朝廷认为不可，庾亮的好友温峤也多次写信给他，劝他不要一意孤行。庾亮直接把话挑明了："苏峻狼子野心，一定会作乱。现在反了，为祸尚小，如果放任的话，以后无人可制约。"对于这种不听话的势力，一定要铲除。

最后，王导出面了，他对庾亮说："苏峻性格多猜忌，一定不会奉诏。山湖广泽，难免会有些有害之物，应该包容之。"庾亮还是不听。庾亮一逼再逼，苏峻一拒再拒。拒无可拒的时候，苏峻愤怒地说："狡兔死，走狗烹，如今我只能以死来报答谋划之人。"便起兵反了。苏峻横江而来，击溃了东晋王师，建康又一次陷入了敌寇手中。陷城之后，苏峻报复性地掘开庾亮父母的墓穴，剖棺焚尸。作为对比，他对王导却敬重有加。

庾亮逃出了建康，连皇帝和庾太后都忘了接出来。如丧家之犬的庾亮唯一可以仰仗的人，就是身在荆州的陶侃。巧合的是，陶侃正是他所打击的寒人武将。当时，人们都以为陶侃会杀掉庾亮以谢天下。因此庾亮非常害怕，在温峤的斡旋下，才鼓足勇气去见陶侃。傲慢的庾亮彻底放下了尊严，一见到陶侃便拜，交谈时还甘愿坐在下位，一副引咎自责的样子。陶侃自然知晓大义，于是顺着台阶就下了，只是不无嘲讽地对庾亮问道："你修石头城来防备老夫，怎么今天反过来求我呀？"

最后，庾亮推陶侃为盟主，平定了苏峻之乱。而庾亮本人几乎失去了所有的政治资本，庾太后在战乱中病逝，他的威望也跌到了谷底。看着依旧屹立在朝堂上的王导，庾亮终于明白了彼此的差距，严苛之政未必比愦愦之政差，但他终究还是缺少了一点儿统治的艺术。

作为一种以退为进的策略，他向小皇帝请求外出方镇。他要去的地方，正是原来苏峻的地盘——芜湖。当初，庾亮以外戚进位，升迁速度为人瞩目。为堵悠悠之口，他的为政措施不得不急峻。但如今，他不得不慢慢来了。

4

历史上激进的人物，对于心里的执念总是有着洁癖般的追求。这样做的坏处是庾亮无法做到像王导一样包容；好处是庾亮并不会放弃心里坚持的东西。为了对抗中枢的王导和荆州的陶侃，他开始好好经营脚下这片土地。从短时间看，庾亮似乎失去的更多，但从长远来看，唯有这样才能真正动摇王导的愦愦之政。

当时，江州的流民帅郭默杀了刺史，王导依然主张和稀泥，大事化小，小事化了。陶侃直接写信质问王导："郭默杀了刺史，就可以当刺史；那么他杀了宰相，他可以当宰相吗？"显然，陶侃也不满王导的放任政策。

庾亮趁机与陶侃搞好关系，一起出兵，平了江州。庾亮的幼弟庾翼也得到了陶侃的信任。陶侃死后，庾亮便接管了荆州，都督江、荆、豫、益、梁、雍六州诸军事，领江、荆、豫三州刺史，镇武昌。

在荆州，庾亮终于可以施展自己的治国理想——平流民、抑豪强、兴教化。他还推行了"土断"，也就是重新统计户籍，这几乎是从世家大族嘴里抠东西，是一个逆门阀的事情。他与王导之间的矛盾愈加激烈了。当时庾亮虽镇守于外，却依然可以遥控朝政，又手握强兵，随时能像王敦一样顺流直下。一些见风使舵的人开始投奔他。王导心内不平，常常在刮起西风的时候，用扇子挡起风尘，慢吞吞地说："庾元规吹起的灰尘把人弄脏了。"

最后，庾亮亲自给太尉郗鉴寄信，商议废除王导。郗鉴不同意，庾亮只好作罢。庾、王之争是复杂的。一方面是权力之争，庾氏家族是新兴门户，自然会与掌握中枢权力的王氏产生矛盾；另一方面也是路线之争，庾亮是外戚，他是皇帝的影子，因此也会想着去伸张皇权，这是他不同于其他门阀的一点。在庾氏取得对王氏的压倒性优势之时，想要更进一步，摆在庾亮面前的就只有一条路——北伐。

东晋时期有一个传统，每个有为的权臣都喜欢借北伐以强大实力。对庾亮来说，想要匡扶中原和重振皇权，必然要集权，想要集权，北伐便是一个好的借口。咸康五年（339年），北方与西南局势动荡，庾亮认为这是恢复中原的时机，遂有"开复中原之谋"。对此，朝中赞同者寥寥无几，多数都持反对意见。太尉郗鉴认为准备不足，不可大举出兵。大部分人则认为长江是天然的屏障，胡人如果来进攻，对付他们绰绰有余；如果抛弃长江天险冒进，以我所短，击彼所长，并无多少胜算。这当然是一种不思进取、划江而守的主张，但毫无疑问，这是大部分世族的意见。

随后，后赵皇帝石虎遣将攻邾城，邾城陷落，晋将毛宝、樊峻战死，北伐未及发动便流产夭折。终东晋一世，北伐的命运似乎就是这样。权臣想要凭借着数州之力，对抗北方强胡，却往往遭到内部反对派的掣肘，不可避免地陷入门阀之争的旋涡之中。

北伐的失败，对于庾亮来说是双重打击。收复中原的理想夭折自不必说，更重要的是，他离集权的理想又远了一步，即便他已经失去王导这个对手——就在这一年，王导去世。

5

王导死后仅数月，咸康六年（340 年），庾亮也因北伐夭折忧闷成疾而死。但庾亮死后，庾、王之争并没有结束，抑或说，庾氏家族重振皇权的努力，并没有结束。

《世说新语》记载了这么一则故事：某一年夏天，王导曾到石头城探望庾亮的弟弟庾冰。庾冰正在处理公事，王导说："天气热，可以稍为简略一些。"庾冰说："如果您留下些公事不办，天下人也未必认为妥当！"

庾氏家族似乎与"宽容"二字就不沾边，从上到下都贯彻严苛的政治。庾亮的弟弟庾冰，"颇任威刑"，严厉打击世家大族隐瞒户口一事。有人看不下去，劝道："贤如前相王导，都不敢这样做，更何况我等啊。"还有人搬出天象，力劝庾冰消停，庾冰则淡淡地回答："天象不是我们考虑的事情，只要尽人事即可。"还下令将查出的人口，全都拿去充军。

庾亮的另一个弟弟庾翼为了北伐，征发江、荆、司、雍、梁、益六州"奴"，结果搞得民怨沸腾。这里的"奴"指的是世家大族手下的依附之民，不用交税，不用服兵役，只对豪强负责。而庾翼做的是把这些人从豪强的手里抢过来，成为国家的编户齐民或者军人。因此，这里的民怨实际上是世族之怨。

可以看出，庾氏一族对于集权的执着。庾冰甚至还发动过一次佛门辩论，中心论点是"佛门应敬王者"。这是从士人的信仰入手来强化皇权。但庾氏家族三兄弟的所作所为，结果都是"失人心"。

后来，晋康帝重用何充都督徐州、扬州诸军事，领徐州刺史，镇京口，"以避诸庾"，而何充则利用诸桓牵制庾氏，使得东晋政权又陷入桓氏的掌握之中。再往后，就是一个名叫桓温的枭雄横空出世，庾氏家族的大部分人都死在他的手上。

魏晋南北朝是一个主弱臣强的时代，也是一个地方分权的时代。在此背景下看颍川庾氏，便不难发现这个家族是一个另类。他们为了伸张皇权付出了种种努力，却都倒在了现实和人心面前。在那个时代，宽容和气似乎更为吃香。在史书里，王导、桓温、谢安分别被评为"宽恕""宽和""和靖"。他们都体现了对治下宽容放任的一面，也都表现出了对豪强世族的尊重。巩固皇权并不是主流，努力维护门阀贵族与皇帝权力之间的平衡，才是东晋政治的标准答案。

个人的努力是无法背离时代的，即便他有的时候代表了未来。司马氏、王氏、庾氏、桓氏、谢氏，他们都是被一张名为门阀政治的蛛网困住的人。他们在这张网中崛起，便也注定了不可能再逃离此地。皇权政治的复兴，只能靠局外人了——比如寒门出身的刘裕。

桓温：一代枭雄，打破游戏规则

东晋出了个狂人。他士族出身，也会清谈，却能亲披甲胄，结阵督战，一生戎马倥偬。他位极人臣，却生性节俭，宴饮时不过只有茶和几盘水果。

他镇守荆州时，听说西边的成汉政权日渐衰败，没经过朝廷同意就擅自出兵，一举平定了蜀地。那时，朝中的玄学家还在思考人生。

他受朝廷掣肘，决定以军功立威，发动三次北伐，鏖战北方胡人，一度收复洛阳，祭扫了先帝陵寝，中原士民以为"天亮了"。

他不掩饰野心，对幕僚豪言："既不能流芳后世，不足复遗臭万载邪！"路过曾经举兵叛乱的权臣王敦墓前，连声称赞："可人，可人！"这是夸王敦能干，不是说人家可爱。

他还擅行废立，拥立新皇帝后大肆罢免、诛杀与自己有过节的士族，整天想着让皇帝禅让于己，却遭到其他士族阻挠，还没等到加受九锡（当时皇帝赐给大臣的最高礼遇，也是权臣篡位的象征），自己就病死了。

他是桓温，一个打破了东晋门阀政治游戏规则的人。

1

东晋一代，皇权与士族实际上长期处于相互制衡的状态，琅邪王氏、颍川庾氏、龙亢桓氏与陈郡谢氏等门阀势力，你方唱罢我登场，先后扮演"王与马，共天下"的角色。这是一个贵族制社会，甚至士族的势力已经超过了皇权。史书评价，自永嘉南渡之后，"晋主虽有南面之尊，无总御之实，宰辅执政，政出多门，权去公家，遂成习俗"。

以桓温为代表的龙亢桓氏能一跃站在历史舞台的中央，也算祖坟冒青烟了。桓温祖上也曾荣耀傍身，龙亢桓氏出自汉代大儒桓荣，是帝师级别的豪门，但传到第六世就不行了。桓氏的六世祖史载阙如，田余庆等学者考证，这位桓温曾祖辈的人物应该是曹魏大臣桓范。

读过三国的朋友都知道，桓范曾经卷入高平陵之变，还劝曹魏的宗室权臣曹爽反抗司马懿，但曹爽没采纳他的建议，后来曹家的江山也丢了。桓范因此被司马氏治罪，株连三族，甚至从桓氏除名。桓氏一族由一个家学累世相传的经学世家沦为刑家，显然成不了气候。到桓温的父亲桓彝这代，赶上了建功立业的好时候。桓彝年少家贫，却很争气，成为列名"八达"之一的名士，平时主要的行为艺术是散发裸奔、吃药饮酒。他常年在名士圈子里混，儿子之名为温，是出自当时的名人温峤。

桓彝极富政治远见，南渡之初就抱上了王导的大腿，称他为"江左管夷吾"，后来正是王导助晋元帝司马睿建立了东晋朝廷。到了晋明帝时，桓彝又参与平定王敦之乱，立功受爵。后来苏峻之乱，桓彝更不得了，在与叛军交战时以身殉国，成了烈士。至此，原本以经学成名的龙亢桓氏，靠着桓彝的军功重返政坛，代价就是桓温年纪轻轻没了爹。桓温时时想着复仇，杀害桓彝的仇人去世后，桓温假扮成客人出席他的葬礼，并当着众人的面亲手刺杀了仇人的三个儿子，着实是个猛人。

桓温年少丧父，却还有个好老婆。桓温长得帅（"眼如紫石棱，须作猬毛磔，孙仲谋、晋宣王之流亚也"），又有才，于是被选为驸马，娶了晋明帝的女儿南康长公主为妻。关于这位公主，最为人熟知的应该是一个典故：桓温平蜀，纳蜀主李势之女为妾。南康长公主善妒，带上数十个婢女，拿着刀就要去找李氏算账，一看李氏正在梳头，"发委藉地，姿貌绝丽，肤色玉曜，不为动容"，是个大美人。爱美之心人皆有之，公主看到美女都愣住了，掷刀于地，说了一句："我见犹怜，何况老奴。"总算没有酿成一桩原配上门打小三的惨案。

桓温出身军功家庭，又当了驸马，可还是被当时名声煊赫的一流大族看不起。有一次，桓温想为其子向琅邪王氏的王坦之求亲。王坦之本来想答应，回家问自己老父亲的意见，他爸立马就反对，大怒道："你竟然这么糊涂！怎么可以为了给桓温面子，而把你的女儿嫁给军人之子呢？"王坦之只好以其他理由向桓温推辞。桓温心里明白，说："你父亲不肯也就罢了。"

陈郡谢氏的谢奕，即谢安的哥哥，在桓温手下当过司马，二人感情深，相约一起喝酒。谢奕是个酒鬼，但桓温酒量不行，喝到一半躲进了南康公主的房中。谢奕酒兴未了，拉着桓温帐下一名将士和他接着喝酒，还拿自己的上司开玩笑，说："失一老兵，得一老兵，亦何所怪。"

正是由于门第之见，桓温早年频频遭受这些所谓世家大族的奚落，而他本人也处于士族与军人双重身份的矛盾之中，本身就是这场门阀政治游戏中的异类。后来他的种种僭越之举，可说与这种特殊身份不无关系。既然无法成为一个合法的参与者，那就干脆将矛头对准大环境，向整个东晋王朝发起挑战。

但此时的桓温首先要捞到自己的第一桶金。前文说到桓温娶了个好老婆，这就不得不提南康公主的舅舅庾亮。颍川庾氏是继琅邪王氏之后崛起的世家大族，庾亮之弟庾翼、庾冰也凭借外戚的身份担任朝中重臣。桓温初出茅庐就得到了庾氏家族的有力支持，在官场上如鱼得水。庾翼一直看好这个甥女婿，极力向皇帝打广告："桓温有英雄之才，愿陛下勿以常人遇之。"

东晋时，士族与皇权在互相平衡的同时，也屡生龃龉。庾翼临终前，希望由自己的儿子继承自己的官爵，包括掌管荆州这一地方重镇。辅政的重臣何充是皇权的发言人，他极力反对庾氏继续控制荆州，痛斥庾翼弄权，双方展开了激烈的争论。在这场朝廷重新调整势力格局的博弈中，桓温可谓是"鹬蚌相争，渔翁得利"。作为一个实力弱小的士族，他在会稽王司马昱和何充的推荐下被推上了前台，成为新任荆州刺史，都督六州诸军事。司马昱，即后来的晋简文帝，也是桓温人生中的一个关键人物。

永和元年（345年），三十四岁的桓温出镇荆州，宛如蛟龙入海，他不仅得到一个肥差，有了一块可以大显身手的地盘，还掌握了长江中上游的兵权。

2

到了荆州，桓氏还是那个王、谢看不起的军功家族，桓温急切地想要提升自己的"职场竞争力"，靠着其父的军功发家，在掌握荆州的兵权后，他首先要做的就是建功立业。

吕思勉先生认为："桓温之志，在于自张权势，欲张权势，必立功名，必先其易者；故胡平之谋，一变而为伐蜀。"当时，东晋的北边是羯族建立的后赵，兵力雄厚、实力强大，西边是氐族建立的成汉，正龟缩于蜀地。柿子挑软的捏，桓温想，那就找成汉打一架吧。在出镇荆州的第二年，桓温就上疏朝廷请求伐蜀，还没等朝廷同意，自己就直接领兵上路了。

巴蜀之地易守难攻，成汉立国四十年，到了后期已经有点儿小骄傲，"恃其险远，不修战备"。桓温亲率大军西进，先派遣一支奇兵为先锋长驱直入，转眼间就到了成汉的腹地青衣（今四川青神县）。成汉末代国君李势发兵抵抗，为时已晚。桓温将辎重留在后方，与将士只带三日粮，直奔成都而去，沿途三战三捷。成汉军队都还没反应过来，就到了最终决战。

桓温与成汉在成都西南的最后一战极具戏剧性。史书记载，此战开始时，桓温的先锋部队出师不利，参军战死，全军陷入慌乱之中。这时，成汉军的一支箭还射中了桓温的战马，差点儿让他摔下马去。正在桓温军要重整旗鼓时，军中一个负责擂鼓的军官估计第一天上班，把发布撤退命令的鼓声敲成了进攻的号令。桓温全军士气大振，手下将领拔剑督战，再次向成汉军发起进攻。结果，东晋军打赢了，李势投降，成汉灭亡，桓温仅仅用了三个月就平定蜀地。平蜀之后，天下都知道了桓温的威名，这次"风险投资"给了桓温极大的回报，他如愿以偿，以军功提升了自己的声望。

3

平蜀不久后，另一个机遇摆在桓温面前。随着石虎病死，后赵这一少数民族政权正走向崩溃。北伐，是东晋朝廷无法回避的一个问题，在桓温之前，祖逖与庾亮兄弟都发动过北伐，但始终无法克复中原。

针对东晋各派对北伐的态度，钱穆先生有过精彩的分析，他认为东晋一朝的皇室和大世族出于自身利益，大都是反对北伐的，"晋室若要团聚国力，经营北伐，首先不免与门第的要求与希望相冲突。门第自有其凭借与地位，并不需建树功业，故世家子弟，相率务为清谈……对于事物世界，漠不关心，便成高致"。

相比之下，桓温却有非北伐不可的理由，他急切地渴望提升自己的权势。在统治集团内部的阻碍下，桓温上表请求北伐，并发兵武昌以做准备。但是，东晋朝廷开始忌惮桓温了，在他自作主张讨伐成汉之后，朝廷和世家大族终于知道，这个驸马爷可比庾氏兄弟还不好对付。东晋朝廷眼见着北方少数民族势力分裂，不愿错失良机，可也不敢重用桓温，于是有意压下桓温的表文不回复，改用名士殷浩等主持北伐，命殷浩在扬州都督五州军事，与桓温的荆州集团抗衡。

桓温得知朝中有人阻挠，愤而反击，上表说："昔乐毅竭诚，垂涕流奔；霍光尽忠，上官告变。谗说殄行，奸邪乱德，乃历代之常患，存亡之所由也。"并自称："臣虽所存者公，所务者国；然外难未弭，而内弊交兴，则臣本心陈力之志也。"桓温的诗文多已散佚，但据史书记载，他一生著作颇丰，在文坛颇具盛名，还被南朝文学评论家钟嵘评为东晋诗歌大家之一。

殷浩与桓温有些交情，但殷浩这个人只好清谈，并没有军事才能。朝中因北伐分为三派：桓温派、殷浩派与调停派。其中，琅邪王氏的王羲之为调停派的代表。有学者推测，永和九年（353年）的"兰亭之会"很可能是为了集合各派代表共商国是而举行的一场盛会，并非一次简单的文人聚会。正是在这一年，殷浩北伐以失败告终，此后被废为庶人。

对于这个结果，桓温早已预料到，他对谋士郗超说："殷浩这个人有德有言，在朝中做个重臣足矣，朝廷用错人才了。"殷浩被免职后，表面很淡定，就是整天拿手比画，在空中写"咄咄怪事"四个字，其实他也想投靠老朋友桓温。后来听说桓温要起用自己，殷浩就兴高采烈地写了一封信回复，但因为太在意此事，更是忙中出错，他把纸张反复摊开十余次，最后阴差阳错地寄去了一封空书信，桓温一看，直接和他绝交了。

4

殷浩失败后，桓温成为北伐的唯一人选，朝中再也没人能阻止他。之后，桓温在十五年内发动了三次北伐。桓温北伐，虽取得了不少战果，但最终也是前功尽弃，不然也没南北朝什么事了。不过，北伐将桓温的势力推向了顶峰，至太和四年（369年），在拥有军权的东晋十二州中，桓氏已掌握其中一半以上，远远超越了此前王、庾等大族的军事实力。

在永和十年（354年）的第一次北伐中，桓温的主要对手是前秦苻健。苻健在后赵衰落、北方大乱之时占据了关中，建都长安。此时的前秦，只是割据一方的地方势力，三十年后，苻健的侄子苻坚将在统一北方后，带给东晋一次前所未有的考验。桓温与前秦军战于蓝田，亲自擂鼓督阵，终于大破前秦军，率军到达长安以东的灞上，至此，关中震动，各郡县吏民纷纷来降，当地百姓"持牛酒迎温于路者十八九"。有一些经历过"永嘉之乱"的老人感激涕零，说："没想到今日还能见到官军。"自上一次晋军来到关中，已经过去了将近四十年。

在这些夹道围观的人群中，有一个叫王猛的隐士，这是个了不得的人物，后来正是他辅佐苻坚统一了北方。而此时，王猛与枭雄桓温相遇。见到桓温后，王猛"披褐诣之，扪虱而谈"，他身上披着一条破麻袋，一边抓着虱子，一边谈论天下大事，旁若无人，一副魏晋名士的风流做派。桓温一看这是个人才，就问："王先生，我奉天子之命率领大军来讨伐逆贼，为百姓除害，关中的豪杰为何不来投奔我呢？"

王猛一言揭穿了桓温伪装的面具，说："将军不远千里而来，离长安不过咫尺之遥，如今却不渡灞水，驻军灞上观望。大家猜不透你的心思，因此不敢前来。"在王猛看来，桓温是为了北伐而北伐，他想要的不过是一个提高个人威望的虚名罢了，根本不是为朝廷分忧，更何况，若北方之敌皆除，桓温就将失去利用价值，陷入鸟尽弓藏的境地。桓温听罢，默然良久。他心中所想，是否真如王猛所说呢？

"不度灞水，百姓未知公心。"王猛的话还回荡在桓温耳边，而晋军在灞上的踟蹰，果然给了前秦喘息之机。苻健站稳脚跟后，继续固守长安，与桓温军再战于白鹿原，晋军死伤惨重，再加上粮草不济，只好退兵，此次北伐无功而返。此后的两次北伐，桓温尽管也取得了一些胜利，还在第二次北伐中拿下洛阳，祭拜、修复了毁坏的西晋诸帝陵墓，可更多是功败垂成，尤其是在第三次北伐的枋头之战中，惨败于前燕名将慕容垂。这是桓温军事生涯中最大的一场败仗，晋军死者多达数万。

枋头之战前夕，前燕的谋臣申胤早已断言桓温必败。他认为："晋室衰弱，温专制其国，晋之朝臣，未必与之同心。故温之得志，众所不愿也，必将乖阻，以败其事。"意思是说，桓温功高震主，这是晋廷朝臣都不愿意看到的结果，他们必会千方百计阻挠此事。

东晋朝廷始终是桓温的另一大战场。在三次北伐后，桓温已经兼领扬州，将东晋的荆、扬两大重镇一手掌握，是时候找政敌们算账了，他甚至要彻底推翻这场东晋门阀的政治游戏。

5

第三次北伐失败之后，东晋朝中明里暗里反对桓温的声音更是不绝于耳，桓温当然要让这些反对者知道，晋朝现在是谁做主。谋士郗超为桓温献上了一条计策，说："明公既居重任，天下之责将归于公矣。若不能行废立大事、为伊霍之举者，不足镇压四海，震服宇内，岂可不深思哉。"郗超的意思是，若桓温想要证明整个东晋朝廷就他最牛，就要把皇帝废了，做给那些反对他的人看。

当时的晋帝叫司马奕。桓温依仗军功，位高权重，早已今非昔比，他听从郗超的建议，借故把司马奕贬为海西公，以此树立威名，并拥立曾经支持过自己的会稽王司马昱为帝，是为晋简文帝。桓温擅行废立，实际上已经暴露自己篡位的野心，他甚至将此事做绝，大肆屠杀仍然拥戴海西公的士族，其中就包括庾氏一族，只因庾冰之女为海西公妃，庾氏因此被视为海西公一党。史书记载，庾氏的庾倩、庾柔被杀，庾希被逼反，之后，桓温还将庾希、庾邈及子侄五人俱斩于建康市，夷三族。二十多年前，桓温得到妻子舅舅们的提携而崭露头角，如今的他，却对这个庾氏家族进行了残酷的大清洗。

桓温擅权后，已经打破了皇权与士族之间的平衡。废立皇帝，意味着他的权力已经凌驾于皇帝之上。耐人寻味的是，桓温势力最为强盛时，地盘距离建康只有几百里，却始终不愿进京为官，也没有出兵篡位。桓温一方面看似不惧皇权，一方面始终有些忌惮，并没有突破封建臣子的樊笼，这也导致了他最终的失败。

同时，桓温也打破了士族与士族之间的平衡，违背了王导当初团结南北士族的初心。桓温不仅屠戮庾氏等士族，还颁布"土断"，严厉清查户口，对隐匿户口的贵族地主予以惩处。士族出身的他，成了东晋士族最大的敌人。桓温根本不想做这场政治游戏的玩家，他是这场游戏的破坏者。

6

简文帝司马昱是晋元帝的幼子，也是一个风度翩翩的皇室贵族，史载，"帝美风仪，善容止，留心典籍，凝尘满席，湛如也"。如果不是晋朝皇室一团糟，他或许根本不会出现在政治风暴的中心。宰相何充死后，司马昱作为他的继任者辅佐皇帝，代表中央朝廷牵制着以桓温为代表的地方士族，两人从最初的相互信任，变成了将相离心的对手。造化弄人的是，在制衡桓温多年后，司马昱竟然还在桓温废帝后被立为新皇帝。

简文帝是个老实人，深知桓温的野心，在担惊受怕中只当了八个月傀儡皇帝。病笃之时，他曾紧急召见桓温，一夜连下数诏，托付军国大计。在最初的托孤遗诏中，简文帝受桓温胁迫，写的是"大司马温依周公居摄故事"，并说"子可辅者辅之，如不可，君自取之"。这相当于给了桓温篡位的口实。

朝中重臣王坦之、谢安分别出自王、谢两大族，他们立马就发现这道遗诏的问题。王坦之得知此事，赶紧持诏书亲手毁于简文帝面前，简文帝无奈地说："我的皇位是躺赢得来的运气，卿何必如此呢？"王坦之愤然道："天下是晋宣帝、晋元帝开创的天下，陛下不可独断专行！"这一句点醒了简文帝，他只好让王坦之改写诏书，说："家国事一禀大司马，如诸葛武侯（诸葛亮）、王丞相（王导）故事。"这道诏书，意味着简文帝只是任命桓温为辅政大臣。当天，简文帝驾崩，太子司马曜即位。王、谢等大族掌握了获胜的关键钥匙，由于桓温不在朝中，只要他不动武，就威胁不到皇帝与朝中士族的联合。

桓温得知此事后，也只能无奈地跟弟弟桓冲写信说："遗诏使吾依武侯、王公故事耳！"到了第二年，宁康元年（373年），六十二岁的桓温病重，他一直要求朝廷为自己加九锡。谢安打听到桓温时日已无多的消息，故意拖延时间，直到桓温去世，也没有让他如愿，没有让他再接近皇位一步。一代枭雄，几乎打破了门阀政治的规则，却还是败于规则之下。

7

桓温是士族，也是军人，而之后夺取晋朝皇位的人中，一个是他出身门阀士族的儿子桓玄，另一个是武将出身的宋武帝刘裕。

元兴二年（403年），桓玄在消灭权臣司马道子父子和北府兵将领刘牢之后，废晋安帝，篡位称帝，建立桓楚。之后，次等士族出身的北府兵将领刘裕，以讨伐桓楚为名举兵，驱逐桓玄，扶持晋安帝重登帝位，成为新的权臣，独揽大权，并于元熙二年（420年）逼迫晋帝禅让，称帝建国，改国号为宋。

桓温篡位的野心，将时代撕开了一道裂缝，而这场变革最终在他死后多年爆发。东晋门阀政治的回光返照就此归于沉寂，"旧时王谢堂前燕，飞入寻常百姓家"。刘裕是门阀政治的掘墓人，而为他递上这把铲子的，正是桓温。

隋唐以后，桓温成了谋逆的代名词。在唐代官修的《晋书》中，他与举兵作乱的王敦单列一传，而编撰者不过是用"朝政之无章，主威之不立"等巩固封建皇权的观点，对其加以批判，将他归为逆贼。然而，在最初的记载中，桓温的形象并非如此。南朝的史学家沈约认为，桓温是个英雄，"雄才盖世，勋高一时，移鼎之业已成，天人之望将改"。

在《世说新语》中，关于桓温的记载有近百条，在这些生动的故事中，他也不单单是乱臣贼子，更不是十恶不赦的恶人，而是一个可爱的枭雄。

桓温北伐时，路过年轻时居住过的金城，见三十多年前亲手栽下的柳树已长成十围，而神州陆沉的悲惨现实无所改观，不禁感慨："木犹如此，人何以堪。"

有一次，有人向桓温请教王坦之、谢安二人的高下。这两人都是桓温的政敌。桓温刚想开口就后悔了，说："你喜欢传人话，我不跟你说。"

桓温担任荆州刺史，施行德政，不愿以酷刑威慑，属吏犯罪受杖刑，木棒只是从官服擦过。桓式从旁边经过，就对桓温说，我刚刚看人受刑，木棒举起拂过云彩，落下时也不过是掠过地面。桓温笑说，我还担心打重了……

一个明明可以举兵造反的权臣，到死都在等着他的皇帝加九锡，硬是要按规矩办事，在政治上竟如此天真。难怪南宋人朱熹对此风趣地评价道，"若他便做了二十分贼，如朱全忠之类更进一步"，谢安也拿他没办法呀。

桓温最后的这点儿天真，既不能让他流芳百世，也不能让他遗臭万年，只留下一代野心家被活活熬死了的历史谈资。

谢安：魏晋时代的最后风度

年轻的时候，谢安经常活得像个透明人，没什么存在感。东晋永和九年（353年），暮春时节，三十四岁的谢安跟随出身琅琊王氏的王羲之等人，前往浙江会稽山上的兰亭参与雅集，这一天将因为王羲之的一篇《兰亭序》而闻名天下：

"是日也，天朗气清，惠风和畅。仰观宇宙之大，俯察品类之盛，所以游目骋怀，足以极视听之娱，信可乐也。"

对于这场"群贤毕至，少长咸集"的历史性聚会，当时的主角无疑是王羲之，和以王羲之为首的、号称"王与马，共天下"的中古第一豪族——琅琊王氏。三十四岁的谢安在这一天的历史性聚会中，显得默默无闻，没有人会预料到，他将会在三十年后的"淝水之战"中，指挥东晋军队大破前秦的百万大军，护卫南渡的东晋保全文明薪火，并因此青史留名。

在后人看来，他生命的前半段，似乎太低调了。

1

但他低调，又是有原因的。

谢安出身的陈郡谢氏，在他年轻时只是一个低等士族，在以家族门第论高低的魏晋时代，他祖上既无显赫政绩，又没有辉煌的战功，更没有世袭的高位，在魏晋南北朝的前半段，他所在的家族，只是世家大族的跟班而已。

在三国曹操时代，谢安的曾祖父谢缵只是一个小小的五品"典农中郎将"；谢安的祖父谢衡，则是一位西晋的大儒；到了谢安的父亲谢裒时期，谢裒与自己的哥哥谢鲲一度都是琅琊王氏权臣王敦的幕府门客。而王敦，正是王羲之的父亲王旷的堂兄弟。所以，谢安的骨子里对自己家族所处的社会秩序等级，是有认识的。

尽管谢安的父亲谢裒后来逐渐晋升至吏部尚书、太常卿等高级官职，但当谢裒想向作为蜀汉名相的诸葛亮族亲，在东吴、曹魏和西晋都家族显赫的诸葛恢，为双方子女求婚联姻时，诸葛恢直接拒绝说，陈郡谢氏是个什么东西。

还有一次，陈郡谢氏家族与其他士族一起聚会宴饮，谢安的弟弟谢万喝多了想撒尿，就当众寻找尿壶，对此士族阮裕竟然公开鄙视说："新出门户，笃而无礼。"

在魏晋时人看来，谢安出身的家族只是"新出门户"，一个低等士族而已，在东晋初期的皇族和世家大族看来，陈郡谢氏太低微，连带着，谢安自然也算不得人物，难以进入当时那些傲然冷漠的世家子弟法眼。

2

年轻的谢安有自知之明。他所身处的时代，世家大族与皇权共舞，甚至凌驾于皇权之上。各个世家大族走马观花，轮流出现于东晋权力中心。见惯了生死别离和政坛风雨，年轻的谢安更倾心向往的，似乎是山水和自然。史书记载，他经常"往临安山中，坐石室，临濬谷，悠然叹曰：'此去伯夷何远？'"。伯夷，指的是商朝末年隐居首阳山的孤竹国君之子。

身处乱世，谢安的内心或许更愿意追随古人伯夷，在陶醉山水和自然中度过余生。因为了无牵挂，所以他更容易看淡生死与风险。

有一次，谢安与孙绰、王羲之等人乘船出海，风浪越来越大，大家都焦恐不安，想要返航靠岸，但谢安却神情自若，不紧不慢地说："既然大家害怕，那就回去吧？"于是众人急忙高嚷道："回去！回去！"此次海上遇险后，众人都说谢安"足以镇安朝野"，以至于后来王羲之跟士族刘尹说，"故当共推安石（谢安的字）"，刘尹也说，谢安隐居会稽东山，"若安石东山志立，当与天下共推之"。

谢安所处的魏晋时代，玄学成为社会主导思潮。上流社会中所崇尚的，是从竹林七贤开始的风度与雅量，所以，谢安虽然出身低等士族，但他的风度还是在士族中传开了——或许从谢安的角度而言，他出身低等士族，在门阀主导的时代，政治上有硬伤，唯有时常参与权贵的聚会，用时间来积累声望，以弥补自己出身的缺陷。后来，名流间逐渐有了"东山（谢安）不出，如苍生何"的说法，意思是说，谢安如果不出仕做官，那么天下苍生可怎么办呢！这显然是一种造势，在为谢安的"出道"铺垫，但谢安觉得，这一切还不够。

3

一个到中年后才显达的名人，大众在凝视他的光环的同时，也往往容易忽略他的前半生。尽管貌似闲散，但谢安对仕途，显然是有期待的。他只是在等待机会。

起初，东晋官方的司徒府希望征辟谢安为"佐著作郎"，谢安推托生病不去；扬州刺史庾冰因为谢安有重名，屡次命令州郡县官去征召谢安，谢安不得已当了个把月小官，又急忙返回东山隐居；随后，东晋吏部尚书范汪举荐他担任吏部郎，他也不去。如此一来，朝中有人自然看不惯了，说谢安屡次拒绝征召出仕，性格乖僻，应该终生监视，不得录用，对此，谢安"晏然不屑"。

但谢安的老婆却不乐意了。当时，谢安的宗族兄弟中，大哥谢奕担任安西将军、豫州刺史；二哥谢据一度任职东阳太守、散骑侍郎；即使是弟弟谢万，也在兄长谢奕去世后担任西中郎将、豫州刺史，并领淮南太守。有一次，家族兄弟聚会，满门富贵，唯独谢安却还寒酸示人，对此，谢安的老婆讽刺他说："大丈夫难道不应该这样（出仕为官）吗？"对此，谢安故意用手捏着鼻子，半真半假地说："我恐怕也难免走这条路子！"

4

在谢安看来，他隐居山中只是待价而沽，并非所谓性情乖僻，他只是一直等不到心仪的职位而已。但形势逼人，随着陈郡谢氏家族陷入困境，谢安终于不得不出仕了。

东晋升平三年（359年），谢安的弟弟谢万以西中郎将、豫州刺史身份，随同北中郎将郗昙兵分两路，北伐前燕，没想到谢万统兵无方，手中部队竟然在没有遇敌的情况下自行溃败，以致豫州治下的许昌、颍川、谯郡、沛郡等郡县尽皆陷落，谢万甚至单骑狼狈逃还，被废为庶人。陈郡谢氏原本就是东晋朝中的低等士族，如今家族成员竟然如此不堪，眼看家族有因此败亡的危险，为了振兴家族名誉，谢安不得不考虑出山。

于是，就在谢万兵败豫州的第二年，升平四年（360年），谢安应征西大将军桓温的邀请担任他帐下的司马，此前，桓温的父亲桓彝曾与陈郡谢氏有交往，而谢安的长兄谢奕也曾在桓温军中任职，更为重要的是，以桓温为代表的谯国桓氏，是当时整个东晋朝中最有实力的士族代表，桓温本人甚至率军攻灭了割据四川的成汉政权，并一度北伐进攻至长安周边，军威之盛为当时东晋之最，势头甚至盖过了琅琊王氏。

可以说，投身桓温的幕府，就有了强硬的政治靠山。于是，谢安从新亭出发，许多友人都赶来送行，御史中丞高崧趁机调侃谢安说："朝廷多次征召，你都高卧东山隐居不出，所以舆论才说'东山不出，如苍生何'，如今你终于肯出山当官了，不知道苍生又应该如君何？"曾经寄情山水又多少有点儿待价而沽的谢安为了维持家族权势，不得不投靠政治大佬谯国桓氏，时人一眼看清。

尽管桓温对谢安礼敬有加，但桓温的手下有时并不客气。有一次，有人送给桓温一种名为"远志"的药草，这种药草很奇怪，根部叫作"远志"，叶子部分却称为"小草"，桓温有些困惑，于是拿起药草问谢安说："远志又叫小草，这同一种东西，怎么会有两种叫法呢？"此时，桓温的参军郝隆也在座，只听郝隆一语双关地说："隐居不出就叫远志，出了地面其实就是小草。"郝隆的意思，是讽刺谢安此前沽名钓誉多次拒绝征召，如今因为家族陷入困境而被迫投靠桓温，却只能在军中当个文职的司马小官，如此仰人鼻息，也确实只是一棵小草。

谢安深有愧色。在进入桓温幕府一年后，361年，刚好谢安的弟弟谢万病逝，谢安借口奔丧，请假离开了桓温。在谢安看来，他在政治上投诚谯国桓氏的表态已经做够了，有了政治强人桓温的信任和加持，他在东晋朝中的仕途也势必将一帆风顺，另一方面，谢安也隐隐看出桓温的政治野心是篡夺司马家族的政权，因此他需要及早脱身，为自己谋求万全之策。

谢安回到建康后，逐渐凭借自身才干，做到了吏部尚书的高职，在当时东晋朝廷看来，谢安是名士，而在桓温看来，曾经做过自己手下的谢安显然也是自己人，有了内外的双层加持，谢安此后在建康混得风生水起。

5

作为谢安曾经的幕主和老板，桓温是东晋的一代枭雄。前面我们曾提到，东晋太和六年（371年）十一月，桓温带兵入朝，强行废掉了晋废帝（海西公）司马奕，改而另立司马昱，是为简文帝。简文帝死后，年仅十一岁的太子司马曜继位，是为东晋孝武帝，几个月后，宁康元年（373年）二月，桓温再次带兵进入京城建康。东晋满朝惶恐，因为当时建康城中流言四起，说桓温已经准备血洗朝中大臣，进行改朝换代。

关键时刻，谢安挺身而出。当时，作为吏部尚书的谢安与侍中王坦之一起主持朝政，见桓温野心毕露，谢安与王坦之不得不前往拜会桓温。为了震慑朝中大臣，桓温则在营中摆下杀气腾腾的军阵，见此情景后，执政的王坦之被吓得汗流浃背、浑身湿透，甚至连上书言事的手板都拿反了。

谢安却从容就座，然后环顾四方说："我听说诸侯有道，守在四邻，明公何必连在墙壁后面都要埋伏士兵？"本来志在必得的桓温，突然被谢安问得不知所措，只好苦笑说："我也是迫不得已！"于是，桓温命令手下撤去埋伏的士兵，与谢安开怀畅饮，如此几天后，带着大军进京的桓温竟然拉不下脸面，自己带着大军撤回了驻地姑孰（今安徽当涂）。

时间不等人，已经六十二岁的桓温逐渐病入膏肓，临死前，他仍然想着像曹丕和司马炎一样先来个"授九锡"，然后再行篡位加冕。桓温多次派人催促，但执政的谢安和王坦之却故意推延，谢安则干脆以负责撰文的吏部侍郎袁宏文笔不好、需要多次修改为由进行推托阻挡，野心有余、魄力不足的桓温实在等不及了，竟然在最后一次退出建康城后的五个月（373年七月），病逝于姑孰军中。枭雄桓温，竟然活生生被耗死了。

6

桓温死后仅仅两个月，谢安就被东晋朝廷晋升为尚书仆射，加后将军，并与尚书令王彪之一起执掌朝政。谯国桓氏则在桓温死后，推出桓温的弟弟桓冲接任镇守荆襄，桓冲跟他的兄长桓温一样有能力，但没有野心，更以东晋大局为重，桓冲甚至主动让出已经被谯国桓氏控制的江北扬州地区。

当时，前秦历经多年征战，最终于376年统一北方，面对自从"五胡乱华"以来，北方从未有过的政治强权，桓冲明白，东晋朝野上下只有团结一致，才能对抗北方的前秦，否则，长期陷入士族内讧或是士族冲撞皇权的东晋政权，必将面临集体覆灭的结局，如果这样，那东晋的皇族与士族，都没有好果子吃。于是，就在桓温死后，东晋暂时出现了一个内部和谐的稳定局面，但在对外方面，已经统一北方的前秦，则开始不断南下冲击东晋。379年，前秦在耗时一年的围攻后，最终攻下汉水流域重镇襄阳，并俘虏了东晋梁州刺史朱序。

面对前秦军队的不断南侵，东晋孝武帝亲自下诏寻求良将抵御北方，这时，身为宰相的谢安挺身而出，毫不避嫌地推荐其长兄谢奕之子谢玄出任将领。对于谢安的举亲不避嫌，就连谢安的政敌、中书侍郎郗超也感慨地说："（谢）安敢于冒触犯众怒的危险举荐亲侄子，确实是英明的；谢玄一定不辜负他叔叔的推荐，因为他确实是难得的人才。"

当时，谢玄在被举荐前，只是征西司马兼南郡相，相当于太守级别，但在谢安的举荐下，东晋朝廷最终决定晋升谢玄担任建武将军、兖州刺史，并领广陵相，监督江北军事。谢玄上任后，立马在江北的津口（镇江）到晋陵（常州）一带募兵训练，并征集了刘牢之、何谦、诸葛侃、高衡、刘轨、田洛及孙无终等猛将入伍，组成了一支骁勇善战的北府兵，日后，由谢玄和陈郡谢氏家族组建的这支军队，将影响到东晋的兴衰灭亡和整个南北朝的历史走向。

北府兵组建后，就在379年的江北淮南之战中，以五万兵力大破前秦的十四万大军，显示了强悍的战斗力。作为前秦国君的苻坚认为，379年的淮南之战只是一个小挫折，不足言道。于是，太元八年（383年），前秦决定裹挟统一北方的余威，征集百万大军南下攻灭东晋，以求一统华夏。

这是一场有关华夏文明生死存亡的大战。眼见前秦大军不断南下，镇守荆襄地区的桓冲放弃旧恶，主动率领十万大军向长江上游的前秦大军发起攻击，以求减轻长江下游建康的防守压力；桓冲甚至主动提出，将派出三千兵力协助防守建康，以拱卫东晋朝廷。但谢安却一口回绝，只是回信说，希望将军镇守好荆襄地区，自己将在江北回击前秦大军。

对此桓冲义愤填膺地说："谢安虽然有政治才干，但却没有将才，如今大敌将至，他却到处游玩，军事上也只是派遣一些少年抵御，并且军队人数还这么少，天下大势看来已定，我们就要集体沦落于胡人之手了。"当时，不仅是桓冲忧心忡忡，就连陈郡谢氏内部的才干、北府兵的统领谢玄也万分焦急，他在率领八万北府兵出击秦军前，特地向谢安请教战略，但谢安却绝口不提军事，还带着他一起到野外郊游、大会宾客，展示自己的名士风度。

谢安或许是对谢玄绝对信任，又或许是，他对自己的安排也没有把握，唯有寄望谢玄能独力承担。谢玄在万般无奈中奔赴前线，他毅然担负起了东晋朝廷的生死存亡重任。最终，在"淝水之战"中，谢玄指挥八万北府兵大破前秦的二十多万先锋大军，前秦大败，此后北方又再次陷入四分五裂，东晋军队则趁机北上，将国土重新推进到了黄河南岸，从而为后来刘宋的建立和强盛奠定了根基。

"淝水之战"胜利的消息传来时，谢安正在与客人下棋，在看了一眼捷报后，谢安又若无其事地继续下棋。倒是客人后来沉不住气了，追问谢安到底战况如何？谢安这时才淡淡地说："小儿辈已经破贼！"作为时人共同推崇的名士代表，以风度著称的谢安强抑心中的狂喜，在送走客人后，他狂奔进屋，竟然将木屐的屐齿折断了都没有发觉。

作为魏晋风度的代表，他是"淝水之战"的压舱石，他和他的陈郡谢氏家族，也在"淝水之战"中声誉达到鼎盛。

7

但谢安巅峰之际，也是备受猜忌之时。对于皇族司马家族而言，东晋的政权完全是依托世家大族的支持得以建立的，但与士族"共天下"的结果，就是前有琅琊王氏王敦的叛乱，后有谯国桓氏桓温的威胁——此前，王敦直接率兵攻入首都建康，逼得晋元帝司马睿抑郁而终；桓温也是擅行废立皇帝，离改朝换代只差一步之遥——种种经验教训，都使得司马家族不得不对朝内权臣和世家大族处处谨慎提防。

所以，当"淝水之战"晋军大胜后，当时已经二十二岁的晋孝武帝司马曜，就已经意识到如果不加以节制，则陈郡谢氏也很有可能衍生出另外一个试图谋权篡位的王敦和桓温，尽管谢安不一定有这个野心，但这正如堂弟王导没有野心，未必能确保堂哥王敦没有野心一样，对于司马家族来说，前车之鉴实在太多，为了拱卫皇权，他们不得不处处设局提防。

在此情况下，晋孝武帝司马曜启用自己的弟弟司马道子执政，并处处排挤谢安，为了避祸，并无野心的谢安决定以北伐的名义离开建康，并将政权全部交给司马道子。于是，谢安被任命为都督扬州、江州等十五州军事，并出镇广陵，做出进军中原的态势。为了让晋孝武帝和司马家族放心，谢安还让人在南方的始宁建造了一座庄园，将家小全部搬到庄园里去居住，以表示自己将在平定北方后，举家搬迁过回隐居生活。这当然只是一种表态，目的是让皇权放心，让司马家族放心。

就在生命的最后一年，东晋太元十年（385年），六十六岁的谢安因为重病被迫返回建康，当马车进入乌衣巷边的西州门时，谢安突然怅然地说："以前桓温在世擅权的时候，我经常害怕不能生还。有一天突然梦到我自己乘坐在桓温的车子上，经过十六里，然后看到一只白鸡，梦突然就醒了。现在回想起来，其实乘坐桓温的车子，就是取代他的职位。十六里，从那时算起刚好十六年，白鸡主酉，今年太岁在酉，我恐怕活不了多久了。"

不久，谢安病逝。而自从两年前（383年）谢安主持"淝水之战"胜利后，司马皇族出于忌惮和担心功高盖主的想法，一直不愿意论功赏赐谢安，一直到此时，晋孝武帝才下令，追赠谢安为庐陵公。

随着谢安的去世，一直担心司马皇族迫害的谢玄等陈郡谢氏的青年将领，也自动停止了北伐的脚步，而自从"五胡乱华"以来，南方政权千载难逢的北伐良机，至此也在司马家族与世家大族的相互猜忌和内讧中烟消云散。谢安去世后三年（388年），在"淝水之战"中建功立业的谢玄也在忧虑惶恐中去世，年仅四十六岁。

晋孝武帝司马曜则在谢安去世十一年后（396年），跟宠姬张贵人酒后吐真言说："你年纪这么大，年老色衰，总有一天我要废了你。"当晚，越想越气的张贵人趁着司马曜醉酒沉睡，用被子将三十五岁的司马曜捂死了。号为孝武帝的司马曜，最终死于酒色和一床棉被。

历史和谢安、陈郡谢氏，以及执掌皇权的司马家族都开了一个大大的玩笑。而失去了陈郡谢氏等士族的内部制衡，实力尚存的谯国桓氏、桓温的儿子桓玄也日渐坐大，到了大亨元年（403年），桓玄学习他的父亲桓温，威逼晋安帝禅位，这一次，桓玄迈出了篡权的步伐，自立国号为楚，改元"永始"。

而在司马皇族与世家大族斗争日烈、倾轧不休的风雨中，代表寒门庶族的刘裕，最终凭借着当初谢安、谢玄等人建立留下的北府兵，打败桓玄趁势崛起，到了420年，卖草鞋出身的刘裕最终代晋自立，建立刘宋。那时，谢安已经去世整整三十五年了。

属于谢安的时代消逝了，后来，强人如走马观花般登台亮相，但在风流不再的时代里，政治家的风度，依然被永恒铭记下来，代代流传。一个属于士族和魏晋风流的时代飘然而逝，如果说东晋是仍然留存风度、属于世家大族的"春秋"时代，那么随之而来的，则将是一个属于寒门和皇权不断强化的南北朝时代，那时，风度将逐渐退却，政治斗争将更像冷酷无情的"战国"时代，暴露出日益血腥的一面。

第五章　北朝的强人：胜者为王败者寇

拓跋珪：北魏王朝创立者

385 年秋天的一个傍晚，蒙古草原上日月同辉，四野寂寥。突然，一匹快马从北方疾驰而来，矻噔噔的马蹄声打破了草原的宁静。这匹快马停在一处面积较大的营帐前。从马上下来了一个信使，名叫穆崇。此时，营帐内只有一对年轻的母子。穆崇从怀中掏出一封书信，称自己奉主人梁眷之命，特来告知眼前的母子二人速速逃命，部落首领刘显将在今夜痛下杀手。说完，穆崇翻身上马，片刻就消失于暮色之中。

听闻大祸临头，母亲当即找来几个忠仆，要求务必舍命护送其儿子前往贺兰部寻求庇护。但十五岁的儿子已是少年，他不愿遵从母亲的决定，执意要留下来保护母亲。一番僵持过后，母亲用严厉的语气喝住儿子，令其乖乖上马。看着儿子与仆人们疾驰而去的背影，母亲才稍稍平静下来，并将自己精心打扮了一番。夜色里，她显得风姿绰约。

1

如同中国历史上大多数开国之君一样，拓跋珪的身世也有着非凡的一面。他是原十六国中赫赫有名的"代王"拓跋什翼犍的孙子。如无意外，作为代王世子拓跋寔的嫡长子，他将继承江山，并开创属于自己的盛世。然而，家族的变故总是来得促不及防。

376 年，前秦天王苻坚出兵代国，拓跋什翼犍不敌，率部撤往阴山以北凭险固守。一向臣服于拓跋部的高车族趁乱宣布独立，使鲜卑拓跋部陷入腹背受敌的困局。拓跋什翼犍只能率部避走漠南，待前秦大军撤退后，才返回云中郡。但这个时候，拓跋什翼犍因长年战事积劳成疾，病倒了。

当初，拓跋什翼犍曾令拓跋珪的父亲拓跋寔为继承人，只是拓跋寔早逝，膝下仅有一名遗腹子拓跋珪。所以，拓跋什翼犍希望将年仅五岁的拓跋珪确立为代王世孙。这导致了拓跋什翼犍膝下诸子的不满。拓跋什翼犍回到云中郡还不到半个月，他的庶长子拓跋寔君就联合堂弟拓跋斤发动宫廷政变，将拓跋什翼犍以及自己的亲兄弟通通剿杀。

代国内乱很快招来了尚未撤远的前秦大军。苻坚打着为代国平叛的旗号，举兵擒杀了拓跋寔君。由于代国此时已国无长君，苻坚干脆将代国一分为二，东部交由拓跋什翼犍的外甥、独孤部的首领刘库仁管理，西部则成为日后大夏国君赫连勃勃的父亲刘卫辰的领地。就这样，国破家亡的拓跋珪与其母亲贺兰氏只能来到亲戚刘库仁的部落，过上了寄人篱下的生活。

刘库仁重情重义。他并没有为难这对孤儿寡母，反倒是感念当年拓跋什翼犍的提携之恩，对拓跋珪母子颇为照顾。那时，拓跋珪年纪尚小，代国旧部都认为，拥立幼主兴复旧业希望不大。可刘库仁并不管这些，逢人就介绍说："兴复洪业，光扬祖宗者，必此主（拓跋珪）也！"背负国仇家恨，刘库仁在任的那些年始终厉兵秣马，时刻准备与刘卫辰展开争夺战，替拓跋部恢复江山。

拓跋珪母子在刘库仁的保护下过了十年的安生日子，直到刘库仁在与前燕的一场对抗中战死沙场。从此，拓跋珪母子因为身份特殊，就成了刘库仁的儿子、新任部落首领刘显的"眼中钉"。刘显一心想杀掉表弟拓跋珪，但担心公开杀戮会引起不必要的非议，于是便想趁夜色神不知鬼不觉地下手。他将计划提前告知了亲信梁眷和弟弟刘亢埿，不承想两人随后便悄悄地把这起暗杀计划通报给了拓跋珪母子。

等刘显亲自提刀上门时，营帐中仅剩拓跋珪母亲一人。刘显一进门，她就端着酒杯，扑身上前。在美酒与美色面前，刘显没了怒气，喝得酩酊大醉。拓跋珪则在夜幕的掩护下，安全抵达了贺兰部。

拓跋珪出走的消息，很快传到了以长孙嵩为首的拓跋什翼犍旧部耳中。这些人自代国灭亡后，便辗转多地，追随拓跋珪母子归附刘库仁。他们因为各自的威望，被刘氏父子委以重任。听说拓跋珪在贺兰部，他们纷纷带着兵马前往投靠，并奉拓跋珪为新主人，希望拓跋珪兴复祖宗旧业，还于云中盛乐（今内蒙古和林格尔县北土城子）。长孙嵩等人的背叛，彻底惹怒了刘显。恼羞成怒的他，决定杀死贺兰氏泄愤。

关键时刻，又是他的弟弟刘亢埿挺身而出。刘亢埿的妻子，是拓跋什翼犍的女儿、拓跋珪的姑姑。她把贺兰氏藏在鲜卑人的神车中。由于神车在鲜卑代表神祇的座驾，不容侵犯，刘显即便怒火中烧，但碍于鲜卑人的传统，也不敢毁车杀人。

另一边，拓跋珪与自己的舅舅、贺兰部首领贺讷初次见面，贺讷便要他立誓：

"复国之后，当念老臣。"史载，拓跋珪大笑，并当众发誓："诚如舅言，要不忘也。"随后，贺讷动用了所有能动用的关系，帮助妹妹贺兰氏逃回贺兰部，与拓跋珪团聚。

虽然贺讷对外甥拓跋珪寄予厚望，但贺兰部并非人人都希望拓跋珪能干出一番大事业。贺讷、贺兰氏的同胞弟弟贺染干年富力强，担心拓跋珪将来复国成功，反而于己不利，于是瞅准时机，带着杀手将拓跋珪母子的营帐包围了起来。贺兰氏从营帐中走出来，对着弟弟贺染干大骂："汝等欲于何置我，而杀吾子乎！"贺染干"惭而去"。

386年正月，十六岁的拓跋珪在舅舅贺讷以及众多代国旧部的支持下，来到拓跋什翼犍当年战斗过的牛川（今内蒙古呼和浩特东南）举行部落大会，宣布恢复代国，自称代王。那个消失了十多年的代国由此"复活"。三个月后，有感于代国的名称不够霸气，拓跋珪听从汉臣崔宏的建议，将国号改为魏，史称北魏。北魏，自此在中国历史上叱咤一时。

2

拓跋珪十六岁成为开国之君，这在两千多年的帝制历史中，是极其罕见的。不过，年少成名的他，这会儿还不足以傲视群雄。就在拓跋珪复兴代国之际，前燕皇子慕容垂也在邺城中兴后燕。有意思的是，慕容垂的妹妹慕容氏，正是拓跋什翼犍的妻子，也就是拓跋珪的祖母。

比起拓跋珪复国的"草台班子"，慕容垂背后的慕容家族可谓兵强马壮。当年，慕容垂屈身前秦为降臣，前秦的名相王猛就直言："慕容垂，燕之戚属，世雄东夏，宽仁惠下，恩结士庶，燕、赵之间咸有奉戴之意。观其才略，权智无方，兼其诸子明毅有干艺，人之杰也。"鉴于慕容垂的威胁，王猛建议苻坚尽早杀之，"蛟龙猛兽，非可驯之物，不如除之"。但苻坚因敬重慕容垂的英雄气概，对其网开一面。

最终，后燕的崛起与前秦的分裂，几乎同步发生。后凉、后秦等政权也加入了这场旷日持久的地盘争夺战中。至于柔然、铁弗、库莫奚等游牧部落，虽未对中原有所染指，却也在北方默默壮大势力，一再挤压北魏的生存空间。

在四境不宁的背景下，北魏初时还保留着祖辈遗留下来的管理陋习。如，代国从前规定，部落首领以及部落联盟的"大人"必须无条件对代王效忠，但代王也必须给予部落首领们对于属地财产、人丁的绝对处置权。如此，即便代国曾跻身"五胡"争雄逾六十年，然而，代王在诸胡眼中不过就是这场争霸游戏的"看客"罢了。拓跋珪称王后，终于顶住压力，在燕凤、张衮、许谦等一众汉臣的支持下，展开了一轮又一轮的汉化改革。首先，针对北魏现阶段仍处于原始游牧状态，拓跋珪一上台就给群臣下了一条"死命令"：离散部落。

所谓"离散部落"，史书记载语焉不详。不过，综合现有史料仍可看出个大概："分土定居，不听迁徙，其君长大人皆同编户。"定居与编户，这分明是拓跋珪借鉴了汉人的户籍管理办法，对北魏一些发展水平较高、实力较强的部落进行分化管理，从而达到加强王权、削弱部落势力的目的。那么，离散了部落，部民不打猎了，以何为生？拓跋珪给出的解决办法是"息众课农"和"计口受田"，顺便公推一个农事监督官，负责带领部民学农、务农，依靠农业生产发家致富。

理想很丰满，现实却很骨感。拓跋珪的新政一出台，就尝到了搬起石头砸自己脚的滋味。拓跋珪的政策只针对普通部民，对于高阶贵族者则不做强求。而且，选择臣服北魏的大部落，也不是都适宜种地。因此，新政实施不到三个月，长期游牧于青海一带的乙弗部、护佛侯部鲜卑人就脱离北魏政治体系，联手遁徙漠北。

两部公然出走，就像给了新兴的北魏一记响亮的耳光。北魏诸将要求发兵追赶，但被拓跋珪及时制止了："侯辰等世修职役，虽有小愆，宜且忍之。当今草创，人情未一，愚近者固应越赹，不足追也。"拓跋珪的宽宏大量传到了乙弗部首领代题的耳中，出走半年后，他又率部众宣誓效忠拓跋珪，返回北魏统治序列。

可是，这项离散部民、息众课农的政策，背后的漏洞却始终未能被北魏统治者察觉和修正。随着拓跋珪息众课农的政策力度不断加大，乙弗部归而复叛，代题干脆投奔了拓跋珪的死对头刘显。自拓跋珪称王之日起，独孤部首领刘显就整日躲在部落里与亲信筹谋造反，一个毒辣却又不失巧妙的计划逐渐在他脑海中生成。

原来，当初拓跋什翼犍的儿子们并没有完全死于拓跋寔君之乱。代国内乱结束后，拓跋什翼犍的幼子拓跋窟咄因年纪小，被苻坚虏至前秦，授以兵法。苻坚这么做，就是希望将拓跋窟咄培养成将来替自己管理代地的傀儡。但拓跋窟咄还没成长起来，苻坚就被姚苌围剿，魂断五将山。拓跋窟咄则追随西燕皇帝慕容永迁居关东，成为西燕国的新兴（今山西忻州）太守。然而，西燕自成立以来就内乱不断，建国不过十年，皇帝就换了七个，这便给了刘显一个迎回"旧主"的机会。

拓跋窟咄这些年身在他国，却一刻也未敢忘记复兴父业。当刘显派人找到他时，拓跋窟咄立即迎合刘显之意，宣布返回代地，组建流亡政府，并公开宣称拓珪为"伪魏王"，号召原代国旧部起兵杀之。由于拓跋窟咄的特殊身份，原先唯拓跋珪马首是瞻的北魏"诸部骚动，人心顾望"，一些旧臣开始向拓跋窟咄靠拢，密谋通过内乱推翻拓跋珪的统治。

说来也巧，当年救过拓跋珪母子的穆崇，恰好是刘显、拓跋窟咄集团骨干于桓的舅舅。穆崇于是从于桓口中套出了拓跋窟咄复辟的详细计划，并将谈话内容一五一十地汇报给了拓跋珪。从法理上讲，拓跋窟咄是拓跋珪的叔父，也是拓跋什翼犍唯一在世的儿子。拓跋珪不敢与之硬碰硬，只能再次选择寄人篱下，通过依附贺兰部，获得与拓跋窟咄一党对抗的机会。然而，这一次，他在贺兰部的舅舅贺染干决定要干大事了。

3

当贺染干决定向刘显与拓跋窟咄出卖拓跋珪之时，拓跋珪正在绞尽脑汁想引入外部势力来干预草原政治。他把目光瞄向了与他同年建立政权的舅姥爷、后燕皇帝慕容垂。

慕容垂与西燕的慕容永皆是十六国慕容部首领慕容涉归的后代，不过，与慕容垂相比，慕容永只算得上是慕容家族的旁支。当慕容垂建立后燕时，慕容永便曾因慕容垂的特殊身份而尽失民心。慕容永显然没有拓跋珪沉着冷静，见众人纷纷依附慕容垂，他干脆将慕容家族留在西燕的直系子孙屠戮殆尽，从而制造了后燕与西燕的不共戴天之仇。

此外，后燕与独孤部也存在地域冲突。独孤部历来活跃于代、谷之地，后燕西扩中原，就需要越境侵占独孤部领土。为此，慕容垂自称帝以来，没少出兵攻打刘显，双方互有胜负。

敌人的敌人就是朋友。听闻拓跋珪与拓跋窟咄背后的西燕，以及刘显背后的独孤部杠上了，慕容垂二话不说，就让儿子慕容麟点兵六千前往代北与贺兰部合兵一处，攻打共同的敌人。

后燕的军队支援，很大程度上安定了北魏躁动的人心。登国二年（387年）六月，拓跋珪集合本部兵马，与慕容麟联手，将刘显赶到马邑之南的弥泽（今山西朔州以南），虏其部众、牛羊，逼迫刘显出走西燕，投奔慕容永。

没有了刘显的支持，拓跋窟咄根本就不是拓跋珪、贺兰部以及后燕三方联军的对手。他选择投靠铁弗部刘卫辰，打算利用刘卫辰愈发骚动的不臣之心，再次扯起反攻拓跋珪的"义旗"。但刘卫辰虽有不臣之心，却对扶立傀儡这一套做法不感兴趣。拓跋窟咄一到铁弗部，就被刘卫辰杀了，首级送给了慕容垂，以换取后燕在军事及经济上的支持。

拓跋窟咄一死，再也没有人能威胁拓跋珪在北魏内部的统治地位了。作为一名年轻的帝王，拓跋珪的目光放得更为长远。他不仅趁势向北推进，连破库莫奚、高车、柔然等部，而且打起了向东、向南扩张的主意。为了加强部下的忠诚度，他时不时就带着各部大人、首领、酋长返回牛川，凭吊追忆过往的艰苦岁月。他也不吝对那些有卓越战功的部下大力赏赐，并规定军功越大，获利越多。

为了规范军队纪律，他在奖赏之上也订立了惩戒制度。但凡北魏将士出现作战不利、出逃亡审、虚报战功、不恤士卒、延误战机、军容不整、扰民劫掠、窃冒军功、不从将令、奸窃偷盗等十项严重违法行为，即便从前军功隆盛，也无情可讲。经过这番努力，"窟咄之难"平定后没几年，拓跋珪就实现了光复祖宗基业、统一代北的战略目标。

4

对于初兴的北魏而言，恢复代北统治权，仅是光复祖业的第一步。诚如拓跋什翼犍当年所说："石胡衰灭，冉闵肆祸，中州纷梗，莫有匡救，吾将亲率六军，廓定四海。"鲜卑拓跋部建立政权，是为了实现统一北方甚至囊括四海的统治目标。因此，拓跋珪完成代北统一后，兵锋便直指南方。

然而，慕容垂对领土与皇权的扩张同样倍感兴趣。拓跋珪将精力用于对付北方少数部落的这几年，慕容垂也没闲着——他瓦解了西燕雄踞山西的局面，跨越太行，一路向西，使后燕实力大增，并形成了与北魏接壤的地缘格局。

后燕与北魏，势必有一战。无论是拓跋珪还是慕容垂，都意识到了这一点。但实力较弱的拓跋珪并不想立即与慕容垂撕破脸皮。为此，北魏登国三年（388年）八月，他专门派自己的至亲、九原公拓跋仪备上厚礼出使后燕，一来是为了感谢后燕在"窟咄之难"中的襄助，二来是希望借助拓跋仪的出使，探知后燕内部虚实，为北魏接下来的南伐收集情报。

慕容垂见拓跋珪未亲自前来，便责问拓跋仪："魏王为何不亲自来？"拓跋仪回答："往昔代、燕同尊奉晋朝，世代犹如兄弟，我奉命前来，无失礼处。"慕容垂说："我如今威加四海，岂能以前事为比？"拓跋仪并不示弱："燕国如果想靠武力称霸天下，那就得问问我国的将帅，轮不到我这个使臣来说话了。"

宾主不欢而散，慕容垂加紧了对北魏的军事准备。但慕容垂已经年迈，拓跋珪却还是少年，上天注定不会公平地对待二人的终极较量。395年，慕容垂预感时日无多，命太子慕容宝率后燕子弟兵八万，对北魏发起战争。这一操之过急的安排，最终葬送了后燕的前途。在参合陂，后燕将士被拓跋珪包了"饺子"。为了彻底摧毁燕军主力，拓跋珪不仅在燕军中散布慕容垂已死的假消息，还将俘虏的数万后燕兵士通通坑杀。

消息传回，慕容垂坐立难安，决定亲征复仇。396年三月，七十一岁的老将慕容垂出发了，没人知道他去了哪里，只知道他麾下那支最精锐的后燕军兵凿太行山道，急行军十八天，在平城（今山西大同）城下斩落了拓跋珪的弟弟拓跋虔的人头。拓跋虔是北魏数一数二的猛将，其麾下的三万将士更是北魏精锐中的精锐。慕容垂神不知鬼不觉地于万军之中取上将首级，说明一代战神绝不是吹的。这极大震慑了拓跋珪。

打不过就跑，是拓跋珪一路创业以来最大的心得，但上天仍然眷顾这个年轻人。等慕容垂赶到参合陂，看到遍布山野的燕军新坟后，强烈的视觉冲击让他瞬间体力不支，一口鲜血喷涌而出。同年六月，一代战神慕容垂崩于班师途中。放眼十六国，拓跋珪再无敌手。

5

慕容垂死后仅一个月，拓跋珪就急匆匆地从王位上走下来，带着北魏众文武郊祭天地，改元皇始。两年后，北魏称雄华北，拓跋珪将都城从盛乐迁到平城。不久，即皇帝位。

但盘子大了，烦恼也来了。最困扰拓跋珪的问题，就是皇位如何传承。拓跋珪创业多年，几乎每一寸山河都是通过发动战争换回来的。而他每一回的敌人，除了叔父拓跋窟咄外，无一例外都是与拓跋氏建立世婚关系的母族外戚，如鲜卑慕容家族、匈奴独孤家族。即便是曾对奠定北魏基业做出过卓越贡献的舅族贺兰部，也因野心膨胀而在拓跋珪统一北方的过程中，成为北魏的主要对手。好在经过几番交锋后，贺讷与拓跋珪舅甥之间冰释前嫌，这才没使北魏爆发更大规模的内乱。

基于此，为使北魏皇权父子相承，拓跋珪制定了"子贵母死"的铁律，并称这是在致敬汉武帝赐死钩弋夫人，免除外戚乱政之祸。赐死太子的生母刘贵人后，拓跋珪召来太子拓跋嗣，告诉他，这是为父所能为你做的最长远的打算了。

拓跋嗣一向仁孝，听说母亲被赐死，悲哀不止，日夜号哭。这惹怒了拓跋珪，他再次传召太子觐见。手下人怕拓跋珪起杀心，纷纷劝太子出宫暂避风头。拓跋嗣一走，太子之位可能便该轮到拓跋珪次子拓跋绍了。按照"子贵母死"之律，拓跋绍的生母贺夫人被拓跋珪命人抓了起来。

贺夫人是拓跋珪生母贺兰氏的堂妹。不知是否生了恻隐之心，拓跋珪并没有第一时间将贺夫人处死，这给了她一个自救的机会。通过侍女及内监的帮忙，贺夫人向儿子拓跋绍发出求救信号。拓跋绍趁着天黑夜静，翻墙闯入皇宫，杀入拓跋珪寝殿，对着手无寸铁的皇帝就是一顿乱砍。天赐六年（409年）十月，拓跋珪如同他的祖父拓跋什翼犍一般，暴死于宫廷政变之中，年仅三十九岁。

政变发生后，由于拓跋绍没有给自己准备后路，原先流亡在外的太子拓跋嗣很快掌握了主动权。在拓跋珪旧部以及宫廷卫士的拥护下，拓跋嗣入宫诛杀了拓跋绍，登基称帝，是为北魏明元帝。

尽管在"子贵母死"的制度上拓跋嗣深受其害，但他却没有勇气去推翻拓跋珪所做的决定。这导致此后上百年北魏的后宫妃嫔们"谈子色变"，皇室生育率不断下降。北魏孝文帝之后，更是出现了"无诸王传"的窘迫局面。到北魏宣武帝时，打破了这一制度。在充华胡氏为宣武帝诞下唯一的子嗣后，其被升为贵嫔；待其子即位为孝明帝后，胡氏被尊为皇太妃、太后，荣养宫中。

然而，拓跋珪生前最担心的事情还是发生了。胡氏的意外存活，不仅没能促进王朝中兴，反而如同打开了"潘多拉魔盒"，为北魏带来灭顶之灾。

拓跋焘：十六国终结者

当十六国时期延续了七十多年后，所有人都以为大秦天王、氐族人苻坚会是这个大乱世的终结者，甚至看好他是重新统一华夏的天选之子。可是，在383年与东晋的"淝水大战"后，苻坚连同他的前秦帝国几乎瞬间崩盘，北方重回混战局面。

读史至此，我们才恍然大悟，原来苻坚及其前秦帝国只是十六国历史的一部分，而不是十六国历史的终结者。

要一直等到"淝水大战"五十多年后，历史的走向才变得清晰起来。那个真正的十六国终结者，终于出现了——北魏第三代皇帝、太武帝拓跋焘（408 年—452 年）。

1

如果没有鲜卑人，中国历史的车轮会如何驶出魏晋南北朝进入隋唐，我们不得而知。我们只能根据既定的历史事实反向复盘：鲜卑人在秦汉崩溃后开始扮演重要角色，包括鲜卑慕容部曾建立叱咤风云的前燕、后燕等政权，以及出走的一支在祁连山脉和黄河上游谷地建立的持续了三百多年的吐谷浑政权。当然还有与慕容部在参合陂决战中胜出，取而代之势如崛起的鲜卑拓跋部。一直到隋唐建立后，鲜卑的影响力仍未消减。隋唐的制度和文化，仍然深深受到鲜卑人的影响。

拓跋部原本是鲜卑族中最落后的一支。西晋时，因其首领协助西晋对抗前赵有功，被封为代公，后升代王。到 338 年，拓跋部的第一代雄主什翼犍即代王位，开始仿照东晋设置百官，并参与到中原的逐鹿中。什翼犍时期的年号为"建国"，代国在他手上也确实建成了一个国家。

376 年，什翼犍被儿子弑杀。同年，苻坚统一中国北方的进程势如破竹，前秦军队灭了代国。大约十年后，386 年，前秦早已崩溃，中原重回乱战局面，什翼犍的孙子拓跋珪趁乱复国，重建了代国。后来迁都平城（今山西大同），改国号为魏（史称北魏），主动拥抱先进的农耕文明。

拓跋珪的死跟其祖父什翼犍如出一辙，都是被自己的儿子弑杀。拓跋珪的嫡长子拓跋嗣在父亲遇弑后，带兵入宫，诛杀了弑父的弟弟拓跋绍。拓跋嗣由此成为北魏的第二任皇帝，这个死后得到"太宗"庙号的皇帝，在历史上存在感不强，但并非无名之辈。他曾北逐柔然，也曾南征刘宋，夺取数州，大胜而归。至少为儿子拓跋焘统一北方的霸业，奠定了良好的基础。

423 年，三十二岁的拓跋嗣病逝，继位者是十六岁的长子拓跋焘。拓跋嗣死前一年，已经安排六名辅政大臣辅佐拓跋焘临朝听政。这样的安排，有利于太子顺利进行权力交接，确保这个游牧民族像汉族一样实现权力的"父死子继"。但拓跋嗣与拓跋焘这对父子的幸运之处在于，在拓跋焘代理监国、担任"实习皇帝"的第二年，拓跋嗣病死，父子之间的权力、派系矛盾还未出现就自然收场了。而后面拓跋焘在选择和培训自己的接班人时，可就没有这么幸运了。

早在408年拓跋焘出生时，拓跋珪见这个孙子相貌奇特，便预测说："成吾业者，必此子也。"历史读多了，我们更要对雄主们的眼光保持充分的信任——他们的预言基本不会错。或者说，我们要对史官的"伏笔"有所察觉——但凡一个人出生时有异象，或者有神预言，那么他一定是做出了不凡的功业，史官才会反复渲染他的出身。拓跋焘显然就是这样一个被划了重点的人物。

2

当十六岁的北魏皇帝拓跋焘站在历史的前台，时代已经为他指明了方向：要么奋斗，要么灭亡。当时，北魏面对的局面是，东边与汉人冯氏建立的北燕接壤，西边有卢水胡沮渠氏的北凉和匈奴人赫连氏的大夏等政权，北边是日益强大的柔然汗国，南边则是南朝的刘宋政权。如果处理不好，北魏就是四面受敌的状态。

柔然在历史上被称为"蠕蠕"，是鲜卑族的一支，北朝北境之外的游牧强国。拓跋焘的父亲拓跋嗣在位时，筑起长城，设置六镇，对柔然采取守势。拓跋嗣去世时，柔然想趁北魏新君立足未稳，发起一轮扫荡。由柔然首领统率六万骑兵，杀入北魏旧都云中盛乐（今内蒙古和林格尔西北）。拓跋焘年轻气盛，并不畏惧，率兵亲征，打得柔然连连撤退。随后，拓跋焘就跟柔然杠上了。尽管朝中许多大臣反对，但拓跋焘不为所动，认定柔然是第一敌人，"若不先灭蠕蠕，便是坐待寇至，腹背受敌，非上策也"。

425年，北魏兵分五路，征讨柔然，迫使柔然北走。四年后，北魏再次北击柔然，迫使柔然向北魏纳贡臣服，二十年内不敢有任何想法。

镇住了柔然后，拓跋焘伸展拳脚，开始了统一北方的历史进程。第一战灭大夏。大夏开国皇帝赫连勃勃是个猛人，数年间尽占关中之地，407年立国，是十六国时期最后出现的一个政权。赫连勃勃定都统万城，为了显示他的手腕，他把统万城的四个城门分别命名为招魏（东门）、朝宋（南门）、服凉（西门）和平朔（北门）。425年，赫连勃勃死后，其子赫连昌继位，关中大乱。拓跋焘认为机会来了，于第二年出兵攻夏。427年，两国决战。

由于统万城十分坚固，无法强攻，拓跋焘采取了"诱敌出城"的策略，把赫连昌诱出统万城进行决战。在列阵厮杀中，拓跋焘身先士卒，一度坠马，差点儿被夏兵俘获，但他毫不畏惧，后来手掌被乱箭射中，仍然坚持战斗。最终，赫连昌兵败逃往上邽（今属甘肃天水）。一年后，北魏攻打上邽，擒获了赫连昌。不过，赫连昌的弟弟赫连定又即位，并一度想联合刘宋夹击北魏。拓跋焘继续西征赫连定所在的平凉（今甘肃平凉），打得赫连定无路可逃。431 年，北魏属国吐谷浑擒获了赫连定，送到平城处死。至此，大夏灭亡，关中地区被纳入了北魏的版图。

第二战灭北燕。对于拓跋焘而言，这是灭大夏的"简易版"。时机依然是北燕国主冯跋刚死，内部夺权分裂。拓跋焘亲征，所向披靡，于 432 年迫使北燕"乞为附庸"。436 年，北魏再次攻打北燕，北燕灭亡，北魏取得辽河流域。

第三战灭北凉。439 年，拓跋焘亲征姑臧（今甘肃武威），对割据北方的最后一个政权——北凉，发起了进攻。很快，北凉王沮渠牧犍战败出降，北凉覆灭，北魏取得了河西地区。

至此，拓跋焘终于完成了北方的重新统一。中国历史走出十六国时期，进入南北朝时期。正史评价拓跋焘，说他"廓定四表，混一戎华，其为功也大矣"。

3

在要不要出兵讨伐北凉上，北魏内部意见不一。奚斤等鲜卑贵族官员说，我国连年征伐，士马疲弊，近期不能再发动战争了。而且，听说凉州一带，土地贫瘠，盐碱地居多，难得水草。我们大军兵临城下，如果久攻不下，补给跟不上，那就麻烦大了。听此，拓跋焘有些打退堂鼓了。

这时，崔浩站出来反驳说，《汉书·地理志》称"凉州之畜为天下饶"，若无水草，牲畜怎么繁殖？况且，汉朝绝不会在没有水草的土地上兴筑城郭，设置郡县。陛下不要听他们信口开河啊。崔浩出身清河崔氏，是北魏初期朝堂上罕见的受到特殊宠任的汉人高官。当年拓跋嗣即位之初，协助听政的"八公"里面，只有他的父亲崔宏一人是汉人。拓跋焘开始摄行国政，六名辅政大臣，也只有崔浩一人是汉人。可见崔宏、崔浩父子在一堆鲜卑贵族里面，身份显得多么特殊。

拓跋焘信任崔浩，但奚斤也是辅政元老，到底谁在胡说八道呢？他点名尚书李顺说话，因为李顺多次出使北凉，最有发言权。李顺回答说，自温圉水以西至姑臧，地皆枯石，绝无水草，奚斤所说，确是实情。崔浩一听，当即斥骂："真是大言欺世！"李顺也不示弱，说："耳闻不如眼见，这是我亲眼所见，你有什么资格和我辩？"没想到，崔浩悠悠地说："你每次出使凉州，都收了人家的贿赂，替人家说话，别以为我没有亲见就可以相欺。"

拓跋焘察言观色，心中已经知道谁是谁非，于是下令亲征北凉。抵达姑臧城下，拓跋焘极目四眺，但见水草丰茂，由此对崔浩敬佩不已。他对跟在身后的崔浩说："卿昔日所言，今天果然应验。"崔浩答道："臣之言不敢不实，向来如此。"但也因为崔浩向来爱说实话，为他后来的悲剧命运埋下了祸根。

我们都知道北魏孝文帝拓跋宏（元宏）的汉化改革，却不知道拓跋焘是北魏汉化的开创者。拓跋焘在位期间，大规模征召中原士族到北魏京城做官，北方的头等士族范阳卢氏、博陵崔氏、赵郡李氏等名流的加入，极大地扩大了北魏政权的基础。439 年灭北凉之后，拓跋焘对生活在那里的汉族士大夫也一概以礼相待。当时很多凉州名士，被补充到北魏政权中。按照史学大家陈寅恪的说法，保存于凉州一带的河西文化，实际上是魏晋乱世以来中原文化的正统，拓跋焘取凉州后，河西文化遂输入北魏，并成为此后隋唐制度的重要渊源之一。

虽然吸纳汉人士大夫是北魏政权从部落向国家演变的一个必要条件，但拓跋焘对待汉化的开明态度，与崔浩的鼓吹不无关系。根据史书记载，在拓跋焘统一北方的进程中，几乎每一次重大军事行动，都是崔浩站出来力排众议，帮助拓跋焘运筹帷幄，取得最终的胜利。拓跋焘对此十分清楚，他曾在公开场合指着崔浩称赞说："其胸所怀，乃逾于甲兵。"还曾专门诏令各部尚书："凡军国大计，卿等所不能决，皆先咨（崔）浩，然后施行。"可见，崔浩不仅是拓跋焘最重要的谋臣，也是他最宠信的人。史书载，崔浩可以出入拓跋焘的卧室。君臣二人的这种特殊信任，使得崔浩逐渐忘记了周遭的危险。

正如上面所说，在崔浩这一层级的北魏高官中，除了他们父子，几乎清一色是鲜卑贵族。这些鲜卑贵族相对保守，也不愿意看到汉族人凌驾于他们之上。在拓跋焘刚即位时，他们就集体排斥和诋毁崔浩，拓跋焘迫于群议，曾无奈罢免过崔浩的官职。事后，拓跋焘发现没有崔浩不行，又顶着压力起用他。拓跋焘越是信任崔浩，离间他们的人就越多。不过，拓跋焘基本都是淡然处之，不以为意。直到"国史案"爆发，崔浩迎来致命时刻。

439 年，在统一中国北方后，拓跋焘为了彰显功绩，命崔浩负责撰北魏国史。拓跋焘还专门叮嘱他，"务从实录"——写史一定要真实。按照惯例，国史修完后，只在皇室内部传看，不会公开刊行。但崔浩手下两个马屁精建议，这么好的史书应该刻在石头上，展览出来，让所有人都可以观摩学习。于是，一块块刻有北魏国史的石碑被立在通衢大街上，引来行人驻足议论。鲜卑贵族们读到后，一个个愤怒不已，接连到拓跋焘面前告状，说崔浩别有用心，把我们拓跋祖先那些不愿人知的早期历史写出来也就罢了，竟然还公开刊刻，这是故意"暴扬国恶"，让天下人看我们的笑话。

拓跋焘命人收捕崔浩。崔浩被捕后一脸迷惑，根本不知道自己出了什么问题，只是承认自己收过贿赂。拓跋焘亲自审讯他，他也惶惑不能应对。450年，拓跋焘下令诛杀崔浩。但杀人并未到此为止。崔浩的清河崔氏同族，无论远近一概被杀。与崔氏联姻的范阳卢氏、太原郭氏、河东柳氏等大族，也被连坐灭族。

从"国史案"的株连来看，其本质是北魏汉化进程的一次反动。崔浩之死，多大程度上是出于拓跋焘的意志，抑或只是鲜卑贵族集体施压的结果，不得而知。但参与北魏朝政的多个汉人豪族最终难逃被血洗的命运，表明鲜卑与汉人豪族在北魏高层的矛盾完全公开化。

4

拓跋焘是一个雄主，并非暴虐无道。在崔浩的长期影响下，他很懂得儒家的治国之术。诛杀崔浩，他内心其实颇为无奈和后悔。

当年打败赫连昌、占领统万城后，拓跋焘登上高大华丽的城楼，对左右说："蕞尔小国，用民如此，虽欲不亡，其可得乎？"滥用民力修筑宏大工程，是要亡国的。回到平城后，一些臣子却开始怂恿拓跋焘扩建京师，装饰宫殿，拓跋焘脑子很清醒。他说，治国在德不在城，赫连氏建了那么华丽坚固的城池，还不是被我灭了？"今天下未平，方须民力，土功之事，朕所未为。"

在南征北战中，鲜卑贵族掠取了大量财富，生活奢侈。而拓跋焘一直保持着相对俭朴的生活，"不好珍丽，食不二味"。他很惜财，对皇族亲贵不滥加赏赐，但对有功将士则出手阔绰。清初史学大家王夫之对拓跋焘的评价很高，说他"惜财而不轻费，亲戚贵宠未尝横有所及，其赏赐勋绩死事之臣，则无所吝，用财之道，尽于此矣"。

他还很会听取反对意见，鼓励臣子直谏。有一回，大臣古弼有事陈奏，恰好碰到拓跋焘与给事中刘树在下棋。等了很久，还没下完，古弼怒了，上去就薅住刘树的头发，把他拖下来，边打边骂："朝廷不治，实尔之罪。"拓跋焘这才赶紧放下棋子，好声好气对古弼说，刚才光顾着下棋，不听奏事，实在是我的罪过，跟刘树没关系，快放开他吧。

还有一回，拓跋焘要去打猎，让古弼给他安排几匹好马，古弼却给他挑了几匹瘦弱的马。拓跋焘大怒，说等我回来，先斩了此奴。古弼手下的人很担心，但古弼对他们说，皇帝打猎，我们伺候不好，罪小；但因此而放松戒备，致使敌人入侵，罪大。把肥马留下来充实军备，对国家有利。"苟使国家有利，吾何避死乎？"拓跋焘听说了古弼的话后，不仅怒气全消，还称赞说："有臣如此，国之宝也。"

在拓跋焘的褒赏之下，北魏出现了一批直臣。但崔浩之死，还是让北魏的民族融合和直言之风受到了重创。崔浩在世时，冒着被鲜卑贵族当成南朝间谍的极大风险，始终力排众议，阻止拓跋焘主动攻打南朝。按照崔浩的意见，北魏和南朝势均力敌，谁要吃掉谁，都要付出举国的代价还不一定能成，搞不好北魏就会重蹈前秦的覆辙。因此，他主张两国维持稳定局面，避免大规模决战。

拓跋焘统治时期的三十年间，南北仅有两次大战。一次是430年，是刘宋挑起来的，北魏应战取胜，随后双方维持了二十年的相对和平。另一次则是450年，崔浩"国史案"爆发后，鲜卑贵族又开始鼓吹灭南朝，这下没人出来谏言阻止，拓跋焘决定主动出击。战争打了一年多，北魏打赢了，但杀敌一千自损八百，史书说，北魏"士马死伤亦过半，国人皆尤之"。北魏长久没缓过气来。事后，拓跋焘又开始后悔下令杀了崔浩。

5

让拓跋焘更后悔的事，在这场宋魏战争结束后发生了。

根据《魏书》记载，北魏正平元年（451年）六月，"仪同三司、高凉王那有罪赐死"，数日后，"皇太子薨"。高凉王拓跋那刚刚参加了宋魏战争，全程作战勇猛，立下战功却忽然被赐死，原因不得而知。诡异的是，拓跋那被赐死没几天，皇太子拓跋晃也死了。不得不让人怀疑这两人的死，跟宋魏战争有何关系。

北魏立国初期，为确保皇权"父死子继"的顺利过渡，皇帝在生前就会让太子参与摄政。拓跋焘当年是在十五岁开始监国，十六岁那年父亲拓跋嗣病死了，遂顺利完成了权力交接。拓跋焘在其子拓跋晃十五岁时，也遵照惯例，让他参与处理政务。但从史料的蛛丝马迹来看，拓跋焘内心可能并不愿意这么做。

据说，443年，拓跋晃十五岁那年，拓跋焘做了一个梦，梦见他的父亲和祖父，两人"皆执剑烈威"，质问拓跋焘为何不信任太子。拓跋焘惊醒后，才下诏让拓跋晃参与政务。随着时间推移，父子二人的矛盾逐渐显现。

拓跋焘在位期间，发动过多次"灭佛"运动，是历史上第一个灭佛的帝王，"三武一宗"头一个。但鲜卑贵族包括拓跋焘的父祖，甚至拓跋焘本人执政的前十五年，都是信奉佛教的。拓跋焘突然转变信仰，由佛入道，与崔浩和著名天师寇谦之的游说不无关系。但更重要的，还是源于政治与战争的需要。

拓跋焘统一北方的一系列征战，都需要兵力支撑。到了后面，兵力不足的问题显现。而佛门中藏匿了大量青壮年的事实，迫使他直接下诏，五十岁以下者全部免除沙门身份，以从军征战。后来攻打北凉时，发现有三千僧人参与守城作战，拓跋焘震怒，下令要将这些僧人全部斩杀。虽然最终收回成命，但他对僧人已经全无好感。

而与拓跋焘转信道教不同，太子拓跋晃和许多鲜卑贵族一样，应该是一直信奉佛教的。为了"纠正"太子的信仰，拓跋焘甚至在太子参与摄政的第二年，下令杀死了太子的门师玄高和尚。

两年后，446年，关中出现盖吴领导的起义，拓跋焘前往平叛。其随从在长安一座寺院内发现藏有武器，遂报告拓跋焘。经过搜查，拓跋焘认定该院僧人参与了盖吴叛乱，于是发出了更为严厉的"灭佛"诏令。

应该说，宗教信仰的分歧是拓跋焘与太子拓跋晃之间的第一重矛盾。而另一重矛盾则更为敏感——随着拓跋晃参与政务的时间越来越长，在他身边形成了一股政治势力，随时准备拥护少主上位，以建立不赏之功。450年北魏发动对宋战争，有可能就是太子党怂恿促成的。高凉王拓跋那在战后被赐死，原因可能是战争的结果与其战前的承诺严重不符——毕竟北魏以巨大代价惨胜，在拓跋焘看来，必须追究责任予以治罪。而紧接着拓跋晃之死，肯定也跟这场战争有关。

据《宋书》所载，拓跋晃是这么死的："焘至汝南瓜步，晃私遣取诸营，卤获甚众。焘归闻知，大加搜检。晃惧，谋杀焘，焘乃诈死，使其近习召晃迎丧，于道执之，及国，罩以铁笼，寻杀之。"

拓跋晃在宋魏战争后，大肆收受贿赂，北魏诸将在战争中搜刮的财物，最后都汇聚到拓跋晃那里去了。有人得财宝，有人得军功，这似乎是他们怂恿发动战争前谋划好的。拓跋焘得知后，怒不可遏，赐死高凉王之后，开始查找太子的罪证。拓跋晃慌了，干脆谋划弑父上位。毕竟北魏政权建立之初，就有弑父的先例。但拓跋焘老谋深算，诈死，派人通知太子来迎丧。拓跋晃不知有诈，兴冲冲去迎丧准备继位，结果被抓，被关在一个铁笼子里。拓跋焘随后将拓跋晃杀掉。

这是南朝人记载的拓跋晃之死。然而,北魏自己记载的却与此大相径庭。在《魏书》中,拓跋晃是被一个宦官害死的。

此人名叫宗爱,据说是历史上第一个封王的宦官。拓跋晃监国期间,不满宗爱的所作所为。宗爱担心被告发,遂在拓跋焘出征回国后,趁机诬告太子意图谋反。太子属下的两名官员因此被斩杀,太子忧心忡忡,"遂以忧薨"。

在这个版本中,拓跋焘父子的矛盾和误会,是宦官宗爱构陷而成的。等到拓跋晃忧惧而死后,拓跋焘常常想念太子,宗爱又担心事泄被拓跋焘诛杀,于是先下手弑杀了拓跋焘。这是 452 年的事,四十五岁的一代雄主竟然死在一个宦官手下。如此窝囊的死法,总让人觉得有些匪夷所思。

宗爱的故事还没结束。弑杀拓跋焘后,他拥戴拓跋焘的幼子拓跋余为帝,自领大司马、大将军、太师,册封冯翊郡王,大权在握。拓跋余不甘充任傀儡,想夺回皇权,又反遭宗爱弑杀。至此,宗爱已经连续搞死了北魏两帝一太子,堪称史上最牛太监了。

不过,这是北魏人讲述的版本,是否为了掩盖北魏帝王父子相残的丑闻而拉一个宦官来背锅呢?不得而知。我们只知道,在南朝人写的《宋书》中,拓跋焘是病死的,并不是被弑杀。从这两种相互抵牾的记载来看,历史扑朔迷离,但也意味深长。

拓跋宏:一场影响深远的汉化改革

北魏太和十七年(493 年),夏末,天上下着小雨,一队皇家仪仗自平城缓缓驶出。领头人是二十七岁的孝文帝拓跋宏。在他身后,皇子、皇后、王公大臣等或骑马或乘车,络绎不绝。给行进队伍压阵的,是数量庞大的北魏武士。即便阴雨泥泞,他们依旧目视前方,意志坚定。然而,在这支不知是郊游还是打仗的队伍里,王公大臣们却发出一声声哀叹,很多人忍不住回头看看已远离视线的故都平城。

茫茫前路,大臣们普遍缺乏信心。唯有孝文帝一人,虽没有预知未来的能力,却对此行憧憬万分。因为，他们要去的地方，正是北魏未来的都城——洛阳。

1

孝文帝的迁都，对北魏王朝而言，意义是空前的、非凡的。但孝文帝完成这一载誉史册的重大变革，却得从一个女人说起。她是孝文帝的嫡祖母——冯太后。孝文帝是北魏献文帝拓跋弘的长子，五岁登基，由祖母冯太后抚养长大。

北魏有一条残忍的规矩，即子贵母死。只要后宫嫔妃诞下皇子，且日后被立为太子，其生母照例都要被处死，以免造成外戚干政的局面。冯太后由于一生没有子嗣，故能存活下来，临两朝听政。这个女人并不简单，史载冯太后"多智略，猜忍，能行大事，生杀赏罚，决之俄顷，多有不关高祖（拓跋宏）者，是以威福兼作，震动内外"。

冯太后临朝掌政多年，再加上献文帝拓跋弘的死不明不白，因此，当时的流言包括后世的学者均推测，献文帝是因为得罪了冯太后而死于非命。这种猜测的一个关键点，还在于冯太后似乎并不喜欢年幼聪慧的孝文帝。史载，"文明太后以帝聪圣，后或不利于冯氏，将谋废帝"。为了折磨年幼的孝文帝，冯太后故意在数九寒冬召见他，教授其"天将降大任于是人也"的道理——将小皇帝锁进小黑屋里饿三天。

在把孝文帝关进小黑屋里"增益其所不能"的同时，冯太后还特地找来了孝文帝的弟弟、咸阳王拓跋禧。只待小皇帝变成先帝，她就宣布另树旗帜。冯太后的做法，到底是有些残忍了。因此，孝文帝被关进去后不久，朝廷大臣即发起联名抗议，群情激奋，逼得冯太后只能提前结束此次废帝阴谋。

可孝文帝的日子依旧不好过。冯太后特地调拨了一群小官负责皇帝的起居监督。这群人每天都必须准时准点到太后那里，汇报皇帝的一言一行，只要发现小皇帝有任何违规逾矩的行为，冯太后必定请出家法，棍棒伺候。眼见太后对小皇帝如此苛责，朝臣乃至宫中的太监也愈发放肆。见风使舵的太监们在进奉给孝文帝的膳食中，擅自加入了一些不洁之物，甚至在呈递热羹时，故意烫伤皇帝双手，以达到羞辱孝文帝的目的。

每每遇到这些，孝文帝皆一笑置之。他试图说服自己，这是太后在对自己实行"行拂乱其所为"的儒家传统教育。就这样日复一日，孝文帝的耐心最终打动了冯太后。这个女人虽手段狠辣，却也并非没有格局之人。她或许不喜欢孝文帝，但为了北魏的将来，这些恩怨可以暂且放下。

为了让孝文帝成长为一位合格的君主，冯太后决定以儒学经典为基础，亲自"作《劝戒歌》三百余章，又作《皇诰》十八篇"，给孝文帝当启蒙教材。冯太后的知识面虽不及朝中的名门大儒，但她对孝文帝的震慑，却足以令后者听话并倾心投身学习当中。在她的调教下，孝文帝"雅好读书，手不释卷，五经之义，览之便讲，学不师受，探其精奥"。冯太后的这番操作，无形之中为孝文帝日后延续汉化政策、改良北魏朝政打下了坚实基础。

2

就在冯太后为一代圣君的教育呕心沥血之际，北魏朝廷却因财富分配问题面临巨大的统治危机。当时，北魏统治阶层以游牧的鲜卑族为主。王朝建立日久，官员们的工资来源却还是依赖部落最原始的财富积累方式——放牧、掠夺、贪污和头领赏赐。自太武帝拓跋焘时代开始，北魏朝廷就尝试偃武修文，打算在内部发起改革，整顿吏治。可惜，在统一北方的战略目标引领下，太武帝最终并没有坚持从内部找寻问题根源，解决积压已久的财富分配矛盾。

北魏官员长期打没工资的工，为了养家糊口，只能重操旧业，对外掠夺。但随着政权的稳定，北魏的儿郎们通过战争掠夺外部财富的机会越来越少，各级官吏为了满足私欲，便只能将矛头指向治下的百姓，盘剥搜刮他们，以致北魏内部官民冲突频发。在严峻的态势面前，冯太后意识到，北魏朝廷亟需一场汉化改革来扭转局面。

孝文帝太和八年（484年），冯太后下令，让北魏效仿汉人朝廷实行"班禄制"。所谓班禄制，就是给各级官吏制定对应的等级工资表，规定每位官员根据新的工资制度领取薪资和绩效奖金。如果有官员仍顶风作案，受禄后敢再贪一匹布，即行处死。是改革大多就伴随着反对的声音。班禄制一出，牵动了以世袭领地、部落为基础的旧鲜卑贵族的切身利益。以淮南王拓跋他为首的一群大臣纷纷给太后和孝文帝上书，称祖制不可违。如果汉官们抢不到粮食无法过冬，那是他们没本事活该饿死。

淮南王拓跋他是太武帝时代的宗室元老，他的话基本代表了一众的旧官僚贵族。无奈，冯太后和孝文帝只能下令让群臣讨论新法的实施。对朝廷实施班禄制，汉官元老高闾第一个赞同。他认为："天之大道，君使臣以礼，臣事君以忠，故车服有等差，爵命有分秩。君班其俸，臣受其禄，自尧舜以来斯道未改。"如今，冯太后和孝文帝遵循旧制行班禄俸，就是为了保障天下公平，减少官场贪污腐败。这么简单的道理，淮南王这样的国之大老，居然不支持，简直荒谬至极！

高闾的话，显然是冯太后希望听到的。不过，对于矛盾重重的北魏内部而言，单纯以限制工资发放的方式来遏制官员贪污，仍嫌治标不治本。于是，在班禄制的基础上，冯太后又结合"富强者并兼山泽，贫弱者望绝一廛"的土地私有现状，吸纳了汉臣、大地主李安世的建议，在北魏境内颁布均田令。所谓"均田令"，即"均给天下民田"，说白了就是把部分豪强地主、百姓自耕田和部分国有土地重新整合，再由官方进行统一分配，"劝课农桑，兴富民之本"。

冯太后认为，百姓之所以跟贵族之间矛盾频发，很重要的一个原因是"耕者无其田"。而均田令所分的民田，除了不能进行土地转卖外，经过官方认证为"永业田"后，自耕农不仅可以拥有耕作权，更是可以世代相传。均田令的出现，加速了少数民族汉化的过程，使他们转向定居的农耕生活方式。

均田令颁布后，冯太后紧接着又将"三长制"引入到北魏的户籍制度管理中。"三长制"规定，天下每五户家庭设置为一邻，五邻设为一里，五里设为一党，各置长官，管理本地人口、土地、增收赋税、征发徭役和兵役。如此，便可以使因战乱流离失所的人们返回原籍，从事农耕作业，富强国家。

做完这些，冯太后的个人声威在朝中如日中天。可站在她的角度，她所做的这一切，不过是在给孙子立威。因为，天下百姓都知道，无论三长制、均田令还是班禄制，圣旨均明确以孝文帝的名义发出。

3

太和十四年（490 年）九月，深深影响了北魏两代帝王的冯太后病逝。那一年，她四十九岁，孝文帝二十三岁，他早已到了可以亲政的年纪了。从此刻开始，属于孝文帝的时代，似乎即将到来了。面对冯太后的薨逝，孝文帝难掩悲伤。

尽管这位嫡祖母在过往的生活中，对自己和自己的所有至亲都不怀好意，但对刚刚摆脱困境、步入中兴的北魏王朝而言，太后的去世，就像王朝断了一根擎天柱。没有冯太后，孝文帝的皇位也根本坐不稳。作为北魏当下至高无上的皇帝，孝文帝难免悲从中来。据史料记载，听闻太后去世的噩耗，孝文帝连续绝食五天，以表哀思。在太后丧仪结束后，他又特别晓谕群臣，称要为太后守孝三年，守孝期间，不进荤腥，禁绝酒色。

守孝三载从来只是汉人儒家的习俗，在孝文帝之前，所有的鲜卑拓跋氏皇帝们一生只敬天地。孝文帝的提议，明显违反了祖制。于是，孝文帝的姑丈、司空穆亮代表群臣站出来反对。穆亮称："天子以天为父，以地为母，儿子悲哀过甚，父母必定不悦，今年冬天极寒，想必是陛下过哀所致，愿陛下穿平常的衣服，吃平常的食物，以使天人和谐。"但这种好心的规劝，却难以让孝文帝改变主意。孝文帝坚称："孝悌至行，无所不通。今飘风旱气，是由诚慕未深，不能格天。所言咎本过哀，殊为未解。"

最终，在群臣的再三阻挠下，孝文帝的守丧活动仅持续了半年时间。但在这短短的六个月里，他已经下定决心，要全力遵循冯太后的教诲，大力推行汉化改革，带动北魏中兴。一结束服丧期，孝文帝就当着群臣的面做了个天大的决定——迁都。之所以如此突然，除了有冯太后去世的因素外，还有一个叫王肃的诗人在推波助澜。

王肃出身琅邪王氏，原来是南朝齐武帝萧赜的手下。因父兄无故被杀，投奔北魏。到了北魏，他发现北魏虽然军事强大，都城的格局与南朝相比却是天壤之别。一次偶然的机会，他追随孝文帝北巡。歇息期间有感而发，写下了一首《悲平城》：

悲平城，驱马入云中。

阴山常晦雪，荒松无罢风。

这首诗字里行间透着北魏都城平城的悲凉。在孝文帝看来，这不仅仅是平城当下的风物写照，更反映出鲜卑拓跋氏历经百年，却一如过往的愚昧落后。孝文帝决心要带领北魏走出野蛮泥潭，去创造更大的伟业。当然，他最开始还没有迁都的想法。鉴于平城格局太小，太和十五年（491年），孝文帝决定"经始明堂，改营太庙"，在平城原有的基础上，扩建城郭，翻修宗庙。他的目的是希望在扩大规模的基础上，参照汉人传统，重新议定祖宗范围，精简朝廷各项开支。不料，此举在北魏内部阻力颇大。

鲜卑拓跋氏先前为了提高自己的地位，追封了二十八位部落先驱为皇帝。如此，便繁衍出大量的异姓宗室。在道武帝到孝文帝的百十年间里，这群人倚仗着宗室的身份，既可以插手政务，又可以享受贵族特权。在他们看来，孝文帝重新议定祖宗范围，分明就是想将他们从宗室降为臣籍，方便把控。平城说到底，始终是这群贵族与鲜卑拓跋皇族的根据地。要想在这里推行改革，困难程度可想而知。

孝文帝这才有了迁都的打算。他把目光放到了北方的邺城（今河北临漳西）。邺城自汉代开始就是北方名城，以商业著称。在南北朝时代，邺城的繁荣程度不亚于洛阳。而且相较于洛阳，邺城的地理形势更为重要。清初学者顾祖禹曾有过精辟的总结，他说："夫相州（邺城）唇齿泽、潞，臂指邢、洺，联络河阳，襟带澶魏，其为险塞，自关以东，当为弁冕。"可邺城与平城，有个共同点，离北方草原太近。北魏的北方，是他们的世仇柔然部落以及契丹人的腹地。所以，迁都邺城的想法，很快被否定了。

于是，洛阳成了孝文帝最后的选择。

4

理想很丰满，现实很骨感。自古迁都就是大事，况且鲜卑的"根"在北方，现在要他们通通去中原的洛阳定居，谈何容易？既然要迁都，那方案是什么？什么时候实施？种种的疑问，孝文帝一时半会儿也回答不出来。而鲜卑贵族的态度，从一开始就不配合："蛋糕"动不得，哪怕是皇帝！

为了尽可能减少阻力，初期帝都营建、物资转运、百姓迁移等事项，孝文帝只分派给张彝、郭祚、崔光等少数几位亲信办理。在初步准备就绪后，孝文帝向群臣宣布了不日将南征伐齐的旨意，将迁都与南征捆绑在一起。其实，孝文帝这个理由很牵强，毕竟北魏很长一段时间都没有把注意力放在南方的政权上了。南齐自始至终也没有发起过北伐。双方维持着各自发展的局面。此时贸然宣称要南征，北魏的群臣也不知道这位年轻的天子葫芦里究竟卖的什么药。

为了增加公信力，孝文帝授意安排了一场占卜，令群臣相信南征及迁都一事，乃上天旨意，遵照执行即可。他还找到了自己的叔叔、任城王拓跋澄，一起唱双簧。拓跋澄文武双全，在宗室里声望极高，曾出使南朝，因文采出众而得齐武帝称赞。揪着占卜的结果，任城王在朝堂议政时突然出班，痛陈不可迁都，以此来试探群臣的底线。之后，孝文帝假意在朝堂上与之发生争吵，表明决心，震慑群臣。随后，在退朝时，再单独将任城王留下谈心，令众臣认为任城王要么死，要么支持迁都。这出大戏唱得十分成功，至少在任城王的"反面示范"下，孝文帝之后在朝堂上很少听到反对南征的声音了。

迁都之前，孝文帝还得说服家人。对于孝文帝的决定，他的皇后冯氏没有多想，便答应了。冯氏是冯太后的庶侄女。当年，冯太后为了巩固家族势力，将庶出的冯氏及其妹妹许配给了孝文帝。或许是因为庶出的关系，幼年的冯氏在家族中备受冷落，长大后嫁给孝文帝却意外得病，被遣送出宫。后来上天见怜，冯氏的病不治痊愈。恰逢冯太后薨逝，六宫无主，冯氏便被孝文帝立为皇后，正位中宫。尽管冯氏入宫前有这样的小插曲，但她天生丽质，以至于孝文帝一眼便相中了她，念念不忘。有了冯氏的支持，以南征为旗号的迁都就好办多了。

5

太和十七年（493 年）八月，一切准备就绪。孝文帝诏令太傅拓跋丕留守平城，自己则带领一众朝臣、宗亲、大军等往南开拔。为了借南征之名行迁都之实，孝文帝故意走得很慢，并且为了营造征伐的景象，还规定所有人均须骑马前行。夏季多雨，道路泥泞，这一路并不好走。还没到洛阳，很多大臣就坚持不下去了。有一小撮人甚至还想恭请孝文帝班师回朝。眼见时机成熟，孝文帝终于说出了心中所想。他给了群臣两条路，要么奏凯班师，要么迁都洛阳。"鲜卑人向来只有打胜仗才班师回朝。如今咱们走到半路上就想回家，简直丢尽了鲜卑人的脸。诸位丢得起，我拓跋宏乃天子，实在丢不起这脸，你们看怎么办吧？"在孝文帝的连哄带骗下，群臣最终接受了迁都洛阳的事实。

可等这群鲜卑贵族在洛阳住下后，新的问题接踵而至。洛阳地处中原腹地，生活在这里的人们不仅以农耕为主业，更重要的是，中原人以诗书传家，魏晋以来所建立的门阀制度深入人心。鲜卑贵族贸然进入洛阳，对长久在这里生活的门阀世家多少都是打扰。一方以武力为荣，一方以门阀为傲，两个利益集团的纠葛始终影响着朝局。在这种背景下，孝文帝果断下令，要求禁胡服、易汉俗。

易汉俗，首先就得把名字改了。参照汉人的五行学说，孝文帝率先把自己的名字改成了元宏。因为，"魏"这个国号，始源于黄帝，以土德王。"夫土者，黄中之色，万物之元也"，所以，一众拓跋皇族全部成了鲜卑元氏皇族。在孝文帝的诏令下，千里跋涉至洛阳的鲜卑贵族们不得不将自己的鲜卑复姓改为单姓，如贺兰氏、贺拔氏、贺狄氏等通通改姓贺；穆亮的丘穆陵氏改姓穆；步六孤氏改姓陆，等等。

紧接着，参照汉人的门阀制度，孝文帝又把鲜卑六大部族的八大姓氏列为国定的一等世家大族，鼓励他们与汉人的门阀世家联姻。为了不厚此薄彼，在订立鲜卑新门阀制度的同时，孝文帝又大力提拔了一批汉族旧门阀，即后来的"五姓七望"。他还把"五姓七望"列为皇族的通婚世家，自己先在范阳卢氏、荥阳郑氏、清河崔氏中纳了一批嫔妃，以表示他在两族同化进程中的决心和努力。

孝文帝的这项改革，尽管仍有弊端，但至少从后来的记载来看，是成功的。《洛阳珈蓝记》便追述了这一时期洛阳的繁华景象，让我们知道居住在洛阳城的贵族们，生活是如此多姿多彩。

6

中国人向来有强烈的统一意识，见北魏贵族们终于打破传统在洛阳安居下来，孝文帝的心又开始躁动起来了。此前是借南征之名行迁都之实，如今，迁都已经成功，何不顺水推舟，借力打力，真的完成大一统？于是，南征计划又被孝文帝提上了议事日程。

但打仗和迁都到底是不一样的。如果说上次迁都的说辞是为了发展北魏落后的经济，那么，这次的南征如果没有一个更好的理由，根本说不动贵族们放弃安逸的生活，去刀尖舔血。运气好，打瞌睡都有人送枕头。不久，南齐传出一则消息，齐明帝萧鸾病重。此人性情多疑，因是篡位登基，现在即便病重，也要排除异己，屠杀宗室，以保障皇位的安全。如此，孝文帝便抓住时机，打出解救南齐百姓的旗号，发兵先后拿下了新野、南阳、义阳等地。

然而，就在孝文帝想扩大战果的时候，一场重病猛然袭来，使这位年仅三十二岁的皇帝，差点儿一病不起。恰在此时，他的妹妹彭城公主从洛阳疾驰军中，控诉皇后冯氏在宫中乱搞男女关系。彭城公主称，"诸中官，凡阉人给事于中者"皆与之发生过关系。之所以公主与皇后姑嫂关系破裂，据说是因皇后冯氏想逼彭城公主嫁给自己的弟弟冯夙。听公主所言，孝文帝深受打击，却没有当即暴跳如雷。他特地交代众将，未经查实之事不得外传，违者诛灭九族。

孰料，皇帝未起杀心，皇后却硬要作死。当她得知彭城公主告密后，便惶惶不可终日，秘密诏令一群巫师入宫行巫蛊之术，诅咒孝文帝。而且，为了达成像姑母冯太后临朝听政一样的成就，在实行厌胜时，还顺带命人物色新帝人选，并阻止宫人往军中传递消息。冯氏以为纸包得住火，但她的阴谋还没得逞，孝文帝便知悉了一切。太和二十二年（498年），孝文帝下令班师回朝，第一件事就是处理冯皇后和她的男宠。孝文帝并没有废黜处死冯皇后,仅对与之狼狈为奸的太监们下了死手。

但这次打击,对身处病中的孝文帝而言,无疑是雪上加霜。处理完冯皇后的破事,翌年,憋着一肚子气的孝文帝又踏上了南征的旅途。天气恶劣加上急火攻心,还没走出多远,孝文帝便驾崩,时年三十三岁。

临终前,他特地向彭城王元勰、北海王元详和侍卫白整等交代了遗愿:"后宫久乖阴德,自绝于天,若不早为之所,恐成汉末故事。吾死之后,可赐自尽别宫,葬以后礼,庶掩冯门之大过。"至死,他都在尽力维护那个既帮了他又害了他的冯氏家族。

而这一切,随着孝文帝的离去,仅化作历史的花边而已。真正重要的是,这位推进全盘汉化改革的北魏高祖皇帝的离去,宣告了一个时代的终结,也预示着一个时代的开启。一个游牧与农耕交融的二元帝国,尽管此后不出四十年便骤然灭亡,但其政治遗产却一路传承到了隋唐大一统时代。

有的人一死便化为青烟,有的人已死却影响深远,这就是历史需要铭记北魏孝文帝的原因。

尔朱荣:军事上的天才,政治上的蠢材

三十八岁的"乱世教父"尔朱荣死得很突然。永安三年(530年)九月,作为北魏的天柱大将军,尔朱荣收到宫里传来的一则喜讯:他的女儿、孝庄帝元子攸的皇后尔朱氏顺利产下一子。小皇子的诞生,意味着尔朱荣的尊荣更进一步。但当尔朱荣携亲信、家眷抵达皇宫时,却只见皇帝不见外孙。大殿的异样,并没有引起尔朱荣的警觉。

随着他大步踏入殿中,宫门、殿门即时紧闭,四周武士齐出,将其团团围住。直到此时,尔朱荣才大呼上当。虽然为时已晚,但他毕竟是北魏的骁将,千钧一发之际,他一个箭步冲到元子攸身边,挟持皇帝以求自保。不料,元子攸趁其不备,抓起一把千牛刀就扎进了尔朱荣的腹部。就这样,曾一手制造"河阴之变"、屠杀两千多名北魏大臣的枭雄尔朱荣仓促谢幕。

1

尔朱荣出身于北秀容川（今山西朔州）一个契胡族酋长世家，据说与十六国的石虎同源。自尔朱荣的高祖尔朱羽健开始，这个家族就在北魏皇族拓跋氏的率领下，为新朝攻城略地，屡立奇功。北魏皇帝对这个经常出生入死的忠仆家族也十分认可。待北魏初定，作为交换条件，道武帝拓跋珪便将尔朱氏迁到秀容川，替皇家放牧。

到了尔朱荣的父亲尔朱新兴这一代，尔朱氏家族与皇室的关系就更加密切了。尔朱新兴经营有道且很会做人，他知道孝文帝元宏有"南征"迁都的计划，便立即将自家牧养的牛羊、马匹等无条件供给主上驱使，由此博得了孝文帝足够的欢心与信赖。

当时，北魏政权在汉人地区实行郡县制，而少数民族聚居地仍以部落酋长为管理者，并为此设立了严格的等级制度。尔朱新兴忠心可嘉，孝文帝大手一挥，尔朱氏就成了秀容川一带地位最高的酋长家族。同时，孝文帝还特批尔朱新兴一项特权，即每年冬季到洛阳避寒办公，夏季则回到草原打理家业，稳固北魏大后方。

尔朱新兴在洛阳期间，也很注重与同僚们打好关系。北魏的上层贵族虽经过汉化改革已改汉名、习汉俗，但"套马的汉子们"就算乡音已改，个人的爱好却很难改变。尔朱氏最不缺的就是良马、牛羊，因此，每次到洛阳办公，尔朱新兴都会给各个贵族世家带去数量可观的秀川名马，替自己乃至整个尔朱氏在朝堂上结交可靠的人际关系。

孝文帝元宏没想到，正是自己这一体恤大臣的善意决定，居然替帝国养出了一条"白眼狼"。

有了父亲的身份加持，尔朱荣自小便立志做草原上的雄鹰。据说，他十分喜欢打猎。其他小孩子打猎，只是比拼猎物的多寡。尔朱荣则不然，他完全按照草原骑兵战术来围猎目标，并时常扮演头领角色，手下稍有不从，那便是军法处置。孝文帝驾崩后，尔朱荣的父亲也日渐老去，草原上的酋长奉行世袭制，尔朱荣顺理成章做了秀容川的"话事人"。经过父、祖百余年的经营，到尔朱荣接手时，尔朱氏已攒下"部落八千家，马有数万匹……部落之民控弦一万"的丰厚家底。

2

尽管孝文帝的汉化改革在历史上具有积极作用，但凡事有利必有弊。对于原先以草原为立身之本的北魏，孝文帝全盘否定原生文化的汉化改革，实际上重挫了北魏贵族集团的锐气。加上孝文帝十分崇拜中原人士的门阀制度，在北魏朝廷大定族姓，导致原先只在草原上嚣张跋扈的贵族，将主战场搬到中原地区，在洛阳耀武扬威，迅速腐化，彻底激化了北魏境内的社会矛盾。

就在尔朱荣承担起家族重任时，漠北草原出现了极端的气候变化。突如其来的暴风雪及严寒，给长期戍边的沃野、怀朔、武川等六镇将士增加了不少困难。由于粮草供应不足，六镇将士及边民多次向北魏高层讨薪，却遭到后者无情的奚落。在不满与绝望的双重打击下，底层军民最终爆发了一场规模空前的"六镇起义"。四方兵解，战火纷飞，这本就是孕育枭雄的温床。常年在洛阳与草原两边跑的尔朱荣，似乎敏锐地捕捉到了什么，第一次有了谋划霸业的打算。他借助尔朱氏几代人积攒下来的资本，散尽家财，招募草原流民，编练了一支只听命于自己的尔朱军团。鉴于新组建的尔朱军团尚无实战经验，尔朱荣又以"忠孝报国"的形象，率领尔朱私兵加入正规军中，挂靠朝廷，力行剿匪。

由于"六镇起义"事发突然，那些个只知败家的北魏将领根本无力抵抗风头正盛的起义叛军。北魏朝廷只能将曾经的敌人——柔然部落请出山，邀约对方南下，与北魏联手夹击六镇叛军。孰料，请神容易送神难。柔然大军在击溃六镇军民后趁机劫掠，扩充实力。趁着北魏与叛军两败俱伤之际，这伙强盗干脆将兵马悉数集结于漠南地区，顺势灭了敕勒部落建立的高车国，给北魏施压。

北魏朝廷虽然是掉了牙的老虎，空有霸气，但也不愿让柔然人为所欲为。于是，为了提振士气，北魏朝廷派出老将李崇，专司都督北讨大业。李崇是孝文帝时代的老人，一生经历繁多，战功赫赫，曾随孝文帝南征，也曾成功平定巴氏和蛮族的叛乱，在北魏一朝堪称全能型武将。因此，老将出马，北魏打柔然，自然如砍瓜切菜，干净利落。

凭借着追随李崇北讨的功劳，尔朱荣的身价也跟着水涨船高，封赏接踵而至。荣耀加身，尔朱荣俨然已是乱世中的大赢家。

北魏朝廷与尔朱荣之间虽有君臣之名，行的却是合作之事。为了自己及手下的生存，只要朝廷有召，尔朱荣必如"救火队长"般前往北魏各地平叛，以换取更大的军功及钱粮，壮大实力。如此，高欢、侯景、贺拔岳等六镇降兵，日后均成了尔朱荣的得力干将，由其度情任用。

3

乱世拼的是实力，只要有实力，出头并不难。尔朱荣的机会很快就来了。武泰元年（528 年）二月末，北魏朝廷突然传出了一则骇人听闻的消息：胡太后使郑俨、徐纥密谋鸩杀肃宗！肃宗即是北魏孝明帝元诩，而胡太后则是元诩的亲生母亲。随着帝、后双方争权的矛盾不断扩大，孝明帝感受到了来自太后一方的死亡威胁。

凭借着此前的功劳，尔朱荣此时已成功将自己的女儿尔朱英娥送入宫中，成为孝明帝的嫔妃。看着满朝明哲保身的大臣，孝明帝失望至极。想来想去，似乎只有风头正盛的尔朱荣，有能力和忠心搭救自己。于是，孝明帝秘密传召尔朱荣，要其抓紧时间调集军队，准备随时发兵进京，与孝明帝共同完成"清君侧"的政治任务。

只不过，后来孝明帝冷静一想，一个不熟的地方军阀兴兵入京，万一其有非分之想，那自己岂不与历史上的汉献帝一个样？想想皇权，再想想自己，孝明帝赶紧发出第二道诏书，意欲防患未然。孝明帝的朝令夕改，令尔朱大军在路上进退两难。

这时，作死的胡太后真的把儿子杀了，改立尚在襁褓中的孙女"元姑娘"为太子，谎称其是孝明帝与潘嫔所生的唯一男丁，北魏王朝最合法的继承人。胡太后当满朝文武皆眼瞎的行径，本来已经很令人不齿，但喜欢玩火的胡太后一党，弄权的操作根本停不下来。朝局一稳，她就对外宣布元姑娘实为女娃，当初立其为帝，实乃迫不得已。如今，为大魏正统计，她又决意改立孝文帝元宏的曾孙、三岁的元钊为帝。

行兵在外的尔朱荣，怎么可能放过这样一次替天行道的机会？打着替先帝报仇的旗号，尔朱荣决定先发制人，拿下北魏都城金墉（今洛阳）。如此，天下还不得都听他的？万事俱备，只欠东风。既然不承认胡太后操控朝廷的合法性，在那个还是元氏皇族说了算的天下，尔朱荣如果不找一个合适的人选继承皇位就贸然起兵，那就真的与乱臣贼子篡位无异了。

可到底立谁为帝，也着实是个令人头疼的问题。自孝文帝以降，北魏皇帝的登基年龄平均仅有八岁。在尔朱荣的亲信中，有不少人主张新帝应在孝文帝的曾孙、玄孙一辈中挑选，首先要符合年龄小、性格懦弱的特点。但尔朱荣认为这并不是最优解。如若尔朱氏立新帝，选择的也都是一脸稚嫩的幼童，那他与自己要讨伐的胡太后又有何异？

最终，尔朱荣的头号亲信元天穆献了一条妙计。原来，在鲜卑人的习俗中，人们认为铸铜像占卜，可以预知未来的真命天子。于是，在尔朱荣的安排下，有司从孝文帝和咸阳王元禧的后代中挑选出六个皇子，铸其铜像。结果，奇怪的事情出现了：除了长乐王元子攸外，其他人的铜像都铸不成功。

很显然，这铸铜像之事，是尔朱荣等人事先动了手脚。那么，尔朱荣为什么要选择兄弟众多且非长非幼的元子攸？《魏书》给出了这样的回答："武泰元年（528年）春二月，肃宗崩，大都督尔朱荣将向京师，谋欲废立。以帝（指元子攸）家有忠勋，且兼民望，阴与帝通，荣乃率众来赴。"

既然元子攸的铜像是双方互相选择的结果，此时还不挥师入城，更待何时？

4

武泰元年（528年）四月初九，尔朱荣率大军进入河内郡（今河南沁阳）。随即，元子攸与其兄彭城王元劭、弟霸城公元子正渡河投靠尔朱荣。两日后，尔朱荣在河阴正式推戴元子攸为帝，史称北魏孝庄帝。作为"合伙人"，元子攸也授予尔朱荣使持节、都督中外诸军事、开府、领左右等权力，使之成为孝庄帝事实上的政治代言人。

消息传入金墉城，胡太后一党慌了。常言道"烂船还有三千钉"，在胡太后的情人中，也有淡定的。他叫徐纥，是北魏朝廷明面上的中书舍人。他告诉胡太后，尔朱大军虽来势汹汹，但尔朱贼子的老巢秀容川距金墉逾千里，长途奔袭必然人困马乏。而咱们驻扎在京师的部队，都是北魏一等一的将士，只要部署得当，正面防御，鹿死谁手犹未可知。

根据徐纥的建议，胡太后赶紧让自己的另一个情夫、名将李崇的儿子李神轨全权部署京师防卫工作，并组织三路大军严防死守。可心底里，胡太后还是觉得谁都不可信，关键时刻唯有假装镇定自若，私下里做好万不得已一走了之的打算。果然，尔朱荣等人一路所向无敌，很快打到金墉城外。

不过，这一切并不能完全怪罪于胡太后的慌乱。从军事上看，三路合击防守金墉城，确为良策。可执行计划的人，却早已与胡太后离心离德。作为三路大军的主力，李神轨的副将郑先护早在尔朱荣兵发洛阳之前，便与元子攸私交甚好。看到好朋友践祚登基，他干脆"潜通尔朱荣"，开城投降。而另一路主力、禁军大将费穆，早年间曾得尔朱荣救命。如今，让他挥刀向恩人，费穆也难免产生抵抗情绪。

听说金墉失守，金墉城的百官"奉玺绶，备法驾，奉迎于河梁"。而当初给胡太后献妙计的徐纥，趁着兵荒马乱逃出金墉，奔向南梁，从此销声匿迹。在慌乱的时刻，胡太后毫无办法，只能寄希望于佛祖，命人替其剃度，打算扮作僧侣混入人群，逃出生天。但胡太后一行刚到宫门口，就遇上了前来抓捕他们的尔朱军队。抓到胡太后的第二天，尔朱荣就命令军队将她和小皇帝元钊扔进黄河。

5

此时，如果尔朱荣及时收手的话，史书上也许会给他塑造一个拨乱反正的正面形象。但对于尔朱荣而言，不费吹灰之力拿下金墉城，就是自己能力强大最好的证明。人一旦骄傲，就容易犯糊涂。此时，尔朱荣不仅糊涂，野心也急剧膨胀。看着胡太后和小皇帝被黄河巨浪吞噬，前禁军大将费穆及时出列，向尔朱荣提出了一条狠辣的建议：将金墉城百官送下去服侍太后！

费穆的解释也很到位。他称，此举正是给尔朱荣立威。在此之前，尔朱荣只在秀容川乃至势力所达的并州（今山西太原）、肆州（今山西忻州）闻名。金墉城里的这群老家伙，哪个晓得尔朱荣厉害。只怕待您真的入朝掌政，触碰到了这群旧贵族的"蛋糕"，他们要是背后给您下刀子，您届时也是死无葬身之地。

一朝掌权，即行屠戮，说实话，尔朱荣也没认真想过。况且，作为新帝，元子攸此时也在边上"主持公道"。费穆的提议，引起了尔朱荣的表弟慕容绍宗的强烈反对。慕容绍宗是十六国时期慕容恪的后人，在尔朱荣军中有战神的美誉。可是，此人为人张扬豪爽，好出风头。虽是尔朱荣的血亲，尔朱荣却多少有些看不惯自家老表。

既然老表反对，干就完事了。于是，随着尔朱荣的命令下达，史上最惨烈的屠杀官员事件发生了。武泰元年（528 年）四月十三日，金墉城百官云集黄河边祭天，尔朱荣却突然斥责百官贪虐，不相匡弼，致使天下丧乱，下令全部杀死。尔朱大军一拥而上，乱刀齐下，顿时前来祭天的两千多名金墉城前高官，血染黄河，尸横河阴。

为防止元氏贵族在元子攸时代重新冒头，尔朱荣竟然不顾众人反对，也命人将前番来军相投的元劭、元子正押到孝庄帝面前杀害。受此打击的元子攸顿时愕然，可人群中杀红了眼的契胡将士们却不顾这个傀儡皇帝的表情，大声高呼："元氏灭，尔朱兴！"眼见时机成熟，高欢干脆伏倒在地，请求尔朱荣顺应天道，登基称帝，匡扶大业，建立千秋功勋。

高欢到底是尔朱荣的亲信，领导的心思被他揣摩得透透的。可在一旁的贺拔岳却给尔朱荣浇了盆冷水，声称如今刚立元子攸便再行废立之事，且不说与胡太后无异，更是有可能将北魏皇族得罪殆尽，如此，尔朱氏大业岂不付诸东流？尔朱荣只能求助于手下善占卜的刘灵助，要其替自己铸造金像。如果金像铸成，那便是天意成全他称帝。

结果，前后试了四次，均告失败。尔朱荣大失所望，却也不得不以上天的警示为由，重新将元子攸尊为新君。而这个决定，很快将把他推向万劫不复的火坑。

6

就在北魏朝廷接连发生惊天剧变的时候，一个鲜卑人却在以自己的方式，挑动着帝国脆弱的神经。此人名叫葛荣，六镇起义期间曾是怀朔镇的将领，六镇起义失败后，他盘踞河北的广大区域，并将曾经的盟友杜洛周杀害，兼并了他的部队。"河阴之变"后，尔朱荣未能如愿称帝，但这个名字也带"荣"字的男人却早在两年前就给他做个了表率，带甲百万，自称天子，国号"大齐"，年号"广安"。

本来葛荣这种乌合之众，是不入尔朱荣法眼的。但随着北方重镇邺城被葛荣包围，尔朱荣坐不住了。邺城自三国曹魏建都以来，一直是北方经济最发达的城市。尔朱荣无法容忍葛荣对自己的"钱袋子"下手，他立即上表孝庄帝元子攸，要求克日讨伐葛荣。

元子攸很快批复同意，比起契胡军大胜，他更希望在这场"双荣"争斗中，能听到尔朱荣身死的消息。事实却让元子攸绝望。在充分了解了葛荣大军以步兵为主的特点后，尔朱荣直接点骑兵七千，杀入葛荣数十万人的长蛇阵中。不消半日，便将葛荣擒获。尔朱荣胜利返朝，元子攸却如坐针毡，恨不得在庆功宴里下药。

不过，尔朱荣班师也没能休息几天，新的挑战者就来了。听闻北魏发生河阴剧变，躲在寺庙里吃斋念佛多年的梁武帝萧衍，终于为俗世的政务动了一下"凡心"。说来也是巧，原本受命镇守邺城的守将元颢，是孝庄帝元子攸的堂兄弟。"河阴之变"前夕，他才受胡太后之命，启程前往驻地。走到半路，就惊闻尔朱荣入了洛阳，屠戮北魏宗室。

尔朱荣是狼，毋庸置疑，可前方的葛荣也正对着邺城虎视眈眈。走投无路的元颢一咬牙，一跺脚，跑到了世仇南梁萧氏那儿寻求政治庇护。北魏皇族主动投靠江南，梁武帝萧衍虽大感惊讶，却对元颢稍后提出的借军复国兴趣不大。不过，人家好歹也是北魏曲线救国的第一人，梁武帝决定送七千南方兵给他。至于能否复国，那就看他自己的造化了。

历史有时就是这么有趣。在这支连元颢都不抱希望的七千老弱中，居然有一位"射不穿札，马非所便"的名将陈庆之。同样是七千部队，史载，陈庆之以七千之众，从泗水郡至金墉城，前后作战四十七次，连下三十二城，甚至一度逼得孝庄帝抛妻弃子，只身一人往北土遁。

陈庆之的辉煌战绩传来，尔朱荣才猛然发现这个此前名不见经传的小卒子，居然比自己还猛。待尔朱荣大军反扑之时，陈庆之又率七千南方白袍兵迎战如潮水般涌来的敌人。最后虽遭失败，却在边打边撤途中，愣是顶住了尔朱荣大军的围攻，全身而退。从此，陈庆之名扬天下。

7

陈庆之返回南梁后，尔朱荣也撤兵返回了草原。此时的他，俨然就是再造魏室的大功臣。眼下孝庄帝元子攸最头疼的是，怎么给尔朱荣论功行赏。尔朱荣早已是一人之下，万人之上。难道孝庄帝要效仿汉献帝来个禅让皇位？

事实上，孝庄帝还真的私底下问过尔朱荣的意思。对于做皇帝，尔朱荣还是觉得天命难违，所以没答应。孝庄帝便把"代理天子＋柱国大将军"的组合封给尔朱荣。于是，历史上最牛的军职——天柱大将军诞生了。

此前，尔朱荣把曾给孝明帝元诩当妃子的女儿尔朱英娥，送给孝庄帝当皇后。作为二度入宫的女子，尔朱氏初时对孝庄帝大力宠幸后宫意见不大。可是，自打老爹当上了天柱大将军，她在后宫对孝庄帝的态度也大不如前了。

整个尔朱氏家族的跋扈，此时显露无遗。连尔朱荣的堂弟尔朱世隆都曾当面对孝庄帝说："兄（指尔朱荣）止自不为，若本自作，臣今亦得封王。"要是我哥想当皇帝，这天下早就姓尔朱了。

在这样的背景下，与其做一个人人皆知的傀儡，孝庄帝觉得，倒不如奋力一搏。很快，他召集了一批反对尔朱荣的人，整日密谋如何铲除这个国贼。

朝廷的风吹草动，早有人告诉尔朱荣了。可是，尔朱荣认为自己依旧有能力掌控朝局。他没有听从任何人让其提前篡位的建议，选择亲率五千军队，打着看望女儿的旗号进入金墉城，胁迫孝庄帝对其再加封赏。

然而，结果却并非如他所愿。在孝庄帝示弱的前提下，尔朱荣肆无忌惮地闯入宫中，却不慎被一把千牛刀贯穿腹部，一命呜呼。

孝庄帝终于松了一口气，那么，他是胜利者吗？对不起，这场权力的游戏根本没有胜利者。尔朱荣伏诛后不久，孝庄帝便被尔朱家族的余孽尔朱兆俘虏北上，缢杀于晋阳三级佛寺，年仅二十四岁。此时，距离他刺杀尔朱荣仅三个月。

如若非得选出胜利者，那么，暂时的胜利者有两位，一为高欢，一为宇文泰。但适逢乱世，谈及胜利，还为时过早。直到581年，在孝庄帝被杀整整半个世纪后，一个名叫杨坚的中年人终于结束了南北纷乱的四百年，历史中的个体才看到了胜利的光。

高欢及其家族：勇猛、疯癫又荒唐

随着六镇起义击垮了北魏的朝局，武人集团开始主导历史的走向。尔朱荣算是最早得势的大枭雄，一度控制了北魏实权，但最终只是成为那个时代的一颗流星。真正影响历史的"双子星"——高欢和宇文泰，在尔朱荣麾下冉冉升起。这两个人后来崛起为割据中国北方的强人，也是彼此大半生的劲敌。

虽然历史的发展最终以宇文泰家族奠基的西魏—北周—隋朝为线索实现了中国大分裂时期的统一，但说起来，高欢的发迹比宇文泰更早，实力也比宇文泰更强。所以，高欢及其家族的故事，本质上是一个攒了一手好牌，却把一手好牌打烂的故事。

1

高欢的事业起点很低。史书说他原籍渤海蓨县（今河北景县），但也有学者说这只是他当年为了结盟河北豪族而"伪冒士籍"，他并非出自汉族，而是鲜卑人或高丽人。按照正史记载，高欢的祖父高谧，官至北魏侍御史，因犯法流放到怀朔镇（今内蒙古固阳南）。怀朔镇是北魏六镇之一。六镇是拱卫北魏政权的中坚力量，六镇武人集团一度地位崇高。但自北魏从平城（大同）迁都洛阳之后，六镇拱卫都城的职能大大降低，以至于军将的选派都十分随意，这埋下了日后六镇起义的根子。六镇甚至成为一些被贬谪官员的流放地，高谧就是因此来到了怀朔镇。

高欢出生时，其家族已在怀朔镇扎根了两代人，"累世北边，故习其俗，遂同鲜卑"。高欢有个鲜卑名，叫"贺六浑"。他是六镇中最底层的人，最早做了一名边兵，具体负责城门站岗。虽然他长得帅，又有才，但一直无法升职，因为按照规定，当个小领导——队主的条件是，你必须拥有一匹属于自己的战马，而他家里穷，根本买不了战马。

家族遗传的帅气，此时成为他的隐形资本。据说，他有一次在站岗的时候，被路过的当地鲜卑豪族女儿娄昭君看上了，两人很快结婚，而高欢依靠妻子的彩礼买了一匹战马，终于当上队主，实现了社会阶层的首次上升。随后，高欢成为一名通信兵，往返于六镇与都城洛阳之间。他的眼界一下子被打开了。

据《北史》记载，高欢有次从洛阳回到怀朔镇后，"倾产以结客"。亲友对他突然散财的做法表示不解，高欢却说，我在洛阳正好遇见禁军造反，直接烧了朝廷重臣的宅子，当局吭都不敢吭一声。这样的朝廷还有希望吗？守着财物，又有何用？敏锐的高欢从一起动乱预见了北魏的末路。史书说他从此有澄清天下之志。尽管此时他还只是一个小军官，但梦想还是要有的，万一实现了呢？

很快，轻财重士的高欢结交了许多同阶层的朋友，打造了一个前途无量的"朋友圈"。这些人跟他一样，都是怀朔镇的低级军官或官吏，但他们相互期许，"苟富贵，勿相忘"。只要军中无事，他们便聚在一起，或饮酒高论，或外出狩猎，俨然是一个小集团。他们中有司马子如、刘贵、孙腾、侯景、尉景等人，后来基本都成为高欢成就霸业的左膀右臂，被称为"高欢七友"。

2

524 年，六镇起义爆发，北魏的权力格局重新配置。起义被镇压后，北魏将六镇子弟二十余万人迁入河北地区，以便控制，但实际上整个局面已经失控。高欢随着六镇降户进入河北地区，在群起的杜洛周、葛荣、尔朱荣等武人集团之中，他最终选择了投奔尔朱荣。尔朱荣第一次见到高欢，对这个仅比自己小三岁的破落子弟并无好印象。直到有一次，高欢跟着尔朱荣去马厩，正好有一匹烈马在里面捣乱。尔朱荣让高欢把它驯服。高欢三两下就把烈马整得服服帖帖，技法从容娴熟，还对尔朱荣说："对付恶人，也得这么办。"尔朱荣颇为震惊，开始意识到高欢是个高人，遂将他请入室内，让他发表时事观点。

高欢问尔朱荣："您养这么多马，究竟想干什么呢？"尔朱荣说："你只管说出你的意思。"高欢说："如今天下大乱，但这正是您的时机。您只要打出'清君侧'的旗号，以讨伐嬖臣的名义起兵，霸业可举鞭而成。这就是我贺六浑的意思。"

尔朱荣听完大悦。两人从中午谈到半夜。自此，高欢成为尔朱荣的首席军师和心腹。尔朱荣曾公开表示，能代替他统领全军的人，唯有贺六浑（高欢）。在尔朱荣称霸北方的过程中，高欢与他的旧友出了很大的力气。尔朱荣的劲敌葛荣，就是被高欢的好友侯景生擒了。

530年，尔朱荣仅带着贴身随从入洛阳，遭北魏孝庄帝派人刺杀而死。一代枭雄窝囊死后，他的军队由其堂侄尔朱兆掌握。但高欢已经不想再替尔朱家族"打工"。他对做"职业经理人"不感兴趣了，他要自己拉军队创业。他瞄准了葛荣战败后被尔朱荣收编的军队。这支军队以怀朔镇人为主，虽然归降了尔朱荣，但经常受尔朱家族的嫡系兵欺侮。尔朱荣死后，高欢一方面以同乡关系相号召，另一方面诈称"尔朱兆要把你们当奴隶"，惊慌之下，这支军队集体奉高欢为主，希望在他的带领下"当家做主"。

刚刚缢死孝庄帝、掌握北魏朝政的尔朱兆，对造反成瘾的六镇降兵头疼不已，就向高欢问计。高欢趁机说，您只要选一个心腹之人去统领六镇降兵，再有叛乱发生，拿将领问罪就好，不能每次都杀掉大批士兵。尔朱兆问，谁能当好这个统领呢？当时一起在座饮酒的贺拔允赶紧接话：我觉得高欢挺好的。高欢佯装大怒，起身一拳打得贺拔允门牙落地，大骂道："太原王（尔朱荣）在世时，说怎么样就怎么样，现在太原王死了，天下事都听大王（尔朱兆）的。你是什么东西，大王没发话能轮到你说三道四！"

尔朱兆很感动，趁着酒劲宣布高欢为六镇降兵的统帅。高欢心中大喜，担心尔朱兆酒醒后反悔，于是赶紧冲出大营对众人宣布："我受命统管六镇降兵，都到汾东受我号令。"在极短的时间内，六镇降兵就集结到高欢麾下。自此，白手起家的高欢终于拥有了一支属于自己的军队。史书说他为人深沉，擅长权谋。果然名不虚传。

但高欢要脱离尔朱兆并与之对抗，实力还太弱。他采取的办法是跟河北地区的豪族结盟。当时的河北豪族，比如渤海高氏、赵郡李氏、范阳卢氏等都有自己的私人武装，用于乱世中自保。这些豪族武装在动荡的年月里，逐渐发展为社会秩序的整合和稳定力量。高欢出滏口（滏口陉，太行八陉之一，位于今河北邯郸市峰峰矿区）时，号令部下"倍加约束，纤毫之物，不听侵犯"。路过麦田，他亲自牵着战马步行，众将士见此，无不恪守军令，所过之处，秋毫无犯。这些细节，跟尔朱家族治军的粗暴，形成了鲜明的对比。高欢因此获得渤海高氏、赵郡李氏两大豪族的青睐，与河北豪族武装的结盟初步形成。

在"创业"过程中，高欢整合了婚姻、朋友、乡里、豪族等多种力量，慢慢攒了一手好牌，组建起自己的政治军事集团。随后，他正式与尔朱氏决裂。经过两场决战，533年尔朱兆兵败自杀，控制北魏朝政七年时间的尔朱氏彻底垮台。高欢亲自将尔朱兆厚葬，然后进入洛阳，另立新帝，即北魏孝武帝元修。孝武帝即位后，封高欢为大丞相、太师。北魏大权事实上已掌控在高欢手中。

这一年，高欢三十八岁，霸业成了。

3

对高欢而言，接下来的历史只是自己建立霸业的余波罢了。高欢视孝武帝为傀儡，孝武帝却视自己为真正的君王，双方的矛盾一触即发。534年，孝武帝假称南伐梁朝，频繁调兵遣将。高欢听到风声，感觉不妙，迅速调集二十万大军，也以南伐梁朝为借口，从晋阳向洛阳进军。孝武帝无力抵抗，仓促投奔关中，成为宇文泰借以自立、对抗高欢的一张政治底牌。而当孝武帝的政治价值被利用完之后，第二年年初就被宇文泰鸩杀了。或许他至死才明白，宇文泰是一个隐藏得更深的高欢。

在此期间，高欢和宇文泰先后另立元氏皇族成员为帝，北魏分裂为东、西两魏。高欢选择的是年仅十一岁的元善见——北魏孝文帝的曾孙，立为孝静帝，并从洛阳迁都邺城。这一下，孝静帝成了真正的傀儡皇帝，军国政务皆归晋阳大丞相府。

尔朱荣曾以"太原王"身份坐镇晋阳，遥制朝廷。如今，高欢继承了尔朱荣的政治遗产，继续将表里山河、易守难攻的晋阳作为政治军事基地。与此同时，他把六镇军士从河北迁到并州、汾州一带,用于拱卫晋阳。他本人长期居住在晋阳,只派心腹在邺城管理朝政。由此开始,他和他的儿子高澄在晋阳开启了长达十六年的霸府统治。史学家谷川道雄认为,邺—晋阳两都制表现了保持权威的旧王朝与新兴的军阀势力并存的状态。高欢父子的霸府统治过程,就是一个以权力不断克服旧权威,并不断强化新权威,从旧政权中逐渐生成新政权的过程。

不过,如同曹操一样,高欢也只是做到了无冕之王,并没有触碰伸手可及的改朝换代工作。捅破那一层窗户纸,都是由他们的儿子来完成。

高欢控制东魏后的主要精力,放在怎么吞并老对手宇文泰操盘的西魏上。这一野心勃勃的计划,却遭遇了西魏强有力的抵抗,毫无进展。十多年间,在双方正面交手的四五场大战中,东魏徒然占据兵力和国力优势,却败多胜少,眼看着西魏一步步上演以小博大的逆袭戏码。甚至在高欢死后三十年,高齐反而被宇文周吞灭。

何以至此?从高氏家族自身分析的话,高欢时期就给东魏—北齐埋下了两颗雷——胡汉矛盾与腐败问题。

4

创业之初,高欢为了发展壮大,与河北豪族结盟,并采取了一些融合胡汉的措施。但当东魏政权稳定地控制了河北地区之后,高欢转而开始抑制汉族豪强,使得河北世家大族在东魏—北齐政坛上只能充当配角。这与宇文泰在关中吸纳本地豪族打造关陇军功集团,缔建族群融合的做法,形成了强烈的对比。同一个时代的两大枭雄,在对待融合的根本态度上,决定了谁能最终被历史选中。

高欢在实际统治中,总以"两面派"的形象来对待融合问题。号令军士时,对着六镇鲜卑人,他就说:"汉民是汝奴,夫为汝耕,妇为汝织,输汝粟帛,令汝温饱,汝何为陵之?"而对着汉人,他就改口说:"鲜卑是汝作客,得汝一斛粟、一匹绢,为汝击贼,令汝安宁,汝何为疾之?"事实上,这种"巧妙"的姿态并不能掩盖高欢军事政治集团的两面性。

腐败是高氏家族政权败亡的催化剂,而高欢生前纵容并见证了贪腐的弥漫。高欢本人"不尚绮靡""雅尚俭素",他的刀剑鞍勒,绝无金玉之饰。但当年跟着他一起创业的朋友却没有这种自制力。霸业既成之后,这些人成为勋贵,贪贿聚敛、荒淫败德、卖官鬻爵,如同家常便饭。《资治通鉴》记载:"孙腾、司马子如、高岳、高隆之，皆（高）欢之亲党也，委以朝政，邺中谓之四贵，其权势熏灼中外，率多专恣骄贪。"

尉景是"高欢七友"之一，也是高欢的姐夫。此人极为贪婪，不管在中枢还是在地方，都索贿成性，毫无廉耻之心。高欢每每提醒他不要太过分，尉景总是振振有词："我止人上取，尔割天子调。"你连皇帝的整个天下都"贪"了，我贪这点儿根本不算什么。一句话说得高欢只能笑而不答。

眼看着东魏的风气被这些功臣勋贵带坏，而高欢却睁一只眼闭一只眼。很快，朝廷上的有识之士嗅到了危机重重的气息。杜弼随即向高欢陈述反腐的必要性，希望能够引起重视。谁知道高欢摆出一个刀槊阵，两边的士兵举着刀、槊，引着弓，命令杜弼从中间穿过。杜弼走了一遭后，吓得汗流浃背。高欢大笑，说："矢虽注不射，刀虽举不击，槊虽按不刺，尔犹顿丧魂胆。诸勋人身触锋镝，百死一生，虽或贪鄙，所取者大，岂可同之常人也。"反正在高欢看来，勋贵贪腐都是他们冒着生命危险打天下后应得的回报。他只要求勋贵们对他和他的家族保持政治忠诚，其他一概放任不管。不仅如此，高欢还有一个更奇怪的纵容贪腐的理由。他曾对杜弼说，贪腐是历史遗留问题，现在三国分立，我如果厉行反腐，就会逼得功臣宿将们都去投奔关中的宇文泰，或南方的萧衍。

从高欢为贪腐辩护的这番理论来看，他虽然称得上是一个权谋大师，在大乱世中白手起家实现霸业，但他的政治视野确实十分有限，治理国家的能力也比较欠缺。做一个草莽大哥没问题，做一个国家领袖则有待训练，但他留给自己的时间已经不多了。

5

547年，五十二岁的高欢病逝。在生命的最后几个月，他拖着病体，率军十余万围攻西魏的玉璧城（今山西稷山西南）。东魏大军围攻了五十天，城就是攻不下来。士卒战死和病死者竟多达七万人。当时，恰好一颗流星坠落在东魏军营，所有的驴开始长鸣，高欢的坐骑也受到惊吓，失蹄，将他摔下马。随后，东魏大军开始撤退，在凛冽寒风中，病倒了的高欢回到大本营晋阳。

西魏这时散布谣言，说他们的守城大将韦孝宽已将高欢射杀，以此瓦解东魏人心。为了稳定人心，高欢强行拖着病体，公开露面辟谣。在与军政权贵的见面会上，高欢专门让手下大将斛律金唱起《敕勒歌》，他自己也跟着唱：

敕勒川，阴山下。

天似穹庐，笼盖四野。

天苍苍，野茫茫。

风吹草低见牛羊。

唱着唱着，高欢老泪纵横。一个多月后，这个南北朝时期的枭雄人物就走到了生命的尽头。临死前，正好碰上日蚀，他说："日蚀其为我耶？死亦何恨！"

高欢死后，他的长子高澄以大将军、大行台的身份，接手控制东魏政权。不过，权力交接的过程并不太顺利。

作为"高欢七友"之一，侯景对高欢一直服服帖帖。高欢对这名猛将也十分信任，"使拥兵十万，专制河南"。但侯景服高欢，却不服高欢的儿子。高欢死后，侯景与高氏第二代之间失去了互信的基础，于是率军投降梁朝，并与梁朝组成联军反攻东魏。

好在高澄遗传了高欢的权谋天才，在形势十分不利的情况下，使出一记反间计就瓦解了侯景与梁朝的关系，成功地将侯景这股祸水引向梁朝。最终，在梁朝境内爆发了震动南北的"侯景之乱"，梁朝日薄西山，东、西魏则趁势而起。

高澄稳定局面后，加紧代魏自立的步伐。东魏孝静帝逐渐失去人身自由，还常常被高澄辱骂为"狗脚朕"。549年，高澄到达邺城，与亲信密谋禅代事宜。谁知道历史跟他开了一个大大的玩笑，就在代魏自立万事俱备的时候，一个厨子（膳奴）将政治天赋极高的高澄刺杀了。

高澄被刺，高氏家族的霸业随时可能遭遇颠覆，这时，从小被家族成员当作"傻子"的高洋出手了。高洋是高澄的弟弟。与高澄从小就表现出过人的智慧不同，高洋显得很愚笨，常常遭到高澄的耻笑。连他们的母亲娄昭君都瞧不起高洋，听到高洋也要谋魏自立，便公开反对说："汝父如龙，汝兄如虎，他们都没做成，你是什么东西，你也配？"

但高洋被推到前台后，立马像换了一个人似的，镇定老练，连放了几个大招儿，一举稳住了东魏政局：安定人心——他秘不发丧，隐瞒高澄已死的真相，对外宣称高澄只是受伤而已；控制晋阳——在平叛、处理了刺客之后，他留下亲信镇守邺城，自己带队赶赴晋阳，将东魏的政治军事基地牢牢控制在手中；更改政令——到达晋阳稳定政局之后，他立即召见晋阳的旧臣宿将，并宣布调整高澄执政时一些不合时宜的政策，借此树立个人权威。

孝静帝原本想着高澄已死，天意要重振元魏威权，还想弄出点儿动静。结果来个更狠的角儿，一下子被镇得死死的。高洋在掌权的第二年，即550年登上皇位，成为历史上饱受争议的齐文宣帝。从533年高欢控制北魏朝政算起，历经两代人十七年的努力，高氏家族终于取代元氏家族，建立起高齐王朝。

建立高齐王朝后，高洋表现出惊人的政治和军事天赋。他实行了一系列改革，"留心政术，以法驭下"，极大地加强了皇权，并在制度、法律、经济等方面都有所建树。他重新整顿军队，挑选勇敢善战的鲜卑男儿充当中央宿卫军，由他本人亲自指挥；又从汉人中挑选勇武绝伦之人，充任边防军。

北齐立国不久，宇文泰率兵东渡黄河，高洋率领他亲手组建的新军迎战。宇文泰望见北齐军容严盛，惊叹道："高欢不死矣！"此后，北齐的军事力量一度超过了西魏—北周。到此时，所有人才发现，他们眼中的那个"傻子"原来只是在装疯卖傻，以躲过长兄高澄的猜忌。就政治才干而言，高洋不在高澄之下；而就忍辱负重、韬光养晦等政治性格涵养来说，高洋则明显强过高澄。不过，在将北齐带到一个高度之后，这个被称为"英雄天子"的开国皇帝彻底放飞自我，将家族和人性的恶释放了出来——纵欲、乱伦、酗酒、滥杀、内斗，这连同高欢遗留的胡汉矛盾和贪腐成风，所有问题一起爆发，使得北齐成了历史上臭名昭著的"禽兽王朝"。

6

高洋前后在位十年，后期做了许多荒唐恶事，以至于唐代史学家李百药在《北齐史》中说，高洋是"淫暴"之君。现在的一些史学家则指出，高洋前后的反差，可能源于高欢家族的精神病遗传。不仅是高洋，北齐几乎所有的皇帝都有类似的精神病态表现。具体来说，高欢家族的精神气质表现为尚武好侠、嗜酒好色、智商较高、情商欠缺等。

高欢的子孙都具有卓越的军事才能，高洋就经常在战场上冲锋陷阵，身先士卒，表现十分勇猛。另一方面，他也传承了父亲爱喝酒的基因。高欢"少能剧饮"，但他的自制力很好，做大事之后，饮酒必不过三杯。而高洋则经常纵酒肆欲，到他统治晚期竟然只喝酒不吃饭，最后饮酒过度而暴毙，年仅三十四岁。

从史书记载来看，高洋酒后往往表现出嗜杀和乱性等行为，史学家认为这是精神病发作的表现。比如，高洋酒后借故把北齐重臣杜弼和高德政杀掉。当然，这中间还掺杂着胡汉矛盾问题，杜弼、高德政都曾屡次谏言高洋，"治国当用汉人"，而整个高氏家族和鲜卑勋贵一直轻视和压制汉人，因此对此类谏言十分恼怒。借着酒精的作用，高洋在迷乱中想把这种矛盾一次性解决掉，所以才杀人。而在清醒后，他总是对自己的滥杀后悔不已。这种于事无补的后悔情绪，恰好可以说明他是一个精神分裂患者。

酒色一体，淫乱也是高欢家族的一种病态。高欢本人就是如此。除了娄昭君和柔然公主算明媒正娶之外，他在控制东魏朝政后，先后将北魏孝庄帝皇后大尔朱氏、建明帝皇后小尔朱氏、魏广平王妃郑大车、任城王妃冯氏等元魏宗室后妃收入后宫。在这方面，高欢的儿子们比其父有过之而无不及。高澄先后与父亲高欢的两个妃子私通。十四岁时，与父亲的妃子郑大车私通，差点儿遭到废黜；后又与父亲的妃子柔然公主私通，并生下一女。他还曾强奸东魏大将高慎的妻子，造成高慎叛逃西魏，并引发东西魏之间的"邙山大战"。不仅如此，高澄还多次调戏并奸污了二弟高洋的妻子李祖娥。此事极大地刺激了高洋，故而高洋称帝后，公然强奸高澄的妻子元氏。在强奸元氏时，高洋直言不讳："吾兄昔奸我妇，我今须报。"

同样的事，高欢的另一个儿子、北齐第四任皇帝高湛也做过。高湛在位期间，逼奸二嫂李祖娥，威胁她说："若不许，我当杀尔儿。"李祖娥为了保护儿子，只好顺从。此外，高湛还奸污了齐孝昭帝高演的皇后、六嫂元氏。

更变态的是，高洋、高湛还曾聚众淫乱。史载，高洋曾将"高氏女妇无亲疏，皆使左右乱交之于前"。高湛在位期间，则曾把高洋的嫔妃以及几个功臣的女儿全部招入宫中，公开宣淫。

一直以来，史学家尝试着对高氏皇室的乱伦淫荡行为进行解释。通常认为，高氏家族自认为鲜卑人，并对汉化改革十分排斥，因而其观念中没有儒家文化所宣扬的纲常伦理，反而视娶弟媳、纳寡嫂等鲜卑民族习俗为正常之事。另外，高氏家族可能存在的家族遗传病，导致了他们的性格缺陷，容易做出正常人难以理喻的病态举动。

而隐藏在纵酒与淫乱背后的，是这个家族内部的无情与杀戮。高欢在世时，即在有意无意之中对自己的儿子们进行无情而冷酷的权术训练。当他病重时，看到高澄面有忧色，便问为什么？高澄还没回答，他又问，是不是担心我死后，侯景要叛乱呀？高澄竟然回答，是。父子之间，关心政治权斗甚于人伦亲情。

高洋建立北齐后，面临着跟他哥哥高澄一样的困局：既需要宗室成员与怀朔勋贵来维持军政统治，又担心这些人的权势膨胀会对皇权构成威胁。他执政后期的一项主要工作，便是对宗室诸王进行重点打压，希望为自己的儿子继位扫清障碍。他先后以各种理由逼死了自己的族叔、清河王高岳，以及自己的两个弟弟——上党王高涣和永安王高浚。

559 年，高洋暴毙后，他的儿子高殷继位。第二年，高殷的两个叔叔高演和高湛，便联合怀朔勋贵斛律金等人发动政变，废掉了高殷。高演、高湛分别上台执政后，又都纷纷起用士族或出身寒微之人，来对皇族宗室和怀朔勋贵形成牵制，强化皇权。

在一轮又一轮的内斗中，宗室和勋贵遭到无情屠戮。563 年，齐武成帝高湛杀掉高澄长子、河南王高孝瑜。566 年，高湛又杀掉高澄第三子、河间王高孝琬。568 年，高湛跟其兄高洋一样，因酒色过度而死。三年后，571 年，他的两个儿子——继位的齐后主高纬与琅邪王高俨，在各自势力的支持下兵戎相见，最终高俨兵败被杀。572 年，在祖珽、陆令萱等亲信的怂恿下，高纬诱杀了怀朔勋贵中最有权势的斛律光，并以谋反之名，将斛律光灭族。573 年，高氏皇族最后的名将、兰陵王高长恭，因说了一句"国事即家事"，引起高纬的猜忌，随即赐毒酒命其自杀。仅仅三年后，北周集全国之力攻打北齐。早已自毁长城的北齐，在决战中一败涂地。

577 年，立国二十八年的北齐亡国，北周统一中国北方。镇守晋阳的北齐勋贵子弟家族四万户被北周迫令移至关中，显赫一时的高氏家族连同怀朔勋贵集团，随后消失在历史的烟云中。

接下来的三百年，无论朝代如何更替，由宇文泰家族打造的关陇军功集团始终主导着中国的政局。与此形成对比的是，高欢家族及其军政集团完全淡出了历史的叙述，只在唐诗中以淫乱亡国的负面形象出现：

一笑相倾国便亡，何劳荆棘始堪伤。

小怜玉体横陈夜，已报周师入晋阳。

——李商隐《北齐二首》（其一）

这首名诗讽刺的是齐后主高纬，说他认为自己的妃子冯小怜是绝世尤物，一定要让大臣们一起欣赏冯小怜的玉体。于是，选了一个夜晚，让冯小怜裸体躺在朝堂之上，供大臣们开开眼。就在这荒淫无边的时刻，北周的军队已经攻破了北齐的军政中心、高氏家族的老巢晋阳。

高氏家族何其疯癫，诗歌何其讽刺，历史何其荒诞！

斛律光：我本将心向明月

北齐武平三年（572年）六月，咸阳王、丞相兼大将军斛律光收到了后主高纬御赐的一匹骏马。按照惯例，他需要入宫面圣谢恩。当他抵达皇帝的寝殿时，却被告知皇帝正在凉风堂休憩。凉风堂是昔日北齐发动政变、处置叛臣的地方。斛律光被叫到这里会面，心中隐约有一丝不祥的预感。果然，他刚踏入凉风堂大殿，就遭到大内第一杀手刘桃枝的偷袭。但斛律光还是站稳了，回过头说："你们常常干出这种事情，但我至死也不干对不起国家和皇帝的事。"

最终，刘桃枝和三名大内侍卫一起用弓弦将这名老将活活勒死。

这一年，斛律光五十八岁。他死后五年，北齐亡国。

1

北齐后主高纬为何要杀斛律光，自毁长城呢？此事说来话长。

史载，斛律光，字明月，乃北齐开国大将斛律金的长子。少年时即以"工骑射"、武艺出众闻名军中。斛律光及其父皆出自敕勒（高车）族，为敕勒"六姓"子弟。早在北魏初年，敕勒族即以民风剽悍、不服北魏道武帝拓跋珪"离散诸部"的决定而闻名于世。为了巩固北魏的统治地位，拓跋珪最终只能与敕勒族妥协，允许他们保留原有的草原生活习俗，并拥有属于自己的马匹、奴隶以及私人武装。由此，斛律金的高祖斛律倍俟利凭借自家部曲，跟随拓跋珪征战天下，官至第一领民酋长，开启了斛律氏往后百余年的家族荣耀史。

到了斛律金这一代，斛律家族已累世为领民酋长，在草原上颇具人望。斛律金崛起于北魏末年，尤善骑射，在六镇起义之际，凭借此一技之长，先后获得尔朱荣、高欢等人赏识，曾败破六韩拔陵、伐尔朱兆于晋阳。尔后，他又在沙苑之战中，审时度势，救高欢逃出生天。他的种种出色表现，换来了高欢毕生的惦念。临死前，高欢特地叫来儿子高澄，留下遗言："厍狄干鲜卑老公，斛律金敕勒老公，并性遒直，终不负汝。"高欢为斛律金"背书"，实则是在告诫自己的子孙，日后要重用并善待斛律金的子孙们。于是，作为斛律金的嫡长子，斛律光自然成了高氏家族的重点培养对象。

十七岁时，斛律光便随父征战沙场。他当时面对的敌人是西魏大冢宰、北周奠基人宇文泰，但他表现得十分出色。凭借精准的箭术，于万军之中一举生擒宇文泰身边的行军长史莫者晖。斛律光因此得到高欢的嘉奖，擢升为都督。

对于这名仅比自己年长六岁的少年英雄，高澄也是十分看重。平日里，父辈在前线征战，他们就在后方称兄道弟。高澄每次出门巡游或是打猎时，总是让斛律光随行开路。一次，斛律光陪同高澄前往洹桥（今河北临漳砖寨营）狩猎，路上两人看到天空中有只大鸟飞过。斛律光随即一箭射出，大鸟应声盘旋落地。等他们走近一看，才发现原来是只雕，而斛律光的箭矢不偏不倚正好卡在大雕的喉部，高澄的手下邢子高当场惊呼："明月将军乃射雕手也！"斛律光由此成为军中远近皆知的"落雕都督"。

可惜的是，高澄年少受命，却在即将称帝之时，因口舌之祸，被膳奴兰京刺死。高澄死时不过二十九岁，能继承其遗志带领高氏家族维持霸权政治的，仅高洋一人而已。东魏武定八年（550年）五月，高洋逼迫东魏孝静帝禅让，自立称帝，史称北齐文宣帝。

高洋登基后，为了充分表达自己的诚意，他尊封怀朔勋贵的代表、斛律光之父斛律金为咸阳王加封太师，并让自己的女儿义宁公主嫁给斛律光的儿子斛律武都，通过与斛律氏结为姻亲，实现高氏与怀朔勋贵的利益捆绑。尽管这种结合，多少隐藏着高洋执政的无奈与愤恨，但后来的事实证明，这一决策对北齐的政局稳定起到了积极作用。

就在高洋与斛律父子制订下一步西征计划之时，漠北的形势却出现了翻天覆地的变化。曾经与北魏长期对峙的草原霸主柔然在突厥可汗阿史那土门的攻势下，于北齐天保三年（552年）土崩瓦解，从前相对稳定的漠北一下子陷入了群龙无首的状态。漠北各方你攻我伐，北齐也遭遇了前所未有的边境危机。

为防止西魏的宇文泰趁势偷袭，高洋当机立断，令斛律金从行，以斛律光为先锋，发起亲征漠北大战。虽然这个时候的斛律光已经许久未上战场，但善战的记忆一直铭刻在基因里。斛律氏"行兵用匈奴法，望尘识马步多少，嗅地知军度远近"，斛律光深得家传，每次作战皆以匈奴法临场测验，加之作战勇猛，屡次冲锋，身先士卒，斩获颇丰，故待高洋班师回朝，他已是一位威震漠北的将星。

斛律光一战成名，除了令漠北各部族闻风丧胆，也令西魏的宇文泰有所顾忌。漠北之战结束后，斛律光便来到了位于玉璧（今山西运城）附近的晋州（今山西临汾）任刺史，负责领兵与西魏（北周）展开对峙。

2

由于东魏（北齐）在分裂之初占据原北魏的大部分区域，因此，成功北伐后的北齐，实际上成了当时北方最强大的政权。斛律光的进抵，给西魏（北周）施加了莫大的压力。宇文泰除在西魏朝廷内部进行府兵制改革外，还在对阵北齐的边线上修建了大量的戍所，并给这些戍所下达了一项隐性任务：招募收拢流民，屯田以待时机。

斛律光到任后，北齐军民遭掳掠之事频繁发生，但他并不着急应对。他认为，齐、周双方的攻防得失并不限于一城一池。要根治北周的骚扰，得修长城。在治理晋地期间，斛律光发现，要从北周占据的河东快速前往北齐占据的河内地区，最便捷的方式就是通过"太行八陉"之一的轵关陉，越过轵关古道上的关隘轵关城。综合衡量整体的军事地理后，斛律光带人在轵关城西部修建了一座勋掌城，并沿着轵关到勋掌一线，内置长城两百余里，同时学习北周建立沿边戍所，达成两军对峙的局面。

至此，斛律光只需要等待一个时机。北齐天保七年（556 年）十月，西魏传出宇文泰病故的消息。斛律光瞅准时机，发兵突袭晋州附近的西魏天柱、新安、牛头三戍。西魏仪同王敬俊闻讯来救，被斛律光的骑兵所败。随后，斛律光率领北齐军民又攻克了西魏的绛川、白马、浍交、翼城等四戍，使宇文泰在晋州附近设置的戍所防御体系彻底崩溃。

就在宇文泰突然薨逝的同时，在北齐拥有"勤政皇帝"美誉的高洋也在长期的酒色纵欲后暴毙，年仅三十四岁。

3

高洋驾崩后，太子高殷即位，史称齐废帝。后来，在开国太后娄昭君以及斛律金等人的支持下，高洋的两个兄弟——常山王高演和长广王高湛悍然发动"乾明政变"，推翻了侄子的统治。

皇建元年（560年），北齐孝昭帝高演首先登基。一年多后，高演病逝，北齐武成帝高湛继位。斛律金当时早已身居太师兼左丞相之位，封无可封，皇帝对斛律金的恩宠也就自动转到其子斛律光、斛律羡的身上。考虑到高洋在位时期与斛律光结为姻亲的成功经验，高演、高湛两位先后登基的北齐皇帝，也分别向斛律光下聘书，为太子求娶其女。不仅如此，高演还加封斛律光为司徒，并依照东魏、北齐的传统，赐斛律光"食中山郡干"。所谓"食干"，就是允许官员在特定区域内享受干禄。按照北齐的规定，官员享受干禄一般由皇帝赐予，可食一州、一郡（或同时食两郡）、一县之干。凡受敕食干的官员，不仅可以享受当地每年按比例上贡的赋税，更有权驱役当地吏民替自己办事。

如此一来，斛律光不仅能在战场上指挥北齐的百万雄师，班师回朝后还能借着皇帝御赐的特权，发展私人武装。不过，对于高氏皇族的极尽讨好，斛律光并不感恩戴德。自宇文泰、高洋相继去世后，周、齐之间的形势就发生了根本性的逆转。最典型的例子，便是当初高洋在位时，周人常年怕齐军渡黄河西进。每逢隆冬腊月，周军将领就得率人提前凿穿黄河的坚冰，防止齐军骑兵突袭。而到了高演时代，如何主动防御周军的进攻，却成了斛律光延缓北周攻势的重要工作。

尽管斛律光有意识地提前构筑周、齐边境的防御体系，但他最担心的事情还是发生了。北齐河清三年（564年）冬，北周经过十数年的休养后，发兵攻打北齐。宇文泰创业之初，与崛起的突厥多有和亲、结盟之举，因此，当北周大司马尉迟迥、齐国公宇文宪、庸国公王雄等率十万大军剑指金墉、屯兵邙山时，突厥大军也作势南下，欲与北周合兵一处，互为犄角。

金墉城是北齐南部的军事重镇，北周军队一旦突破此处，即可纵兵入河洛，直指北齐国都邺城（今河北临漳）。形势岌岌可危，北齐方面当然不敢耽搁，立即让斛律光会同兰陵王高长恭率五万步骑前往救援。然而等这两位名将到达战场时，洛阳城早已被北周大军围得水泄不通。斛律光虽然每次作战都十分勇猛，但也十分清楚"为将者非逞匹夫之勇"的道理。

当时在北齐，斛律光、高长恭、段韶三人并称"三杰"，均以作战勇猛、富有韬略著称。眼见派往前线的"两杰"按兵不动，武成帝高湛急得像热锅上的蚂蚁，一边急令驻守在北齐"心脏"晋阳的名将段韶前往支援，一边也学习其兄高洋的做法，御驾亲征。北齐的头头脑脑们一下子全数聚集在洛阳城下商讨退敌大计。

经过段韶的重新部署，兰陵王高长恭以一支五百人的骑兵成功突破了北周军队的防线，直抵金墉城下。受此鼓舞，金墉城守军士气大涨，主动与城外的高长恭里应外合，杀退了困城已久的北周军队。围城军队小有挫败，但并未吓退坐镇军前的北周名将宇文宪、王雄等人。他们立即以后军为前军，重新发起对北齐军队的冲锋，庸国公王雄更是亲自领兵向斛律光杀来。

作为此次北周军队的主攻将领之一，王雄在北周的地位、声望以及战功丝毫不亚于斛律光。他早年曾为西魏的府兵十二大将军之一，与之齐名的皆是韦孝宽、达奚武、杨忠（隋太祖）等一流名将。可这回王雄追击斛律光，算是遇上克星了。眼见斛律光在乱军之中与部队走散，王雄顿生擒拿斛律光之意，他大声叫嚷着："吾惜尔不杀，当生将尔见天子！"不料，话音刚落，逃跑中的斛律光立即回马张弓，用最后一支箭精准洞穿王雄的前额，一代名将饮恨而逝。

王雄阵亡，尉迟迥、宇文宪哪里还敢再战，只能立即收拢部队向西遁去。史载，战后的邙山到谷水（嵩山以东的马头山谷）方圆三十里地界内，北周军队遗留的军资器械盈满山涧。邙山之战后，北周名将宇文宪、韦孝宽、辛威、梁士彦等又轮番率军攻击北齐。可每一次只要有斛律光在，战败的总是北周。

4

斛律光在前线势不可当，可随着父亲斛律金日渐年迈，他不得不将大部分精力从军中转移到家中、禁中。

北齐天统三年（567 年），斛律金病逝，享年八十岁。在此之前，怀朔勋贵们的"保护伞"、开国太后娄昭君已薨逝，怀朔集团势力大受打击。斛律光继承了父亲的政治遗产，成为怀朔勋贵子弟的代表，当上了北齐的新任咸阳王、右丞相。

可是，与他在军事上天才般的谋划相比，入朝后的斛律光却尽显鲁莽本色。史载，斛律光入朝后"门无宾客，罕与朝士交言，不肯预政事"。这种不理政务、不结党营私的风格，或许源于他太过了解北齐过往的政治生态。但要命的是，这位神将不仅不与权臣交往，还对当朝天子宠信的佞臣们嗤之以鼻。

此时在位的是武成帝高湛的次子高纬，史称北齐后主。高纬即位时不过十岁，军国大事皆由太上皇帝高湛决断。高纬平日里没事就喜欢躲在后宫吟诗作赋，跟和士开、陆令萱、祖珽等一帮恩倖佞臣鬼混。等高湛去世后，高纬亲政，这群人通通成了国家重臣。

斛律光对此愤愤不平，私下经常感叹："盲人入，国必破矣！"被高纬引为知己的秘书监祖珽恰巧就是个瞎子。祖珽由此忌恨斛律光。不过，和士开、祖珽等人即便从佞臣变成权臣，在身份地位上仍跟斛律光差了一大截。凭借高家累世赐予斛律氏的荣耀，斛律光一家此时不是封侯拜将，就是皇后王妃，时人称"一门一皇后、二太子妃、三公主，尊宠之盛，当时莫比"。可以说，这个时候的斛律光，实际上已功高震主。

一心想成为北齐"假太后"的陆令萱，曾让儿子穆提婆向斛律光提亲，请求做斛律氏的女婿，却遭到斛律光的无情拒绝。不仅如此，后主高纬赏了一块军田给穆提婆，斛律光当场反对，说"此田神武帝（高欢）以来，常种禾，饲马数千匹，以拟寇敌"，怎么能赏人呢？搞得高纬下不了台。斛律光与北齐众多佞臣间的龃龉之事，很快被北周获知，北周名将韦孝宽就此针对斛律光制定了一出反间计。

5

武平三年（572年），北齐国都邺城街头，三五稚童在人群中传唱童谣："百升飞上天，明月照长安""高山不推自崩，槲木不扶自竖""盲眼老公背上下大斧，饶舌老母不得语"。邺城童谣之事，很快传入宫中。后主高纬找来祖珽，让他解答童谣背后的意蕴。祖珽说，童谣第一句里的"百升"，即一斛也，而"明月"暗指大将军斛律光的字号。"高山崩""槲木竖"等语同样暗喻斛律光有篡位野心。至于"盲眼老公背上下大斧，饶舌老母不得语"，祖珽认为，这是斛律光造谣指斥他与陆令萱干预朝政，意图往他们身上泼脏水。

最后，祖珽还表示："斛律累世大将，明月声震关西，丰乐（斛律羡）威行突厥，女为皇后，男尚公主，谣言甚可畏也。"的确，突厥人无法南下，正是因为有斛律光的弟弟斛律羡坐镇幽州。而祖珽的恶意解读，既给了高纬一个合理化的答案，也将斛律氏威权过甚、功高震主的一面展露无遗。

高纬再糊涂，也还没到听信"莫须有"的罪名随意杀害国之柱石的地步。他见满朝文武只有穆提婆、祖珽二人对斛律光进行严厉指控，遂将此事告知自己的发小儿韩凤，打算从外界对斛律光的评价中寻找合适的处置方式。韩凤与高纬是发小儿，但其父韩裔早年曾随高欢起兵于信都，也算是众多怀朔勋贵子弟之一。他告诉高纬，杀了斛律光就没人能替陛下守住大齐江山了。斛律光就此逃过一劫。

可祖珽、穆提婆等人不愿善罢甘休。为了让高纬尽快做出杀人的决定，祖珽又设法收买了丞相府佐封士让，令其向朝廷举证斛律光意欲谋反。在祖珽的授意下，封士让启奏朝廷，称斛律光"家藏弩甲，奴僮千数，每遣使丰乐、武都处，阴谋往来。若不早图，恐事不可测"。至此，高纬杀心已起。这才有了文章开头高纬献马诱使斛律光到凉风堂，刘桃枝等人以弓弦杀之的情节。高纬还下达了族灭斛律光家族的命令。

戏谑的是，斛律光被杀后，祖珽曾命禁军将领邢祖信前去查抄其谋逆的罪证。结果，邢祖信将斛律光的府邸翻了个底朝天，却只找到十五张弓和七把刀，根本无从佐证斛律光谋反。无奈，祖珽只能亲自上门教邢祖信如何办案。邢祖信尚有一丝良知，对祖珽无中生有抹黑斛律光的命令十分反感，感慨道："贤宰相（斛律光）尚死，我何惜余生？"

斛律光死后仅五年，577 年，北周武帝宇文邕长驱直入攻破邺城，北齐亡。作为曾经的死敌，宇文邕倒是对斛律光不吝赞誉。他一进邺城就令人寻找、抚恤斛律光残存的子嗣后裔，并告知众将："此人若在，朕岂能至邺！"

"国之存亡，系其生死"，历史总习惯以最残酷的方式来证明一个人物的不可替代性。

高长恭：北齐最后的战神

北齐武平四年（573 年）五月，一条重磅新闻震惊了整个王朝：一代战神、皇族宗室、兰陵王高长恭已于日前因意图谋反被皇上赐死，终年三十二岁。朝堂一片哗然，人们错愕之际，不禁为这位曾数次救北齐于危难的战将感到痛惜。

因为，这是继"落雕都督"斛律光之后，第二个被皇上秘密杀害的名将。兰陵王之死，或许意味着"禽兽王朝"北齐的末日到了。

1

高长恭本名高肃，又名高孝瓘，字长恭。其父高澄、其祖高欢均为东魏王朝煊赫一时的权臣，北齐政权奠基人。东魏兴和三年（541年），高长恭出生。按理说，高长恭身为权臣之后，自当是天之骄子。不幸的是，在他高氏家族，他就是那个齿序不清、连生母是谁都不知道的可怜孩子。

据《北齐书》记载，高长恭为北齐文襄帝高澄的第四个儿子。高澄的几个儿子，生母情况如下："文敬元皇后生河间王孝琬，宋氏生河南王孝瑜，王氏生广宁王孝珩，兰陵王长恭不得母氏姓，陈氏生安德王延宗，燕氏生渔阳王绍信。"其中，独独高长恭"不得母氏姓"，像是一个野孩子。不过，据历史学者马忠理先生对兰陵王墓和墓碑进行研究后证实，兰陵王高长恭应为文襄帝高澄第三子。

存世的兰陵王碑文首行上清楚记载道："王讳肃，字长恭，渤海蓨人……世宗文襄皇帝之第三子也。"这个记载与《北齐书》帝纪中所记"乾明元年……封文襄第二子孝珩为广宁王，第三子长恭为兰陵王"相同。因此，有理由相信，传统认为高长恭为高澄第四子，实际上是错误的。

2

父亲高澄被杀时，高长恭才九岁。很快，时间过去了七八年，当年那个年幼丧父的宗室子弟高长恭，已经出落得肤白貌美、貌柔心壮，成为历史上有名的美男子。或许是"美艳"足以慑人心，北齐皇帝高洋终于想起自己还有这么一个整天在家的侄子。于是，时年十六岁的高长恭获得了他此生第一份工作——通直散骑侍郎，入朝参政。

做官以后，也许是个人能力超群，又或者是高洋对侄子存有一份亏欠之心，总之，人帅自有天帮的高长恭，短短两年，就从一个差点儿被人遗忘的宗室子弟变成了有封爵在身的北齐地方大员。

不久，过度酗酒和纵欲终于掏空了高洋的身躯。在一次过度饮酒后，高洋醉死过去，时年三十四岁。为防止篡位事件发生，高洋临死前让尚书令杨愔等辅佐新皇帝登基。其长子高殷即位，是为齐废帝。

废帝即位，大封宗室。高长恭由此获封为兰陵郡王，时年十九岁。北齐建国之初，亲王手里的权力都比较大。在高殷的主导下，杨愔在朝堂上开展了一次削弱宗室亲王权力的改革，以防皇权旁落。当时，常山王高演、长广王高湛和太皇太后娄昭君实际控制了北齐的军政大权。杨愔的改革，必然触碰到实权集团的利益。恼羞成怒的高演和高湛联合亲贵重臣斛律金，最终打着"胡汉分野"的旗号把高殷赶下了台。

随后，孝昭帝高演、武成帝高湛相继即位，高氏皇族内部又掀起了新一轮家族内斗"游戏"。不过，对于这个高氏家族的远支宗室，兰陵王高长恭并未受波及，反而得到了进一步重用，先后出任中领军、并州刺史，别封巨鹿郡开国公。

3

就在北齐历任皇帝忙着游乐宴饮、宠幸奸佞、残忍杀戮之际，由高氏家族的宿敌宇文家族开创的北周王朝，正在慢慢崛起。如果说容貌俊美带给兰陵王高长恭的是官位的升迁，那么周、齐两国的纷争，注定让这位"美男子"在颜值之外，展露足以名垂青史的功绩。

北齐河清二年（563年），当北齐皇帝高湛还在忙着饮酒作乐，北周大将军杨忠便联合突厥部落，率领二十万大军进犯北齐，连下二十余城，掠杀军民。闻讯，高湛随即命令平原王段韶予以反击，大败周军。此战，兰陵王亦有参与。或许是容貌过于柔美，在战场上总是被敌军嘲笑，高长恭甚是苦恼。为了让自己的形象在战场上威慑敌军，高长恭听从了手下人的意见，在头盔上大做文章。

在周、齐两国交锋的战场上，从此多了一个令北周军队闻风丧胆的戴头盔的"魔鬼"。时隔一年，北周军队卷土重来。这次，北周军队瞄准了周、齐两国交界处的军事重镇洛阳金墉城。金墉城是北齐南部最重要的城市。北周军队一旦突破金墉城，可由南向北，直抵北齐首都邺城（今河北省临漳县）。

危急时刻，高湛下令全国军队急援洛阳。当北齐救援部队星夜兼程赶到洛阳时，却发现洛阳早已被围困得水泄不通。诸君一筹莫展之际，这位貌似妇人的兰陵王高长恭却说自己有办法可解洛阳之围。兰陵王深知，唯有出一奇兵方有一线转机。他建议由自己率领五百名勇士突破敌人防线，进抵金墉城下，内外夹击，吃掉这股声势浩大的北周军队。

皇室宗亲亲身入阵，万一有个什么闪失，谁担待得起？然而，随着北周军队围城、攻城的进度加快，须臾之间，也许战争局势便会发生逆转。形势刻不容缓，兰陵王高长恭率勇士们出发了。他身披铠甲，手执利刃，奋力冲杀于军前，其面似獠牙的头盔，在人群中格外醒目。不多时，承受不住北齐军队猛烈攻势的北周军纷纷让路，洛阳之围暂解。

连日来忙于与围城的北周军队作战的北齐士兵，此时早已如同惊弓之鸟。突然见到一股军队直冲城下，疑心有诈。为防止金墉城失陷于敌手，守城将领决定不管三七二十一，先放箭还击了这股小部队再说。高长恭明白守城军队的疑虑，当即脱下头盔，露出其绝美的容貌。城中守军看清城下之人原来是他们敬爱的兰陵郡王高长恭后，士气大振，与高长恭等前来救援的部队里应外合，痛击入侵的北周军队。

《北齐书》对这一段的记载颇为精彩："邙山之败，长恭为中军，率五百骑再入周军，遂至金墉之下，被围甚急，城上人弗识，长恭免胄示之面，乃下弩手救之，于是大捷。"而原本一鼓作气想攻入洛阳城、吞并北齐的周军，一下子泄了气，丢盔弃甲，慌乱朝北周国境线防线撤军。

史载，战后的邙山（在今洛阳城北，秦岭余脉之一）到谷水（崤山以东的马头山谷）方圆三十里地界内，到处都是北周军队撤退时留下的军资器械。经此一役，兰陵王高长恭扬名天下。没有人再因为他长得肤白貌美而轻视他是"军中花瓶"，反倒被其率五百骑兵尽解洛阳之围的雄姿英发深深吸引。

在北齐军队中，他逐渐被奉为国之战神，为人顶礼膜拜。在军中，还有多才多艺的戏曲创作者根据其解洛阳之围的壮举，创作出举世瞩目的《兰陵王破阵曲》。

4

按道理，颜值加分、军功加持的兰陵王高长恭应该会很受北齐皇帝的欢迎。然而，很不凑巧的是，高长恭身处的高氏家族，不管哪位皇帝上位，都喜欢先拿自己叔伯、兄弟开刀。因此，拥有解围洛阳之功的高长恭不仅没有获得名位提升，反而因为军功太盛，招致皇帝的猜忌和杀心。

北齐天统四年（568年），武成帝高湛步了诸位哥哥的后尘，因酒色过度而死。正式继承皇位的是高湛次子高纬，即齐后主。这个荒诞的"无愁天子"同样遗传了父辈嗜杀习性，北齐朝堂愈来愈昏暗了。身处险境，高长恭清楚自己应该急流勇退，远离朝堂，放浪形骸。不过对于如何避免皇帝的猜忌，高长恭并不是很明白。他尝试向汉初丞相萧何学习，故意通过贪污、敛财来证明自己绝非谋求权位之人。但他这样的做法并没有让皇帝放下对他的戒心，反而因为贪污，被手下一名叫阳士深的参军告了御状，被罢免了官职。

事后，高长恭跟亲信尉相愿谈心时，尉相愿一举戳破了他敛财自保的小心思。无奈，高长恭只能向自己的老部下求教保命之法。尉相愿告诉他："如今您名声太响，敛财只会加深朝廷对您的误解，您有钱有兵，下一步准备干吗，不言而喻吧。为今之计，您只能装病，逃过陛下对您的猜忌啊！"

可是，高长恭身体条件太好了。征战沙场这些年，除了脸上曾经长过一次毒疮，就没有生过病。听从了尉相愿劝诫的高长恭，只好天天在家祈求上天尽快让自己生病。

5

生病还真得随缘。这不，病魔没找上门，北周军队又大举入侵北齐，挑事来了。皇帝高纬不得已再次起用高长恭为将。与之前洛阳解围大致相同，高长恭所到之处，北周军队纷纷避让、奔走撤退。战事很快便结束了。在战场上的连续胜利，直接导致的结果是皇帝高纬对这名堂哥疑虑加重。两兄弟之间，一堵厚厚的戒心之墙缓缓升起，成为后来压倒兰陵王高长恭的最后一根稻草。

正所谓，"阋墙兄弟不相容，尺布犹怜尚可缝"。再次拯救北齐于危亡的兰陵王归来后，便被诏到皇帝高纬跟前。作为兄弟，高纬自当关心战神哥哥的身体健康。高纬关切地问道："你每次都身先士卒地冲锋陷阵，可战场上刀枪无眼，万一伤到你了，咱们大齐不就危险了吗？"高长恭未加细想答道："臣与陛下是两兄弟，国事如同家事，您的事就是我的事。战场上形势瞬息万变，我一般都不会多想的。"

理是这个理，话本身也没有错。可惜兰陵王似乎忘记了此时在自己对面的高纬，除了与自己一样姓高，他还是北齐的王，是主宰自己生杀大权的人。这话终究在高纬的耳中变了味。从小见惯了父亲杀叔叔、杀族人的高纬，如今也总算明白了父亲当初的"良苦用心"了。

兄弟阋墙在所难免。北齐武平四年（573年），高纬与高长恭兄弟俩的矛盾到达了顶峰。五月，高纬命西阳王徐之范带着一杯毒酒到兰陵王府赐死高长恭。可怜这位数次救国于危难的将领、宗室子弟，最终还是没能战死疆场，而是被迫卷入家族内斗，成为北齐王朝末日来临前的最后一批政治牺牲品。当高长恭看到这杯毒酒摆在自己面前，大概心都碎了——自己终究还是没能逃过命运的劫难啊。

临死前，高长恭对自己的王妃说："我自问对国家忠贞不贰，对皇帝亲如兄弟，从来没有对不起他，为何他还是不相信我，要置我于死地？"

王妃郑氏说："王爷您亲自求见皇上，问个明白，万一搞错了呢？"但高长恭心里明白，高氏家族皇帝杀兄弟者，从来就没有冤假错案。最终，高长恭端起酒杯，一饮而尽。北齐最后的皇族名将倒下了。

正史说："若使兰陵获全，（北齐）未可量也。而终见诛翦，以至土崩，可为太息者矣。"如果兰陵王高长恭不死于家族猜忌，谁能说北齐没有前途呢？可是残酷的历史从来不存在如果。在高长恭被赐死后的第四年，齐后主高纬终于尝到了自毁长城的恶果——北齐王朝亡了。

宇文泰的四场赌局

时间往回拨到534年，在北魏分裂为东、西魏以后，中国的历史发展出现了三条路径：南梁—南陈；东魏—北齐；西魏—北周。重返大一统的曙光若隐若现，但最终以哪条路径作为历史的出口，当时却不甚清晰，尽管我们事后看得分明——6世纪的中国以西魏—北周—隋朝作为历史的出口，重新统一并主导了帝国的走向。而杨坚建立的隋朝，实际上继承的是宇文泰家族控制的西魏—北周政权，完成的也是宇文泰家族未竟的统一大业。然而一开始没有人看好西魏。

假如你不知道后来发生的事情，现在让你押注南梁、东魏、西魏三国分立的牌局，你会挑选哪一家作为最后的赢家？估计一半的人会押注南梁，那是汉人的政权，具有无可替代性；另一半则会押注东魏，那里兵强马壮，人口密集，经济发达，是当时北方的核心区域。没有人会押宝西魏。

当时，东、西魏这对死敌的实力对比尤其悬殊：东魏占据的是中原最富庶之地，辖下河北一带是粮食和丝绸的高质产地，而西魏的地盘除了关中平原，大部分是贫瘠的黄土高原和沙漠地带；东魏人口逾两千万，而西魏人口不及千万；东魏由高欢家族掌控的军队超过二十万人，而西魏宇文泰掌控的军队不及前者的十分之一……这就是历史的底牌。

最终的输赢，却因一个赌神式的人物而完全改写——西魏的实际掌权者宇文泰，他通过四场赌局，在最短的时间内由弱变强，实现了对东魏和南梁的逆袭。

1

宇文泰的第一场赌局，赌的是正统地位。北魏末年的"六镇起义"，拉开北方乱局序幕。在长达十年左右的北魏乱局中，最终杀出了两大权臣家族，一个是高欢家族，一个是宇文泰家族。高欢的崛起比宇文泰更早。532年，当高欢拥立北魏孝武帝元修登位、自己遥掌朝权的时候，宇文泰还只是关中地区实际控制者贺拔岳底下的一员将领。534年，高欢为占领关中，利用关中另一支军队首领侯莫陈悦除掉了贺拔岳。贺拔岳死后，宇文泰被赵贵、侯莫陈崇等武川镇（北魏六镇之一）豪帅拥立为新首领。

历史学家认为，宇文泰能够在贺拔岳突然遇害的情况下成功接收其军团，主要源于其武川豪酋家族的出身和个人的政治军事才能，以及在关陇地区四年间积累下来的口碑。不过此时的宇文泰远远未能与高欢抗衡。他需要赌一把，与北魏"傀儡皇帝"孝武帝联手，以取得政治合法性。

孝武帝生不逢时，却不甘心接受被权臣操控的命运。他无时无刻不在关注和希望借助不愿降服于高欢的军事势力。于是两人一拍即合，暗通款曲，各取所需。为了让宇文泰尽快率军东下与高欢决战，孝武帝不断满足宇文泰的各种政治要求。而宇文泰的首要目的并不是勤王，而是消灭同在关陇地区的侯莫陈悦，称霸关陇。

宇文泰赌赢了。在"匡辅魏室"的旗帜下（尽管还没有任何"匡辅魏室"的实际行动），他以孝武帝的名义调动了各种效忠魏室的政治势力，导致侯莫陈悦的部将李弼等人阵前倒戈，侯莫陈悦被杀，其军队基本被宇文泰吞并。灭掉侯莫陈悦之后，宇文泰称霸关陇已成定局。孝武帝也在第一时间派使臣慰劳宇文泰，正式承认其享有关陇地区的最高统治权，言外之意还是那句话：赶紧来洛阳打高欢，匡辅魏室呀！

宇文泰相当精明，知道自己远非高欢的对手，仅象征性地派了一千轻骑奔赴洛阳，并做出请孝武帝迁都长安的政治表态。孝武帝随后与高欢公开决裂。高欢从晋阳率军南下进逼洛阳，孝武帝慌忙带领自己的人马西逃，投奔宇文泰。

这又是宇文泰的一张好牌。迎奉孝武帝迁都长安，把高欢置于乱臣贼子的舆论高压之下，自己则成为"宽仁大度，有霸王之略"的忠臣。关陇很多豪族死心塌地跟随宇文泰征战，正是基于宇文泰所塑造的政治正确性。这跟当年曹操"挟天子以令诸侯"有异曲同工之妙。

但事实上，孝武帝与宇文泰的关系并不协调。孝武帝本质上是一个权力欲很强的年轻人，如同不愿受高欢摆布一样，他亦不会心甘情愿成为宇文泰的傀儡。入关之后，孝武帝采取了一系列打压限制宇文泰的策略，呈现出杀伐赏赐由己出的势头。眼看着自己在关陇地区的政治威望受到强有力的威胁，宇文泰决定先下手为强，在535年年初秘密鸩杀了年仅二十六岁的孝武帝。随后，宇文泰改立好控制的元宝炬为帝。而在此之前，高欢以孝武帝弃国逃跑为由，废其帝号，另立元善见为帝，并迁都邺城。北魏从此正式分裂为东、西魏。

从跟随贺拔岳进入关中，到成为西魏政权的实际掌权者，宇文泰用了不到五年时间，一代"赌神"冉冉升起。

2

宇文泰的第二场赌局，赌的是改革。历史上任何改革的目标都指向富国强兵，但并非所有改革都能成功。恰恰相反，历史上的改革成少败多，多数时候，改着改着就把一个国家改没了。离宇文泰最近的一场改革，是北魏孝文帝的改革。这场改革在北魏立国百年左右，鲜卑贵族利益板结的时候进行，以汉化为核心。改革者的魄力是有的，但改完北魏也乱了，数十年内就分裂成了东、西魏。从这个意义上看，宇文泰在西魏的改革，就是一场冒险式的赌博。

没有人意识到这场改革会成功，连改革的推手宇文泰自己心里也没底。他只知道，改革，西魏可能会死；但不改，西魏肯定会死，所以他选择了相对更好的一条路。这场改革涉及广泛，政治、经济、军事、文化等各方面无所不包。其建立起来的各项制度，成为北周、隋朝、唐朝的制度滥觞，影响深远。史学界认为隋唐帝国是"北朝化"的中国，很大程度上指的是西魏制度的影响力。尤其是在军事制度上，宇文泰建立的府兵制，以及由此形成的"关中本位政策"，深刻影响了此后三百多年的中国历史。

东魏对于西魏的绝对兵力优势和军事压迫，使得宇文泰必须考虑一个根本性的问题：如何使弱势的西魏不被吞并，并迅速变强？史学大师陈寅恪指出，宇文泰所凭借的人才、地利远在高欢之下，如果要与高欢抗衡，一则须随顺当时鲜卑反对汉化的潮流，二则要有异于东魏北齐的鲜卑化、西胡化，争取汉化的政策。

鲜卑化与汉化，是北魏最为棘手的一对矛盾，宇文泰的厉害之处，是从中找到一条高明智慧的道路，实现了胡汉政策的有效结合。而府兵制则是宇文泰胡汉政策结合最重要的内容。东西魏分立之时，均以北魏六镇军事力量为基础立国。只是高欢分走了六镇的绝大部分主力，宇文泰仅有武川镇一镇的军力，这成为高欢动辄以强势兵力碾压宇文泰的原因。宇文泰要改变军力不足的局面，就必须扩大兵力来源。在原来以鲜卑为骨干的军队基础上，一方面不断吸纳各方部队，包括贺拔岳部、侯莫陈悦投降的军队，以及孝武帝西逃的追随者，等等；另一方面则持续吸收关陇地区地方豪强的私有兵力，这些地方大族及其乡兵以汉族为主，被宇文泰吸纳后，既为原来的鲜卑军队注入了新鲜血液，也解决了地方豪族拥兵自重、尾大不掉的问题。

由于当时的时代盛行军阀割据，而鲜卑的军队部落属性很强，基本只认各自的头儿，不认中央。宇文泰还亟需解决军队的中央集权化问题。他采取了很高明的一招儿：设置八柱国、十二大将军的组织结构。具体而言，八柱国除宇文泰自己和元魏宗室代表元欣之外，其余六人各督二大将军，分掌禁旅，合计十二大将军。每个大将军各领开府二人，每一开府各领一军，合计二十四军。

柱国与大将军的势力相互交错、牵制、制衡，有利于宇文泰进行最终的驾驭。特别是各个柱国，依次被任命为朝廷公卿，身份由边镇将领变成开国元勋、朝廷重臣，逐渐脱离军队，从而被变相削弱了军事实力。此外，宇文泰将西迁的汉族将领原来的山东（崤山以东）籍贯，一律改为关陇郡望。按照陈寅恪的说法，此举是为了断绝西迁汉将的乡土之思，并给予大批出身寒微的汉将附会士族高门的机会。而更重要的意义在于，由此构建"关中本位"或"关中正统"观念，强化本地族群的凝聚力和认同感，从而与山东、江左争中原正统。宇文泰家族很看重立足关中的周朝历史资源，后来自立的政权干脆以"周"为国号，这些都是胡汉融合"关中化"的体现。

府兵制的创建和完备，在宇文泰手上前后历时十二年才宣告完成。最终西魏的军队人数翻了一番，府兵达到五万人左右；中央对军权实现了强有力的控制，结束了地方割据、私兵林立的状态；而且府兵的整体素质和战斗力得到极大的提升。经过这场赌博式的改革，西魏缩小了与东魏的实力差距，并在某些方面能对东魏进行降维打击。宇文泰又赌赢了。

历史表明，关中本位政策使西魏变弱为强，到北周后消灭了北齐，统一了中国北方，隋朝代北周后，又南下消灭了陈，最终实现了国家的统一。从北周到隋朝再到唐朝，三个朝代的权力更替，实际上是在关陇集团内部进行的，说得更具体一点儿，是在同一个婚姻圈内、一堆亲戚之间进行的。这一切的根源，都在宇文泰的改革中埋下了伏笔。

3

宇文泰的第三场赌局，赌的是真刀真枪的战争。整军、扩军、军制改革的最终目的，是要应对来自东魏的威胁。而在军事上抵御东魏，也是宇文泰最为艰难的征程。536年，东、西魏在潼关进行了第一次大战。当时，关中地区遭遇天灾，出现"人相食"的惨状，高欢趁机发起战争，兵分三路进逼西魏：大都督窦泰率上万兵力直趋潼关；司徒高敖曹率军围攻上洛（今陕西商州）；高欢自己率军自晋阳赴蒲坂（今山西永济西南），在黄河上造三座浮桥，扬言要西渡黄河。

宇文泰率军进抵广阳（今陕西临潼北）准备迎击。面对东魏三路进攻，西魏一些将领建议分兵把守诸道。但如按此部署，则使本来就处于弱势的西魏兵力更为分散，极有可能被各个击破。宇文泰没有采纳这种主张。关键时刻，他做了一个赌徒式的判断——他赌高欢造浮桥渡河只是虚张声势，实则要转移西魏的注意力，掩护窦泰从潼关趁虚而入。

高欢的真实打算是否如此，当时西魏各级将领无从得知。但宇文泰的冒险精神让他决定搏一搏：暂且不管高欢这一路军，先集中优势兵力，消灭窦泰再说。宇文泰放出烟幕弹，扬言欲保陇右，佯装退还长安，暗地里却率六千骑兵东出，日夜兼程，很快抵达小关（今陕西潼关附近）。窦泰听闻宇文泰军突至，惶惧不已，仓促应战。宇文泰则利用有利地形，四面设伏，引诱窦泰部陷入泥淖。宇文泰军千弩齐发，窦泰军死伤大半，被俘万余人。窦泰兵败自杀（一说被杀）。高欢闻窦泰军败，只好撤去浮桥，退回晋阳。高敖曹部虽攻陷西魏上洛城，因恐孤军深入，亦弃城而走。

这是西魏阻击东魏的第一次较大胜利。宇文泰在与高欢的心理博弈中，押中了后者兵分三路的真实目的，最终出奇兵以少胜多击败窦泰，造成东魏军队的全面撤退。

潼关之战后，宇文泰以攻为守，数次出兵侵蚀东魏领土。537年农历八月，宇文泰主动出击，派兵攻克东魏弘农（今河南三门峡市）等郡，获取大量粮食，缓解了关中饥荒造成的军队补给困难。

高欢听闻弘农丢失，震怒，集结十万大军渡河西击，又派大将高敖曹率兵三万围攻弘农。宇文泰部不过万人，只好从弘农回撤，匆忙入关，至渭水南岸迎战高欢。双方兵力太过悬殊，西魏诸将认定必败无疑，提议放弃长安，继续西撤。宇文泰再次"赌神"附体。他唯恐西撤引起人心骚乱，决意在渭河南岸坚守。

宇文泰率部渡过渭水，到达沙苑（今陕西大荔南，洛水与渭水之间），距高欢军仅六十余里。战前，宇文泰采纳李弼的建议，在沙苑东面一个叫渭曲的地方设伏，背水东西列阵，命将士们埋伏于芦苇丛中，届时闻鼓声出击。高欢率大军跟随到渭曲，以西魏兵少不足为虑，竟指挥大队人马一拥而上，结果兵多塞道。高欢只得下令大军稍稍退却。就在高欢大军自乱阵脚之时，宇文泰把握时机击鼓，芦苇丛中的伏兵突起奋击，东魏军队措手不及，纷纷败下阵来。此战西魏斩杀东魏军队两万多人，在追击途中，又"前后虏其卒七万"，高欢主力折损严重，自己狼狈东逃。

西魏取得沙苑大捷后，东魏再无法随意侵入关中。东、西魏的主战场，由此转移到河东（今山西）和河南境内。之后，538年和543年，洛阳河桥与邙山两场大战，宇文泰皆先胜后败。这表明，西魏军事实力仍弱于东魏，宇文泰打防御战能成功，但主动出击则难以吞下巨象。西魏还得积蓄力量。

546年秋，东西魏迎来形势逆转的一战。当时，高欢率军十余万围攻玉璧城（今山西稷山西南）。此地是东魏入侵西魏的必经之处，高欢志在必得。东魏大军昼夜不息苦攻五十天，玉璧城在西魏大将韦孝宽的固守下，安然无恙。东魏大军最终战死及病故者约七万人，尸首埋成了一座山。高欢攻一座孤城而不克，遂忧愤成疾，解围撤军。回到晋阳不久，高欢就病故了。

几场硬仗打下来，东魏还是那个东魏，但西魏已不再是那个西魏。高欢死后三十年，他的儿子代东魏自立的北齐政权，被宇文泰家族的北周政权攻灭。

什么是弱国的逆袭？这就是。

4

宇文泰的第四场赌局，赌的是时运。

如果说宇文泰的成功是九成的努力加上一成的运气，那么，东魏猛将侯景的"搅局"就是宇文泰那一成的运气。侯景何许人也？东魏如果没有高欢，侯景早就称王称霸了。据说，当年沙苑大战后，高欢怨于战败，侯景请求率精锐骑兵数千，直入关中擒斩宇文泰，以雪此奇耻大辱。高欢起初表示同意，但回家和夫人娄昭君提起此事，娄昭君说，以侯景之能，杀掉宇文泰后他肯定不回来了。高欢被一语惊醒，当即停止了这个动议。

高欢在世时，侯景拥兵十万，兢兢业业镇守着他的地盘。史称侯景"专制河南"，即黄河以南直到梁境、洛阳以东直到大海的原北魏的大片领土，都是侯景的地盘。但高欢病逝仅数日，侯景就造反了。侯景的地盘，处于东魏、西魏、南梁三国的交界处。这块地虽然不小，但毕竟是四战之地，凭此自立，独自对抗三国的哪一方，都是很难的事。因此，在举起反旗的那一刻，侯景就张罗着找靠山了。

他首先想到的是西魏。应该说，侯景的选择是很精明的。身为东魏大将叛归主子的死敌，又求以河南六州内附，这对西魏来说，难道不是稳赚不赔的买卖吗？宇文泰起初也觉得划算，遂派兵去支援侯景。宇文泰的部将王悦这时站出来劝谏，说侯景这个人反复无常，高欢一死便叛离，又怎会忠于西魏呢？他只是不愿做被困池中的蛟龙，想利用我们的军事支援罢了。宇文泰一听，赶紧叫人把派出去的援军追回来。这才避免了一场惹火上身的大祸。

侯景这枚苦果最终被晚年昏庸的梁武帝萧衍吞食了，酿成历史上著名的"侯景之乱"。梁武帝本人被活活饿死，而梁朝原本有统一天下的可能，经此大乱，变成了无力复兴、任人宰割的弱鸡。北齐趁机侵蚀了长江以北的大片梁朝国土，西魏更是借机吃成了一个大胖子，成为"侯景之乱"中最大的赢家。

梁朝最强盛时，兵锋几乎直抵长安城外，搞得宇文泰很焦虑。梁朝崩溃后，梁武帝的子侄们又陷入无尽的内斗，这让宇文泰看到了机会。551年，宇文泰夺回汉中要塞。553年，西魏军吞并西蜀后，变成一个真正的大国。蜀中土地肥沃，号称天府，人口众多，为西魏提供了巨大的财源与兵力。

554年，宇文泰派上柱国于谨、大将军杨忠、大将军宇文护等将领以五万兵马进攻江陵。江陵是梁元帝萧绎的大本营，而江陵北面的门户襄阳则由萧绎的侄子萧詧控制。萧詧为了灭掉亲叔，不惜向西魏称臣，史称西梁。西魏大军很快攻下江陵，萧绎被萧詧用土袋闷死，荆襄从此成了西魏的地盘。不仅如此，连荆襄以南的湘州（湖南）也一度被西魏拿下，只不过名义上属于西梁。西魏自此发展成为三国中的头号强国，综合实力在北齐之上。

回看西魏这段攻城略地的"爆发史"，从548年"侯景之乱"算起，不过短短六七年时间。但设想，若没有梁武帝昏聩到引入侯景、自我毁灭，宇文泰连关中都出不了，遑论蜀中和荆襄。所以这就叫机运，宇文泰在生命中的最后数年，牢牢捕捉到了。

556年，宇文泰病逝，年仅五十岁。临终前交代子侄，要完成他未竟的志向。557年，宇文泰家族取代西魏自立，建立北周。二十年后，577年，宇文泰之子、北周武帝宇文邕攻灭北齐，统一北方。宇文泰生前曾说，"成吾志者，必此儿也"，果不其然。可惜，578年，正当宇文邕打算平突厥、定江南，实现全国统一理想的时候，不幸在出征前夕病逝。三年后，581年，杨坚篡北周自立，建立隋朝，拉开了统一南北的序幕。又八年后，隋灭陈，实现中国大一统。此时，距离宇文泰之死，仅仅过去三十三年。不难想象，如果没有宇文泰、宇文邕父子为隋文帝杨坚打下的基础，杨坚想在立国后短短的七八年内实现大一统，是绝对不可能的事。

离隋朝最近的一次统一历程，是西晋。跟隋朝一样，西晋也是借助前朝奠定的统一基础，轻松完成统一大业。有所不同的是，西晋的前身魏国，本身就是三国中最强大的一方，由其后继者来实现统一，并无多少悬念；而隋朝的前身西魏，立国时却是三国中最弱小的一方，最终在宇文泰父子的主导下能够强势逆袭，成为中国大分裂时期的统一出口，这就确实出人意料了。由此看来，宇文泰不愧是一个能够创造奇迹的"赌神"式人物。

或许，宇文泰没有料到北周—隋朝的政权更替，但他肯定看到了中国大一统的未来。因为，不管接下来三百多年的朝代如何变换，历史的进程基本在他架设好的制度机器下运行而已。

宇文邕：多活十年，他就能完成大一统

572年，北周皇帝宇文邕在位的第十三个年头。北周都城长安（今陕西西安），太后所居的含仁殿内，正准备着一场盛大的宫廷酒会。这天，刚从同州（今陕西大荔）巡视回来的北周帝国大司马宇文护，受到了自己的堂弟、北周皇帝宇文邕的亲切接见。宇文邕向宇文护说起了太后酗酒的情况，请大哥帮个忙，劝劝太后

注意身体。作为北周奠基人宇文泰的托孤大臣兼侄子，宇文护在北周帝国的地位可谓是一人之下，万人之上。

通过宇文泰弥留之际授予自己监管朝局的权力，多年来，宇文护的党羽已经遍布满朝，那些曾经反对过他的政敌们，或杀或贬，无一例外。哪怕反对自己的是两个堂弟——北周孝闵帝宇文觉和北周明帝宇文毓，下场也一样。

宇文护见宇文邕有求于己，便卸下了防备。一边劝皇帝放宽心，一边陪着皇帝去拜见太后。途中宇文邕表示："太后春秋已高，喝完酒发起酒疯来，谁都不认。我这有一篇《酒诰》，大哥您待会儿进去直接念给太后听，咱从旁劝阻一下，兴许太后能听得进去，以后少喝点儿。"进入含仁殿后，宇文护便掏出了《酒诰》满怀热情地念了起来。兴许是宇文护的嗓音独特，太后听后清醒了不少。宇文护见状念得更加起劲，丝毫未有察觉殿内的特殊情况。

此时，在含仁殿内，宇文护身边除了侍奉太后的太监外，别无他人。宇文邕明白，要取狗贼性命，现在便是最佳时机。但想起宇文护党羽遍及北周全境，宇文邕也害怕处理不慎引发祸端。但如若错过，自己未来或许也会落得与两位兄长相似的下场。

恐惧、焦虑、压抑、紧张、仇恨，瞬间萦绕宇文邕的内心。经过一段思想挣扎后，宇文邕抄出了随身携带的一块玉笏，重重地砸向宇文护的后脑勺儿，一下、两下、三下……直到宇文护瘫倒在地，没有声响。紧接着，藏于殿中内室的亲信大臣宇文直、宇文神举等人蜂拥而上，一阵乱砍。独揽朝政长达十五年的一代权臣宇文护，就此一命归西。属于宇文邕的时代来临了。

1

宇文邕是西魏权臣宇文泰第四子，小时候便相当聪明孝顺，甚讨父亲欢心。宇文泰曾说，"成吾志者，必此儿也"。能够实现我辈统一天下愿望的，一定是这个儿子。

556年宇文泰病逝时，宇文邕年纪尚小，未能继承其衣钵。彼时，宇文泰在西魏实行"府兵制"，将自己手中的原班人马与关中地区的汉人豪强氏族武装进行整编，形成了一个新的利益集团——"关陇八柱国"。此举有效缓和了汉人与鲜卑人之间的矛盾，使西魏国力逐渐兴盛起来。但自己手中的权力也被至少分成了八份，所以，宇文家族中能够继承宇文泰权力的人必须具备相当的能力，且可

231

以平衡各方势力。

宇文泰在综合考量多方因素后，最终将权柄交给了屡次随自己征讨东魏、立下赫赫战功的侄儿宇文护。宇文护没有辜负宇文泰的信任。初掌大权的他，待局势稍微稳定后，便迫使西魏皇帝禅位，拥立宇文泰的嫡子宇文觉称帝，建立北周。在这个过程中，宇文护渐渐聚拢权力，将阻碍宇文家族集权的两位柱国大将军赵贵和独孤信除去，进一步强化了宇文家族的地位，使原先八柱国权力对等的局面逐步瓦解。

瓦解了八柱国分权的局面后，宇文护本人反倒成了北周帝国君主集权的障碍。最终，宇文护与自己的堂弟、北周首任皇帝宇文觉的矛盾不可避免地爆发了。在一场名为"拔护"的武装训练中，宇文护察觉到了宇文觉的"阴谋"，果断地将其赶下皇位并杀害。随后，在宇文护的主持下，宇文泰的庶长子宇文毓登基，是为北周明帝。与前任不同，宇文毓并没有选择与宇文护正面硬刚来加强君权，而是通过清明吏治、尊儒重学等方面在民间建立威望，迫使宇文护交权。宇文护一看，这个堂弟比之前那个更猛，属于杀人于无形一类的。为避免夜长梦多，他再次对皇帝伸出了"魔爪"，在宇文毓的饮食中下毒，企图阻止宇文毓进一步集权，威胁自己的政治地位。明知自己身中剧毒的宇文毓，还是拼尽最后一口气，口授遗诏传位给了宇文邕。

2

按说，已经除掉两任皇帝的宇文护，此时完全可以不顾先帝遗诏，自立称帝，但他没有这样做。也许他还在做着"辅政大臣"的千秋大梦。新登基的皇帝宇文邕，也算符合宇文护的胃口。在宇文护眼中，这个堂弟似乎没了儿时那股聪明睿智的劲儿，反倒是变得沉默寡言，不假思索地对自己言听计从。不仅将军政大权全部交给自己，甚至对自己备加尊崇。

不过，作为毕生致力于政治斗争的权臣，宇文护敏感的神经始终无法松弛下来。他一直怀疑，宇文邕如今的平庸是装出来的。试探宇文邕的机会很快来了。564 年，被北齐掳走达三十五年之久的宇文护母亲返回长安。当老夫人的车驾抵达长安后，宇文邕不惜屈尊降贵，竭尽全力阿谀奉承，对老夫人行家人之礼。此举令老夫人大为欣慰，也使宇文护逐渐相信，如此窝囊的宇文邕必然不会有能力在自己背后兴风作浪。

相较于两位哥哥短促的执政生涯，宇文邕是北周在位时间最长的皇帝。但这并不代表他早已遗忘父兄留下的使命。宇文邕深知，宇文护历经三朝，权势根深蒂固，党羽遍布朝堂，想要根除，绝非一朝一夕之事。既然堂兄是靠军权起家的，只要自己不主动触雷，就不会引起宇文护的注意。宇文邕选择了宇文护不甚关注的尊儒重礼，在太学拜谒三老，立郊丘坛制度，以此赢得天下士子的爱戴。同一时刻，宇文邕开始着手培植自己的亲信小团体，为未来"倒护"做准备。

就这样，韬光养晦十二年后，随着太后含仁殿中那场突如其来的政变，属于宇文邕称霸北方的时刻到了。

3

除掉宇文护后，宇文邕终于得以一展胸中抱负。他要奋力追回父兄失去的那十五年宝贵光阴，他要统一天下。不过目前而言，这只能算是一个梦。

大家都清楚，打仗打的是国力，是白花花的银子。北周的老对手北齐，占据了洛阳以东的黄河中下游平原，物产丰饶，其境内的齐鲁大地更是自古以来盛产英雄豪杰的地方。更为重要的是，北齐所依赖的"陪都"晋阳（今山西太原），不仅是北齐精兵的生产基地，还是北方的经济贸易中心。大量的马匹、兵器、丝绸、茶叶、珠宝、瓷器等货物，沿着以晋阳为交通枢纽的经济干线，源源不断地输送到洛阳、长安等地。依托晋阳，北齐与西域诸国的经济贸易往来也相当频繁。

反观北周，那日子可真是过得苦哈哈。从国土面积上看，北周国土比北齐稍微大些，坐拥关中平原、河西走廊等地，西南紧挨天府之国四川。但在这片区域内，能有效耕作的面积极小。除了河西走廊的耕地外，就只剩下首都长安附近的关中平原了。在讲究有效耕地的古代，吃饱饭才是硬道理。

除此之外，在军事实力上，北齐对北周同样存在压倒性优势。根据史书记载，当年高欢所领导的六镇雄兵加上山东青州兵就有二十四万，这还不包括后来北齐趁着"侯景之乱"南下占领江淮时再征的十万大军。另据史书记载，截至北齐灭亡时，齐国全境人口超过两千万。两千万人养几十万部队，压力应该是不大的。而同一时期，北周的人口仅有九百万，连北齐的一半都达不到。因此，即便到了双方开战前夕，无论从哪方面看，北齐在国力上仍旧对北周形成碾压之势。

彼时，在北周和北齐两国的背后，还有一个游牧民族——突厥已然崛起。它的疆域横跨今天的内蒙古、新疆等地。在北周与北齐相争时，它始终保持着坐观虎斗的状态，准备随时南下进袭中原。

4

北周若贸然开战，无异于蚍蜉撼树。宇文邕明白，不搞好经济、发展外交，想打赢对手，是绝无任何胜算的。更何况，北周正发生严重的蝗灾，百姓流离失所，土地颗粒无收。这无疑令原本就处于劣势的北周雪上加霜。刚登基的宇文邕做的头件大事，就是遣使突厥，求娶公主。这一决定完全出于宇文邕的政治谋略。突厥几乎与北周、北齐两国北部边境线接壤。万一在北周攻打北齐时，突厥忽然跳出来发动战争，后果不堪设想。

568 年，突厥公主出嫁北周武帝宇文邕，是为阿史那皇后。通过联姻解决掉腹背受敌的麻烦后，宇文邕开始投身经济建设。他深刻地意识到，国家发展的前提是天下安定，与民休息。因此，重新执掌帝国权柄的他，执政伊始，就下达了停止额外征收徭役的命令。

农业是国家经济命脉，历朝历代都一样。为了让百姓安心劳作，宇文邕下令大举兴修水利，派人挖通了早已废弃的龙首渠，引洛水、黄河水灌溉关中平原。洛水、黄河水中肥沃的沙土使得原本贫瘠的关中平原农田焕然一新，粮食亩产成倍增长。为了进一步扩充农业生产力，提升北周综合国力，宇文邕下令释放奴隶、杂户，让他们成为普通人投身农业生产。

在各种措施的相互作用下，北周帝国的社会劳动生产积极性得到了大幅度的提升，农业亩产连年上涨。原先贫瘠的关中平原，也成了北周帝国后方的"大粮仓"。吞并北齐似乎指日可待了。

然而，受惠于宇文邕解放劳动生产力的北周人口尚属小众。南北朝时期，动乱频发，干戈四起，君主杀戮过多，害怕自己死后下地狱，讲求因果报应的佛教因此成了统治阶层的集体信仰。为了体现统治阶层的恩威浩荡，凡皈依佛门者，皆无须缴纳赋税和服徭役。一时间佛教大为兴盛，无论是皇家还是平民，都渴望通过施舍财物以换取佛祖的庇佑。强大起来的佛教逐渐拥有了大片土地，形成了特有的"寺院经济"。这些寺庙少则几处菜园果林，多则拥有占地上万亩的大田庄。这么多的土地需要耕耘，必然需要更多的人口劳力才能完成。

此外，一些下层人民因不堪忍受繁重的赋税徭役，也往往"竭财以赴僧，破产以趋佛"，将自己名下的土地送给寺院，求得寺院在经济上的庇护，以逃避政府剥削。据史料记载，北周建德三年（574 年），北周境内有佛寺四万多座，僧侣人口高达三百万。这相当于平均每三个北周人里面，就有一个出家人。种种迹象表明，僧侣人口越多，国家发展的阻力就越大。

宇文邕并不想看到这种情况继续蔓延。为了尽快完成统一大业，他只能被迫学着北魏太武帝拓跋焘那样实行"灭佛"政策，及时止损。毕竟"灭佛"的初衷并非出于个人对佛教的厌恶，更多的只是因经济原因不得不做出调整，因此，宇文邕此次"灭佛"运动相较于前辈来说，要温和许多。

5

"灭佛"本身是一个敏感而危险的举措。虽然此时寺院的发展规模已经严重影响了国家经济，但佛教思想影响深远。在北周，不管是宇文邕敬重的父亲宇文泰，还是先他而去的两位皇帝哥哥，都是虔诚的佛教徒。

"灭佛"就意味着要在统治阶层内部开刀，万一操作不慎，很可能佛没灭成，反倒因此触动国家统治格局，北周帝国从此倒下。在正式"灭佛"开始之前，两场关于佛教去留问题的全国性辩论在宇文邕的主持下召开了。在其中一场辩论中，有位名叫卫元嵩的僧人，似乎看明白了皇帝的心思。

他上书给宇文邕，表示自己要还俗，呼吁国家不应该再耗费这么多的精力在佛教建设上。他建议将佛、道两教编到一起，方便管理，还建议把造佛像的热情和钱财用来造城池，并把皇帝当成佛祖。他说，上古尧舜的时候并没有寺庙，也不信佛，可那时的天下太平得很。而现在天下寺庙多的是，和尚数都数不清，反而不太平了。

看到卫元嵩如此支持自己的政策，宇文邕"灭佛"的信心更大了。不过，对于宇文邕的态度，得道高僧们普遍持反对观点，其中以慧远法师的态度最为强硬。慧远表示："陛下您如今倚仗权势，胆敢废除佛教，我拿你也没办法。但人死后，都是要往生的，您现在对佛教犯的罪孽如此深重，你就不怕死后下地狱，承受六道轮回之苦？"

听到此番言论，宇文邕态度也很强硬。他答道："我不入地狱谁入地狱！只要这些改革能够使天下太平，我下十八层地狱也无所谓了。"作为得道高僧，慧远还是希望佛教能够完好保存下来。他反驳道："陛下如果非得种下恶果，那到时候天下百姓也会遭遇灭顶之灾的,又哪会有陛下口中所说的天下太平呢?"

或许宇文邕也知道,一旦下令禁绝佛教,肯定会有很多不明真相的老百姓在别人的教唆下跟着起哄,焚烧寺院、毁坏佛像、打杀僧侣等失控的情形极有可能上演,而这些大概就是慧远和尚口中所提的"苦业"。因此,在正式下达全面禁佛的诏令上,宇文邕只是明令全国僧侣还俗,但并不杀人。同时,他主张召集有名望的儒、释、道三家学者共聚一堂,好好讨论下关于三教合流的问题。

经过一场温和的"灭佛"运动,北周并没有产生强烈动荡。相反,由于僧侣们的还俗以及寺院的关门,打破了固有的"寺院经济"体系,使得大量土地从寺院回归国有,为国家的发展提供了储备力量。而大量的还俗僧侣,也极大地补充了国家的劳动力和军事力量。北周与北齐之间的国力差距,越来越小了。宇文邕终于可以安心进行灭齐的战前准备了。

过去,在宇文泰的倡导下,西魏首创"府兵制",鼓励关中地区的汉人踊跃参军,并且允许关陇豪族拥有自家武装。在此基础上,西魏建立起了以八柱国、十二大将军、二十四仪同为首的府兵军事组织。宇文邕亲政后,在原来"府兵制"的基础上继续扩编部队,将招兵范围扩展到百姓群体中,百姓只要来参军,一律免税。同时,将新招募进来的"府兵"统统改编成北周的皇家卫队,直接听命于皇帝本人。

正所谓此消彼长。北周在进步的同时,北齐却是日渐衰落。高欢死后二十余年间,北齐就换了五位君主。到了宇文邕准备伐齐时,北齐已经来到了齐后主高纬时期。

相较于北齐前面几位君主,齐后主在昏暴方面的"战绩",有过之而无不及。在位期间,他先后杀了兰陵王高长恭、丞相斛律光等军事实力派,把北齐一手好牌给打烂了,变相地为北周灭北齐清除了最后一道障碍。

6

建德四年(575年),隐忍多年的北周武帝宇文邕开始了统一天下的第一步——伐北齐。战事得到了大部分北周将士的鼎力支持,但在行军方向上,将领们的意见却产生了分歧。一派认为,此次进军应该依旧沿用过去宇文护在时走过的路线,从北齐重镇洛阳入境,进入北齐腹地,引齐军南下,围而歼之。另一派则认为,应改变以往行军路线,改走平阳(今山西临汾),直取北齐后方生产基地晋阳,断北齐军补给，从而达到不战而屈人之兵。

双方的意见同时摆到了宇文邕的面前。作为一个曾被当作"傀儡"的帝王，傀儡生涯教会他的不仅是隐忍，还有慎行。这一点，在前面"灭佛"的过程中已体现无遗。这次伐齐作战，与其说是这位帝王在军事上的"首秀"，倒不如说是北周对北齐国力的一次试探。因此宇文邕并没有采纳取道平阳，攻晋阳，断齐军后路的方式，而是沿着固有的战争思维，走着以往走过的老路。

一切准备就绪，宇文邕亲率北周军主力部队六万直取洛阳。此时，宇文邕先前为解放生产力所做出的贡献产生了积极的作用。北周军队势如破竹，十余天内连克北齐境内三十座城。为争取民心，宇文邕下令，北周军队过境时不得踩踏庄稼，乱砍滥伐，违者军法处置。不过，当北周军队在进攻洛阳时，还是遇到了顽强的抵抗。洛阳城高池深，易守难攻。北周军队久攻不下，伤亡严重。

更要命的是，宇文邕此时突然病倒了。最终在北齐援军到来之际，宇文邕及其所率领的北周军队被迫撤出战斗，返回长安。此战虽未伤及北周军队根本，却在一定程度下影响了北周军队士气。部分将领出现了厌战情绪，甚至还有人认为此时的齐国仍旧与数十年前一样，强盛于北周数倍。

作为领袖的宇文邕，却在此次作战中发现了不一样的问题——北齐军队虽仍强大，但存在指挥不明、调度不灵等弊病，以至于北周军队入境半个月，北齐方面还没有做出反应，而这正是北周的机会。总结了作战经验后，宇文邕开始他在军事领域上真正意义的"首秀"，灭北齐。

建德五年（576年），宇文邕再次出兵伐齐，目标是攻下北齐大后方晋阳，引齐后主高纬出兵，再集中力量消灭北齐主力，乘胜东进。一切正如宇文邕所料，经此一役，齐国大败，齐后主被俘。自北魏分裂以来的东西对峙格局被打破，中国的北方重新进入统一时代。宇文邕终于集齐了天时、地利、人和，可以着手完成父亲宇文泰统一天下的遗愿了。

自东汉末年以来，除西晋的短暂统一外，整个华夏大地已分裂了近四个世纪。还差一步，宇文邕即将实现与秦皇汉武一样的伟大功勋。至少在此刻，宇文邕的心情是愉悦的。吊诡的是，或许就连宇文邕自己也没有意识到，伐北齐，既是他在军事领域的"首秀"，也是他人生最后的巅峰时刻。正当他满怀信心准备继续攻城略地时，慧远和尚当年说的"苦业"在他身上应验了。

北周宣政元年（578年）五月，统一北方后的宇文邕率领五路大军讨伐突厥。这次，他没能尝到胜利的蜜果——大军出发不久，他再次病倒，只能选择撤军。

返程中病情加重，回到洛阳当天，这名毕生致力于强军富国的君主永远闭上了眼睛，年仅三十六岁。

战争没有停止。他的后继者——隋文帝杨坚，沿着他来时的道路，最终重新统一了天下。从宇文邕病逝的578年，到杨坚统一全中国的589年，中间仅隔了大约十年。可惜老天对宇文邕太过吝啬，不然，谁知道他还会创造怎样的伟业呢？

第六章　阴影下的南朝：士族的衰落和政权的频繁更迭

刘裕：门阀政治掘墓人

宋武帝刘裕的小名叫"寄奴"，一听就知道是个苦命人。刚出生，他母亲就不幸去世。刘家穷，请不起乳母，刘裕父亲本想将他遗弃，幸而同乡的姨母也生了孩子，就把小刘裕接过去哺育，救他一命。长大后，刘裕沦落到卖草鞋为生的地步，还迷上一种叫"樗蒲"的赌博，有一次跟东晋官员刁逵赌钱，欠了人家一笔赌债，却无力偿还，刁逵气得把刘裕绑在马桩上。上流人士几乎都不愿和刘裕交往，只有琅邪王氏的王谧对他另眼相待。王谧看到刘裕受辱，就让刁逵把刘裕给放了，还替他还上了赌债。王谧慧眼识人，对当时名声不扬的刘裕说："卿当为一代英雄。"

历史学家陈寅恪认为，刘裕的家庭出身属于"次等士族"。其祖辈随晋室南迁至京口后，做过太守、县令之类的地方官，但在东晋"王与马，共天下"的门阀政治中，像刘裕这样的次等士族难以执掌大权。到了东晋末年，门阀政治的游戏规则被打破，刘裕不仅坐上牌桌，还把桌子掀翻，成为这场斗争的最后赢家。

1

在刘裕之前，也有一个想要打破门阀政治规则的次等士族，他就是孙恩。这个玩家的身份有些神秘，他热衷于使用宗教手段。孙恩家世代信奉五斗米道，以道术得幸于晋朝皇室司马氏，但家族南渡之后没有得到重用，沦为次等士族，地位不高，上进无门，他们一直渴望改变这一现状。

晋安帝隆安三年（399年），辅政的会稽王司马道子及其子司马元显发起了一场改革，"发东土诸郡免奴为客者"服兵役，也就是把东部各郡的奴户释放为佃户，并迁移到京师，作为补充兵源的方式。这一举动引发民心骚动，老百姓都不愿意去服兵役，一时，很多信奉五斗米道的教众集结到孙恩旗下。

此前一年，孙恩的叔父孙泰欲聚集徒众起事，但被司马道子父子发现后处死，孙恩侥幸逃脱，躲在海岛上，谋划为叔父复仇。眼见三吴地区动荡不安，孙恩与妹夫卢循（出身范阳卢氏）发动对朝廷不满的江东八郡农民，聚众数十万，掀起了一场动乱。孙恩、卢循起义被认为是一场带有宗教色彩的农民起义，但其领导者孙恩、卢循实际上是对东晋门阀政治发起挑战的次等士族。

面对孙恩大军的挑战，门阀士族将他们的腐朽无能展现得淋漓尽致。会稽内史王凝之是"书圣"王羲之的儿子，出身琅邪王氏，他听说孙恩率领的五斗米教徒要来攻打会稽，非但没有及时设置防备，还整天在家磕头念经，说自己已经请来"鬼兵"对付孙恩。结果，孙恩不费吹灰之力就攻破会稽城，把王凝之抓来杀了。

孙恩退回海上后，谢安次子谢琰奉命抵御孙恩大军，他仗着自己有声望，既不着手安抚百姓，也不筹兵筹饷。手下劝谏他要提防躲在海岛上的孙恩，谢琰却说，像孙恩这样的小贼，如果真敢跑出来，上天也会替我们灭了他。等到孙恩带兵来攻，谢琰饭都没吃，急匆匆地骑马出战，兵败身死。

关键时刻，还得看刘裕。此时，这个穷困潦倒的赌徒已经结婚了，其妻臧氏的父亲是郡里的功曹。男人有了自己的家庭，往往会变得成熟。刘裕不忍心让妻儿跟着自己受苦，决定谋一份正当差事，于是投身北府兵，开始他的戎马生涯。北府兵是发源于京口一带的一支劲旅，由郗鉴发起，后由谢玄重建，军中多是北方侨民中的骁勇之士。在"淝水之战"，前秦百万雄师压境的危机中，北府兵负责长江防务，力挽狂澜，是东晋朝廷的顶梁柱。

谢玄离开北府之任后，北府众将分散各处，到东晋末年，北府兵名将刘牢之成为这支军队的领导者。刘牢之和刘裕一样，祖上都是南渡京口的彭城人。有句话说得好，老乡见老乡，两眼泪汪汪。刘裕身材高大魁梧，天生就是当军人的料，当兵后在军中有口皆碑，很快得到刘牢之的重视。刘牢之将刘裕提拔为自己的参军（参谋军务），命他带兵抵御孙恩大军。

孙恩起义后，一度顺风顺水，却遇到了刘裕这个克星。刘裕被刘牢之任命为参军后，带着几十个人去探查敌情，没想到，中途遇到了孙恩大军的数千兵力。若是一般人，看到这阵仗就该撤了，咱就是出来侦察敌情的，拼什么命啊！可是刘裕不怕，他带着士兵向对方发起进攻，由于寡不敌众，随从士兵全都战死，只剩下刘裕手持长刀奋力砍杀，大声呼喊。孙恩的士兵虽然占优势，却被刘裕的疯狂行为吓傻了，纷纷后退。此时，刘牢之才想起刘裕出去侦察还未回营，派兵去找，竟看到刘裕一个人与数千人对峙的壮观场面。增援的士兵乘机攻击叛军，救出刘裕，并杀死、俘虏了一千多人。经过这次传奇经历，刘裕一战成名。

随着刘牢之大军赶到，孙恩自知不可正面交锋，对部下说："我认为逃跑不是一件羞耻的事。"于是带着手下的二十余万男女老幼向东撤退，躲到海岛上。隆安五年（401年）三月，孙恩再度率军登岸，攻打海盐县（在今浙江省嘉兴市）。刘裕派兵在此筑城防御，多次击退孙恩的进攻，但海盐城中兵微将寡，无法持久作战。到了晚上，刘裕心生一计，他放倒城中军旗，命士兵藏匿起来，等第二天早上打开城门，命几个老弱病残的士兵到城楼上瞭望。

孙恩派人前去打听情报，却听说刘裕的军队昨天夜里已经逃走了，于是信以为真，派兵入城。孙恩军刚一进城，事先埋伏好的刘裕军队就向他们杀来。刘裕的这招儿"空城计"把孙恩军打得大败，孙恩知道难以攻下海盐，带兵转向另一座城池，刘裕乘胜追击，出城阻击孙恩军，使孙恩难以得手。

在北府兵的打击下，孙恩屡战屡败，兵力逐渐衰弱。同年八月，刘裕被东晋朝廷任命为下邳太守，出兵讨伐孙恩。经过三个月的交战，孙恩军被刘裕俘虏、斩杀的士兵数以万计，孙恩不得不再次向海岛逃窜。次年，孙恩在三吴地区掳掠的男女几乎散尽，孙恩害怕被东晋军抓获，便跳海自杀。其党羽与姬妾跟随他投海的多达数百人，时人称之为"水仙"。孙恩死后，其部众由他的妹夫卢循统领，继续在沿海作乱。直到十年后，卢循军被执掌东晋大权的刘裕派兵平定，卢循也选择投海自尽，追随其大舅子孙恩而去。

孙恩、卢循起义，是次等士族通过发动农民夺取政权的一次失败尝试。当初在与孙恩作战中崭露头角的刘裕，也许没有想到，多年后，他将用另一种方式实现孙恩未竟的事业。

2

东晋末年，第二个试图打破门阀政治规则的玩家是桓玄。桓玄出自谯国龙亢桓氏，其父亲是大名鼎鼎的野心家桓温。

桓温掌权时，打破了士族与士族之间的平衡，桓温去世后，谯国桓氏一度被朝廷疏远，这也导致桓温的幼子桓玄早年长期不受重用，还被宗室司马道子取笑。

桓玄二十三岁时，去拜访司马道子，后者正好喝得烂醉如泥。司马道子睡眼惺忪地对身边的宾客说："桓温晚年想篡位，是不是真的？"这话吓得桓玄当即趴在地上，汗流浃背。不过，桓玄对司马道子更多的不是害怕，而是痛恨，恨得咬牙切齿。后来，朝廷任命桓玄为义兴太守，桓玄还嫌官小，郁郁寡欢。他登高俯瞰，叹道："父为九州伯，儿为五湖长！"司马道子父子不得人心，正好给了桓玄可乘之机。

当时，不满司马道子父子擅权的东晋大臣王恭带头起兵，尽管王恭不久后就战败，却引发了东晋地方势力动荡的连锁反应。之后，桓玄凭借其父桓温旧部的支持，夺取桓氏根据地荆州，相继消灭殷仲堪、杨佺期等地方势力，都督荆、江八州军事，威名远扬，鼎盛时占据东晋三分之二的版图。

桓玄自以为可以取代司马道子父子，就写了一封信威胁他们，说现在朝廷的忠臣都得不到你们的信任，一天天的积累终于酿成今天四处动乱的祸患，朝中臣子都不敢说话，我桓玄任职于外地，才敢披露真相。史载，信寄到后，司马道子"见之，大惧"。桓玄从江陵（今湖北荆州）发兵东下，攻打建康（今江苏南京），要把司马道子父子赶下台，并派人劝说北府兵的刘牢之与其合作。刘牢之平时也跟司马道子父子俩不对付，虽然被朝廷任命为先锋对抗桓玄，但他担心自己打败桓玄后，功高震主，更不被司马氏所容（"又恐己功名愈盛"）。当桓玄派人来劝告时，刘牢之不假思索地同意合作。刘裕与刘牢之的外甥何无忌都劝刘牢之不要被桓玄利用，刘牢之却不听，还是投降了桓玄。

等到后来桓玄掌权，任命刘牢之为会稽内史，刘牢之才知道大事不妙，说："这么快就要夺我的兵权，我的大祸就要来临了。"刘牢之那时才想起兵反抗桓玄，要拉刘裕一起去。刘裕却拒绝了老上司，说："将军之前拥兵数万，听到风声就投降桓玄，现在他威名震动天下，朝廷内外都是他的人，你还能到哪里去呢？我要脱去军装，回京口老家去了。"

何无忌是刘裕的好友，他见舅舅刘牢之不靠谱儿，就问刘裕："你说我该怎么办？"刘裕说："在我看来，刘牢之一定难逃一死，你随我回京口，如果桓玄遵守臣子的礼节，我们就一起服从他，否则的话，我们就想办法对付他。"不久后，刘牢之果然起兵失败，被迫自缢而死，之后被开棺戮尸，暴尸于市。正如学者田余庆所说，刘牢之的失败是"败于政治而不是败于军事"，他既不能也不敢突破司马道子父子的宗室名分之重，以及桓玄代表的门阀士族力量。

桓玄集合数州兵力，又收买了北府兵，建康毫无抵抗之力，迅速被攻陷。元兴二年（403年），桓玄带兵进京，在消灭权臣司马道子父子和北府兵将领刘牢之后，废晋安帝，篡位称帝，建立桓楚政权。桓氏家族历经两代经营，终于打破了东晋门阀政治的缺口。但桓玄万万没想到，他所建立的"帝业"很快就被一个次等士族掐灭了。

3

田余庆将桓玄篡晋称为门阀士族统治的"回光返照"，包括之后在京口随刘裕起兵讨伐桓楚的刘毅、何无忌、诸葛长民等人，他们的目的也只在于打倒桓玄，兴复晋室，没有取代门阀政治的意图，所谓"志在兴复，情非造宋"。

但刘裕不同，甚至当时很多人就看出他与众不同。桓玄称帝后，刘裕入朝觐见，桓玄的皇后刘氏认为他是个威胁，就对桓玄说："我看刘裕龙行虎步，眼神顾盼非同凡人，恐怕不能久居人下，不如趁早杀了他！"桓玄却爱惜人才，说："我要平定中原，正需要刘裕这样的人才，等到关中、河洛平定，再来商议此事吧。"桓玄就此错过了除掉刘裕的机会。

元兴三年（404 年），刘裕回到京口，与何无忌等北府兵旧将密谋讨伐桓玄。何无忌夜里在家草拟檄文，他的母亲、刘牢之的姐姐站在凳子上偷偷看着他，哭泣着说："我虽然不能像汉代的吕母（西汉末年反对王莽统治的起义领袖）那样明事理，但你能这么做，我有何遗憾！"何母又问，同谋的都有什么人，何无忌说，有刘裕。何母大喜，说他们起兵必定能成功，桓玄一定会失败。

何无忌与刘裕商定后，就去说服另一位北府兵将领刘毅入伙。两人都很有心机。何无忌先假意问刘毅："桓氏现在强盛，可以讨伐吗？"刘毅也和他绕弯子："以正讨逆，不怕失败，可是我们连一个领袖都没有。"何无忌特意不提刘裕，试探道："您太低估自己了，难道天下之中没有英雄吗？"刘毅也知道何无忌的意思，当即表示，依我所见，只有一个刘裕可成大事。何无忌点头称是，这事儿就这么定了。因此，刘裕被推为讨伐桓楚的盟主，和何无忌、刘毅、诸葛长民等二十七名将领歃血为盟，起兵勤王。

桓玄一向自命不凡，若是别人造反他也不怕，可听说起事的是刘裕，吓得连日惊慌。大臣们说："刘裕军队都是乌合之众，势必无成，不足为惧。"桓玄却叹息道："刘裕足以称为当世英雄，刘毅也是个不要命的赌徒，何无忌酷似他舅舅刘牢之，他们共举大事，何谓无成？"

桓玄不敢与北府兵硬碰硬，而是退守两百里，屯兵于覆舟山（玄武山，今南京城区东北），准备以逸待劳，可刘裕转眼间就打到了江乘（今南京市栖霞区）。刘裕的军队与桓玄手下的勇将吴甫之狭路相逢。刘裕再现猛人本色，手持长刀，大呼迎战，将吴甫之斩于马下，吴甫之部溃散，刘裕进兵至罗落桥（今南京市东北）。随后，刘裕与桓玄另一个心腹爱将皇甫敷大战。皇甫敷设下包围圈，将刘裕困在其中。两军阵前，皇甫敷挑衅地问刘裕："你想怎么死？"说罢举起长戟刺向刘裕，刘裕身陷重围，毫无惧色，对其怒目而视，吓得皇甫敷不敢直视他的目光。

正在此时，刘裕援军赶到，一箭射中皇甫敷的额头。皇甫敷应声倒地，刘裕持刀上前，将其斩杀。临死前，皇甫敷知道刘裕是当世英雄，便向其托付后事："君有天命，我把子孙托付给你了。"刘裕后来果然优待其遗孤。吴甫之、皇甫敷相继战败，刘裕的军队转眼间就打到建康城下，桓玄只好出城向西逃离，回到家族经营的荆襄之地。出城时，桓玄一言不发，拿着马鞭指了指天空，整天都吃不下饭，侍从把粗糙的米饭捧给他，他都咽不下去。

桓玄打破门阀政治的游戏规则，想取代皇权，却成了众矢之的，如过街老鼠人人喊打。之后，桓玄兵败如山倒，一路逃窜到了益州，身边亲信所剩无几。益州督护冯迁到其必经之路埋伏，准备拔刀刺杀桓玄。桓玄从头上拔下用来装饰的玉导，对冯迁说："你是谁，竟敢来谋害天子！" 冯迁大声回答道："我杀的是天子的仇敌！"桓玄被杀后，传首建康，首级悬挂在桥头示众，又一个玩家落败退场了。

4

义熙元年（405 年），晋安帝在刘裕的扶持下重登帝位，刘裕取代桓玄，总揽朝政，授侍中、车骑将军、开府仪同三司、扬州刺史、录尚书事、徐兖二州刺史等。这一系列位高权重的任命，意味着刘裕以一个次等士族的身份，打破了门阀士族长久以来对权力的垄断。他是东晋末年这场政治游戏的第三名玩家，也是最后的赢家。

刘裕重建的北府兵，不仅成为压倒门阀政治的最后一根稻草，还镇压了另一些次等士族的反抗，有前文说到的卢循，还有刘裕昔日的盟友刘毅、诸葛长民。

荆州刺史刘毅虽然当初也推举刘裕为盟主，但不希望刘裕入朝辅政，一手遮天，于是向朝廷提议，把扬州划归他人兼管。刘裕的谋士刘穆之对刘裕说："你千万不要听从！"刘裕起兵时，征召刘穆之为主簿，也就是机要秘书。当时，刘穆之听到京口传来喧闹之声，早晨起来正好遇到刘裕的信使，赶紧回家换了条裤子去拜见刘裕。刘裕说："我刚刚举起义旗，需要一个负责文书的人才，您看谁能担当此任？"刘穆之直截了当地说："将军的军府刚刚建立，仓促之际，恐怕没人比我更合适了。"从此，刘穆之成为刘裕的智囊。刘穆之得知刘毅有意削弱刘裕，于是向刘裕献策，说："东晋朝廷的权柄丢失已久，天命已经转移。您兴复晋朝，位高权重，不可一味自谦。刘毅等人当初和您一样起家于寒微，共同起义，取得富贵，但他们并不是彻底地服从于您，最终还是要互相兼并。现在扬州这块地盘绝对不能拱手让人，权力一旦授予他人，就会受制于人，没有夺回来的机会了。朝廷在商议此事，您就表个态，可以说，'朝中宰辅和地方大员的任免，是国家大事，切不可空谈，等我抽时间入朝，与诸位王公大臣探讨一下人选'。您到达京城后，他们受到威慑，一定不敢越过您，将扬州授予他人。"

刘裕听从刘穆之的建议，果然在朝中坐稳了位置。刘毅见软的不行，就来硬的。义熙八年（412年），占据荆州的刘毅自以为自己当初勤王起兵的功劳与刘裕等同，对刘裕愈发不满，扬言"恨不遇刘、项，与之争中原"，要与刘裕夺权。史载，刘毅"颇涉文雅，故朝士有清望者多归之"，为了对抗刘裕，他与门阀士族的代表尚书仆射谢混、丹阳尹郗僧施等合作。因此，刘毅的抗争，背后也是门阀士族的反扑。

刘裕当时已为太尉，他逼迫晋朝下诏宣告刘毅的罪行，随后亲率大军西征荆州，铲除刘毅党羽。刘毅打起仗来，完全不是刘裕的对手，战败后隐姓埋名逃到江陵的牛牧佛寺，想要投宿，却被拒绝。当初，刘毅追杀桓氏余党，曾经到过牛牧佛寺，处了藏匿桓氏的僧人。此时，寺中僧人对刘毅说："以前亡故的师父是因为收留叛党，被刘毅将军所杀，现在本寺实在不敢再收留外人。"刘毅有一种作法自毙般的宿命感，叹息道："我断了自己的后路，没想到会这样。"说罢，刘毅绝望地上吊而死。

勾结刘毅的门阀士族谢混等人也被处死。后来，刘裕篡晋时，以不能得谢混奉玺绂为遗憾。刘裕起兵时的另一个盟友，出身琅邪诸葛家族的诸葛长民也害怕了，担心刘裕随时会查处他。等到刘毅败亡，诸葛长民更加忧虑，说自己要成为刘邦手下的彭越、韩信了。这两位都是西汉的开国功臣，却下场悲惨。

诸葛长民偷偷问刘裕的谋主刘穆之："外面传言，都说太尉对我不满意，怎会这样呢？"刘穆之立马稳定诸葛长民的情绪，说："刘公西征刘毅，把自己的老母亲和年幼的孩子都交给您，如果不是信任您，哪会这样做？"谋士的嘴，杀人的刀。诸葛长民稍微安定了一些，等到刘裕班师回朝，诸葛长民急忙前去求见。刘裕走下堂来，握住诸葛长民的手，和往日一样谈笑风生，说道："老哥别来无恙，当初我将府中大小事都托付给你，现在也还当你是兄弟，你肯不肯继续为我效力呀？"话刚说完，没等诸葛长民表态，事先埋伏好的壮士已经跳出来，将诸葛长民拉倒，当场杖杀。

5

东晋朝中，再也没有刘裕的对手了。刘裕取得了相国、宋公等位极人臣的官职与爵位，并享有"剑履上殿，入朝不趋，赞拜不名"的特权。在翦除朝中政敌的同时，刘裕发动了对其他政权的征伐。他北上消灭割据青、徐的南燕，西征割据蜀地的谯纵政权，又北伐关中，灭了后秦。这就是南宋辛弃疾在词中所写的："斜阳草树，寻常巷陌，人道寄奴曾住。想当年，金戈铁马，气吞万里如虎。"但是，刘裕的北伐依旧没能收复中原。义熙十三年（417年），他出兵灭后秦后，留下年仅十二岁的儿子刘义真和其他几名将领镇守长安，便行色匆匆地南归。刘裕仓促南归的原因之一，是这一年其心腹刘穆之溘然长逝。刘穆之去世后，朝中没有可以托付的人，所以刘裕一连悲痛数日，决定班师。另一个原因，是改朝换代的时机到了。

刘裕回到南方后，大夏乘机攻入关中，刘裕北伐的胜利成果几乎荡然无存，但四处征战取得的战功，还是巩固了他在东晋朝廷的地位。

篡晋，才是刘裕的终极目标，也是他埋葬东晋门阀政治的最终考验。回到朝中，刘裕进位宋王，加九锡，这是篡位前的标志。刘裕召集朝臣宴饮，从容地说："桓玄篡位时，鼎命已移。我首倡大义，兴复晋室，南征北伐，平定四海，朝廷给我九锡的荣誉。如今我已到暮年，所谓物忌盛满，这不是长久之道，我欲奉还爵位，回去颐养天年。"大臣们都知道他只是在故作推辞，一个个都歌颂其功德，不敢有任何意见。

中书令傅亮喝完酒，走在半路突然领会了刘裕的言外之意，跑回去叩门求见。刘裕给他开了门，傅亮只说了一句话："我现在就入宫。"刘裕明白傅亮的意思，说："那我派几个人护送你。"傅亮出来时已是深夜，只见长星满天，熟知天文历法的傅亮认为，这是吉兆。

东晋元熙二年（420年）六月，傅亮等人暗示当时在位的晋恭帝把皇位禅让给宋王刘裕，并事先起草好了诏书。此前刘裕派人暗杀了无能的晋安帝，准备篡位，但得知晋安帝的前任晋孝武帝在位时流传"昌明（晋孝武帝）之后有二帝"的谶语，迷信的刘裕为符合图谶，就拥立司马德文当傀儡皇帝。

晋恭帝看到傅亮拟好的诏书，倒是表现得很乐观，说："桓玄篡位时，晋朝就已经失去天下了，后来依赖宋王才延续到现在，今天我心甘情愿地禅位于他。"于是，刘裕接受禅让，称帝建国，国号为宋，史称宋武帝。南朝的时代，就此开启。但司马德文禅位后没那么好运，刘裕为绝后患，派郎中令张伟送去毒酒一坛，打算将其毒死。张伟是个好人，认为"鸩君以求生，不如死"，自饮毒酒而死。

司马德文自知刘裕不怀好意，日夜和褚妃同处一室，一切饮食由褚妃打理。刘裕无法从饮食下手，便策划暗杀。他命褚妃的两个哥哥前去拜访，趁褚妃外出和哥哥相见之际，刘裕的刺客越墙而入，给司马德文送上毒药。司马德文知道是刘裕的命令，仍宁死不从，和刺客讲起了哲学，说："佛教有云，自杀者不复得肉身。"鸩杀不成，刺客用棉被将其活活闷死。之后，宋武帝率领文武百官假惺惺地哀悼了三天。

南朝时，门阀士族的势力依然不容小觑，但刘裕重建的皇权政治已经取代了门阀政治。"王与马，共天下"的局面已成往事，宋武帝刘裕就此成为东晋门阀政治的掘墓人。

檀道济：开国功臣必须死

元嘉十三年（436 年），三十岁的宋文帝刘义隆病了。他下了一道圣旨，召回当朝辅政大臣、头号战将檀道济。作为刘宋王朝的缔造者之一，檀道济没有多想，快马加鞭地跟随使者往建康城（今南京）方向狂奔。但一行人刚进宫，便遭到逮捕。随即，一道圣旨示下，檀道济被以企图谋反的罪名处死。

临刑前，这位至死都不知自己犯了何罪的名将，扯下头巾摔到地上，指着宋文帝皇宫所在的方向，怒吼道："乃复坏汝万里之长城！"然而，与自毁长城相比，宋文帝显然有更大的心魔。

1

作为功高震主的将领，檀道济早年曾是宋文帝的父亲、宋武帝刘裕的得力臂助。与真实出身存疑的刘裕不同，檀道济是如假包换的山东高平檀氏后人。只不过，他生活的年代正值天下大分裂时期。频繁的政权更迭，伴随着永无休止的战争动乱，手无寸铁的世家大族只能追随他们的主君流徙。经过几轮迁徙，待到檀道济出生时，高平檀氏已成南方落魄大户。此时，避居南方的东晋王朝始终没有放弃与士大夫共天下。檀道济的叔叔檀凭之凭借出身与才学，跻身朝堂，为国效力。在檀道济父母去世后，檀凭之收养了檀道济兄弟四人，视若己出。

士大夫与皇族共天下的结果，便是士族势力膨胀。到了东晋中后期，以晋明帝女婿、大将军桓温为首的龙亢桓氏家族对朝廷构成了巨大威胁。桓温死后，中央大权落入了另一头等氏族——陈郡谢氏领袖、司徒谢安手中。为了抗衡以荆、扬两州为军事基地的龙亢桓氏，也为了时刻防范北方势力南侵，谢安令其侄子谢玄在京口（今江苏镇江）一带编练北府兵。

而京口，正是高平檀氏南迁之后的祖居之地。在保家卫国的号召下，檀凭之、檀道济等檀氏子弟先后加入北府兵团，并在那里遇到了他们未来的"明主"——刘裕。

檀凭之和刘裕，两个年纪相当、同样感受过民间疾苦的人，一下子便成了军中的"过命兄弟"。刘裕身材高大魁梧，天生就是从军的料。一进军营，就受到了冠军将军孙无终的器重，收到麾下当了个司马（相当于军事秘书）。檀凭之也不差，凭借自己的出身，他受到了权臣、会稽王司马道子的赏识，当上了行参军（相当于军事参谋）。两人在各自的道路上辛苦地奔跑着。

东晋太元八年（383年），"淝水之战"爆发，北府兵一战成名。檀凭之和刘裕也相继成了这支新军的中坚力量。或因孙无终的荐举，刘裕转投北府兵首领刘牢之帐下，成了一名参军。凭借自己与刘裕的关系，檀凭之则向刘裕引荐了自己的侄儿檀道济。从此，檀道济与刘裕乃至其后的刘宋王朝命运，死死绑在了一起。

2

晋安帝元兴元年（402年），桓温之子桓玄据荆州造反时，檀道济迎来了命运转折点。当时，缔造北府兵团的陈郡谢氏领袖谢安、谢玄等人均已谢世。风水轮流转，天下世家再度以龙亢桓氏马首是瞻。龙亢桓氏的继承人是桓温之子桓玄。与其父相比，桓玄更是傲气十足，野心满满。

桓玄迅速兴兵，并极力劝说拥有世家背景的武装力量首脑与之结成同盟。时任北府兵领袖的刘牢之，正是桓玄极力想拉拢的军事人物。桓玄掌握朝政大权，改元称帝建立"伪楚"政权后，刘牢之终究难逃一死。刘裕是刘牢之一手提拔上来的，如今军中的"恩人"被杀，他怎能吞得下这口气？于是，在檀凭之、檀道济等二十七名忠实追随者的拥护下，刘裕悍然发动了"京口起义"。

作为这群人中年纪最小的檀道济，"京口起义"之时他不过十八九岁。可年龄并不妨碍英雄的军事才能，在他的建议下，刘裕先后斩杀桓修、桓弘等桓氏重要成员。从京口出兵，直捣建康，将掌权的桓玄逼到无路可走，最终兵败被杀。凭借突出的战功，檀道济脱颖而出，成了刘裕手下最重要的军事将领之一。

3

剿灭桓玄之后，刘裕逐渐成为东晋末期最有实力的军事人物，檀道济也逐渐展露出了与众不同的军事才干。从当时的社会情感以及对东晋政局的影响考虑，北伐几乎是东晋末年权臣们崛起的必经之路。因此，晋安帝义熙十二年（416年），刘裕继桓氏、谢氏后再度兴兵北伐。檀道济被安排与另一名将王镇恶合作，各领一支奇兵，为全军先锋。

趁着后秦皇帝姚兴病危，皇子们为争夺帝位大打出手之际，檀道济与王镇恶两人通力合作，兵分两路直捣许昌、洛阳。短兵相接，一夕破城，后秦征南将军姚洸等四千余人被迫出城投降。面对这群多如牛毛的俘虏，手下建议檀道济效仿战国时期"杀神"白起坑杀赵国四十万大军的先例，将他们全部坑杀，以绝后患。一些将领也认为，若以俘虏的人头累筑成"京观"，不仅可以震慑其他来犯之敌，还可以炫耀南朝军功，使将军威名远播。

但檀道济厉声阻止了部下的残忍行径，并传令诸军称："伐罪吊民，正在今日！"他认为，王师以正为律，北伐并非为了扩大战争，而应采取以战止战的态度，讨伐罪恶，安抚百姓。若擅意杀人，以血腥取乐，实乃得不偿失。他采取的军事怀柔政策，很快收获了北方民众的一致认可。

4

420年，失去门阀拱卫的东晋被刘宋政权所取代。刘裕摇身一变，成为刘宋王朝的创始人，史称宋武帝。改朝换代，出力颇多的檀道济及其身后的高平檀氏家族，自然成了王朝新贵。在刘裕称帝过程中，东晋以来维持的门阀政治平衡已被彻底打破。故而，恢复皇权政治，成了刘裕新朝改革的重头戏。这也使得他必须更加依赖和倚重亲族及忠于自己的重臣势力。

可这样一来，高平檀氏等军功家族的崛起，似乎又为下一场门阀政治的来临埋下了伏笔。北府军在晋宋交替时，展现出其强大的军威和实力。面对当下局面，刘裕颇为忧心，恐后人很难驾驭这支强大的武装及其背后的军功家族。为了新王朝的安稳，他不顾部分军中老人的阻挠，强势将北府兵破拆，一分为二。分裂后的北府军团，一半由其儿子刘义真统帅，另一半则划归檀道济统领，全数发往前线，替新朝镇守边境。

刚做完这些，宋武帝刘裕便在病痛中离世了。尽管刘裕在夺位之后，对檀道济等旧将多少有些猜忌，但临终前，他仍旧展现出一丝善意，告诫太子刘义符："檀道济虽有干略，而无远志，非如兄韶（檀韶）有难御之气也。"一句话，檀道济还是值得信任的。

也正是因为这种信任，檀道济才没有遭遇"狡兔死，走狗烹"的命运，反而成了宋少帝刘义符的四大辅政大臣之一，继续发挥着为刘宋建功立业的余热。然而，"帝二代"刘义符根本不是什么值得托付的明君。父皇刘裕一死，他就在宫中大办音乐会。为了满足个人私欲，奸淫百姓，烧杀掳掠，他都干过。对于四大辅臣的善意提醒，他置若罔闻，甚至摆出一副"谁敢挡朕，谁就死"的态度。

就在辅臣与新帝激烈博弈之时，北方崛起的北魏政权发兵中原，直取虎牢关。檀道济只能再度披挂上阵，替昏庸的新帝苦战于第一线。对于"忠志之士忘身于外"这件事，刘义符却没有任何感激的想法，甚至还想趁机夺权，整倒全部的辅政大臣。眼看刘义符还不如"扶不起的阿斗"，辅政大臣徐羡之萌生了废立的想法。

刘裕临终前做的权力分配是，徐羡之、傅亮掌内政，谢晦、檀道济统兵于外。徐羡之手上并无一兵一卒，因此，他极力想要说服四大辅臣统一战线，争取早日废除刘义符，匡扶刘宋江山重归正道。一番劝说后，谢晦首先倒戈。唯独檀道济对废立之事，始终持反对态度。对檀道济而言，少帝不仅是主公刘裕的托孤对象，更是自己多年的"老上级"。刘裕称帝前，曾以世子刘义符镇守大本营。那时，檀道济便是刘义符手下的参军顾问人员。

史书虽未明确说明二人先前的关系，但想必宋少帝与檀道济交情较深。故而，徐羡之等三人在筹划政变的过程中，从未试图强行说服檀道济。他们只待诸事齐备时，再以国家将有丧事为名，召檀道济入宫，委婉告知其中枢的统一意见是"废黜宋少帝"。如此，檀道济即便内心纠结，也不得不站出来投支持票。因为他知道，一旦政变成功，徐羡之等人掌了权，下一个要对付的政敌，必然是他檀道济！

5

内心极度撕裂的檀道济，做出了一个惊人的举动。政变当日，他引兵居前，入守朝堂，给其余三个"乱臣贼子"放风警戒。檀道济不按常理出牌，虽短暂保住了自己乃至高平檀氏的安稳，但接下来的政局剧变却终究将其裹挟其中，而渐入万劫不复之地。按照"兄终弟及"的顺位，刘义符被废后，继承刘宋皇位的自然是他的二弟刘义真。此人年纪小，比起哥哥来，还算老实。当年刘裕在世时，也曾多番在军事上大力培养，可谓是继位的最佳人选了。但他"爱好文义"，以文才显名，身边也时常围绕着谢灵运、颜延之等清玄士族代表。

徐羡之担心，当时门阀政治还未完全消弭，由刘义真登基，恐使自己的既得利益严重受损。既如此，何不先下手为强？于是在徐羡之、傅亮等人的策划下，刘义真被提前冠上"不尊少帝"之罪，废为庶人，随后被杀。

面对混乱的局面，檀道济却没有及时拨乱反正，只是如言官一般，力陈不可，随后在三位辅政大臣意见一致的情况下，默认了刘义真被诬杀的事实。所有祸患解除之后，徐羡之随即将他属意的三皇子、宜都王刘义隆扶上皇位，史称宋文帝。作为这场政变的最大获益者，宋文帝并非庸弱无能之君。因此，兴高采烈等着新君封赏的徐羡之等人，很快就后悔了。

宋文帝先是给徐羡之、傅亮等政变功臣"升职加薪"，等到其坐稳江山，徐羡之、傅亮等人也不可避免地走入了人生的死胡同。檀道济作为四大辅臣之一，宋文帝对他同样非常忌惮。檀道济及其背后的北府军势力，始终是刘宋初期历次废立中的关键力量。也正因北府军的强大，宋文帝不得不对檀道济示好，并多加抚恤。或许是感受到来自新帝的善意，檀道济也适当利用自己的影响力，替新帝维持朝政稳定，并出兵剿灭曾经同在一条战壕内的辅政大臣、卫将军谢晦。

为报答檀道济的佐命殊功，宋文帝令其出任江州刺史，并督江夏、新蔡等四郡军事，进位征南大将军。然而，宋文帝与檀道济的关系始终只是利用，而非信任。在檀道济出镇江州后不久，朝中很快出现了对檀道济的不良评价。就连宋文帝也认为，檀道济的所作所为，与三国时代的司马懿类似，此人不可信任！

为了巩固自己的地位，宋文帝派自己的亲信、另一名北府名将到彦之夺了檀道济的兵权。一生为刘宋王朝出生入死的檀道济，只能黯然退场。

6

然而，这一切还远未结束。为了刘宋王朝的将来，开国功臣檀道济必须死！但无故杀大将，传出去名声不好，檀道济安然活过了一些岁月。直到元嘉七年（430年），宋文帝的心腹到彦之在北伐途中，被北魏军队打得落荒而逃，连宋文帝专门为之打造的新型武器装备，也通通送给了北魏军队。宋文帝再度起用被孤立许久的檀道济后，战场形势才得以扭转。

檀道济的政治智商不高，但却是军事上的智将。他和到彦之都是北府兵出身，打仗方法却迥然不同。上任后，檀道济不着急带部队进攻。他命人担来了许多沙子，天天在营中以斗量沙，一斗一斗唱数，将河沙堆积如小山，最后在上面覆盖一层米。檀道济的虚张声势，很快为北魏的奸细所探知。北魏军方一致认定，檀道济实施的是反间计，目的是借南军投降步卒的谣言，引北魏部队进攻南军，以便落入其事先布置妥当的"口袋阵"。

自以为掌握了战场动态的北魏部队，就这样被檀道济吓跑了。可檀道济这一"吓"，无形中也吓到了宋文帝。与年富力强的檀道济相比，晚生后辈宋文帝体弱多病。檀道济军功日盛，让宋文帝更加坚信，自己死后，将无人可制服檀道济。与亲信胞弟、执掌朝政大权的彭城王刘义康一番密谋之后，一个致力于谋杀元臣宿将檀道济的计划启动了。

7

元嘉十二年（435年）冬，宋文帝又病了。按照事先计划，刘义康请宋文帝下诏将檀道济从地方上召回，宿卫宫中。一向认为自己乃一代忠臣的檀道济，自然不会想到这是宋文帝正在请君入瓮。接到命令的他，随即准备启程回京。临行前，或许预感即将出事，檀道济的妻子曾善意提醒丈夫："高世之勋，自古所忌，今无事相召，祸其至矣。"很明显，就连檀道济的妻子也认为，丈夫此去凶多吉少。

然而，檀道济却宁愿只身赴死，不做退缩。考虑到北魏政权对刘宋王朝的威胁，宋文帝在"杀与不杀"之间又做了数次权衡，以致在宫中值班月余的檀道济，随着边境战事的吃紧，又迎来了一线生机。可是，檀道济"立功前朝，威名甚重，左右腹心并经百战，诸子又有才气"，这些特征对于刘宋王朝的君权强化都是严重的阻碍。犹豫再三的宋文帝，最后还是下达了杀人的命令。

病情稍缓后，宋文帝命令檀道济还镇江州。随后，宫中又传出宋文帝病笃的消息。在彭城王刘义康的引领下，未加设防的檀道济一脚踏入了只有皇帝才能步行的"祖道"，落下个"因朕寝疾，规肆祸心"的罪名，随即被有司逮捕入狱，以死罪论处。

元嘉十三年（436年）春，一代名将檀道济被杀，天地动容。史载，"道济死日，建邺地震，白毛生"。

檀道济被杀后，南北朝军事态势的一系列不良反应逐渐显现。听闻老对手被杀，北魏王朝上下举杯庆祝，一些曾参与南北战事的魏人直言："道济已死，吴子辈不足复惮！"紧接着，北魏王朝先发制人，年年南征，搞得宋文帝颇为头疼。他只能依靠"元嘉之治"带来的红利，再兴北伐大业，企图将北方的影响降至最低。

但檀道济的死，虽解除了宋文帝的戒备，却也彻底瓦解了北府兵团的军心。自宋武帝重建北府兵团以来的那批功臣宿将一一凋零，北府军团后继无人，檀道济提及的"自毁长城"咒语自动生效。即便此后宋文帝曾两次发起北伐，始终都逃不过"元嘉草草，封狼居胥，赢得仓皇北顾"的宿命。

檀道济死后十五年，北魏太武帝拓跋焘率兵长驱直入，进抵瓜步，与刘宋王朝隔岸叫板。直到此时，宋文帝才无奈悲呼："若道济在，岂至此！"然而，历史岂堪回头！

刘子业：乱伦、杀弟、欺叔、辱祖

南朝宋大明八年（464年）八月，宋孝武帝刘骏驾崩不到三个月，他的皇后王宪嫄也到了弥留之际。临终前，身为太后的王宪嫄想见亲生儿子、新帝刘子业。她派人前往皇帝寝殿传达自己的意思，却遭到刘子业的无情拒绝。刘子业对前来宣旨的官人称："民间传说病人身边多鬼，太后就剩最后一口气了，身边索命的鬼恐怕更多。朕是刚刚登基的天子，哪能去那种鬼地方？"

官人不敢隐瞒，回去后将皇帝的话一五一十地汇报给了王太后。王太后听完，脸色铁青，费了老大劲才强撑起身，怒吼道："拿刀来，你们赶紧取刀来，我要剖开我的肚子，看看我到底是造的什么孽，才生出这样没心没肺的儿子来！"官人只能再次前往皇帝寝宫，劝说刘子业奉行孝道。但刘子业仍然无动于衷。几天后，王宪嫄薨逝，刘子业更加肆无忌惮。他不仅马上命人赐死了自己的兄弟刘子鸾、刘子师，挖开先帝宠妃殷淑仪的坟墓，还号召宫人提着桶，往自己的父亲、宋孝武帝刘骏的陵墓泼大粪。

刘子业的所作所为，很快遭到朝中重臣和皇室宗亲的口诛笔伐，但事情还在朝着更坏的方向发展。

1

刘子业是宋孝武帝刘骏的嫡长子，史书初时称其"少好读书，颇识古事，粗有文才"。还不到五岁，他就被宋孝武帝立为皇太子。然而，宋孝武帝的皇位并非依靠嫡长子继承制获得。在刘子业的祖父宋文帝刘义隆时代，刘骏只是一个普通的皇子，十岁不到，就被宋文帝狠心丢到地方出镇，负责抵御北魏军队南下侵扰。成家生子后，刘骏让王宪嫄、刘子业母子住在京师建康（今江苏南京），自己则带着大军出镇各地。

元嘉三十年（453年）前后，宋文帝欲行废立之事，惹恼了太子刘劭。刘劭发动宫廷政变，率东宫卫军闯宫弑父，并派人给刘骏等兄弟送信，要他们拥护自己。为了逼迫兄弟们就范，刘劭将刘子业以及其他宗室藩王的家眷一同关在侍门下省，只要有兄弟敢反对他，他就将这些子侄辈全部杀掉。

当时，刘骏担任南中郎将，率领沈庆之等名将在南方围剿叛乱。听闻政变消息，他只能一面派人奉表入朝，以示对刘劭的归顺之心，另一面则命沈庆之等各路将领收缩部队，准备起兵讨伐刘劭。

在此过程中，被刘劭胁迫在身边的江夏王刘义恭逃出建康，投奔刘骏。刘劭毫不客气地将刘义恭的十二个儿子通通杀害，同时，命人隔一段时间就到侍门下省提人，他要将这些子侄们一个个杀掉。这时，刘劭身边的尚书令何尚之谏称，"凡举大事者，不顾家口"，像刘骏、刘义宣、刘诞这些公然打着旗号讨伐您的人，根本就不会在乎自家人的死活。您杀了他们的亲属，不仅起不了威慑作用，反而会留下擅杀的罪名，让刘骏他们师出有名。

也正因如此，刘子业最后躲过了刘劭的屠刀。但刘劭的残酷杀戮，给刘子业留下了不可抹除的心理阴影，这势必也对他日后登基称帝所展现出来的变态心理造成间接的影响。悲哀的是，刘子业的内心正在一步步扭曲，身为父亲的刘骏却未能及时发现。待到刘骏成功推翻其兄成为皇帝后，其暴戾的一面又给群臣及刘子业留下了更深的阴影。

史料记载，宋孝武帝刘骏登基后，为人严暴。平日里将群臣当作奴隶，"睚眦之间，动至罪戮"。即便是江夏王刘义恭、亲信柳元景、颜师伯等重臣，只要对他稍有忤逆，也会遭到当廷杖打。

作为皇位接班人，孝武帝对刘子业的管教更是严苛。有一次，他西巡归来，刘子业像往常一样拿着自己的监国作业请父亲批改。没想到，当孝武帝看到儿子那狗爬式的烂字时，顿时火冒三丈，指着刘子业的鼻子痛骂："书不长进，此是一条耳。闻汝素都懈怠，猖戾日甚，何以顽固乃尔邪！"孝武帝不听儿子辩解，要其跪在自己面前承认罪过，这未免给刘子业的心灵造成了不堪回首的伤害。

然而，孝武帝并不关心这一切，他看到的是另一个威胁自己帝位的问题——东宫。自从刘子业被册封为太子之后，孝武帝就有意无意地将当初宋文帝与太子刘劭的悲剧关系套用到自己身上。为了压制东宫势力，他一边加强禁卫军实力，一边有意削减东宫禁卫。他下诏："以将置东宫，省太子率更令、步兵、翊军校尉、旅贲中郎将、冗从仆射、左右积弩将军官。中庶子、中舍人、庶子、舍人、洗马，各减旧员之半。"这下，本来就受父亲严责的刘子业，在朝臣眼中跟失意皇子没啥区别了。

不仅如此，在皇后王宪嫄年老色衰之时，孝武帝又把一腔爱意全部赠给了宠妃殷淑仪及其爱子刘子鸾。殷淑仪原是少府殷琰家人，因故被竟陵王刘义宣占为己有。后来，刘义宣反孝武帝败亡后，殷淑仪便成为后者的妃子。正史中也有不同的记载称，殷淑仪是刘义宣之女，孝武帝逼淫堂妹。真相究竟如何，不得而知。但殷淑仪与刘子鸾的出现，确实让刘子业的处境形如"弃子"。

为了讨好皇帝，朝中大臣纷纷见风使舵。明知刘子鸾只是一个比刘子业年纪都小的稚童，这些大臣还是不遗余力地吹捧刘子鸾，使其五岁封王，八岁拜相，各方面碾压刘子业。在这样残酷且严峻的环境下，刘子业的性格变得"猖急"，心理进一步扭曲。最终，伴随着孝武帝和王皇后的相继离世，长期受打压的刘子业彻底释放出无穷无尽的罪恶。

2

太后王宪嫄尸骨未寒，刘子业就派人找来了自己的亲姐姐山阴公主，邀请其进入后宫，陪自己吃饭睡觉，谈情说爱。山阴公主自小就和弟弟感情深厚，刘子业的圣旨一到，她就抛下驸马，跑进宫中与弟弟同床共枕。

作为刘宋皇室里出了名的"颜控"，山阴公主酷爱男色。当初，孝武帝将其许配给天下有名的美男子何戢时，她也曾犯过"花痴"，可是日子一久，便觉得不够刺激。趁弟弟宣召自己进宫，她果断向弟弟讨要男人。山阴公主给出的理由是："陛下与我，虽男女有别，然皆为先帝所出。没理由你能后宫三千，而我只独享驸马一个，这样不公平！"

公主用血缘说项，本身就非常离谱。但刘子业并未觉得对方僭越，两手一挥，当天就赏给了姐姐三十名美男子，要求他们务必满足公主的一切需求。从此，专指男宠的"面首"一词诞生了。

有了三十个美男子还不够，山阴公主转头又看上了吏部郎褚渊。褚渊是天下第一美男子，宋文帝之女南郡公主的驸马，也就是刘子业和山阴公主的姑丈。刘子业可不管这些，为了满足姐姐的需求，他亲自下诏，让褚渊上门服务。可怜的褚渊到了山阴公主府上，始终坚持非礼勿视。山阴公主将其囚禁了十天，其间不断进行撩拨，他始终"整身而立"，不为所动。山阴公主毫无办法，只能将其"完璧归赵"。另一边，刘子业又盯上了自己的姑姑新蔡公主。他借口许久未与新蔡公主见面，甚是想念，召其入宫小住。

新蔡公主是宋文帝的小女儿，她的驸马何迈是何戢的族叔。新蔡公主进宫前，何迈警告她不要做出对不起他、对不起何家的事情。新蔡公主发誓，只要小皇帝敢胡来，她就一头撞死在大殿上。不承想，新蔡公主一进宫，刘子业就把她推倒床上，强行侮辱，事后还要求姑姑改换姓氏，封她为谢贵嫔。新蔡公主抵死不从，可刘子业有的是办法。他命人给姑丈何迈送去一具女尸，谎称是公主遗体，宣布新蔡公主死亡。

何迈觉得事情有异，明知死者不是新蔡公主，但仍举办了盛大的丧礼，暗地里却集结了一大帮为自己效命的死士，打算行废立之事。可惜事情败露，何迈遭斩杀。

3

宋孝武帝本来就不信任自己的儿子，所以临终前特别给刘子业留了道遗诏："（刘）义恭解尚书令，加中书监，柳元景领尚书令，入住城内。事无巨细，悉关二公。大事与沈庆之参决，若有军旅，可为总统。尚书中事委颜师伯，外监所统委王玄谟。"根据遗诏，国事无论大小，都由刘义恭和柳元景两位辅政大臣说了算。如遇军国大事，沈庆之有权参议并总揽一切带兵打仗事务。至于颜师伯和王玄谟两位老臣，则负责处理天下奏章以及护卫京畿宫城安全。

但刘子业不想被别人安排人生，他与辅政集团的矛盾日益加深。尽管王玄谟和沈庆之两人也在辅政大臣之列，但实际上，自刘子业登基之日起，他们就被其他三位辅政大臣边缘化。毕竟孝武帝驾崩时，他们已是年近七旬的老人了。刘子业登基时，沈庆之获赐几案、手杖、三望车之类的荣誉，随之被小皇帝勒令回家养老。

即便如此，刘子业想要独掌皇权，也毫无机会。因为在刘义恭、柳元景、颜师伯之外，还有戴法兴、戴明宝以及巢尚之等人。这些人都是孝武帝的亲信，是他重用寒素打压豪族的代表人物。想当初孝武帝责打群臣时，巢尚之总能"临事解释，多得全免"，这种技能绝不是平日里只懂"重足屏气"的刘义恭、柳元景、颜师伯等重臣可比的。至于戴法兴和戴明宝，虽然出身寒微，但都是掌握朝廷人事任命的大臣。戴法兴还担任过刘子业的东宫师傅。朝堂权力由此演变成戴法兴等人与刘义恭辅政三人组的争夺。

史载，刘子业即位之初，"凡诏敕施为，悉决（戴）法兴之手"，刘义恭、柳元景等钦命辅政大臣全都成了摆设。如此一来，即便戴法兴在刘子业东宫时代有教导之功，仍无可避免地站到了皇权的对立面。

为了劝谏刘子业学好，估计戴法兴也会沿用孝武帝的严苛做法。据史料记载，戴法兴在教育刘子业时，曾说过"官所为如此，欲作营阳耶"这样要命的话。戴法兴口中的"营阳"，是刘宋王朝的第二任皇帝宋少帝刘义符。刘义符继位两年后被废为"营阳王"，很大程度上是因为辅政大臣不满他的所作所为。如今，戴法兴以此为例劝谏刘子业，很难不让小皇帝心生不满与恐惧。

当刘子业听到身边宦官华愿儿汇报"外间云宫中有两天子，官是一人，戴法兴是一人。官在深宫中，人物不相接；法兴与太宰、颜、柳一体，吸习往来，门客恒有数百，内外士庶，莫不畏服之"时，他决定动手了。永光元年（465年），刘子业下令免去戴法兴本兼各职，让其回家养老。不久后刘子业又后悔，派人收回成命，改为将戴法兴流放边地。最后，刘子业还是决定杀了戴法兴，这算给辅政集团一个警告。

为了让后世记住他的"杰作"，戴法兴下葬之日，刘子业亲自拿着斧头跑到老师墓前，对着棺材前后就是两下。见棺材一头一尾的"福寿"二字被削去，他才满意离开。仅仅过了一天，他又跑到戴法兴墓前，将其棺材刨出，纵火焚烧。这下，戴法兴才算彻底"死绝"了。

4

戴法兴的死，显然达到了刘子业的预期目标。听闻戴法兴被锉骨扬灰，刘义恭等人一时狂喜，冷静后却是冷汗直冒。消息传入建康的第二天，刘义恭、柳元景、颜师伯三人私下召开了"通气会"，商量着要不要把刘子业废了，由刘义恭即位称帝。三人兵力不足，所以开会前主动找到了沈庆之和王玄谟。王玄谟一听他们几个想造反，吓得直接保证："你们只管造反，这事我看不见也听不见，成不成功都不要算上我！"沈庆之则没有明确表态。当年，刘义符被徐羡之等辅政大臣废杀时，他是殿中员外将军，虽然没有史料指明他参与政变，但数十年前那场政变的细节，他永远也不会忘怀。

一番犹豫之后，沈庆之还是当起了叛徒，向刘子业举报了刘义恭等人欲行废立之事。就这样，刘子业令沈庆之调动部队，分别包围了刘义恭、柳元景、颜师伯的家。永光元年（465年）八月十三日，柳元景、颜师伯、刘义恭三人相继遭难。当时临近中秋节，刘子业为了泄愤，亲自提刀上门将叔祖刘义恭开膛破肚，震慑众人。

刘子业终于可以独掌大权了。但他的内心还是不踏实。因为刘宋前面几任皇帝都太能生了。拿宋文帝刘义隆举例，他在位三十年，生了十九位皇子。刘子业的父亲孝武帝刘骏更强，除了刘子业和被杀的刘子鸾、刘子师，他还有二十五个皇子。

刘宋皇帝之所以持续生出这么多孩子，除了延续香火的需要，最重要的是让这些小孩子以宗王的身份出镇各地，以保证刘宋王朝不会因为突如其来的外臣篡权抑或是成年宗室叛乱而导致覆灭。作为这套制度的设计者，宋武帝刘裕当初的设想是极好的，可到了孝武帝刘骏和前废帝刘子业时期，那批由刘裕、刘义隆两代皇帝安插于各地的小宗王已渐渐长大，成了威胁皇权的宗室割据势力。

于是，借着清理江夏王刘义恭等辅政大臣的势力，刘子业把杀戮的矛头指向了驻扎在各地的年长宗王。当时，宋文帝刘义隆诸子中，年龄最大的藩王，当属义阳王刘昶。此人向来偏执急躁，"好犬马，爱武事"，虽然没有公开反对过刘子业，但与刘义恭的关系很不错。或许是预知刘子业打算对付自己，刘昶先派使者进京表忠心。不料使者才到建康，刘子业就对外宣布刘昶谋反，吓得刘昶连老婆孩子都不顾，只身北上，跑到北魏去寻求庇护。

刘昶跑了，刘子业不免内心烦躁。恰在此时，谣言四起，声称："湘中出天子，江南起杀机。"在湘中就藩的宗王，就有年龄仅次于刘昶的湘东王刘彧。因此，刘子业一次性将湘东王刘彧、建安王刘休仁、山阳王刘休祐等三位较年长的藩王召入京中，加以监视。由于平时不注意锻炼，刘彧、刘休仁、刘休祐三兄弟体脂率普遍偏高，这便让一向心理变态的刘子业想到了对付他们的办法。三位王爷一进宫，刘子业就让他们脱去衣服，然后命人搬来一杆大秤，分别给三人称重，胜出者可获得"猪王"封号。毫不意外，传说一顿饭能吃两百条肉的湘东王刘彧胜出，成了刘子业加封的"猪王"。其他两人，刘子业也颁发了安慰奖，以刘休仁为"杀王"，刘休祐为"贼王"。

重新给三人定了封号后，刘子业就想借机"杀猪"。他命人将刘彧捆起来，抬到烤炉前。所幸"杀王"刘休仁急中生智，叫嚷着不年不节不吃猪，刘彧才得以逃过一死。随后，刘子业令人将刘彧拉到猪圈里，跟宫里的大肥猪关在一起，一日三餐只能在猪槽里与猪争食。就这样，一位平日里养尊处优的王爷，变成了一头人可食其肉、寝其皮的牲畜。刘子业的心理变态，可见一斑。

收拾完叔父们，刘子业又把矛头对准了自己的兄弟们。在孝武帝的诸子中，晋安王刘子勋排行老三。根据以往的经验，刘子业的祖父刘义隆排行老三，做了宋文帝；他的父亲刘骏排行老三，成了宋孝武帝。刘子勋恰好排行老三，那么，他是不是也会自立称帝呢？刘子业不敢多想，他亲自给刘子勋写了封信，拿刘子勋跟父亲刘骏和祖父刘义隆做了比较，然后说："你只有死了，我才能心安。"不料，当刘子业派人带着信和毒药前往刘子勋封地时，信使却突然叛变，将刘子业要杀刘子勋的消息告诉了刘子勋手下的长史邓琬。

本着姓刘者皆可王天下的原则，邓琬当机立断，拥立晋安王刘子勋，发兵讨伐刘子业。刘子勋镇守的江州宣告独立，其他各地州郡开始跟风反对朝廷。刘子业的末日悄然到来了。

5

由于杀人太多，刘子业渐渐出现了幻听，夜里做梦也时常见到受他迫害的人化身厉鬼，前来找他索命。他变得十分迷信，对待大臣的手段也愈发残忍，建康城内人人自危。

在这个当口上，"猪王"刘彧更加坐立不安。他思量着，与其让人当猪一样杀了吃肉，倒还不如趁机反了，也许还有一线生机。于是，他想办法派人找到了自己的典签阮佃夫。典签本来是孝武帝安排到地方藩镇负责监视宗王的中央官员，可自从刘子业登基以来不务正业，导致阮典签在长期与中央失联的情况下，被刘彧收买了。

接到刘彧的密令，阮佃夫联系上了同乡寿寂之。此人一直负责刘子业的饮食起居，对这位暴君的性格和行为可谓了如指掌。此前因为一点儿小事，寿寂之不慎惹恼了刘子业，刘子业便整日研究着怎么把他杀了。不等阮佃夫细说，寿寂之便同意加入刘彧阵营。在两人的拉拢下，外监典事朱幼、细铠主姜产之、细铠将王敬则、中书舍人戴明宝等皇帝的近臣皆参与了进来。他们计划由巫师告诉刘子业，皇宫的华林阁有鬼，引诱刘子业去射鬼。如此，便能将刘子业自戒备森严的寝殿内引出，借助鬼神之力将其杀死，并增加刘彧替天行道的神秘色彩。

景和元年（466 年）十一月三十日夜，趁着刘子业点兵讨伐刘子勋之际，被寿寂之买通的巫师告诉刘子业，他梦中的鬼魂刚刚现身华林阁一带。刘子业一听便来了兴趣，让寿寂之等人给他准备好盔甲弓箭，他要亲自上阵杀鬼。殊不知，这头皇帝正兴致勃勃地预备杀鬼，那头寿寂之便给随行的姜产之发出了动手的暗号。等刘子业反应过来，寿寂之等人已经手持兵器来到自己面前。

眼见大事不妙，刘子业下意识就弯弓搭箭射向寿寂之。或许是因为慌乱，他一箭也没射中对方。寿寂之不会给刘子业下一个机会，他瞅准时机一刀劈倒了刘子业。至此，这个在人间作恶两年的小皇帝，生命被定格于十七岁。

刘子业死后，叛军直奔猪圈，为正在与猪共进晚餐的刘彧穿上龙袍，"猪王"摇身一变成为宋明帝。然而，刘宋王朝却没有迎来拨乱反正的复兴。由于刘彧的皇位得来纯属偶然，比起狂躁暴虐的刘子业，他更沉迷于屠戮宗室，亲近佞臣。加之刘彧身患隐疾，为了延续香火，他想出了"借腹生子"的办法，让自己的嫔妃与朝臣中强壮有力的男子过夜，搞得朝堂与后宫一片乌烟瘴气。

如今，刘宋皇帝这种整体性的荒淫残暴，常被历史学家们拿来与北齐的高氏家族做比较，并严重怀疑刘宋皇族存在某种不为人知的家族精神病。但人性从来都是复杂的，在险恶的政治环境中，往往绝情的杀戮者，才可能有资格和能力主宰自己的命运。在巨大的压力下，他们只能用血腥屠戮和残暴不仁，去掩饰内心的恐慌与脆弱。这本质上是制度缺失带来的恶果。

可悲的是，在这样一个王朝里，恶魔都成了皇帝。

萧道成：皇族内讧中的躺赢者

齐高帝萧道成临终前，告诫将要即位的长子萧赜（齐武帝）说："若不是刘宋骨肉相残，我们怎能乘其衰败夺取皇位，你要深深地引以为戒啊！"

萧道成认为，他能够篡宋建齐，是因为刘宋皇室自相残杀，给了他可乘之机。此前，南朝宋的刘氏宗亲为了夺取皇位大打出手。宋孝武帝刘骏起兵夺位后，为稳固帝位，揭开了大杀宗室的序幕。前废帝刘子业在位时，刘骏之弟湘东王刘彧被刘子业常年虐待，刘彧遂与亲信合谋弑君，废侄自立，随后也向亲人们举起了屠刀。此后，镇守各地的宗室为求生存，多次发动叛乱，刘宋政权摇摇欲坠。

作为地方大将的萧道成，正是在这样混乱的局面下开启了他的夺权之路。

1

景和元年（465年），宋明帝刘彧干掉了他那个"问题少年"侄子——宋前废帝刘子业，自立为帝。但几乎在刘彧弑君夺位的同时，镇守江州（治所在今江西九江）的官员拥立宋孝武帝之子刘子勋为帝，向都城建康（今江苏南京）发动进攻，声称要讨伐弑君的刘彧。由于刘子勋一党自称年号为"义嘉"，史称"义嘉之难"。

这场内乱，实际上是叔侄两派的内斗。萧道成时任辅国将军，加入宋明帝一方。在晋陵（今江苏常州）的关键战役中，萧道成与诸将协同作战，使宋明帝军反败为胜。历时八个月的义嘉之难平定后，刘子勋被宋明帝的另一员大将沈攸之斩首。

卷入叛乱的刘子勋年仅十一岁，他可能至死都不明白，自己为何会沦为他人争权夺利的工具。刘子勋的其余兄弟也被宋明帝赐死，至此，孝武帝一脉被连根拔起。

立下战功的萧道成，成了宋明帝眼前的红人。之后，为了抵御北魏大军与义嘉残党，宋明帝命萧道成出镇淮阴，行南徐州事。这一刻，萧道成的命运发生了转变。

陈寅恪先生对南朝时江左的政局变化有一个整体论断："南朝之政治史概括言之，乃北人中善战之武装寒族为君主领袖，而北人中不善战之文化高门，为公卿辅佐。互相利用，以成此江左数百年北人统治之世局也。"

萧道成出身兰陵萧氏，自称"布衣素族"，实际上属于陈寅恪所说的"次等士族"。萧道成与日后建立南梁的梁武帝萧衍有一个共同的先祖——东晋初年寓居江左的淮阴令萧整。算一算辈分，萧衍比萧道成小一辈，算是萧道成的族侄，萧衍的父亲还给萧道成当过副将。小名"斗将"的萧道成十五岁就上了战场，跟着父亲萧承之征沔北蛮、抗北魏，为刘宋屡立战功。

萧道成身为武将，却博学有文采，少年时随学者雷次宗研读《礼记》《左氏春秋》，被他这位兼通儒佛的老师称赞为"良璞（比喻为可以琢磨的美玉）"。长大后的萧道成不仅写得一手好字（"工草隶书"），而且爱好下棋（"弈棋第二品"），文化素养很高。但是，直到出镇淮阴前，萧道成都只是刘宋朝廷的"打工人"，他没有自己的地盘，也没能形成一股强大的政治力量。

时势造英雄。青徐之地自宋武帝刘裕灭南燕收回以来，就是北魏与刘宋争夺的战略要地，这片地区盘踞着由河北迁入青徐的世家大族，如平原刘氏、清河崔氏等，史称其"土方二千，户余十万，四塞之固，负海之饶，可谓用武之国"。宋明帝在位时，淮北之地被北魏夺去，不愿入魏的青徐大族纷纷依附于出镇淮阴的萧道成。这些地方豪右可不是软脚虾，他们各自都有大量部曲，形成一股地方武装力量。

于是，萧道成在镇守淮阴的数年间"收养豪俊，宾客始盛"，组建成自己的政治阵营，崔、刘等望族也"先睹人雄，希风结义"。史家认为，这是萧道成"造齐"的关键。学者周一良对此评价道："萧道成之代宋，即以淮阴为根据。其在淮阴所援引要结者，多为来自北方聚于其地之荒伧，后乃成为建立齐朝政权之武力支柱。"

创业是需要资本的。经过几年历练，萧道成已经不是当年那个在战场上奋力拼杀的武将，而是坐拥青徐集团的地方大员。

2

此时，宋明帝刘彧在忙着杀弟弟。宋明帝当年受过侄子刘子业的惊吓，当上皇帝后大权在握，也变得疑神疑鬼，整天担心宗室来夺他的皇位。

有一次，宋明帝约他十三弟晋平王刘休祐到山上打野鸡。走到半路上，明帝暗中派侍从把刘休祐拉下马，然后围殴他，把这个王爷活活打死了。事情办完，这些侍从假装惊呼："晋平王坠马啦！"刘休祐死后，宋明帝命人拆掉马车的轮子，做成一副担架，把他的尸体抬回去。

建安王刘休仁和宋明帝年龄相仿，虽不是一母所生，但从小在一起玩耍。宋明帝夺位时，刘休仁曾立下拥立之功，可后来还是引来了哥哥的厌恶。宋明帝病重时，征召刘休仁入宫觐见，让他留下来过夜，然后暗中派人对其下毒药。刘休仁得知自己中毒后，大骂道："你刘彧能得到皇位，是谁出的力啊？孝武帝当年就是因为残害兄弟，如今才会断子绝孙。如今你又干同样的事，大宋的江山岂能长久啊！"宋明帝担心没把刘休仁毒死，强撑着病体出门查看情况，直到刘休仁死去才安心回宫，随后下诏给他安了一个结交禁军、阴谋造反的罪名。

宋明帝一连杀了几个弟弟，唯独留下了桂阳王刘休范，只因他觉得刘休范"人才凡劣"，才放他一马，让其镇守江州。没想到，宋明帝死后，刘休范很快就反了。

宋明帝翦除宗室的做法，不仅有悖人伦，也不利于刘宋政权的长治久安。《宋书》的编撰者沈约认为，刘宋宗室兄弟相残，开了一个坏头，导致日后皇权衰落、权臣当道，江山被萧道成所夺，即所谓"本根无庇，幼主孤立，神器以势弱倾移，灵命随乐推回改"。

在残害诸弟的同时，宋明帝也隐约感受到了来自地方的威胁。泰始六年（470年），宋明帝诏令萧道成入朝。当时萧道成在南兖州刺史任上，民间流传一句谶语："道成有异相，当为天子。"这肯定是有人搞的鬼。宋明帝听说后有点儿怀疑萧道成，就命他入朝为官。

萧道成正在暗中壮大势力，当然不愿去建康，于是就听从部下的建议，派几十名骑兵进入北魏边境，四处张贴告示，北魏军被引诱后也派人到边境巡逻。萧道成把这个消息添油加醋地报告给宋明帝。宋明帝吓得赶紧让萧道成官复原职，继续镇守淮阴。

还有一次，宋明帝派使者去见萧道成，并带着一个装满酒的银壶作为赏赐。萧道成不禁感到害怕，以为酒里有毒，不敢喝。但皇帝赐的酒，不喝就是不忠。

这名使者倒是个好人，就把实情告诉萧道成，并先饮一杯，以证明此酒无毒。萧道成这才放心喝下，叩谢皇恩。使者回去后，也向明帝上奏萧道成没有不臣之心，宋明帝于是逐渐放松警惕。泰豫元年（472年），宋明帝病危，下诏任命朝中大臣褚渊、刘勔、袁粲以及地方的荆州刺史蔡兴宗、郢州刺史沈攸之一起担任顾命大臣，辅佐年少的太子刘昱（即宋后废帝）。

这是萧道成政治生涯的第二次转机。五位顾命大臣中，褚渊早在刘彧尚未即位时就与之关系友好，后来刘彧病重，召见褚渊入宫，流着眼泪对他说："我急召你前来，是想让你穿上黄棉袄啊！"黄棉袄是乳母的服装，宋明帝的意思是要托孤。

褚渊曾评价萧道成道："此人材貌非常，将来不可测也。"或是出于过往交情，或是为制衡其他顾命大臣，褚渊向病榻上的宋明帝举荐萧道成。在褚渊的反复劝说下，明帝又下了一道诏书，任命萧道成为右卫将军，兼领卫尉，与褚渊、袁粲等人"共掌机事"。当天晚上，宋明帝就去世了。

此前，萧道成已经入朝，来到建康。周一良认为，东晋以后政权嬗代之特征之一，就是夺取政权者在外建立根据地后，必须控制政治中心建康。不入虎穴，焉得虎子。萧道成也是这么盘算。当部下劝他再度拒绝朝廷的任命时，萧道成说："主上自以为太子幼弱，正在大肆诛杀宗室诸王，这是皇室内部的权力斗争，与朝臣无关。如今应该当机立断，不能在外观望，不然会引起怀疑。况且骨肉相残，祸难将兴，正是我与诸位勠力同心的时候。"

3

宋明帝一死，之前屠杀宗室的恶果立马显现。战战兢兢逃过一劫的桂阳王刘休范看似资质平庸，其实也有自己的小算盘。他自认为在现存宗室中辈分最高，却未能入朝任宰辅，深感愤恨，于是在江州起兵叛乱。面对刘休范军队大举东下，坐镇建康的萧道成提出"坚守以待贼至"的战略。

萧道成说，以往长江上游叛乱，很多都是因为行动迟缓而失败，刘休范必定会吸取教训，派轻装部队顺流而下，发动突袭，现在我们不宜远征，应该在新亭（今南京市雨花台区）等地屯兵，坚守宫城、东府、石头城，叛军深入千里，没有粮草储备，又无法速战，自然就会崩溃。

一切果然如萧道成所料，刘休范为了速战速决，千里奔袭，很快抵达建康城外。萧道成看着如黑云压城般的叛军，淡定地说："叛军多而乱，不用多久就能击破他们。"叛军越攻越猛，却始终无法进入建康，刘休范愈发急躁。此时，萧道成派出卧底张敬儿、黄回到刘休范营中假装投降。刘休范得到张、黄二人后大喜过望，还以为自己得到了建康城防的机密情报，于是把张敬儿、黄回安置在身边。有一天，张敬儿见刘休范酒醉，取下他防身的佩刀斩下刘休范的首级。刘休范的首级本来要被萧道成部下送回建康，但半路上遇到叛军，他们情急之下把首级扔到了水沟里。

刘休范遇刺后，他的部下起初并不知情，继续带兵作战，围攻建康。萧道成的军队到新亭时，还有很多人以为是刘休范的军队，写信自报姓名，自称要效忠桂阳王。等到刘休范已死的消息传来，叛军便作鸟兽散。萧道成将之前得到的名册焚毁，说刘休范已死，你们的名字我也烧掉了，不要忧虑。萧道成班师后，建康城的百姓在道旁聚集观望，纷纷指着他说："全国家者此公也。"

刘休范之乱平定两年后，元徽四年（476 年），又爆发了宗室刘景素之乱，萧道成再次带兵平叛。刘宋宗室的内斗不仅动摇了刘氏的统治，还成了萧道成建立功绩的机遇。他树立了权威，成为朝中"四贵"之一，总领禁卫军，掌握内朝兵权。

4

萧道成得势的另一个原因是，当时在位的小皇帝刘昱不得人心。宋后废帝刘昱当太子时就很不让人省心，宋明帝多次命他的生母陈太妃管教，甚至把他揍一顿。但严厉的教育没有改善刘昱的性格，反而让他变得喜怒无常，行为荒诞。刘昱当上皇帝后，像他的堂兄刘子业和父亲刘彧一样凶狠残暴。他经常带着武器出巡，与随从伤害路过的行人，甚至连孕妇也不放过，百姓不堪其扰，只好日夜闭户。有人告发有三名大臣谋反，刘昱亲自带兵突袭他们三家，将他们全部诛杀。

太后多次规劝后废帝刘昱，刘昱很不高兴。有一年端午，太后送给刘昱一把羽毛扇子，刘昱嫌弃它不够华丽，竟然要毒杀太后，幸好被近臣劝阻。史书中关于其暴君行径的记载是否可信，早已不得而知。一旦皇帝与权臣矛盾激化，皇权与兵权交织缠斗，事情就没那么简单了。据现有史料分析，刘昱极有可能想要除掉日渐显赫的萧道成。

刘昱曾径直闯入萧道成的领军府，当时天气炎热，萧道成正在午睡，袒露着上身。刘昱就拿他的肚脐眼当箭靶，亲自拉满弓，准备射击。此时一名侍从对皇帝说："萧将军的肚皮很大，是个好箭靶，但是您一箭射死他，以后就不能射了，不如改用'骲箭'。"骲箭即用骨头做成的箭，没有尖锐的箭头，不会射死人。之后，刘昱一箭射中萧道成的肚脐眼。刘昱扔下弓箭，大笑道："我的弓术如何？"面对刘昱的嘲弄，萧道成只好用上朝的笏板护住腹部，连声说："老臣无罪。"

此后，萧道成忧惧，暗中与袁粲、褚渊商议废立之事。有人劝萧道成逃往外地起兵，但考虑到地方藩镇起兵很少有成功的案例，萧道成便取消了这个方案，而是想利用小皇帝独自外出的机会发动政变。

萧道成的忧虑并没有持续太久。其心腹爱将王敬则得知上司的心思，买通了刘昱身边的侍从杨玉夫等人。元徽五年（477年）七月，刘昱坐车出城，和侍从们比赛跳高，然后到寺庙偷狗，让僧人帮他煮狗肉。酒足饭饱后，刘昱回到仁寿殿睡觉。侍从杨玉夫平时备受宠爱，但也经常遭到恐吓，这天刘昱睡前，突然跟杨玉夫说："你出去看到天上的织女星过天河时就来叫醒我，没有看到我就杀了你。"

这句玩笑话要了刘昱的命。等到刘昱沉睡，杨玉夫与其他侍从合伙刺杀了刘昱，割下其首级，献给王敬则。这个少年天子被杀时年仅十四岁。王敬则快马加鞭赶往领军府，拍门大声呼叫。萧道成起初还以为是小皇帝的诡计，不敢开门，王敬则只好把刘昱的首级从墙外扔到了院子里。

萧道成看清楚是刘昱的首级后，立刻身披战袍，骑马入宫，与袁粲、褚渊等拥立十一岁的安成王刘准为帝（即宋顺帝）。至此，萧道成掌管朝廷大事，兼并军国大权，势力遍布内外，当时南朝十九个州中，有八个被萧道成的亲信掌控。

5

刘昱被杀那天，王敬则带兵追随萧道成入宫。王敬则拔刀威胁其他顾命大臣，说："如今大事都应该听从萧公安排，谁敢反对，就血溅当场！"王敬则还要取来南朝皇帝专属的白纱帽给萧道成戴上，请他登基称帝。萧道成故作推辞，呵斥道："你知道你在干什么吗！"满朝文武都不敢说话，只有袁粲敢站出来，但是被王敬则喝退。朝中的袁粲与地方的沈攸之，这两个顾命大臣是萧道成称帝的最后阻碍。

当初宋明帝委派的顾命大臣中，褚渊向来与萧道成关系亲密，而出身陈郡袁氏的袁粲名重朝野，不愿与萧道成合作。此外，宋明帝还留下了抑制内朝的外藩力量，其中，沈攸之都督长江中游八州，拥有"兕甲十万，铁马千群"。双方矛盾一触即发。沈攸之也是萧道成的老朋友，早在宋孝武帝时，他们就一同在皇宫中担任侍卫，一起值过班。由于感情深厚，沈攸之还与萧道成结为儿女亲家。然而，在权力的欲望下，友情无比脆弱。

眼见萧道成势力急剧膨胀，沈攸之打着勤王的旗号起兵，顺江东下，并写信谴责萧道成杀害幼主，在朝中安置亲信。沈攸之在信中说："你擅自更换朝廷重臣，连皇宫中的钥匙都归你家人保管。我不知道当年霍光和诸葛亮的遗书中是否也这样写。你既然有篡宋的野心，那我也有当申包胥的志向。"申包胥是春秋时期楚国名臣，曾助力险些亡国的楚国复国。

沈攸之起兵后，萧道成一边任命长子萧赜为西讨都督，一边与褚渊商讨退敌之策。褚渊告诉他："西边反叛之事必定失败，萧公应当先防备朝廷内部。"褚渊所说的朝中隐患，正是袁粲。袁粲为了响应沈攸之，与其他几名大臣密谋刺杀萧道成。袁粲虽然有名望，但平日里"好饮酒，善吟讽"，没有治国之才。当时，袁粲认为褚渊也是顾命大臣，就把谋杀萧道成的想法告诉他。别人劝他千万不能说。袁粲解释说，尽管褚渊和萧道成关系要好，但在大事上他哪敢有异心？褚渊得到消息后，马上去告知萧道成。

当时，袁粲驻守建康要塞石头城，想要假传太后之令，发动兵变，攻打在建康城中指挥的萧道成。但他的队友也不给力。另一个大臣刘秉，要去石头城接应袁粲，本来约定夜里出发，但刘秉惊慌失措，天还没黑就拉着妻妾、家产前往，手下几百人把道路给堵住了。临出发前喝粥，刘秉的手颤抖不止，把粥都给倒在胸口。

这样一帮文弱书生，当然干不过武将出身的萧道成。萧道成派出一小支军队，轻松地攻下石头城。袁粲看到城中火光四起，对儿子说："我不失为忠臣，你不失为孝子。"说罢，袁粲父子被萧道成的军队杀死。城中纷纷传唱歌谣："可怜石头城，宁为袁粲死，不作褚渊生。"对于支持袁粲的忠臣，萧道成没有赶尽杀绝，而是下令"并赦而用之"，这是他的仁慈，也是收买人心的举措。

解决朝中的袁粲后，萧道成率兵出新亭，问其心腹骠骑参军江淹，说："现在天下大乱，你认为结果会如何？"江淹就是成语"江郎才尽"的那位主角，他也是齐、梁两朝的重臣。面对萧道成的询问，他答道："成败的关键在于贤德与否，不在兵力多寡。萧公雄武有奇略，一胜也。宽容而仁恕，二胜也。贤能尽力相助，三胜也。民望所归,四胜也。奉天子以伐叛逆,五胜也。而沈攸之有五败,他性格急躁,气度狭小,一败也。有威望而无恩德,二败也。将士离心离德,三败也。地方势力和豪门大族不支持,四败也。孤军深入而没有同党援助,五败也。沈攸之就算有十万豺狼,最终也会被我们俘获。"

此时,沈攸之没有一鼓作气东下,而是全力进攻坚固的郢州(治所在今湖北武昌),白白耗费了大量兵力。于是,萧道成分兵攻下了沈攸之的大后方江陵城(今湖北荆州),断绝了沈攸之的退路。沈攸之在前线受阻后,想要退回江陵,却听说后方已经失守,手下将士也纷纷逃走。沈攸之走投无路,与其子逃到华容附近,在树林中上吊自杀。

扳倒袁粲、沈攸之后,萧道成在朝中已没有对手。升明三年(479年),萧道成轻易地从宋顺帝手中夺取皇位,称帝建国,国号为齐,史称南齐。以齐为国号是其亲信崔祖思的意思,他借谶语"金刀利刃齐刘之",认为"金刀利刃"就是刘宋的"刘",而萧道成称帝,正是顺应天命。

哪里有所谓的天命?萧道成能够代宋自立,不过是因为刘宋皇室自相残杀。宋顺帝下诏禅位后,不敢前去参加禅让仪式,躲了起来。萧道成的亲信王敬则带兵进宫,拉着木板车把皇帝接出宫。宋顺帝含着泪问王敬则:"你要杀我吗?"王敬则说:"只是让您搬到别的宫殿居住,您的祖先当年取代晋朝的司马氏也是这样做的。"

宋顺帝哭泣着捻弹手指,说:"希望以后生生世世都不要再生在帝王家。"宋顺帝刘准被废为汝阴王,本来萧道成约定好了不杀他,但此后经常有士兵闯入汝阴王的府第。最后,刘准被一伙闯入府中的乱兵杀死,却以病故报告给萧道成,萧道成也没有处罚凶手。之后,萧道成大肆诛杀刘宋宗室,只有宋武帝族弟刘遵考的家族得以幸免。这是因为刘遵考的儿子刘澄之与褚渊交好,褚渊多次为其求情。

6

文武双全的齐高帝萧道成,不失为一代明君。在位四年间,萧道成革除了刘宋末年的诸多暴政,整顿朝政,安抚百姓,为富国强兵而提倡节俭。史载,萧道成"以身率下,移风易俗",规定宫中用金、铜制作的器具全部换成铁器。他自己身上也不戴贵重物品,而将衣服上的玉佩等挂饰取下,命人将其打破,又下令"诸王悉不得营立屯邸，封略山湖"。

萧道成经常说："使我临天下十年，当使黄金与土同价。"直到去世前，萧道成最担忧的，就是刘宋同室操戈的悲剧重演，因此反复告诫其子萧赜（齐武帝）。

但南齐与南朝宋一样，陷入了宗室相残的命运。齐武帝萧赜即位时已人到中年，白发人送黑发人，太子萧长懋先于他去世。武帝留下遗诏，不立年长的次子，而是让皇太孙萧昭业继承皇位，由萧鸾等重臣辅政。齐武帝死后，大权旁落到萧鸾手中。

萧鸾是萧道成的侄子、萧赜的堂兄弟，由萧道成抚养长大。萧鸾野心勃勃，掌权后先后废杀齐武帝的孙子昭业、昭文兄弟，之后自己当了皇帝，是为齐明帝。齐明帝仿照上一个明帝，为维护皇位采取了最简单粗暴的方式，即屠杀宗室，特别是杀害齐高帝与齐武帝的后代，完全不顾叔父的养育之恩。有学者统计，齐高帝十九个儿子和武帝二十三个儿子中，除萧嶷（高帝次子，《南齐书》著者萧子显即萧嶷之子）一支有后人外，其余都被齐明帝杀尽。

南齐只存在了短短二十三年，随着宗室被大肆屠杀，皇权再度衰弱。后来，与南齐皇室同出自兰陵萧氏的权臣萧衍篡夺皇位，建立南梁。

历史，有时就是一个悲催的轮回。

萧赜：一代英主的继承人困境

在生命的最后时刻，齐武帝萧赜失算了。作为一代英主，他膝下曾有一位太子萧长懋。按照故事的发展，皇帝驾崩，太子登基，天下依旧是太平盛世。可在齐武帝病逝前半年，太子萧长懋却先一步去世了。储君去世，于国而言，影响巨大，这让老父亲倍感忧伤。

萧长懋的丧事结束后，齐武帝便下诏立南郡王萧昭业为皇太孙。萧昭业是萧长懋的嫡长子，立其为皇太孙自然符合皇位继承程序。但与此同时，齐武帝把次子竟陵王萧子良拉到身边侍疾，兼管宫中宿卫。萧子良世人称贤，"朋友圈"里都是各大门阀世家的优秀子弟。在齐武帝诸子中，除了萧长懋，他大概是最众望所归的皇子。

　　一边拉萧子良入局储君之争，一边却在有意扶植皇太孙势力，齐武帝在继承人问题上的踌躇，最终埋下了祸根。永明十一年（493年）七月，齐武帝萧赜驾崩，皇太孙萧昭业登基。一年后，竟陵王萧子良病死，南齐自此堕入毁灭的深渊。

1

　　年轻时，齐武帝萧赜是果决的。身为南齐开国皇帝长子，他和父亲萧道成之间只差十三岁，父子如兄弟。后来，南齐开国，就有萧赜的一份功劳。

　　南齐之前，南朝的政权是由刘裕创办的宋朝。刘宋时代，除宋文帝刘义隆等少数几个皇帝外，国主几乎都年少夭亡，故宗室内乱频发。萧赜二十五岁那年，宋孝武帝刘骏驾崩，即位的是喜刑杀宗室、大臣的前废帝刘子业。未几，刘子业的叔叔、"猪王"刘彧发动政变，废帝自立，是为宋明帝。宋明帝的捷足先登，令同样心存废帝心思的邓琬措手不及。邓琬是宋孝武帝第三子、晋安王刘子勋的长史。为了实现自己的野心，邓琬不顾朝廷现状，执意将仅十岁的刘子勋推上皇位，意图与宋明帝分庭抗礼。

　　刘子勋的父、祖均在兄弟中行三，数字的魔力，让邓琬更加确信，刘子勋才是天命所归。果不其然，刘子勋的登基，换来了很多前朝旧臣的支持。这其中，就包括了萧赜的顶头上司、时任南康相的沈肃之。

　　而萧赜的父亲萧道成，此时是宋明帝钦点的十四位讨逆主将之一。不愿与父亲决裂的萧赜，毅然选择反对晋安王势力，于是被上司沈肃之投入监狱，生命危在旦夕。艰难时刻，萧氏族人及门客"劫法场"，才将萧赜救了出来。沈肃之勃然大怒，立即组织近千人的大部队，全城地毯式搜捕萧氏一伙。情况危急，萧赜没有多想，带人调头准备反杀沈肃之。萧赜的反常行径，瞬间打乱了沈肃之的部署。凭借几十号人，萧赜愣是杀散千军，擒获沈肃之，立下大功。

　　鉴于晋安王刘子勋的势力已在赣西南一带崛起，萧赜决定南下助父亲一臂之力。他自号"宁朔将军"，带着百十来号人，辗转躲入广东揭阳的深山老林中，打起了游击。由于粤赣一带地形复杂，晋安王部队几次围剿皆以失败告终。

　　在此期间，萧赜始终没有孤军奋战。他设法联络了前南海太守何昙直、晋康太守刘绍祖、东莞郡童禽等一批"倒刘子勋"势力，以战养战，扩充实力。在刘子勋大军进攻南京之际，萧赜的几点星星之火，帮助朝廷在南方改变了战局。刘子勋叛乱被平定后，萧赜又追随父亲萧道成，在一次次征战中，历练自己，积攒功勋。

然而，宋明帝并未给刘宋王朝带来多少安稳的时间。担心自己死后，众兄弟"搞事情"，宋明帝咽气前，杀了宗室诸王，唯有桂阳王刘休范因庸劣无能，逃过一劫。谁也没想到，正是这位素无威望的宗王，挑起了刘宋宗室的最后一场内斗。

元徽二年（474 年），假借皇帝圣旨，桂阳王发动了"清君侧"兵变。尽管整个叛乱令朝廷付出惨痛代价，但在开战首日，桂阳王就被萧道成的部下张敬儿取了项上人头。桂阳王的阵亡，不仅给此次叛乱画上了句号，更标志着刘宋成年宗室的凋零。在这种情况下，凭借军功升上来的萧道成一路畅通无阻，很快就成了如曹操般的一代权臣。

2

不过，萧赜终究没能成为这个时代的曹丕。因为耐不住性子的萧道成，在达到权力顶峰的一刹那，便决定实现自己的"帝王梦"。他一举废掉宋顺帝刘准，自己践祚登基，开创萧齐王朝，是为齐高帝。

始终居于父亲之下的萧赜，摇身一变，成了齐国太子。这一年，萧赜已经四十岁，萧道成五十三岁。常言道，四十不惑。晋升为太子的萧赜，却难料前路。萧道成称帝时，年龄已偏大。这些年虽创业艰难，萧道成却从未忘记给萧家开枝散叶，故萧赜以下，还有十八个小弟弟。这其中，对皇权更替威胁最大的，是豫章王萧嶷。萧赜与萧嶷一母同胞，皆齐高帝发妻刘智容所生，是南齐仅有的嫡亲皇子。两人之间只差四岁，在齐高帝的称帝进程中，二人皆为左膀右臂。

尽管齐高帝曾盛赞萧赜"类我"，但内心却难掩对萧嶷的偏爱。晋宋以来，刺史均不负责清剿南蛮部众的工作。可齐高帝给了萧嶷特权，他不仅身兼荆、湘二州刺史，还兼领南蛮校尉，集军政大权于一身。当时的荆、湘之地，是长江中下游地区中农业最发达的区域。单是荆州一地，每年的税收就可高达三千万钱。而南朝以来，荆州始终是长江沿岸最重要的军镇，"资实兵甲居朝廷之半"。萧嶷享受的待遇，仅次于太子萧赜，但齐高帝觉得这还不够。某次，萧嶷患病久治不愈，齐高帝不惜破坏规矩，大赦天下为儿子祈福。待萧嶷痊愈后，齐高帝又亲临儿子府上饮宴，并准其乘舆入宫。

而相似的情况到了萧赜这边，便大打折扣了。凭借开国的佐命殊功，再加上这些年的政斗经验，萧赜当太子期间，行事多有主见，不按常理出牌，这导致他经常受到齐高帝的训斥。老父亲的差异对待，一下子成为政治风云的"导向标"。不管他们愿不愿意，萧赜和萧嶷都不可避免地成为南齐两大政治势力站队的符号。

南齐开国以来的第一场政治动荡随之而来。建元三年（481年）秋，奉齐高帝之命拜谒祖陵的萧赜，差点儿丢了太子宝座。萧赜刚出发，齐高帝的亲信荀伯玉就站出来告状，称太子在东宫信任佞臣张景真，任由其胡来，僭越逾制，全无体统。而太子也自恃年长，"朝事大小悉皆专断"。以往朝廷上下都颇感不妥，只因太子在朝，大家莫敢有言。如今太子短暂离朝，我荀伯玉不怕死，定要给陛下拆穿这豺狼猛兽的真面目。

荀伯玉早不说晚不说，偏偏这个时候告状，明眼人大概都能看出他另有小算盘。但这个没什么政治根基的人，对齐高帝的忠心毋庸置疑。盛怒之下的齐高帝下令搜检东宫，荀伯玉的小算盘几乎就要成功了。紧要关头，宽仁弘雅的萧嶷不顾朝廷中人将他与太子对立，直接骑快马出京，连夜面见了太子萧赜，打乱了荀伯玉一切美好的布局。

接到消息的萧赜，一刻也不敢停留，赶紧飞奔回宫，向父亲请罪。齐高帝故意将萧赜晾在一边，下令让两个孙子萧长懋及萧子良将张景真的首级斩了报来。张景真的惨死，父皇的震怒，令萧赜瞬间醒悟——原来，这天下还不是他的。

搜检风波草草收场，太子萧赜重病了一个月，却始终没有"悔改"之意。余怒未消的齐高帝，再度萌生了"以豫章王嶷代太子之意"，只不过，他的骤逝终止了这一切。

3

建元四年（482年）三月，称帝仅三年的齐高帝萧道成匆匆病逝，终年五十六岁。同月，太子萧赜即位称帝，是为齐武帝。萧赜的顺利登基，意味着齐高帝至死也没有更改遗诏。一个可能的原因是，齐高帝担心换太子会引起宗室相互杀戮。另一个原因则是，萧嶷这一支，后人多是如萧子云、萧子晖、萧子显这样的文人。从长远来看，若以萧嶷为帝，到第三代就难以选出一个合适的迭代之君。顺利登基后的萧赜，最终选择了与弟弟和睦相处。

不过，早先告状的荀伯玉就没有这么幸运了。齐高帝临终前曾留有圣旨，让萧赜善待荀伯玉。但萧赜一登基，便将荀伯玉、垣崇祖等曾经挑拨其父子关系的人通通杀掉。用大半生的光阴，才换来一个至尊宝座，齐武帝一天也不敢懈怠。他虽是武人出身，却颇懂得治国之道。偏偏水旱天灾，年年驾临他统治的王朝。为此，他一再颁布赈恤政策，调控人口，加强社会管制。

从刘宋时代以来形成的错误机制，到了南齐时期依旧未能得到修正。为了征收苛捐杂税，朝廷专门设置了"台传御史"一职，从中央直达地方催逼百姓。这些官员到了地方后，普遍卡拿索要，以致"万姓骇迫，人不自固"。基层官员的腐败，致使齐武帝的赈济政策收效甚微，备受诟病。粮食歉收，百姓为了维持生存，甚至将新生婴儿溺死，导致人口减量。

而南齐正值百废待兴之际，"产子不育"不仅造成社会人口失衡，也引起劳动力严重短缺。齐武帝忧心忡忡，却找不到问题的关键。他只能一再要求，赈灾必须做到"蠲恤之宜，务存优厚"，可这样依旧是治标不治本。直到数年后，齐武帝才终于找到了解决问题的密钥。当时无论贫富，社会普遍盛行"财婚"，也就是说，凑不够一定的彩礼，娶媳妇就没门儿。

齐武帝认为，解放生产力，那就先解决"剩男剩女"问题吧。永明七年（489年）四月，他颁诏晓谕天下，提倡民间节俭婚姻，只要"合卺之礼无亏"，婚姻之事即可成立。为了促成"俭婚"风气，他带头削减皇室婚姻用度，以身作则。很快，南齐的生产力被陆续解放出来。

在外部关系上，齐武帝与北魏通好，减少了军事调动，边境较为安定。齐武帝执政的十一年间，齐国迎来一个小康的安定局面。由于他的年号是"永明"，史称这一时期为"永明之治"。《南齐书》提到："永明之世十许年中，百姓无鸡鸣犬吠之警，都邑之盛，士女富逸，歌声舞节，祛服华妆，桃花绿水之间，秋月春风之下，盖以百数。"

4

但这短暂的治世十分脆弱。当时朝廷的财政收入，主要靠赋税征收，而征收赋税又靠一整套对全国民众的户口、财产统计册为依据，即"黄籍"。但从刘宋时代开始，黄籍制度已经紊乱。原因是战争时期军队广泛招募兵员，并对有战功者进行封赏，这些人享有免税、免劳役的权利，由此造成纳税、服役人口的急剧减少。但大多数获得免税、免役权的人口并非有真实战功，而是靠请托行贿获得虚假的功勋记录。

这背后对应的是，寒门家族（即庶族地主阶层）崛起。这些新兴的寒族为了跻身世家大族的行列，从而免除所承担的赋役，往往向"人口普查"官员行贿，在户籍登记中加入伪造的父祖爵位和战功。早在齐高帝时期，朝廷就设立校籍官和置令史，来清查户籍，打击"冒籍"行为。齐武帝继续其父政策，将那些被认为是伪造的户籍，一律退回本县改正，称为"却籍"。而本来应服役纳赋但利用造假户籍逃避的，都要继续承担赋役，称为"正籍"。

在"却籍"的过程中，检籍官的弊病又暴露出来——他们贪污作弊，导致"应却而不却，不须却而却"。一方面，应该"却籍"的家族通过行贿，不用却籍了，继续伪装世家大族；另一方面，检籍官为了完成核籍，把一些不应该"却籍"的家族拎出来凑数。这就引起了基层矛盾。齐武帝对此并不知情。他只见到治下百姓竟然闹事而不配合朝廷工作，遂断然下令，要求将所有阻挠却籍工作的人，通通判罚兵役，分配边境戍守。

永明三年（485年）冬，一个名叫唐寓之的却籍户，起兵叛乱了。唐寓之祖籍富春，祖孙三代皆以看风水、择墓地为业。他自幼习武，乐于济贫救困，为乡里所爱戴。朝廷却籍政策引发民怨后，唐寓之以"抗检籍，反萧齐"为号召，聚众四百余人，在新城（今杭州富阳区新登镇）揭竿起兵，夺取官军武器，开仓库，济贫民。继而挥师直捣富阳，邻县百姓闻风响应，聚众三万余人，声势浩大，陆续攻克桐庐、钱唐、嘉兴、永兴、诸暨等地。

次年春，唐寓之在钱唐建立政权称帝，国号吴，改元兴平，立太子，置百官。接着，派部将攻打东阳郡。东阳太守萧崇之、长山（今浙江金华）县令刘国重被杀，一时朝野震动。齐武帝紧急调度数千禁军前往镇压，双方在钱唐交锋。唐寓之的部下无充分应战准备，又缺乏抗御骑兵经验，终于全线溃败，唐寓之亦战死。虽然唐寓之叛乱没有持续多长时间，但朝廷的却籍政策依然受到庶族地主的激烈反对，并未随着唐寓之的失败而平息。

学会妥协成了齐武帝的一项修养功课。他最终向庶族地主妥协，宣布"却籍"无效，同意因却籍而被发配边疆的平民返归故乡。不再进行大规模人口普查，这才保住了永明之治的成果。

史载，到齐武帝死时，"聚钱上库五亿万，斋库亦出三亿万"，朝廷已有八亿多枚铜钱储备。由于财政充裕，齐武帝一度筹划北伐，希望夺回刘宋时期被北魏占领的彭城、淮北地区，但北魏戒备严密，齐武帝没有机会出手。

5

"风流总被雨打风吹去。"齐武帝费尽心力缔造的安稳局面和充裕财政，最后都被孙子萧昭业拿去买了个"历史教训"。跟父亲萧道成一样，齐武帝也子孙众多。除了萧长懋和萧子良外，他还有二十一名皇子。作为从宗室竞争中胜出的"过来人"，齐武帝始终相信，同室操戈的历史悲剧，绝对不会发生在萧氏子弟身上。

然而，不幸的是，太子萧长懋样样都好，唯独年寿不永。更危急的是，永明十一年（493年）正月，萧长懋刚刚去世，北魏孝文帝就宣布南征。尽管事后证明，北魏孝文帝宣布南征的真实用意，只是为了迁都洛阳。但远在金陵的齐武帝，当时不可能得知敌国的真正意图。齐武帝要做的，必须是立国本，定下新的继承人，以安天下之心，防备可能出现的北魏入侵。

萧长懋去世前，萧齐宗室的重要人物，如萧嶷、萧缅等均已谢世。用时人的话说，南齐朝廷当下是"爪牙柱石之臣都尽"。立国本，实则也是齐武帝带领萧齐王朝走出泥潭的最后的机会。摆在他面前，有两个候选人：次子萧子良和长孙萧昭业。两人相比，萧子良更得人心。他不仅是文化集团"竟陵八友"的发起人，更是继萧嶷之后，南齐诸王中实力最强的人物。时任中书郎的王融意图立萧子良为帝，取代皇太孙萧昭业，结果被齐武帝堂弟、西昌侯萧鸾挫败。萧子良未能如愿，一年后忧郁而终，年仅三十五岁。

萧子良死后，当时人说："王融欲立子良，实安社稷，恨其不能断事，以至被杀。今苍生方涂炭，正当沥耳听之。"不幸言中，齐武帝在继承人问题上先是犹疑不决，后是选错了人，最终将萧齐王朝推入了凄风苦雨的境地。

永明十一年（493年）七月三十日，齐武帝病逝。临终前，他握着萧昭业的手，告诉他："五年之内朕给你安排好的辅政班子，你不要乱动。你要是担心处理政务不当，就多想想我。只要向我看齐，你做得不够好，我也不会怪你的。"死去的齐武帝不会知道，他选择的继承人，很快便将他积攒的王朝财富挥霍殆尽。随后，萧昭业又被齐武帝堂弟、镇军大将军萧鸾引兵入宫弑杀，追封为郁林王。

这一切发生得太快，当萧鸾重新立萧昭业异母弟为傀儡皇帝时，离齐武帝的一周年忌日还差五天。从此，萧齐王朝再无宁日，直至覆灭。

萧衍：一个不想只当皇帝的佛教徒

东晋立国江南以来，南北对峙的局面形成，虽然南方屡兴北伐，可是胜少败多，长江以北的地盘越缩越小。到了南齐末年，北魏的铁骑占领了江北重镇寿阳，几乎尽有淮南之地，南方只剩下孤零零的一道长江天险。

在齐末的血光之中，一位文武兼备的奇才登上皇位，几乎逆转了南北战局。他就是萧衍。纵观历史，萧衍可谓是生平经历最为奇特、社会角色最为复杂的一个人。二十岁到三十岁，他是一介风流文士，文采和学问样样精通。三十岁到三十八岁，他又变成了一位统率千军万马、威震一方的军事将领，在南方几乎所向披靡。从三十八岁开始，也就是 502 年，他的权势已达巅峰，于是受禅登基，成为梁朝的开国皇帝，改元"天监"。

刚刚即位的梁武帝面对的是一片残破的江山：饥饿和瘟疫肆虐，地方叛乱不断，北魏大军驻兵寿阳、窥视长江。在这种情况下，梁武帝展示了一个好皇帝应有的手段，优待士族、任用寒门以稳定内部；大兴文教以选拔人才；厉行节俭、劝课农桑以积攒国力。仅仅过了几年，江南从内乱中复苏，重新变成了繁荣之地。

随着新王朝站稳了脚跟，淮南争夺战打响了。天监五年（506 年），梁武帝启动了北伐。这一战，持续一年之久，南方的军队爆发出顽强的战斗力，遏制了北魏军队南下的势头。尤其是邵阳洲之役，二十余万魏军全军覆没。对于南朝而言，淮南之地仅剩下寿阳一座孤城还未收复。

淮南的战事，伴随着南方"由乱到治"的起伏。前方的胜负，和后方的治乱似乎有一种隐秘的相关性。正如寿阳像一根刺扎在淮南，始终不能拔除，梁王朝的"治"同样也是有瑕疵的。新王朝其实潜伏着许些危机，文治武功的皇帝也有着某些缺陷。天监十三年（514 年），梁武帝决定采用"堰淮水"的方式攻取寿阳，即在下游的浮山修筑一道拦河大坝，逼迫河水倒灌。然而，前方的考察人员却不支持这一决议，因为"淮内沙土漂轻不坚实"，梁武帝不以为然，发动二十万兵民修筑浮山堰，就是要不惜一切代价，拿下寿阳。

天监十五年（516 年），浮山堰告成。这三年，大坝一共经历了两次溃坏，因寒冻、疫病、溃堤，死者无数。结果，九月淮水的暴涨又一次冲坏了浮山堰。史载"其声如雷，闻三百里，缘淮城戍村落，十余万口皆漂入海"。劳民伤财，换来的是一片狼藉。

这是一个转折点。前线，梁军的攻势变弱，寿阳依旧是那颗拔不掉的钉子。后方，梁朝积攒的国力多有损失，政治开始走下坡路。形势并没有差到不能收拾的地步，但梁朝就像深陷沼泽的人，拼尽全身一口气想要爬出来，却在最后关头泄了气，此后就再也走不出困境了。

也是从此时开始，梁武帝对政治越发淡漠。此时的他似乎并不只想当一个好皇帝，或者说他认为世俗的功业已经很完美了。他本身能文能武，又精通儒释道三家学问；而梁朝也貌似欣欣向荣，维持这片疆域不成问题。他就像一个不断向上攀登的人，山顶的风景已然看腻了，他需要找到一座更高的山峰，以及更壮丽的视野。

1

天监十八年（519年），梁武帝受菩萨戒。他的身份又多一个：虔诚的佛教徒。此后，他多次抛弃皇帝的身份，舍身事佛。"舍身"，就是把自己的身体和性命舍弃以供奉三宝，就像佛陀舍身饲虎喂鹰、药王菩萨燃身供佛一样。为了让皇帝重理朝政，梁朝的官僚们不得不集巨资赎回皇帝，最离谱的一次足足花了亿万钱。此时，梁朝正处于它的"全盛期"，可是实际上，潜伏的危机正在侵蚀这个国家的根基。而作为国家的掌舵人，梁武帝正沉迷于彼岸世界中，无法自拔。

萧衍崇佛，无疑是认真的。一般信佛的皇帝，也就建建寺庙、造造佛像，闲来无事就去拜拜。而梁武帝根本就是完全拥抱佛教徒的身份。君王弃江山于不顾而舍身佛门，历史上极为罕见。一而再、再而三地舍身，更是绝无仅有。他有时像普通人一样虔诚地沉浸于佛教世界。史载其"日止一食，膳无鲜腴，惟豆羹粝食而已……身衣布衣，木绵皂帐，一冠三载，一被二年……五十外便断房室……非宗庙祭祀、大会飨宴及诸法事，未尝作乐"。素食、简朴、禁享乐、禁女色，这些行为几乎到了苦行僧的境界。

有时他又像一个研究佛理的文人。曾为文人的他，精通儒释道三家，儒家的功业、道家的逍遥和佛家的出世都在他心里留下印记。佛家的《般若》《涅槃》诸经，他都了如指掌。他对于佛学多有贡献，比较有名的是他曾写了一篇《断酒肉文》，并以身作则践行素食主义。他曾向世人宣告："愿此一切无边四生，若有种种众苦，乞以弟子萧衍之身，皆悉代受。若有地狱等苦……弟子萧衍誓入如是种种地狱，代一切四生受如是苦，愿此一切四生皆得安乐。"这哪里还是高高在上的皇帝，简直就是有情有义的活菩萨。

当然，做皇帝和当菩萨有时候也不可兼得。劳民伤财的浮山堰，造就了淮河边无数的尸骨。这时候，人命在他眼里，依然如同草芥一般不值钱。可见，萧衍首先是一个皇帝，然后才是吃斋信佛的活菩萨。虽然萧衍当回了梁武帝，可他并没有放弃攀登第二座高峰。他在大多数时间沉溺于佛教，讲经说法，著译佛经，兴致起来了就再去舍身。他说："朕于昆虫犹不欲杀，亦何急争无用之地，战苍生之命也？"萧衍基本上放弃了君王应该承担的职责。

看到萧衍舍身事佛的状态，曾经和萧衍有布衣之交的荀济坐不住了。他写了《论佛教表》呈上去，在里面大骂佛教倾夺"朝权"，僧人虚伪贪婪，毫不客气地讽刺梁武帝崇佛如同"崇邪"。自己苦心营造的形象被戳破了，崇尚的佛教也被贬得一文不值。不杀昆虫的梁武帝起了杀心，决意除掉这个旧友。荀济最后只能逃去了东魏。

其实，梁武帝并不知道自己崇尚佛教太过，反倒成了佛家口中的贪执。个人的简朴，无法阻止政治的腐败；营造功德的执着，反而造成"无功德"的结果。在崇佛的喧嚣狂热之中，王朝的灾祸正在悄悄袭来，梁朝需要一个勤政的梁武帝，而不是一个假装慈悲的活菩萨。

2

作为皇帝，即便萧衍想做自己，也不是想把政务甩开就能甩开的。更何况，成为一个好皇帝也是他心中的目标之一。只是这个追求在他看来已经基本实现，反倒成了羁绊他其他追求的"俗务"。好皇帝的形象不能放弃，佛家的彼岸也在等着他。萧衍的晚年，就在这种矛盾中挣扎。而他也逐渐丧失了早年的敏锐和勇敢。

528年前后，北魏陷入内乱，无力经营南部军事，边将纷纷归附梁朝。这种情况下，梁武帝有一种近乎于盲目的乐观。他自作聪明地想出了一个计策：遣送降梁的北魏宗室入北主持军政，通过扶持傀儡来达到北伐的目的。结果除了第一次元颢进据洛阳当了六十五天短命皇帝之外，其余五次要么半途而废，要么就干脆没有成行。

六年之后，北魏分裂成东魏和西魏。梁朝趁机北上，东部战场的陈庆之北伐失败，但西部战线却传来捷报，益州与汉中之地都被纳入梁朝版图。此时，梁武帝决定与东魏媾和。在北方东魏和西魏连年交战的时候，梁朝却与东魏好似兄弟国家一般，频频遣使交流，彼此礼遇有加。梁王朝的北部边境保持了十几年安宁无事的状态。天下太平了，梁武帝也不再去想北伐的事情。

大同十年（544年），梁武帝来到京口北固楼，登高一望，正是大好河山，然而他却觉得此亭不需固守，于是将其改名为"北顾楼"。梁武帝的心态无疑是积极的，想要窥探北方的疆土，可是行动上依旧不以武备为意。梁朝的边防逐渐松懈，能够作战的士兵也在这十几年老去，如今的梁军就同纸糊的一般。早在大同五年（539年）陈庆之去世之后，军中再没有出现一个合格的统帅。

为了更好地追求佛事，萧衍把大权交给了朱异——一个唯命是从、阿谀奉承的小人。朱异把萧衍的心态给摸透了：一个可怜的老人，渴望得到天下的认可。梁武帝想要别人赞美他，朱异就专门说些恭维的话；梁武帝想要有生之年统一宇内，他就专门增设无人的郡县，看起来好像北伐有功的样子。至于朝中那些忠义之士，朱异甚至都不需要亲自出手，只要他们的逆耳忠言传到梁武帝的耳朵里，老人就会勃然大怒。

皇帝昏庸至此，官员岂有不贪污腐化的道理。朝野上下沉浸在奢靡享乐的风气中。内朝有朱异，外朝则有羊侃。羊侃是北魏降梁的将领，入南之后，过上了醉生梦死的生活，史载他"姬妾列侍，穷极奢靡"，到了晚上，侍候的婢女达百余人，都手拿贴金花的蜡烛来照明。而这样的人，已经算是梁朝难得的良将了。

国事如此，梁武帝却还是一面乞灵于佛教，一面做着统一天下的春秋大梦。

3

国已经乱成这样，家更是一塌糊涂。或许是受到佛家慈悲为怀的影响，或许是年老体衰不想再动屠刀，梁武帝的"仁慈"几乎达到了病态的地步。当然，他的宽仁仅限于贵族，尤其是宗室。早些时候，萧衍便以溺爱优待宗室著称。他的弟弟萧宏曾经两次欲暗杀萧衍而被发现，如此谋逆大事，萧衍一再容忍，连惩戒都没有。后来，萧宏被人举报可能私藏兵器，萧衍前去检查，发现了堆积如山的金银珠宝。萧衍非但没有责怪，反而十分喜悦地对萧宏说："你过得真好啊！"在梁武帝看来，只要萧宏不造反，他可以为所欲为，哪怕是造反，只要没成功也无伤大雅。

有萧宏做榜样，萧家子弟在建康周围强取豪夺，践踏国法，全都安然无恙。

萧宏之子萧正德继承了父亲的作风。普通六年（525年），他在北伐时叛逃北魏，自称废太子，但未受北魏重用，第二年又潜逃回梁。对这样一个败类，梁武帝竟然还想以亲情感化他：尽管你"狼心不改，包藏祸胎，志欲覆败国计，以快汝心"，但我还是选择宽宥你。随后，萧正德被发配到临海郡，但在半道上又获赦免。

正因为梁武帝丧失原则，不加管束，萧正德变本加厉，在京师之地招集亡命之徒，尤其喜欢在黄昏时分当街杀人，称为"打稽"，是当时京城著名的"四凶"之首。中大通四年（532），他出任临贺郡王，把地方搞得鸡犬不宁，人死于野，田地都荒芜了。回京之后，又阴养死士，积粮为仓。

萧衍身为帝王不能严明法制，往往因为不愿对某些恶人加刑，反而造成成千上万无辜百姓的痛苦和死亡。这种对罪犯的宽纵，实则是对百姓的残忍。这样的宽仁，还不如一些实行严刑峻法、果于杀戮的帝王。

而且，梁武帝的宽容，助长了宗室子弟的野心。萧衍的第六子萧纶在地方为非作歹，被梁武帝批评了一番。心怀怨恨的萧纶接着做了三件令人啼笑皆非的荒唐事：一是路遇丧车，强夺孝服穿在自己身上，然后号啕大哭；二是找着一个相貌酷似梁武帝的老人，让他扮作皇帝，然后将其暴揍一顿；三是新造一个棺木，将手下装在里面，模仿送葬的场面。在别人眼中形同诅咒的行为，梁武帝却丝毫不追究，只是不痛不痒地削了萧纶的爵位，没过多久又赐封回去。

昭明太子萧统死后，萧衍在立储问题上犹豫不决。他年岁已老，诸子蠢蠢欲动。萧纶连续两次谋逆，搅得后宫不安。萧纲被册立为太子之后，兄弟之间的斗争愈发激烈，各自养兵为患。储位之争在皇家本来也是稀松平常之事，可是如此放在台面上的逞凶斗狠，还是非常罕见。政局混乱，家事糜烂，随着年岁增长，萧衍越发有心无力。可越是有心无力，他就越是沉浸在天下太平之中，无法自拔。

4

中大同二年（547年）正月十六日夜里，梁武帝做了一个梦。早上起来，他立马将梦里场景告诉了朱异：中原各地的太守纷纷南下，奉上他们的土地，整个梁朝都在欢庆。他对朱异说："吾平生少梦，梦必有实。"朱异立马附和道："这是陛下统一天下的征兆啊！"这一天，梁武帝连佛经都念不下去了，梦里的场景一直回荡在他的脑海，他又将这个故事告诉了身边的侍者："我昨梦天下太平，尔其识之。"十九天后，好消息传来了，被东魏抛弃、西魏嫌弃的侯景呈上了降表，还有河南十三州的土地。

梁朝君臣立马召开了紧急廷议。太子萧纲及一干大臣表示反对，梁武帝也觉得众议不无道理，但是瞻前顾后，内心还是倾向于接纳侯景。朱异知晓皇帝心意，进言道："今若不容，恐绝后来之望。"人家来投你，你不收，以后还会有人来投你吗？这句话一锤定音。又想起那天做的梦，梁武帝下了决心："得（侯）景则塞北可清，机会难得，岂宜胶柱！"

于是，梁武帝封侯景为河南王、都督河南北诸军事、大行台，并先后两次派兵北上，支援侯景。在东线，萧渊明率十万大军，直抵彭城，却停军不前，贻误战机，被东魏的慕容绍宗一举击溃。几万梁军或死或逃，萧渊明也被俘虏。梁军一日间几乎全军覆灭的消息传到建康时，梁武帝惊骇万分，恍惚间要从床上坠下。年迈的他喃喃自语道："吾得无复为晋家乎？"要是东魏大军南下，梁朝还有什么抵抗的力量吗？恐怕要重蹈晋朝灭亡的覆辙了。

第二年，侯景大军又在东魏铁骑的攻击下败溃，最后只有八百人渡过了淮河。天下一统的梦想，顷刻间毁于一旦。梁武帝急忙遣使求和。东魏则通过萧渊明的信来传达议和条件，只要魏梁议和，梁交还侯景，魏自然也就交还萧渊明等人。朱异坚持"静寇息民，和实为便"，主张答应东魏的条件议和。只有司农卿傅岐看得透，说这是东魏的反间计，目的是让侯景自疑，"（侯）景意不安，必图祸乱"。

侯景立即作书一封送往建康给梁武帝，痛陈不可与东魏言和。侯景不放心，又叫人拿了三百两黄金，厚赂朱异，想让朱异帮自己说好话。金子，朱异收下了，但话，却没有给侯景传。侯景被逼到了角落里。为了心中最后一丝希望，侯景作了一封伪信，诈称东魏方面要求以萧渊明交换侯景，将信发往建康。萧衍看后，打算同意。傅岐力谏："侯景以穷归义，弃之不祥；且百战之余，宁肯束手受执！"人家穷途末路来投，我们收了他却又要将他抛弃；而且人家百战之将，你说抓起来，就能抓起来了？朱异却不以为然："（侯）景奔败之将，一使之力耳。"派个使臣去把他抓起来就够了。梁武帝遂回复说："贞阳（萧渊明）旦至，侯景夕返。"

侯景也不是坐以待毙的人，怎么甘心成为他人议和的筹码？于是，一咬牙就决定反了。其实，侯景谋反的迹象早已被梁武帝知晓，只是梁武帝非但不警觉，还屡屡示好。侯景区区八百人，又能翻起多大的风浪呢？就连侯景身边的僚属也说："今坐听亦死，举大事亦死，唯王图之！"横竖都是一死，不如冒险干上一场，这已经是亡命徒的心态了。

太清二年（548年），侯景于寿阳起兵，因只有乌合之众几千人，只能在附近扫荡。梁武帝听闻后大笑说："是何能为，吾以折棰笞之！"他策划了一场瓮中捉鳖的戏码，组织了四层包围寿阳的钳形攻势，兵力共计四万。正面打肯定是打不过的，侯景只能选择铤而走险，直取建康。而梁武帝悠闲地将国事交给太子，自己吃斋念佛去了。

这的确是一场实力悬殊的战争，不过却出现了一个意料之外的变数——梁朝出了一个内鬼。当时，负责京畿防御的萧正德早已和侯景勾结，于是秘密支援了侯景几十艘大船。趁此机会，侯景攻进了建康，包围了台城。而此时，距离他从寿阳出发，才过了二十九天。梁武帝种下的因，最终结出了果——侯景起兵的口号是诛灭佞臣朱异，梁朝的军队毫无抵抗力，内奸是意欲谋反的宗室子弟萧正德；分封在各地的诸子率领的勤王军先是观望不前，然后再刀兵相见，自相残杀，全然不管建康的安危。

5

台城被围几个月后，各路勤王军只在外围设防，逼迫侯景。因此，台城内外都陷入了缺粮少食的局面。城内面积不大，却拥挤着十余万兵民，很快就到了"人相食"的地步。由于饥饿和瘟疫，死者无算。城外的侯景也快支撑不下去了，便派人来议和。太子萧纲表示赞成，而梁武帝怒骂道："和不如死！"太子陈述利弊说，台城内已经支撑不下去了，也指望不上勤王军，只能先和后图。梁武帝听后，沉默了很久，无奈地回复道："汝自图之，勿令取笑千载。"梁武帝默许之后，下诏封侯景为"大丞相"，勤王军也让出了通道。结果是侯景有了粮食，而台城的饥饿却在迅速蔓延。勤王军想方设法派人送来了几百个鸡子，梁武帝吃的时候眼泪忍不住流了下来，守了多年的素食戒律，如今还是破了。

听到侯景杀入台城的消息之时，梁武帝"安卧不动"，他向近臣问道："犹可一战乎？"近臣回答说"不可"。梁武帝只能自嘲道："自我得之，自我失之，亦复何恨？"侯景带兵入了皇宫，这是他与梁武帝第一次见面。身为阶下囚的梁武帝依旧端着架子，问这问那，维持着皇帝的威严。侯景退下来之后，说："今见萧公，使人自惧，岂非天威难犯！吾不可以再见之。"然后率领部队烧杀抢掠。曾经富丽堂皇、藏污纳垢、太平无忧的京城顷刻间毁于战火。

后来，朝政被侯景控制，太子萧纲拜见萧衍时泣不成声。萧衍呵斥道："谁令汝来。若社稷有灵，犹当克复；如其不然，何事流涕。"他依旧沉湎于身为天子的幻想之中，想要展现一种自矜和镇静的姿态，不肯认输。这个老人内心做着无谓的抵抗，似乎得了某种癔症，喃喃自语道："侯景必得为帝，但不久耳。把侯景两字拆分一下，就是'小人百日天子'。他最多只能做百日皇帝。"由于饮食的裁减，梁武帝很快就病倒了。临终前，萧衍觉得口苦，想喝蜜却不可得。两声"荷！荷！"成了他最后的遗言。

索取糖蜜，这又是一次大破清规戒律的行为。而"荷！荷！"之声则是模拟战场上撤退的士兵击鼓复进的声音。老人终究还是无法完全相信所谓的彼岸世界，到头来想的还是现实的欲望和功业。梁武帝死了，在位四十八年。萧衍死了，享年八十六岁。

在东晋南朝的两百七十年间，萧衍是统治时间最长的皇帝。作为开国皇帝，梁朝在他治下，军事、政治、文化各个方面均得到了较大的发展，他无愧是一个英明的君主。然而，励精图治的同时，他又具备亡国之君的诸多特质，崇佛、自大、纵容，这也导致了梁朝是一个繁荣与危机共存的王朝。

在玄佛当道、门阀日益衰落的南方，梁武帝就像一个手法娴熟的裁缝，游走于儒释道之间，徘徊在旧门与寒士之间，小心翼翼地缝补着缺口。只是，他的手法再精妙，也无法掩藏这是一件旧衣裳的事实。光鲜亮丽的背后，其实是积累已久的顽疾：宗室的恃宠而骄、军队的凋敝无力、士族的难堪大任、佛教的横行霸道……

或许，从萧衍不想只当一个好皇帝开始，就注定了他只会调和矛盾，而不能成为时代的破局者。

陈庆之：白袍军的经典战役

528 年，在权臣尔朱荣发动"河阴之变"，大肆屠杀北魏皇族及公卿以下两千余人后，北魏宗室元颢大为震惊，吓得南下投奔北魏的死对头南梁。元颢见到梁武帝萧衍后，"泣涕自陈，言辞壮烈"，哭着请梁武帝为自己做主。哪怕当南梁封的"魏王"，元颢也要杀回洛阳去，灭了尔朱荣。

梁武帝见北朝时局动荡，元颢这小伙子也挺有志气，便让一名亲信将领带兵护送元颢北归，助其夺位。实际上，梁武帝对这次北伐也没底，只派了七千兵马进行试探性进攻。万万没想到，他亲手任命的这名将领，却将这次不可能完成的任务，打成了南北朝史上的经典一战。这位南梁将军犹如流星划过历史的长空，他的名字叫陈庆之。

1

护送元颢北伐的这一年，陈庆之已经四十五岁了，在当时可说是人近暮年。如果此时让他写部《我的前半生》，大概就是一本平淡如水的老干部回忆录。陈庆之自幼追随萧衍，是梁武帝起兵称帝时的亲信随从之一，用现在话就是"机要秘书"。梁武帝这人爱好广泛，有时下起棋来通宵达旦，跟现在小孩子熬夜打游戏一样，对弈者大都顶不住了，唯有陈庆之坚持不睡，随叫随到。

长此以往，梁武帝也注意到了小陈，让他到朝中为官。出身寒门的陈庆之一直等待着大展身手的机会，但在门阀等级相对森严的南朝社会，他只能担任"主书"之类的闲职。尽管长期不受重用，陈庆之却有镇守一方的志向，"散财聚士，常思效用"，他经常把工资拿出来，用于结交贤能之士。有别于日后带兵征战四方的经历，陈庆之早年担任的都是文官，而他也是个为人低调的文弱书生。史载，陈庆之"衣不纨绮，不好丝竹，射不穿札，马非所便"，也就是生活俭朴，不买奢侈品，不纵情声色，也不善于骑马射箭。

南梁朝廷内部封闭的环境，没有给陈庆之带来施展抱负的机会，但外界动荡的局势，给了他前所未有的机遇。当时，在北方与南梁并立的北魏，内乱不断，权臣当道。自北魏孝文帝推行汉化改革、迁都洛阳之后，戍守北部边境的六镇军民便心生不满，到北魏孝明帝元诩在位时，随着气候变化、粮草不供，终于爆发了六镇起义。

在北魏平定六镇叛乱的战争中，本为秀容川（在今山西西北部）酋帅的尔朱荣以忠臣自居，带兵平叛，逐渐壮大了自己的势力。

北魏武泰元年（528年），尔朱荣拥立宗室元子攸为新君（即北魏孝庄帝），诛灭胡太后一党。一些北魏宗室不满尔朱荣擅权，纷纷南下投奔萧梁，这其中就包括北海王元颢。

论关系，元颢与尔朱荣拥立的皇帝元子攸是堂兄弟，两人都是北魏献文帝拓跋弘的孙子。既然元子攸能当皇帝，那元颢为何不可？更何况，尔朱荣拥立皇帝、带兵进京的成功经验提供了一个现成的案例，"天使投资人"梁武帝也可以派军队资助元颢攻占洛阳，甚至建立扶植一个亲梁的北魏朝廷。元颢、陈庆之的北伐，就是在这一背景下发生的。

2

此前不久，陈庆之已经表现出了非同一般的作战才能。前文说到，陈庆之早年都是担任闲散文职，但到了他四十岁之后，南梁与北魏战事频繁。梁武帝利用六镇起义之机，兴兵北伐，攻下了北魏多处城池，当时正值用人之际，陈庆之也被派到了前线，屡立战功。南梁大通元年（527年），陈庆之随南梁大将曹仲宗攻打北魏的涡阳（今安徽亳州）。北魏派遣十五万大军前来援救，先锋部队进抵距离涡阳四十里的驼涧，战场形势对南梁军极为不利。

陈庆之正要率军迎敌，其他将领却认为，敌方前锋必是轻锐敢死之士，我军若胜，恐怕不足为功，我军若败，必然动摇军心。陈庆之不以为然，说："魏人远来，皆已疲倦，去我既远，必不见疑，及其未集须挫其气，出其不意，必无不败之理。"外表看似文弱的陈庆之连弯弓射马都不会，在战场上却丝毫不惧，他亲率两百骑兵，连夜奔袭，打乱了魏军的节奏。遭到陈庆之袭击后，魏军震恐，以为遇到埋伏。随后，陈庆之又回军，联合诸将结营，背靠涡阳城，与北魏大军相持不下一年。

这一年，梁、魏两军大小数百战，士气难免转向低落。南梁主将曹仲宗听说魏军要绕到梁军背后修筑营垒，以为会陷入腹背受敌的险境，几欲撤军。这时，陈庆之极力劝阻，他手持符节，站在军营大门前，自称奉有梁武帝的密令，不许大军南撤，随后亲自带夜袭魏军，夺取了魏军十三座营垒中的四座。

北魏涡阳守将见梁军士气大振，心态顿时就崩了，立马向南梁献城投降。涡阳之战，以南梁胜利告终。陈庆之在这场战役中屡次献计，带兵取胜，得到梁武帝亲颁手诏嘉奖。梁武帝称赞陈庆之："本非将种，又非豪家，触望风云，以至于此。可深思奇略，善克令终。开朱门而待宾，扬声名于竹帛，岂非大丈夫哉！"

次年，梁武帝要派将领护送元颢北上时，便想到了陈庆之这个人选。《梁书》《南史》等以南朝历史为主的史书，对元颢、陈庆之北伐大书特书，尤其是记载了陈庆之以七千兵马转战千里、所向披靡的辉煌战绩。《梁书》记载，在进军洛阳途中，陈庆之率军攻打荥阳（今河南荥阳），突袭立足未稳的魏军，一举击破了北魏上党王元天穆率领的三十万大军，堪称以少胜多的军事奇迹。更有史家将陈庆之比作与廉颇、李牧、卫青、霍去病同一档的名将（"盖颇、牧、卫、霍之亚欤"）。

由于陈庆之的军队都身着白袍，在战场上格外显眼，当时洛阳传出了一首童谣："名师大将莫自牢，千兵万马避白袍。"历来有很多人质疑陈庆之北伐的战绩存在过分夸大，甚至怀疑其中有南人自我吹嘘的成分。南北朝时，双方剑拔弩张，北朝史官写史以北方胜事为多，蔑称南朝为"岛夷"。在《魏书》等记载北朝历史的史书中，也有关于此次北伐的内容，只是主角变成了与陈庆之一同北上的元颢，如《魏书》记载："颢以数千之众，转战辄克，据有都邑，号令自己，天下人情，想其风政……"

可以说，陈庆之北伐的战绩，有一部分是元颢的功劳。准确地说，是由陈庆之的七千南梁军与元颢的旧部，及一路上的新降部队一同缔造。但总体上，元颢、陈庆之的兵力还是远远少于北魏军。

3

元颢得到梁武帝的支持后，带着陈庆之的军队北归，而元颢到北方后不忘拉拢旧部，打到睢阳（今河南睢阳）后，收降魏军七万。到了睢阳，元颢已经有些飘飘然，于是在此地自立为帝，改元"孝基"，摆明了要来争夺北魏的皇位，什么"清君侧"的虚名早已抛之脑后。随后，陈庆之率军西向，直指魏都洛阳，而北魏军扼守沿途的荥阳、虎牢等要地。陈庆之的先头部队抵达荥阳时，北魏守将杨昱率军七万坚守城池，同时北魏朝廷派宗室元天穆与尔朱荣的堂侄尔朱兆带兵救援。

北魏的大军旗鼓相望，如潮水般涌来，转眼间已经聚集了三十余万兵马。两军交战之前，陈庆之手下的七千南梁军"士卒皆恐"。陈庆之却亲临前线，振臂高呼："我等孤军深入，杀人略地无数，元天穆的军队都以我们为仇敌。我军只有七千，敌人有三十余万，今日之事，我们只有抱着必死的决心，才能死里求生。敌人多骑兵，我军不利于在平原上与他们交战，应该乘他们未能集结之机攻取敌城。诸君莫要迟疑，免得自取灭亡。"陈庆之不愧是文官出身，战前动员说得切中要害，非常有感染力，一下子就调动了军队的士气。

之后，南梁军在陈庆之的擂鼓声中拼死攻城，荥阳守将杨昱以为陈庆之兵少不敢攻城，在城防上很不上心。转眼间，壮士东阳宋景休、义兴鱼天愍二人率先登上城墙，南梁军相继杀入，活捉了杨昱。紧接着，陈庆之见城池已破，士气正盛，率领轻骑出城，打得城外北魏援军阵脚大乱，四散奔逃，南梁军缴获"牛马谷帛不可胜计"。攻下荥阳后，陈庆之与元颢的军队一鼓作气，乘胜打下了洛阳的门户虎牢。身在洛阳的北魏孝庄帝元子攸闻讯，放弃老家，率领少数亲信连夜渡河逃到了并州。

在北魏宗室看来，无论是元子攸还是元颢当皇帝，依然是鲜卑元氏掌权，并未改朝换代。于是，虎牢失守后，一些身在洛阳的北魏宗室只好承认元颢的帝位，临淮王元彧、安丰王元延明等封府库，备法驾，率领百官迎接其到来。不久后，元颢、陈庆之入洛阳，黄河以南的州郡，大都投降了元颢。从大通二年（528年）十月发兵，到进入洛阳，元颢、陈庆之北伐进展顺利，正如陈庆之自己说的，北伐中"无遗镞之费"，较大的损失是在荥阳之战死伤五百余人。这也是自东晋桓温北伐以来，南方军队北伐进军路线最长的一次。其中，陈庆之亲自率领的七千南梁军作战最为勇猛，"自发铚县至于洛阳，十四旬平三十二城，四十七战，所向无前"。

此次北伐的胜利有多方面的原因。客观来说，元颢、陈庆之选择的行军路线有地理上的优势。元颢、陈庆之的军队从南向北进军，经铚县、睢阳、考城、梁国、荥阳、虎牢，一路上皆是广阔的平原地带，便于千里奔袭，不过数月便可直取洛阳。此外，在这条进军路线上，北有黄河天险阻滞盘踞山西的尔朱荣南下，南有南梁可供支援的淮河一线，而当时青州的邢杲、兖州的羊侃兴兵反魏，势头正盛，无形之中也帮元颢、陈庆之吸引了不少魏军兵力。

陈庆之能以数千兵力击溃北魏大军，一方面是因为北魏军队为了平叛四处调动征伐，无法调遣大量主力部队应战。陈庆之利用北魏精锐分散的机会，快速进军，实现敌后穿插。另一方面，元颢、陈庆之的军队在入洛路上保持了强悍的战斗力。护送元颢北归的七千南梁军，多由江淮、蜀地游食者、流亡小农以及陈庆之散财招募的乡里义士等组成。这些破产农民无家可归，也没有前途可言，只能依靠军队，在北伐中找寻大发横财的机会，故而在作战时一往无前，战后则贪财暴虐。陈庆之在荥阳激励部下时便说："君等杀人父兄，略人子女，又为无算。"如此虎狼之师，再加上名将陈庆之出色的阵前调度，一时难逢对手，屡次以寡敌众。

与陈庆之麾下部队不同，元颢则发挥了北魏宗室身份的优势。北上途中，元颢自立为帝，树立起反对尔朱荣擅权的旗帜，声称尔朱氏拥立的孝庄帝不过是傀儡，此举得到了其旧部与部分宗室的支持，黄河以南州郡群起响应。《洛阳伽蓝记》记载，进入洛阳后，元颢写信给北逃的孝庄帝，表面上声称二人本是从兄弟，想要争取孝庄帝与自己共伐尔朱荣，实际上也是在否定孝庄帝的帝位合法性。在信中，元颢自称为"朕"，称孝庄帝为"卿"，说他"讬命豺狼，委身虎口，弃亲助贼，兄弟寻戈"，挑起同室操戈的角逐。

气势正盛的北伐军，此时已经为失败埋下隐忧。陈庆之手下的南梁士兵骁勇善战，能以少胜多，却贪婪残忍，入洛后"凌窃市里，朝野莫不失望"。元颢入洛后，贪恋皇权，急于摆脱南梁控制，同时宠幸小人，饮酒作乐，与南梁的合作濒临破产。正如吕思勉对这支军队的评价："此等兵，虽善战，亦不能定国也。"

4

洛阳在元颢手中越久，孝庄帝的帝位正当性就越弱。这时候，尔朱荣要出手了。"河阴之变"后，尔朱荣本来已成乱臣贼子，现在元颢借萧梁之兵北伐，反而给了尔朱荣再度南下"勤王"的理由。北魏孝庄帝逃离洛阳后，也不得不投奔于这位他十分畏惧的权臣。

另一边，元颢攻入洛阳后，未能及时安定人心，收拾残局，反而在作死的边缘试探。入洛后，陈庆之上书元颢，建议向梁武帝请求再添精兵猛将，以免兵力不足，陷入绝境。元颢本来还想采纳，宗室元延明却劝说他："陈庆之兵不出数千，已经难以控制，如果他再增加兵力，还会为我们所用吗？"

此次北伐原本就是在梁武帝的协助下达成的，元颢并不甘心做萧梁的附庸。他听完元延明的话，就派人跟梁武帝说，北方如今只有尔朱荣没有臣服，我们自能擒讨，新降的州郡需要慢慢安抚，此时南朝再添兵卒，恐怕会引起百姓不安。梁武帝本来就没有北伐之志，听元颢这么一说，便下令南梁军沿着淮河一线观望不进，未能及时派遣援军。

如此一来，元颢便失去了南梁军的支持，洛阳城中"南人不出一万"，而元颢自己招募的羌胡和北魏降军多达十万。眼见元颢即将脱离控制，副将马佛念劝说陈庆之道："自古以来，废昏立明，扶危定难，鲜有得终。今将军威震中原，声动河塞，屠颢据洛，则千载一时也。"这是劝说陈庆之火并元颢，夺回北伐的主导权，但陈庆之没有行动。

不久后，尔朱荣挟持孝庄帝，率领手下精锐，号称百万之众，以夺回洛阳为目标大举南下。同时，孝庄帝政权的军队也收复了梁国（今河南宁陵县）一带，切断了元颢、陈庆之与南梁的联系，使北伐军陷入孤立的境地。尽管陈庆之率军苦战，三天中打了十一仗，再次痛击了北魏军，但在尔朱荣大军的包围之下，北伐败局已定。

元颢进占洛阳五十四天后，就被尔朱荣的大军赶跑了，他逃到临颍（今河南漯河市）后，为北魏地方官斩杀。之后，北魏孝庄帝重返都城，继续活在尔朱荣的阴影下，且不断酝酿着反抗权臣的计划。

一战成名的陈庆之遭遇尔朱荣大军的追击，数千梁军被冲散，陈庆之只能削发伪装成僧人，只身回到南梁。轰轰烈烈的北伐，至此归于沉寂。陈庆之以数千之众长驱伊洛、攻城拔寨的军事奇迹，就像是一场梦，转瞬间灰飞烟灭。值得一提的是，此次北伐不仅因为北魏宗室相争、南北两军"外同内异"而失败，还因当时在北方的汉人士大夫不支持元颢称帝，不愿南梁收复中原。

《洛阳伽蓝记》有段记载，陈庆之带兵入洛后，接受投降的北魏大臣宴请。酒过三巡，陈庆之醉了，说："魏朝甚盛，犹曰'五胡'。正朔相承，当在江左。秦皇玉玺，今在梁朝。"言语中有以南朝为华夏正统的意思，但这番话却遭到了北方大族的反对。

北方世家大族出身的杨元慎在席间说，陈将军此言差矣，江左地多潮湿，本来是文身之民居住的地方，"杂以华音，复闽、楚难言，不可改变。虽立君臣，上慢下暴"，而我大魏"膺箓受图，定鼎嵩洛，五山为镇，四海为家"，才是天命所归。这也能解释，为何尔朱荣南下攻打洛阳时，之前投靠元颢的北魏公卿大臣犹如一盘散沙，他们宁愿在北朝投靠骄横跋扈的权臣，也不会对南朝扶持的元颢心生好感。

陈庆之在洛阳与北方世家大族短暂接触后，发现经过北魏的汉化改革，中原的汉家礼法得以继承发展，从此愈发钦佩北人。回到南梁后，陈庆之反而仿效起了北方习俗，平时所用的服饰礼仪，皆按照北魏的习俗。有人对此感到疑惑不解。陈庆之说："自从晋、宋以来，都说洛阳是荒凉的地方，长江以北到处都是夷狄，可我这次到洛阳一看，才知道衣冠士族都在中原，那里物产丰富，文化繁荣，很多东西目所不识，口不能传。"

陈庆之的意思是，我以为河洛一带历经战乱，已经变成了穷乡僻壤，没想到依旧是经济、文化生活高度发达的城市。此后，南朝士大夫在陈庆之的影响下，掀起了一股学习北方习俗风尚的潮流。正如历史学家田余庆所说："从宏观来看，东晋南朝和十六国北朝全部历史运动的总体，其主流毕竟在北而不在南。"南北终归一统，但南朝似乎难以扮演这个统一天下的角色。

陈庆之回到南梁后，被梁武帝委以重任，受命督南、北司、西豫、豫四州诸军事，任南、北司二州刺史，多次抵御魏军的进攻，在地方上颇有政绩，五十六岁时病逝于任上。史书记载，陈庆之生前的最后一战，是南梁大同二年（536年），在芍陂以北的黎浆水，击退东魏定州刺史侯景的进攻。当时，北魏已经分裂为东魏与西魏，北方局势更加动荡，南梁一度有平定中原的希望。但陈庆之最后的对手侯景，将在多年之后，带给南梁另一场可怕的灾难。

冼夫人传奇：我事三代主，唯用一好心

550年的一天，岭南地区的高州城外，来了一支近千人的送礼队伍。他们敲锣打鼓，载歌载舞，像是在庆贺谁家办喜事一样。但仔细一看，这伙人除了领头的是个女子，其他一概是五大三粗的巨汉。城下来了这么多人，自然引起守城官兵的警觉。高州刺史李迁仕却不以为然。

先前听闻侯景叛乱，李迁仕心底也萌生了一个叛变计划：趁着中原大乱，割据岭南，自己创业当老板。然而当时的岭南，李迁仕并不是实力最强的。要想造反，他必须得到当地豪族冯宝夫妇的支持。冯宝恰好在李迁仕手下当高凉（今广东高州长坡一带）太守。李迁仕便以共商大计为由，企图胁迫冯宝一起造反。此刻来到高州城下的送礼队伍，并不见冯宝的身影。但李迁仕心里有数，在岭南地区能组建如此大规模的人马，非冯、冼豪族莫属。看来冯宝已然赞同自己谋反的计划，李迁仕未免扬扬得意。谁知，大队人马一到城下便抽出宝刀，遇人就砍。毫无防备的李迁仕立刻被吓傻了，三十六计走为上计。他赶紧召集手下，设法逃出了高州城。而发动这场奇袭的女首领，正是冯宝的夫人冼氏。

1

在中国历史上，有关于女将军的记载屈指可数。她们当中，有代父从军的花木兰，也有抗敌卫国的梁红玉、秦良玉等人。但贡献最大的，非岭南俚人首领洗夫人莫属。洗夫人名洗英，又名洗珍，出生于岭南高凉地区的百越俚人大首领家族。当时，岭南地区杂居着汉、俚、獠等族群。因生活习性不同，时常发生械斗。而一向讲求"仁治"的中原王朝，在这里根本没有话语权。为了将自己的施政方针落实到位，罗州（今广东化州）刺史冯融想出了一个好法子。那就是让他的儿子、时任高凉太守的冯宝，娶新任的俚人都佬（盟主）洗英为妻。

那个年头，汉、俚通婚在岭南地区并不罕见。只是，冯氏家族出自十六国的北燕皇族。若非北魏太武帝拓跋焘强势攻伐北燕，冯氏子孙名义上还是皇子龙孙——不是什么家族都可以随意高攀的。因此，冯融一开始的构思并不为人们所看好。但在洗英看来，这桩人间喜事并非不能实现。一直以来，岭南地区俚、獠等族群之间的矛盾尽人皆知。解决争端的唯一法子，就是比谁的拳头更硬。谁打赢了，谁便拥有解决问题的主动权。在尚未开化的俚人族群中，洗英自幼参与了大大小小数百次族群间的斗争。不同于汉家女子的矜持婉约，洗英能骑善射，一点儿也不输成年男子。

作为一位族人首领，洗英清楚，打群架并不是部族的生存发展之道。习惯用拳头说话的人，总有一天会被更硬的拳头击倒。而儒家"礼以行义，信以守礼，刑以正邪"的治理理念，虽然生僻难懂，却蕴含着教化俚人和谐相处、安居乐业的发展之道。于是，在冯融的撮合下，冯宝与洗英喜结连理。洗英自此也被汉、俚两个族群尊称为洗夫人。

2

冯、洗两家的联姻，让当地族群一定程度上放下敌对的态度，汉俚联姻变得更加频繁。更重要的是，在洗夫人的带头下，岭南各俚人部落逐渐开始听命于地方管理。为了让治下的百姓更加懂文识礼，曾为京城太学生的冯宝在高凉地区开办学馆，亲自开坛讲学。俚人逐渐接受中原先进的文化理念，摒弃古老落后的巫术占卜迷信。岭南地区也一改过去在中原人士心中蛮荒的印象，逐渐变得蓬勃有生机。

经济的发展，文化的兴盛，生活的稳定，让远在北方饱受战乱的士人看到了一处"世外桃源"。经过口口相传，北方士人一再举族南下，充实岭南地区。眼见冯宝对治下百姓呕心沥血，洗夫人心疼不已，也想为夫君分担点儿辛劳。

尽管早在秦始皇统一天下时，海南岛就被划归岭南象郡（治所临尘县，即今广西崇左）管辖，但多年来，由于此地距陆地较远，历代中原政权多采用地方州府"遥领"海南岛的形式进行管理。冼夫人认为，正是这样的遥领，才导致岛上乱象频生，成为众多叛臣贼子的"避风港"。冼夫人的想法，得到了丈夫冯宝的认可。随后，由冼夫人口述，冯宝执笔，一份"请置崖州"的奏表应运而生。在这份奏表中，冼夫人不无动容地说："如果岭南荒梗能袭华风，椎跣变为冠裳，侏离化为弦诵，这是妾的最大愿望。"很快，冼夫人请置崖州的奏表得到了朝廷的答复。南朝梁大同六年（540年），朝廷正式废珠崖郡及儋耳郡地，设置崖州郡，分设十县，统辖海南岛全境。自此，海南岛重新归于中央政权直接管辖，冼夫人功莫大焉。

3

就在冼夫人一家为岭南建设做出巨大贡献时，一则震惊天下的大新闻，打破了夫妻俩宁静的生活。梁太清二年（548年），由东魏投降过来的大将军侯景发动叛乱。第二年，侯景叛军攻破梁朝首都建康（今南京），梁武帝萧衍被活活饿死。王朝危难之际，各地纷纷起兵勤王，时任始兴（今广东韶关）太守的陈霸先也不例外。在陈霸先的号召下，岭南各州刺史纷纷出兵。唯有时任高州刺史的李迁仕按兵不动。为免遭他人怀疑其怀有不轨之心，李迁仕以讨伐侯景之名，邀高凉太守冯宝过府议事。正当冯宝犹豫是否应召时，冼夫人一针见血地指出，李迁仕想要谋反，并劝冯宝切勿上当。

冼夫人认为，勤王救驾是十万火急的事情。李迁仕身为一介刺史，不可能不懂其中的道理。之所以这个时候召见冯宝，完全是因为他担心自己起兵谋反，冯冼家族会断其后路。冼夫人建议冯宝先默认支持李迁仕的叛乱，按兵不动，看清形势再说。果不其然，几天后，李迁仕派手下亲信大将杜平虏驻军灨石口，袭击了陈霸先派往建康勤王的军队。

消息传来，冼夫人说服冯宝，称此刻正是消灭李迁仕叛党的最佳时机。她认为，杜平虏率军讨伐陈霸先，必定带走了高州城大部分兵力。灨石距高州遥远，杜平虏即使闻讯，也不可能立即回军。只要我们实施智取，消灭李迁仕叛党不成问题。冯宝立即委托冼夫人，暗中筹集军备，准备讨伐李迁仕。冼夫人却不着急，她想起了《孙子兵法》里的"出其不意，攻其不备"。她命人给李迁仕准备了金银财帛，说要替其夫赎罪。

于是，便有了开篇的一幕。当李迁仕看到冼夫人一行，大喜过望，误认为冯宝与自己一条心。而冼夫人也打定了主意，一到城门口，就开始动手。高州城士兵毫无防备，李迁仕一举败北。消灭李迁仕一伙后，冼夫人乘胜领兵前往灨石，配合陈霸先消灭了杜平虏残军。在战斗中，冼夫人的智勇，给陈霸先留下了深刻印象。冼夫人同样笃定地意识到，陈霸先绝非池中之物，他日定当有一番大作为。

4

后来，通过平定"侯景之乱"，陈霸先逐渐掌控了王朝实权，最终变成另一个"侯景"。南朝梁太平二年（557年），陈霸先代梁称帝，建立陈朝，史称陈武帝。曾经的战友变成君臣，冼夫人与陈霸先之间的关系蒙上了一层阴影。就在陈霸先称帝的第二年，冯宝突然病故。按照惯例，朝廷派出了新的人选接任高凉太守。但当地百姓却认为，冼夫人既为俚人首领，且功在社稷，理应代夫主管高凉。他们发起了万言书，要求南陈当局准民所请。

此举遭到陈霸先的断然拒绝。他认为，岭南之所以一直脱离中央统治，是因为当地酋豪势力根深蒂固。要打破这种局面，就必须将这些世族调离当地，以降低他们的影响力。于是，陈霸先以表彰冼氏拥戴之功的名义，邀请冯、冼豪族进京为官，进一步试探岭南酋豪的态度。冼夫人对此心知肚明。她深刻地意识到，政权安稳与地区稳定之间有莫大的关系。岭南地区刚刚恢复安定，来之不易，若再度掀起战争，必将生灵涂炭，两败俱伤。而在南陈之外，还有北周、北齐等政权虎视眈眈。一旦陷入内战，将令亲者痛，仇者快。

关键时刻，冼夫人宣布，派自己的儿子冯仆率岭南百酋入宫面圣，以打消陈霸先的疑虑。为了让皇帝彻底放心，临行前，冼夫人让冯仆带上自己的令牌，表明归顺之心。冯家三代单传，冯仆为冼夫人独子，当时年仅九岁。冼夫人"遣子为质"，直接打消了陈霸先的担忧。但陈霸先也很快明白，岭南离不了冼夫人。他随后下令，以后高、崖二州诸军政要事皆归冼夫人统管，进京的冯仆也以稚龄封阳春（今广东阳春）太守，以示朝廷信任。

然而，南陈并没有像陈霸先的年号"永定"那样，永远安定。陈霸先死后，南陈经历了一系列政治变故，政局变得比过去更为动荡。到南陈第四任皇帝陈宣帝陈顼登基后，时任广州刺史的欧阳纥趁机谋反。岭南再度陷入动荡。此时，冼夫人已年近花甲，她的儿子冯仆一肩挑起了维护岭南和平稳定的重任。

与父亲冯宝类似，冯仆在地方上颇有政声。欧阳纥谋反也用了"老前辈"李迁仕的伎俩。冯仆到底少了些觉悟，在欧阳纥的甜言蜜语下，亲自去了广州。发现自己上当后，冯仆一边稳住欧阳纥，一边令亲信悄悄出城，给坐镇高州的洗夫人送信。看到儿子冒死送回来的信件，洗夫人心情复杂。她也想领兵投靠欧阳纥，这样就能救出自己的儿子；可如此一来，她就是为虎作伥，成为岭南割据一方的历史罪人。

最终，洗夫人让随从给冯仆带去口信，称："我为忠贞，经今两世，不能惜汝负国。"在国家大义和儿女亲情之间，她选择了前者。她果断率众迎接南陈章昭达大军，联合抵抗欧阳纥，全然不顾儿子的安危。所幸欧阳纥兵败后，冯仆安然无恙地回到了洗夫人身边。为感谢洗夫人多年来所做的一切，朝廷特旨册封洗夫人为石龙郡太夫人，给予与刺史同级别的待遇。冯仆也因不屈服于欧阳纥，晋封信都侯，转任高州石龙郡太守。自此，洗夫人亦被称为洗太夫人，被各部族奉为"岭南圣母"。

5

589 年，隋文帝杨坚发兵攻灭南陈，此时离一统天下仅有一步之遥。攻灭南陈后，与洗太夫人不熟的杨坚随即发兵攻打岭南。哪知，遭到了岭南地区南陈旧军和俚人部队的顽强抵抗。隋军一时陷入了进退两难的境地。杨坚只能遣使带着洗夫人当年进呈陈霸先的令牌、兵符等，到高州面见洗太夫人。

看到使者送达的陈后主绝笔和往日旧物，洗太夫人潸然泪下。她命人在家中摆设了南陈历代皇帝的牌位，全族缟素，哭祭三天。之后，她拿着当年她给陈霸先的令牌、兵符等，率领百越众酋归降于杨坚，天下自此归于一统。

洗太夫人的大义，令远在大兴城（今西安）的杨坚十分动容。他当即下诏封洗太夫人为宋康郡夫人，并依旧授予其统管岭南地区的最高权柄。不久，盘踞于广州一带的少数民族首领王仲宣宣布反隋。广州总管韦洸等人，被贼兵堵于城中动弹不得。闻讯，洗太夫人赶紧派孙子冯暄率兵出击。没想到，冯暄与王仲宣部大将陈佛智素有交情，竟忤逆了老祖母的命令，按兵不动。洗太夫人大怒，将冯暄抓捕入狱，改派另一个孙子冯盎统筹剿匪。

冯盎对大是大非看得很明白，积极配合南下的隋军作战，大破叛军，为冯洗家族再添新功。此战后，洗太夫人的官爵和声望皆达到顶峰。隋文帝最终宽恕了冯暄，并特旨诰封冯家三代，追赠冯宝为广州总管、谯国公，册封冼太夫人为谯国夫人，授予冼太夫人"招慰亡叛"、监督任官之权。

隋仁寿二年（602年），冼太夫人以耄耋高寿病逝于高州。为感念冼太夫人做出的贡献，由粤西到海南，人们自发修建了大量冼太庙、冼夫人庙。每年冼太夫人诞（农历十一月廿四日），粤西茂名、湛江等地的百姓还会用粤剧演出、彩车巡游等年例形式，表达对这位岭南圣母的敬仰与崇拜之情。生前，冼太夫人曾向族人解释，她为什么会多次在紧要关头决定跟随梁、陈、隋正统王朝，她说："我事三代主，唯用一好心。"正是出自对百姓的"好心"，保境安民，才让冼太夫人名垂青史，永受香火。

陈霸先：江左诸帝，号为最贤

年过四十的陈霸先迎来了人生中的高光时刻。南梁大同十年（544年），一伙由新州（今广东新兴县）豪族卢氏率领的叛军攻打广州。作为广州刺史麾下的悍将，陈霸先率领三千精兵抵挡数万叛军。一场激战过后，"贼众大溃"，陈霸先一战成名。梁武帝萧衍听说战场上出了这样一位猛将，赶紧命人画陈霸先的画像，送来都城建康（今江苏南京）观赏，并赐陈霸先食邑三百户。

陈霸先出身寒门，早年当过小官，做过油库小吏，中年投身行伍，建立战功，跻身为官场新贵。出名不一定要趁早，功到自然成。此时，陈霸先绝对想不到，随着梁武帝日渐年老，萧梁王朝将陷入一场空前惨烈的动乱，也将带给他前所未有的机遇。

1

南梁太清二年（548年），梁武帝在位的第四十七个年头，老迈的皇帝引狼入室，招致了"侯景之乱"。北朝叛将侯景带兵攻入建康，自封为"宇宙大将军"，不但饿死了梁武帝，还将后者数十年来建立的江南繁华践踏得粉碎。

梁武帝逝世后,由于其长子昭明太子萧统此前已经去世,侯景遂将梁武帝第三子、太子萧纲立为皇帝(是为梁简文帝)。梁简文帝在侯景的威逼强迫下,战战兢兢地当了两年傀儡皇帝,最后被侯景的部下用土囊活活闷死。

与此同时,梁武帝分封到地方的子孙各自心怀鬼胎。梁武帝第七子湘东王萧绎时任荆州刺史,他得知六哥萧纶逃到郢州(治所在今湖北武汉),放着侯景叛军不管,先派兵进逼郢州,击败了萧纶的军队。按照帝位继承的次序,萧纶排在萧绎之前,作为老七的萧绎为了平叛后夺取皇位,当然要对他六哥赶尽杀绝。萧纶失败后逃到汉东,被西魏大将杨忠杀死,投尸江边。驻守襄阳的雍州刺史岳阳王萧詧(昭明太子萧统第三子),也是萧绎的竞争对手。萧詧不愿听七叔萧绎节制,听说荆州军要夺取河东王萧誉的湘州(治所在今湖南长沙),于是举兵攻打萧绎所在的江陵(今湖北荆州),叔侄二人水火不容。萧詧兵败后,向北方的西魏寻求庇护,意图对七叔萧绎发起反击。萧绎不断侵夺兄弟、侄子的地盘后,才派荆州军东进扬州,平定"侯景之乱"。

萧梁皇室自相残杀、互相火并之时,有两员大将成为了南朝的救星,他们就是广州军的陈霸先与荆州军的王僧辩。

2

"侯景之乱"爆发时,陈霸先的顶头上司是广州刺史元景仲。元景仲出身北魏宗室,本就不服南梁统治,不愿出兵救援建康,反而与侯景勾结。陈霸先一看上司背叛朝廷,再次展露猛人本色,立马带兵讨伐,把元景仲逼到自缢身亡。陈霸先迎立南梁宗室萧勃为广州刺史,并平定了响应侯景的广州十郡叛乱。但是,新任广州刺史萧勃也只想看戏,不愿派兵北上。陈霸先只好独自率领大军,从岭南出发,出大庾岭,沿赣江至九江,准备与荆州军的王僧辩会师。

面对广州刺史萧勃的劝阻,陈霸先义正词严地说道:"我出身卑微,才能低下,幸而得到国家栽培。之前听闻侯景渡江,便想带兵赴援,但遭到元景仲等人阻挠。而今京城倾覆,主上蒙尘,我已下定决心北上勤王!"起初,陈霸先的士兵只有追随他多年的数千老兵,要去讨伐占据建康、号称拥有二十万大军的侯景,无异于以卵击石。但陈霸先以国家大义为旗帜,拉起了自己的创业班底,这支队伍得到南方军民的支持,转眼间发展到甲士三万人、战船两千艘,并储备军粮五十万石。

　　史载，陈霸先"涉猎史籍，好读兵书，明纬候、孤虚、遁甲（以上皆为方术用语）之术，多武艺"，是一位文武双全的全能型人才。他还善于拉拢人心，手下很多人曾经是他的对手或地方豪强，但后来都成了他的亲密战友。猛将周文育曾经参与广州叛乱，与陈霸先为敌，却在战败后被他收服，成为其麾下的军官。周文育原名项猛奴，出身农家，从小丧父，被一个姓周的军官收为义子。一次随义父出征，义父不幸战死军中，他以一骑冲入敌阵，夺回尸首，一时无人敢近。周文育投靠陈霸先后，被委以重任，在讨伐侯景的战役中立下大功。陈霸先从广州起兵勤王后，始兴（今广东韶关）豪族侯安都率千余众前来归附。侯安都为"邑里雄豪"，其家族可能为当地蛮族出身，当时，南方豪族部曲众多，侯安都也招募甲兵保卫乡里，他听说陈霸先带兵北上讨伐侯景，便投靠到陈霸先旗下。

　　承圣元年（552年），陈霸先与萧绎部下王僧辩会师。王僧辩乃荆州军名将，祖上为乌丸王氏，他见陈霸先足智多谋，颇为忌惮。为了打消王僧辩的顾虑，陈霸先主动将五十万石粮食分出三十万石给荆州军，缓解了荆州军的缺粮危机，也在平叛军队中树立了威望。于是，陈霸先与王僧辩在白茅湾（今江西九江东北）登坛宣誓，歃血为盟。陈、王二人一度私交甚密，甚至订为儿女亲家，但因为正赶上王僧辩母亲的丧事，两家儿女才没能成婚。

　　东、西两路大军会师后，在建康与侯景展开决战。侯景被陈、王联军打败后，带着心腹乘船逃亡海上。昔日为梁武帝死守台城的名将羊侃之子羊鹍混入其中，半路上趁侯景睡觉时掉转船头，随后一刀砍死了侯景。史载，侯景死后，尸体被送往建康，京城百姓争相食其肉，连骨头都没剩下。

　　侯景被灭后，王僧辩率领荆州军进入建康，他那位远在江陵的领导萧绎被部下拥立为帝，即梁元帝。此前，梁简文帝已被侯景杀害。为了免除后患，梁元帝暗中命王僧辩将简文帝的儿子，也就是自己的侄子沉水溺死。荆州军攻克建康后，也和之前侯景的军队一样"纵兵蹂掠"，甚至一把火烧毁了建康的宫殿和官署。原本形势大好的梁元帝就这样失去了扬、越一带的民心，只好以建康凋敝残破、王气穷尽为由，定都江陵（今湖北荆州）。

　　王僧辩凭借平叛之功，被梁元帝萧绎封为太尉，留守建康。萧绎也没有忘记广州军的功劳，任命陈霸先为扬州刺史，镇守京口（今江苏镇江）。此时，在北方与西魏（后演变为北周）并立的北齐高氏也对建康虎视眈眈。

3

此前败给梁元帝萧绎的岳阳王萧詧，得到西魏宇文泰的协助后很快卷土重来，攻陷江陵，俘虏了梁元帝。梁元帝被俘前，竟然忙着在江陵城中焚书，命人将东阁中的十四万卷图书烧毁，自己也准备投火自焚，但是被宫人拦下来。后来，有人问他为何焚书。梁元帝说："读书万卷，犹有今日，故焚之。"这个爱读书的皇帝性情很残忍，既不能团结宗室，也不会安抚民心，到最后还想把锅甩给读书。

西魏士兵将梁元帝拉到其侄子萧詧面前，要他下跪。萧詧将他的七叔梁元帝斥责一番后囚禁起来，不久后命人用装满沙土的袋子压死他，随后用粗布、蒲席草草收殓，埋葬在城外。萧詧在西魏权臣宇文泰的扶持下得到荆州之地，建立了西梁。这个傀儡政权一直存在到隋朝建立后。

梁元帝之死，在江东引起了新一轮的连锁反应。江陵失守后，王僧辩与陈霸先实际上掌控了南梁的军政大权，他们共同拥立梁元帝之子、时年十三岁的萧方智（即后来的梁敬帝）为嗣君，主持朝政。北方的另一个政权北齐看到西魏在荆州占了那么大便宜，也想分一杯羹，培植"代理人"，于是将所俘的梁武帝萧衍之侄萧渊明送回建康，要求南梁朝臣拥立萧渊明为帝，同时派大军压境，兵临长江。

王僧辩听说北齐大军南下，大惧，赶紧离开建康，到姑孰（今安徽当涂）驻屯，打算答应北齐的条件，接受萧渊明为帝。有学者认为，王僧辩选择接纳萧渊明是明智之举，既可以与北齐化敌为友，也可以集中力量处理南梁混乱的朝政，而且王僧辩也提出了齐军不渡江、以梁元帝之子萧方智为太子等条件。陈霸先却反对王僧辩的做法，他认为，王僧辩屈事北齐，辜负了梁元帝的嘱托。陈霸先对部下说："梁武帝子孙众多，唯有元帝能平定'侯景之乱'，一雪前耻，他的儿子有什么罪过，忽然就废除。我和王公都曾受先帝托付，而王公一天之间就改变了主意，对外依靠夷狄北齐，不按次序拥立皇帝，他究竟意欲何为啊！"

陈霸先一连四次派了使者劝阻王僧辩，但王僧辩还是将萧渊明迎回建康，扶上了皇位，并把萧方智赶下台。于是，原本亲如一家的陈霸先与王僧辩发生了严重的分歧。实际上，起兵自广州的陈霸先未必忠于梁元帝的儿子。但王僧辩的一意孤行给了陈霸先夺取朝中大权的机会，尤其是批判王僧辩"远求夷狄，假立非次"的说辞，更是一个合理的借口。

绍泰元年（555年），驻扎在京口的陈霸先得到了"齐兵大举至寿春（今安徽寿县）"的消息。陈霸先的军队去调查，却没有发现北齐军的动向。这个消息有可能是王僧辩集团传给陈霸先的假信号，以分散陈霸先的注意力。陈霸先决定先发制人，他利用这个消息调遣军队，留下一部分军队镇守京口，之后亲自统帅步骑渡江直逼石头城，准备袭杀王僧辩，知道他计划的人只有侯安都等四名亲信将领，很多士兵还以为他们要去与北齐兵作战。

陈霸先率军走在半路，他骑的马匹踟蹰不前。侯安都追上去，骂道："今日做贼，已成事实，是生是死全凭决断，还有什么期望吗？若失败，我们难逃一死，以后难道会免于砍头吗？"陈霸先说："侯安都这是在责怪我啊！"于是，继续率军抵达建康。夜里，侯安都身先士卒，手持长刀攀上城墙，其余众人随他一同涌入城中。当时，王僧辩正在卧室处理政务，被陈霸先的士兵迅速包围后，他只好束手就擒。

陈霸先问王僧辩："你为什么对北齐全无戒备？"王僧辩似乎还把陈霸先当成了好搭档，说："我委派你驻扎京口，把守北方门户，怎么能说毫无防备呢？"是夜，陈霸先命人将王僧辩父子缢杀。王僧辩死后，陈霸先迫使北齐扶植的萧渊明退位，再度迎立梁敬帝萧方智即位。陈霸先被任命为尚书令，取得都督中外诸军事的特权，担任扬州、南徐州二州刺史。

当时，王僧辩的女婿杜龛为吴兴太守，王僧辩的弟弟王僧智为吴郡太守，他们与荆州集团的其他成员占据三吴之地（指吴郡、吴兴、会稽），使陈霸先腹背受敌。陈霸先为了避免后顾之忧，将手下军队分成三部分，一路留守建康，一路驻防京口，第三路则东讨三吴。平定三吴后，陈霸先切断王僧辩余党与北齐的联系，确保了东部粮饷运输畅通，如此一来，才能对强大的北齐放手一搏。

4

陈霸先袭杀王僧辩，使北齐建立傀儡政权的计划落空，北齐统治者恼羞成怒，于是接连出兵，发动了大规模的南侵。此时，摆在陈霸先面前的是一个强敌环伺的难题，而他手中能用的筹码却寥寥无几，形势万分危急。梁敬帝太平元年（556年）三月，北齐十万大军在萧轨等人的率领下大举南下，陈霸先任命周文育、侯安都等将领据守各个要地。北齐要求召见此前送回南朝的萧梁宗室萧渊明，并说接到萧渊明就同意撤军，实际上这是麻痹陈霸先的诡计。陈霸先备好船只把萧渊明送回去，可到半路上萧渊明背疽发作而死。北齐军没接到萧渊明，立马从芜湖出兵，进入丹阳县，转眼间来到建康城外的方山。

北齐军用木栅在秦淮河修建了一座用来运送士兵的临时桥梁，切断周文育部队的退路。周文育一点儿也不怕，率军发起反攻。周文育独自乘坐一艘单人小船横冲直撞，随后跳入对方大将所在的船中，将敌将当场杀死，震慑住了对方的水军。五月，陈霸先率军与周文育所部会合。正要开战时，战场上刮起了大风。陈霸先听信兵书，认为"兵不逆风"。周文育却反对，说："事情紧急，怎么能用古法？"说罢，周文育提枪上马，带头冲锋，杀死了北齐军几百人。在周文育、侯安都等猛人的拼死作战下，陈霸先成功截击北齐军的交通要道。到了六月，陈霸先的军队在覆舟山（在今南京玄武区）以东与北齐大军对峙。

北齐军远道而来，粮草不济，只能宰杀驴、马充饥，此时正赶上江南的雨季，连日下大雨，北齐军营积水达一丈多深，很多士兵成天站在泥水里，连脚指头都泡烂了，还找不到地方生火架锅做饭。陈霸先的军队却利用地利，占据较为干燥的地方，将士们还能轮流替换着休息。此时，通往建康的道路大部分已被积水阻隔，粮食运不进来。之前平定三吴的战略意义终于凸显。

正当梁、齐两军艰难对峙时，镇守会稽的陈霸先之侄陈蒨（即后来的陈文帝）派人运来三千斛大米、一千只鸭子。陈霸先下令蒸饭煮鸭，让士兵们用荷叶包裹米饭，再加上几块鸭肉，坐在草席上吃了填饱肚子。这有点儿像后世的荷叶饭。第二天凌晨，陈霸先率领部下从幕府山（在今南京鼓楼区北端）出发，对北齐军发动突袭。半路上，侯安都对其部将萧摩诃说："卿的骁勇闻名已久，但千闻不如一见。"萧摩诃也是南朝有名的猛将，得到领导的评价后，他答道："今天就让您亲眼看看。"之后交战时，侯安都从马上摔下来，被北齐士兵包围，萧摩诃单枪匹马，高声呼喊，冲向北齐军，救出了侯安都。侯安都这才知道萧摩诃之勇名不虚传。

之后，陈霸先和吴明彻、沈泰等率领各部与北齐军大战。北齐军队逐渐崩溃，战死和被俘的将士达到几千人，互相践踏而死的数不胜数，落水淹死的士兵尸体都漂流到了京口。随着江乘、摄山（栖霞山）、钟山等地的各支军队相继取胜，以少敌多的陈霸先掌握了主动权，北齐军被迫退兵，军队逃回江北时只剩十之二三。之后，起兵反抗陈霸先的南梁刺史、郡守也被各个击破，陈霸先从此一家独大，掌握了南梁朝廷的权柄，先封陈公，加九锡，后进爵为王。南梁名存实亡。

5

南梁太平二年（557年），梁敬帝萧方智将帝位禅让给陈霸先。陈武帝陈霸先建立的南朝陈政权，成为南朝的最后一个朝代。

历史学者周一良认为，南朝的政权交替存在着一种通用模式："权臣取代旧王朝之方式，多仿曹氏老例，先加九锡，列举'公之功也'，以制造舆论。继之以封国建台，最后受禅。"陈霸先也是采用这一模式，但急于受禅必然导致人心动荡。陈霸先受禅称帝时，其手下的侯安都、周文育正在讨伐南梁的另一个军阀王琳。侯安都听到陈霸先称帝的消息，大呼："我其败乎，师无名矣！"王琳自称勤王之师，企图在道义上占据优势，将陈霸先贬斥为乱臣贼子。不久后，陈军果然大败，连主将侯安都、周文育都被王琳俘虏，用长链锁住，侯安都等人趁机收买王琳的亲信宦官，才成功逃了出来。

不过，有勇有谋的陈霸先没有被王琳抓住把柄，他将自己建国的理由定义为"一匡天下，再造黔黎"，指责王琳等人勾结北朝，而他自己才是在庇护南朝黎民百姓。陈霸先利用南北方长久以来的民族矛盾，站在道德的制高点，赢得了南方的民心，随后，陈霸先再次征讨王琳，取得胜利。

陈霸先在处理南朝内部的民族关系时也颇有远见。建康的世家大族已在"侯景之乱"中遭受毁灭性打击，地方豪族成为一股新兴力量。陈霸先称帝后，安抚南方各地的酋帅、豪强，下令"山谷之酋，擅强幽险，皆从肆赦，咸使知闻"，并与岭南的冼夫人取得联系。冼夫人臣服于陈，她利用其俚族首领的地位，在岭南"怀集百越，数州晏然"。南陈政权得到南方酋帅、豪强的支持，在东南一隅站稳了脚跟。

明人归有光评价陈霸先时说："江左诸帝，号为最贤。"陈霸先与宋武帝刘裕、齐高帝萧道成等一样都是马上得天下，夺权后再篡夺皇位，但他是一位以文治国的贤君。陈武帝即位时，"侯景之乱"使江南千疮百孔，四方动乱，百废待兴。因此，陈霸先施行"恒崇宽政，爱育为本"的仁政，在其在位的短短三年内巩固政权，恢复江南经济，政务上崇尚宽简，除非紧急军情，绝不轻易下达严苛政令。他下诏大赦天下，将长期关押的囚徒释放回原籍；给予社会上的鳏寡孤独每人五斛谷；免除了农民欠下的逾期地租与债务；派人对丹徒、兰陵二县的沃土进行开垦，并亲自视察。这些举措，推动了战乱后江南生产力的恢复。

每当想到下面存在弊政，陈霸先就寝食难安。他说："久知下弊，言念黔黎，无忘寝食……使民间务存优养，若有侵扰，严为法制。"乡村出身的陈霸先严于律己，平时饮食，菜不过数样，后宫不设丝竹管弦，自起兵以来，他得到玉帛之类的贵重物品全都赏赐给将士，自己分文不取。

南陈永定三年（559年），半生戎马的陈霸先病逝，他将皇位传给了侄子陈蒨。南陈以武立国，尽管国力孱弱，都在此后的三十年间，都没有放弃与北方政权的对抗。陈文帝陈蒨即位后，多次击退了北齐、北周的军队，消灭了割据湘州的王琳。陈蒨"勤民听政，旰食宵衣"，继承其叔父陈霸先的为政措施，开创了南朝最后一个治世——天嘉之治。

天嘉七年（566年），陈文帝崩，其子陈伯宗（陈废帝）继位，过了两年，文帝之弟陈顼废伯宗自立，是为陈宣帝。陈宣帝陈顼是南朝最后一个有进取心的皇帝。他在位时，北方局势发生变化，齐衰而周强。陈宣帝与北周相约中分天下，派兵北上，一度攻下淮、泗之地。但陈宣帝急于求成，在北周平齐之后，贸然出兵与北周争夺徐、兖二州，结果被北周击败，江北、淮南之地都被北周夺去。南陈政权至此已经失去与北方抗衡的机会。等到陈宣帝之子陈后主陈叔宝在位时，隋朝已经取代北周，天下一统已然势不可当。

《隋书》记载，隋灭陈时，隋军中有一将领名叫王颁，是王僧辩的次子，他当年与梁元帝一同被俘，后被送到北方。王颁跟着隋军南下，不忘当年陈霸先夜袭王僧辩的旧仇，与其父旧部掘开了陈霸先的陵墓，剖棺焚尸，"投水而饮之"。之后，王颁自缚，到隋军统帅晋王杨广那里请罪，但隋朝因王颁"孝义"，赦免了他。

无论成王，还是败寇，生前身后事，只能任由后人评说。

第七章　南北合流：大分裂终结

陈叔宝：无耻的失败者

但凡临近亡国，都会有征兆，陈后主还没登基，就差点儿死于非命！太建十四年（582年），陈宣帝陈顼驾崩，临终前命嫡长子陈叔宝（即陈后主）继承皇位。按照古代立储"以长不以贤"的规矩，陈叔宝继位并没有程序上的问题，可偏偏他的二弟陈叔陵对先帝的决定颇有异议。在陈宣帝的葬礼上，陈叔陵瞅准时机，拿出暗藏的药刀，对准陈叔宝的脖子就是一顿乱砍。由于事发突然，在场的陈氏宗亲都蒙了，直到陈叔宝大喊护驾，众人才反应过来。然而，冲出来护驾的宗亲，夺刀的夺刀，卡脖子的卡脖子，愣是没人将注意力放在陈叔宝身上。不幸中的万幸，陈叔宝除了一阵生疼，脖子殷红，没伤到要害。

陈叔陵行刺失败被杀后，陈叔宝完成登基仪式，随后便将国家政务委托给四弟陈叔坚，以表彰他之前的救驾之功。陈朝的国运伴随着陈叔宝的甩手已时日无多了。

1

陈后主十六岁当太子时就成亲了，娶的是太子少傅沈君理的女儿沈婺华。史载，沈皇后"性端静，寡嗜欲，聪敏强记，涉猎经史，工书翰"，乃妥妥的大家闺秀。可陈后主对这个正牌媳妇却不怎么上心。他有自己的"白月光"，叫张丽华。张丽华从前曾是一名歌姬，长得妖艳动人。特别是她那头秀发，史载"发长七尺，油光可鉴"。陈后主对张丽华的爱慕，在《玉树后庭花》一诗中就可窥见端倪：

> 丽宇芳林对高阁，新妆艳质本倾城。
> 映户凝娇乍不进，出帷含态笑相迎。
> 娇姬脸似花含露，玉树流光照后庭。

张丽华不仅漂亮，而且善解人意，能察觉陈后主的心思。因此，陈后主即便脖子上有伤，也不忘到她那儿温存些日子，直至痊愈。陈后主即位当天颁布诏书，说要"思播遗德""咸与惟新"。这份即位诏书的语气相当谦卑，在表明自己的姿态后，要求百官以后多在劝农、求贤、禁奢、纳谏等方面给他提意见。即位两个月后，他又颁布过一则《癸亥诏》，说今后满朝文武无论官职大小，上奏折时无须避讳，有事说事，说错了也不要紧，朕自不怪罪。

话说得很好听，可真有人敢壮着胆子这么干的时候，他的倒霉日子就到了。此人名叫傅縡，是陈后主身边的中书舍人，专门为皇帝起草各类诏书，文采可谓是陈朝一流。他写诏书时，从来不需要提前起草，"虽军国大事，下笔辄成"，陈后主对他颇为赏识。傅縡本人也刚正不阿，直言敢谏，这本来是件极好的事，可这人的运气不大好。

陈后主在位前，南陈奢靡之风已经形成，官员私相授受的情况很常见。傅縡因与陈后主的另两大宠臣沈客卿和施文庆有过节，而被对方诬告贪污受贿。面对奸佞的恶意中伤，傅縡没急着给自己辩解，反倒是上书给陈后主，告诫陛下应亲贤臣，远小人，如此才能确保江山永固。否则，以陛下如今"酒色过度，不虔郊庙之神，专媚淫昏之鬼"的姿态，"小人在侧，宦竖弄权，恶忠直若仇雠，视生民如草芥"，陈朝的气数怕是很快就绝了。傅縡的话，其实是很有远见的。就在陈后主登基的前一年，隋文帝杨坚已在北方称帝。比起偏安一隅的陈后主，杨坚的最高理想便是荡平四海。然而，陈后主看到傅縡的奏折时，却气得要命。他派人赶到天牢，质问傅縡："我欲赦卿，卿能改过不？"傅縡的骨头也是够硬，答道："臣心如面，臣面不可改，则臣心不可改！"陈后主大怒，下令杀了傅縡。此后，朝野内外，噤若寒蝉。

2

作为亡国之君，陈后主的气运其实还是不错的。陈宣帝在位期间，政治较为清明，与民休息，劝课农桑，南方的经济稳步发展。与此同时，他最大的对手隋文帝，虽然雄心勃勃，却只能一边解决内部矛盾，一边对抗突厥南侵，根本无暇顾及南方。

不过，老话说得好，人无远虑必有近忧。处理完傅縡进谏的事，陈后主的四弟陈叔坚又闹起了幺蛾子。由于护驾有功，再加上皇帝的授权，在陈后主养伤期间，陈叔坚俨然就是个代皇帝。皇帝代久了，难免得意忘形。大权在握的他，生起了"转正"的心思。他知道二哥陈叔陵是怎么死的，所以不敢轻举妄动，只是扎了个小草人，安上机关，让小草人见了自己就自动下跪磕头。很快，谣言就传到了陈后主耳中，说陈叔坚以巫蛊之术诅咒皇帝。早有猜忌之心的陈后主立即下旨，让陈叔坚遥领江州刺史，并荣任司空，使陈叔坚尽享尊荣，却没有实权。实际上是架空了陈叔坚。

紧接着，陈后主又叫陈叔坚到宫里质问，意欲处死他。还好陈叔坚脑袋灵光，见到陈后主那一刻，立即跪伏在地，称："臣之本心，非有他故，但欲求亲媚耳。"我只是想求宠，哪敢想造反。一副可怜巴巴的样子让陈后主饶了弟弟一命，让他回家自省。

陈叔坚走后，他的工作就交由孔范、陈暄和江总三人负责。此三人，都是陈后主在东宫时的亲信。更重要的是，他们三个都以"罕谏"著称于世，加上他们的文笔一流，没事就陪着陈后主游山玩水，撰写各种游记。所以，后人将他们统称为"狎客"。在这群"狎客"的陪伴下，陈后主的日子过得不是一般的舒心。虽然他没什么治国才能，文娱水平倒是逐日见长。除了《玉树后庭花》，陈后主还在江总等人的指导下，写出了多首表现女子娇媚姿态的艳诗，比如传唱度很高的《三妇艳词十一首》：

> 大妇避秋风，中妇夜床空。
> 小妇初两髻，含娇新脸红。
> 得意非霞日，可怜那可同？
>
> 大妇西北楼，中妇南陌头。
> 小妇初妆点，回眉对月钩。
> 可怜还自觉，人看反更羞。
>
> …………

不仅如此，陈后主还经常让人在皇宫里演奏他创作的曲目，俨然是一名总导演。他曾派人不远千里，到北方学习箫鼓，只为了伴奏效果更好。

陈朝的皇宫，毕竟是在梁宫的基础上复建的。尽管在陈霸先时代这座宫殿曾有过一次大规模的修缮，但此后数位陈朝先帝都力行节俭，这导致了陈后主越发看不惯这座旧宫。至德二年（584年），伤势痊愈后的陈后主亲任皇宫修缮工程总设计师，命人在自己起居的光照殿前增建高数十丈的临春、结绮、望仙三阁。这三座楼阁全用千年的沉檀木打造，阁中再施以黄金、珍珠、玛瑙等作为装饰。为方便自己与爱妃们在楼阁之间交替游玩，他还特命能工巧匠在高空中架设连通复道。陈后主顺势从光照殿搬出，住进了临春阁。而结绮阁、临仙阁等，则由张丽华及龚贵嫔、孔贵嫔分别居住。

陈后主颇懂得"后宫三千当雨露均沾"的道理。每当夜夜笙歌时，他总不忘随时召唤薛淑媛、王美人、李美人等另外七个宠妃上阁楼来嬉戏。陈后主办派对很有一套，他的宴会必须有文人狎客、宠妃和宫女参与。每次宴会的主题都不同，但总有不变的环节——奏乐、喝酒、写艳诗。在宴会中，他规定，与会人员地位平等，有奖有罚。如若宫女在吟诗作赋上有才学，则应对她们不吝封赏，令宫人将优秀诗作编写成曲，整日传唱。于是，袁大舍等十名宫女因新诗内容"尤艳丽"，被陈后主钦命为后宫"十学士"。陈后主如此胡作非为，陈朝的忠臣们难道都视而不见？看是看到了，但与傅縡相比，绝大多数人并无赴死的胆量，故而不敢吱声。

对于手握重兵的大将，陈后主则另有办法。当时，南陈第一猛将当属萧摩诃。此人勇武有力，曾在陈宣帝北伐期间，以一当十，创下了南朝最辉煌的单兵战绩。陈后主即位后，也是他独力平定了陈叔陵叛乱。猛将难得，陈后主让自己的太子娶了萧摩诃的女儿，使陈、萧两家结成利益共同体。如此，便不怕手底下的大将闹翻天了。

3

当陈后主忙着吹拉弹唱的时候，北方的隋文帝正在研究天下大势。当时，在陈朝与隋朝之间，还夹着一个傀儡政权——后梁。它是由梁朝昭明太子萧统的第三子萧詧在西魏的扶持下建立的。后来，西魏尽归宇文家，萧詧也从臣服西魏变成了臣服北周。待隋文帝以隋代周，这个政权又转而投靠隋朝，换取片刻平安。隋文帝还让晋王杨广娶后梁公主为妃，以示两家关系长久和睦。这桩政治联姻本来能让后梁政权活久一点儿，可自从隋文帝打败突厥后，他那颗统一天下的雄心开始躁动了——连陈朝都是他即将讨平的目标，留个后梁还有什么意义呢？此时灭掉后梁，对隋文帝而言，反倒有另一层意义。那就是可以进兵长江沿线，伺机消灭陈朝。

隋文帝统一天下的野心，耽于享乐的陈后主并非不知。当年，陈宣帝刚死，隋文帝就致书陈朝表示哀悼。在哀悼信的结尾，隋文帝故意写道"大隋皇帝杨坚顿首"。这分明是南北朝时代对敌通信的礼仪，说明杨坚自始至终都有消灭陈朝一统天下的打算。陈后主却始终自认为"王气在此"，而且建康城往北就是长江，北周、北齐曾相继来攻，全都因为长江天险，让先帝们给打退回去。如今，隋朝不过是北周的"翻版"，能奈我何？

于是，在梁后主萧琮被隋文帝扣押、后梁群龙无首之时，陈后主主动向后梁伸出了援手。陈后主此举，在陈朝内部被那帮狎客粉饰为"有道明君，万方来朝"。隋文帝得知后，说一句经典名言："我为民父母，岂可限一衣带水不拯之乎？"话虽霸气，但对于伐陈之事，隋文帝并无十足的信心。南北分裂的局面已将近三百年，统一绝非一朝一夕可以完成。陈后主虽然昏聩无能，但南陈的水军经过三十多年的发展，尚有数十万众。而隋朝强悍的是骑兵，到了江河上就毫无用武之地。若此战不幸败了，结局又将如何？

带着种种疑虑，隋文帝召集群臣开了一次伐陈动员大会。对于隋文帝统一天下的迫切，宰相高颎看得十分真切，但他提议，伐陈之事可以徐徐图之。高颎说，南朝气候温暖，庄稼一般都比北方早熟，隋军可以趁南朝收割水稻时，集结小股部队到江北，扬言渡江抢粮，给南朝军队造成压力。这样一来，陈朝必定动员全民参军到江边来阻止隋军南下。等陈军一至，隋军立马宣布撤退。这样搞他个两三次，陈朝军队必然麻痹。待到我们下次真的出兵攻打陈朝，他们也就不信了。而我们的士兵，只要过了江，没有战马，那也是陆地猛虎，陛下还有什么好担心的呢？隋文帝听了频频点头。高颎接着说，南朝地势低洼潮湿，粮食不能像北方一样存放在地窖里，他们存粮必然是放在事先搭建好的木屋、竹仓内。隋军可以在陈军撤退之际，派出间谍秘密放火烧了南朝的粮仓。这样，不出几年，陈朝的国力也就被耗得差不多了，到时我们再稍稍出兵，灭陈岂不易如反掌？

隋朝照着高颎这套组合拳打下来，陈朝的军队和百姓很快便陷入了整体疲软的状态。然而，长期亲昵佞臣狎客的陈后主，对周遭的危险毫不知情。在隋朝加快灭陈步伐之时，他却念着张丽华侍奉自己有功，想要废长立幼，将爱妃的儿子立为太子，并顺带废黜沈皇后，改立张丽华为后。

4

隋开皇七年（587年）十月，伐陈大战终于拉开帷幕。隋朝为了灭陈，几乎倾巢出动。除了主帅由晋王杨广担任外，高颎、杨素、贺若弼、韩擒虎等隋朝赫赫有名的文臣武将一概参加了此次作战。

大军出发前，隋文帝专门找人印了三十万份写有陈后主罪状的檄书，派人投放到南方，以扰乱南陈民心。紧接着，由这批名将组织的五十万大军才分八路向南方展开全面渡江战役。隋兵大军压境，陈后主却还在夜夜笙歌。有位名叫章华的老臣实在忍不住上了封奏折，希望陈后主反思自己的行为，赶紧下令军队发起抵抗。但在陈后主眼中，章华的面貌就如当初傅縡那般，戳人心窝子。所以，章华很快就到九泉下与傅縡相会了。

章华被杀时，隋军的大部队已经开始渡江。作为伐陈先锋的韩擒虎和贺若弼，用了不到五天时间先后拿下江边重镇京口和姑孰，并重新集结部队向建康奔来。当时，建康城内尚有二十万南陈精锐，若与隋军拼死一搏，尚有胜算。可惜，自大的陈后主根本没把隋军当一回事。他把护卫京师的重担交托给佞臣施文庆后，便躲到后宫，继续醉生梦死。

陈后主不慌不忙，萧摩诃却心急如焚。他不顾陈后主的怪脾气，执意进谏，希望陈后主允其率领些许兵马，在贺若弼等隋军立足未稳之际，发起突击，尽力将其赶回江北。但陈后主认为萧摩诃操之过急。直到隋军全数集结到建康城下，陈后主才下令摆出"一字长蛇阵"，令萧摩诃与孔范、任忠、司马消难等组织各自的部队，发起京师保卫战。孔范吹牛在行，打仗却是稀烂。与隋军一交锋，他的部队就全线溃败。"一字长蛇阵"最讲究的便是组织配合，孔范所部失败，自然引发了司马消难等部的接连溃败。作为南陈战力担当的萧摩诃，本该是这场战役的决胜关键。正当他在前线打得火热时，后方却传来了陈后主欲对其家人行不轨之事的消息。家门不幸，萧摩诃一时分心，被俘了。眼见萧摩诃一世英名被昏君毁于一旦，任忠也彻底失去了抵抗之心。他主动投降韩擒虎，并引隋军自皇城南门入宫抓陈后主。

5

戏剧性的一幕上演了。得知任忠已经投降隋军，陈后主彻底慌了神，口中不断念叨着"孔范误我"。唯沈皇后、江总等数人尚镇静自若。看着陈后主如同热锅上的蚂蚁，在宫里安静等待接收的宰相袁宪觉得甚是好笑，他劝谏了一番陈后主，希望其能像当初梁武帝面见侯景一样，泰然自若。可陈后主哪有梁武帝的气魄？此时的他，只想着怎么保命要紧。眼见宫人都往后宫跑，他也撒丫子往后宫钻。当时，后宫尚有一口名为"胭脂井"的枯井，陈后主想也没想，便一头扎进井里。

隋军冲入宫城后，挖地三尺也没找到陈后主。正当贺若弼等人以为陈后主已经杀身成仁时，景阳宫殿内的那口枯井却传来敲击的声音。隋军立即向井下呼叫，却没人应答。直到有士兵扬言要往井里扔石头，陈后主才自认身份，并要求隋军搭救自己。隋军将绳索抛下去，往上拉人，却发现下面异常沉重。原来，井里不仅有陈后主，还有他最宠爱的张丽华和孔贵嫔。三人重见天日，也意味着陈朝寿终正寝。然而，陈后主的荒唐事还没有结束。

正如袁宪所料，隋文帝并未对陈后主凶神恶煞，反倒以礼相待，封其为长城县公。而且，每次只要有陈后主出席的宴会，隋文帝都会提前告知宫人不可奏响吴地音乐，以免引起陈后主不适。不过，对于这种事情，陈后主倒是满不在乎。自从到了长安之后，他就迷上了那里的美酒和驴肉。据说，他一天就能消耗掉一石的上等美酒，经常喝得烂醉如泥，让监视他的官员都不好意思把前朝昏君的丑态报告给隋文帝。

一次，陈后主通过监视他的官员向隋文帝奏报称，自己整日喝酒吃肉，无所事事，想求个官当当，替陛下分忧。气得隋文帝当场就骂了句："此人全无心肝！"为了保命，陈后主还对隋文帝拍起了马屁。隋开皇十四年（594年），隋文帝东巡邙山，陈后主奉召随行。见到隋文帝的那一刻，陈后主当即赋诗一首：

> 日月光天德，山川壮帝居。
> 太平无以报，愿上东封书。

意思是，隋文帝功比天高，唯有壮丽山川才能彰显其帝王威仪。对此，隋文帝只是笑了笑，没有表示。待隋文帝东巡归来，陈后主又再行上表劝进，请隋文帝封禅泰山。直到对方不胜其烦，勉力答应，他才作罢。十年后，隋仁寿四年（604年），隋文帝和陈后主双双步入人生的终点。不可思议的是，作为被俘虏的亡国之君，陈后主竟然比隋文帝晚死四个月。不得不说，在保命上，陈后主堪称一介奇才。

曾统兵灭南陈的晋王杨广十分瞧不起陈后主，在置办他的丧事时，杨广特地给这个荒唐的昏君上谥号"炀"，意思是陈后主一生沉迷酒色、违反道德、虐待民众、悖逆天理。吊诡的是，杨广身后，自己也得了"炀"的谥号。

杨坚：乱世终结者

西魏大臣杨忠，人到中年还没有儿子。对于一个有爵位的权贵来说，没有子嗣，也就没有继承人，这很让人头疼。三十五岁那年，他的妻子吕苦桃终于在冯翊般若寺诞下一名男婴。孩子出生后，有个叫智仙的尼姑对杨忠夫人说，这位公子不能像常人那样养育，应该留在寺院中的别馆抚养。

杨忠夫妇中年得子，自然对这个儿子万分疼惜，而北朝佛教兴盛，他们也相信智仙的话，认为孩子托身寺庙，更有可能健康成长。于是，杨忠的儿子在寺院中度过了童年时光。师父智仙为他起了个威风凛凛的小名，叫"那罗延"，并告诉他："儿当大贵，从东国来；佛法当灭，由儿兴之。"那罗延，意为佛教中的金刚力士，一般是手持法器、具有神力的护法神形象。智仙知道，这个将门出身的虎子终将走出寺庙，到广阔的天地建立不世之业。这个小名"那罗延"的孩子，后来果然成为终结南北朝乱世的传奇皇帝，他在史书中有另一个响亮的名字——杨坚。

1

杨坚早年不仅有一个叫"那罗延"的小名，还有个鲜卑姓，叫"普六茹"。其父杨忠凭借追随宇文氏的功绩被赐姓普六茹，到北周时官至大司空、柱国大将军，受封为随国公。杨坚出生于一个鲜卑化的汉人家庭，其出身将在他日后的成长经历中发挥至关重要的作用。这要从杨忠的奋斗史说起。

杨忠本为北魏武川镇军人，《周书》《隋书》等官修正史一般称其为关中大族弘农杨氏的后裔，这个说法是否靠谱儿有待商榷，但自打杨忠出生时，他们一家就是武川镇的军户。北魏为抵御柔然等少数民族，依靠阴山屏障，在平城（今山西大同）以北设立六个军镇，其中，武川镇位于今内蒙古武川县西。北魏后期，六镇起义冲击了鲜卑元氏的统治，也让像杨忠这样的武川镇军人卷入中原的纷争。

杨忠身材魁梧，武艺超群，身长七尺八寸，在战场上格外勇猛，是一员横刀立马的猛将。史载，有一次，杨忠随宇文泰出外狩猎，遇到一只猛兽，杨忠丝毫不惧，挺身上前，用左臂挟持兽腰，伸出右手拔出兽舌，将猛兽当场制服，其勇武深得宇文泰的赏识。宇文泰也是武川镇军人出身，他在六镇起义后的乱局中崛起，割据关中，成为西魏权臣，也是后来北周政权的实际奠基人。当时，宇文泰的帐下聚集了李唐先祖李虎、杨坚老丈人独孤信等六镇出身的猛人。由此，宇文泰建立由八柱国十二大将军执掌军政的制度，形成以武川镇军人为中心的政治势力，这些家族又通过婚姻关系紧密地联系在一起。其中，大司马独孤信的长女是周明帝宇文毓的皇后，而李虎之子李昞（即唐高祖李渊之父）迎娶了独孤信的四女儿。史学家陈寅恪将这个从西魏、北周一直绵延到隋唐时期的政治集团，称为"关陇集团"。

转眼间，杨坚到了娶妻的年纪。杨忠的老上司独孤信看中了相貌非常、气度不凡的杨坚，于是将第七女独孤伽罗嫁给杨坚为妻。《隋书》记载，杨坚大婚时，时年十四岁的独孤伽罗要他发誓，从此只与她一人相爱，"誓无异生之子"，也就是不能跟其他女人生孩子。杨坚从小在寺庙长大，形成了老成持重的性格，遇到刁蛮的独孤家七小姐，真是一点儿办法都没有。至少，直到独孤氏去世时，杨坚都信守承诺，甚至不敢轻易地接触其他女子。

但是，小夫妻的恩爱日子很快被朝中激烈的政治斗争打破了。杨坚结婚后不久，他的老丈人独孤信就遭到北周权臣宇文护的排挤，被逼自尽，独孤家族从朝廷勋贵变成了罪臣之家。专权跋扈的宇文护带给杨坚一种莫名的危机感。论关系，宇文护是宇文泰的侄子；论地位，他也是北周的创业功臣。宇文护在西魏、北周建立的过程中屡立大功，宇文泰去世后，他又以大冢宰（总领百官，相当于宰相）的身份，接连辅佐宇文泰的两个儿子周孝闵帝宇文觉、周明帝宇文毓，但没过多久就把这两个堂弟干掉了。

为了接近北周皇权，宇文护想拉拢关陇集团的其他成员给自己撑腰，于是向杨坚抛出了橄榄枝，有意给杨坚一个美差。年轻的杨坚拿不定主意，不知道是否该跟着宇文护，就去找他爹杨忠商量。父亲杨忠给他出主意，说："两姑之间难为妇，汝其勿往！"俗话说得好，媳妇夹在婆婆和小姑之间，总是不好处理关系，你就让宇文家这两帮人自己折腾，别去凑热闹了。杨坚听从父亲的建议，不参与宇文护的夺权之争，但也因此不受重用，只能当个清闲的小官。

杨忠不愧在政坛摸爬滚打多年，一眼洞穿皇族争斗的本质。就在宇文护连杀两个北周皇帝后，北周第三位皇帝周武帝宇文邕即位，不愿再任人宰割，历经多年的蛰伏，宇文邕对堂哥宇文护发起了反击。宇文邕先是装作老实人的样子，使宇文护麻痹大意，之后，周武帝找机会在宫中设下埋伏，趁宇文护不备，举起玉笏将其击倒，皇帝的亲信们再一拥而上，将这个权臣当场刺死。

这一年，是北周建德元年（572年），宇文护倒台了，北周皇室的天亮了，三十二岁的杨坚也等来了建功立业的机会。

2

北周武帝宇文邕是个颇有作为的皇帝。他在位期间，向东攻灭北齐，使中国北方重归一统，向北制衡突厥，解除腹背受敌的隐患，即便是那场利用权力干涉宗教信仰的"灭佛"运动，也是为了振兴北周的国力，所谓"求兵于僧众之间，取地于塔庙之下"。周武帝"灭佛"时，有个僧人指责他说，陛下依靠皇权来消灭佛家，就不怕下地狱吗？周武帝却坚定地说："百姓若有人间之福，朕也不辞地狱之苦。"

在进行军事、文化等一系列整顿改革后，北周大有一统天下之势。然而，命运给了周武帝一个夙愿未尽的结局。北周宣政元年（578年），三十六岁的周武帝病倒了，他在遗诏中说道："将欲包举六合，混同文轨。今遘疾大渐，力气稍微，有志不申，以此叹息。"此时，距离隋文帝杨坚统一天下，只有大约十年的时间。

宇文邕与杨坚是同类人，他们都懂得韬光养晦，也都很会玩弄权力。周武帝英年早逝，他留下的政治遗产最终被杨坚继承，而这一过程，也是一场惊心动魄的政治夺权。由于杨坚此前没有盲目跟从宇文护，周武帝亲政后，便决定重用杨坚。杨忠病逝后，杨坚袭爵为随国公。北周灭齐时，杨坚被委任为右三军总管，之后率领军队平定北齐残余势力，稳定了河北的局势。周武帝还让太子宇文赟（即北周宣帝）纳杨坚和独孤伽罗的长女杨丽华为太子妃，杨坚跟周武帝成了亲家，后来跃居柱国大将军的高位。

有道是，高处不胜寒。杨坚风光后，北周宗室可不爽了。周武帝的弟弟齐王宇文宪有一次对武帝说："我看普六茹坚相貌非常，臣每次见到他，总是不自觉地失态。此人恐怕不会久居人下，应该尽早除掉他！"周武帝对杨坚的印象倒是很不错，不愿以貌取人，对于宇文宪的进言，他只是满不在乎地说了句："此人只能当一员大将，不必多虑。"史书说，杨坚面对来自各方的猜疑，深知伴君如伴虎的道理，从此更加谨慎小心。

3

在周武帝去世之后，即位的是杨坚的女婿、北周宣帝宇文赟。周宣帝宇文赟从小就在父亲的严厉教导下成长，他还是太子时，只要稍有过失，就会遭到父亲周武帝的鞭打。周武帝要求宇文赟必须学习群臣百官的行为举止，无论寒冬酷暑都不得休息，还让东宫官员注意记录太子的言行举止，每个月汇报一次。听说太子喜欢饮酒，武帝便严禁东宫存放酒浆。

有一次，周武帝对宇文赟说："自古以来，有多少废太子，你以为我就不会另立太子吗？"在这样的高压环境下，宇文赟也许养成了叛逆的性格，即位后更加肆无忌惮，他爹下葬时，宇文赟不仅没有一丝悲伤的神色，还当众说："死得太晚了！"之后就去跟后宫的嫔妃们寻欢作乐了。更不可思议的是，周宣帝竟然连皇帝都不干了，他二十一岁时就禅位于年幼的长子宇文阐（周静帝），自称为天元皇帝，之后一边作为太上皇继续掌控朝政，一边在全国海选美女充实后宫，活得十分滋润。

周宣帝为人多疑，群臣之中谁惹怒了他，就有性命之忧，连他素有名望的叔父齐王宇文宪都不能幸免。宇文宪在宗室中辈分高、权势重，周宣帝的亲信便罗织了宇文宪"谋反"的罪名，随后将他骗入宫中，活活勒死。

在周宣帝屡屡诛杀朝臣的恐怖统治下，贵为国丈的杨坚也难免身处险境。当时，宇文赟仿照胡人的旧俗，册立了五位皇后，其中就包括杨坚的女儿杨丽华。杨丽华性情柔顺，在后宫深得人心，但喜怒无常的周宣帝竟然嫌弃这位贤妻，还说要将她赐死。杨丽华的母亲独孤伽罗得知此事，赶紧入宫面见皇帝，叩头请求宽恕。周宣帝看到丈母娘磕得头破血流，才让杨皇后免于一死，但是之后每次有一点儿不满，就会威胁杨皇后说："我非把你们家杀尽不可。"

周宣帝嘴上放狠话，但还是不得不重用功勋卓著的国丈杨坚。北周仿照古制，设立了"四辅官"，杨坚就是其中之一。后来，周宣帝听从大臣建议，又让杨坚出任扬州总管。北周灭齐后，割据江东的南陈已然成为其统一天下道路上的首要目标，周宣帝让杨坚离开中央，去当扬州总管，既是为平定南陈做准备，可能也是出于架空杨坚的考虑。杨坚此番若远离京城，不知要熬到何时才能回来。不料，历史在这一刻发生了惊人的巧合。

大象二年（580 年），杨坚被任命为扬州总管，他还没来得及走马上任，突然患上了足疾，滞留在京城。不到几日，自称天元皇帝的宇文赟就突发疾病去世。

他临死前口不能言，想要向身边两个近臣刘昉、颜之仪嘱托后事，却说不出话来，这大概是脑溢血之类的疾病。周宣帝病死前是失语状态，这就给了杨坚可乘之机。刘昉与其他几名大臣跟杨坚走得很近，他们几个人凑在一块密谋，推举杨坚出来辅佐时年八岁的周静帝主持朝政。周静帝宇文阐是周宣帝宇文赟与另一个皇后朱满月所生，但杨丽华是周宣帝的天元大皇后，从某种意义上说，周静帝也算是杨坚的外孙。

之前逃过一死的杨丽华也在此次政治事件中扮演了关键角色。刘昉要矫诏让杨坚辅政时，另一个大臣颜之仪本来不愿意签字，刘昉就让杨丽华出来做主。谁都知道杨丽华肯定支持他爹杨坚，而且人家是皇太后，有她的懿旨在，遗诏就更有权威。刘昉拟定周宣帝"遗诏"后，杨坚起初还装作谦逊的样子，声称不敢上台辅政，反复推辞。刘昉急了，说："您想要掌管朝政就立即上任，不要我就自己上了啊！"于是，杨坚凭借刘昉等人拟定的遗诏，为大丞相，假黄钺，都督中外诸军事，当上了北周的辅政大臣，并设置丞相府，独揽大权。

史书记载，杨坚刚当上大丞相时，还不敢图谋篡位。他找到天文学家庾季才，问他："我如此平庸弱小，却接受了先帝的顾命嘱托，以现在的天时来看，你觉得该如何是好啊？"庾季才是个聪明人，他对杨坚说："天道精深微妙，难以用人意观察，何况您怎么能像尧时的贤者许由一样，跑到箕山之下、颍水之阳隐居呢？"

杨坚沉默良久。这时候，夫人独孤伽罗对举棋不定的杨坚说："大势已定，犹如骑虎难下，你就好自为之吧！"实际上，这些说杨坚犹豫谦让的记载都未必可信。他历经多年经营，走到权力之巅，如今距离帝位只有一步之遥，而此时北方王朝的皇冠，极有可能为一统天下的君主加冕。杨坚绝对不会放弃这个机会。

此前，正值壮年的周武帝大业未成，中道崩殂。而今，年轻的周宣帝竟也撒手人寰，而且就偏偏死在杨坚即将要离京的前夕，这究竟是酒色伤身，还是另有隐情？历史的真相早已被掩埋，后世只知道，北周宇文氏多年来的经营，最终都是给杨坚做嫁衣。

4

杨坚掌握北周的军政大权后，逐渐露出了攀登皇位的利爪，在他看似仁德的表面下，藏着比女婿周宣帝更加严酷的手段。杨坚以顾命大臣的身份，对朝廷内外发号施令，不断窃取皇权。首先，他通过屠杀宗室，削弱北周宇文氏的力量。在外的赵、陈、越、代、滕等五个藩王，都收到朝廷发来的诏令，来到都城长安。这些藩王大都是周武帝的兄弟，在宗室中很有影响力。杨坚派人去征召陈王宇文纯时，使者命令陈王左右随从退下，然后大声宣布："陈王有罪，诏令入朝，左右不可轻举妄动！"陈王的随从都惊呆了，没有见过这么嚣张的人，都不敢上前营救。赵、陈、越、代、滕等五个藩王入京不久后，便被杨坚以谋反的罪名处死，其子孙也一同被杀，受牵连者不计其数。

杨坚辅政期间，杀害了许多宇文皇室的成员，以至于杨坚本人都对长安产生心理阴影，总以为"宫内多妖异"。作为一个虔诚的佛教徒，杨坚还是深信因果报应的说法，他后来下令营建新都的其中一个原因，就是想要淡忘这段血腥的历史，远离这座沾满鲜血的宫殿。

之后，杨坚对反对他的地方大员进行镇压，于是有了平定三方之战。当时，北周任命尉迟迥为相州总管（治所在今河北临漳县），管辖北齐故地，拥有兵众数十万。尉迟迥的先祖本为北魏贵族，而他本人还是宇文泰的外甥，现在杨坚要对舅舅家的江山图谋不轨，尉迟迥肯定不答应。杨坚上位后，本来想派另一个老臣韦孝宽到邺城，取代尉迟迥为相州总管，把尉迟迥拉下马。尉迟迥也不傻，立马举兵叛变，幸好提前得知消息的韦孝宽没有急匆匆赶往相州，不然这位北周名将就要遭罪了。

尉迟迥起兵后，郧州（在今湖北省）总管司马消难、益州（在今四川省）总管王谦先后起兵响应尉迟迥，反对杨坚专政。三方之乱来势汹汹，打着勤王的旗号，兵力加起来比朝廷军队还多，且对关中形成包围之势，如果联合进军，完全有可能攻破中央军的防线，但三方前期准备不足，起兵后各自为战，终究难成大事。

原本要去相州赴任的老将韦孝宽摇身一变，成了平叛功臣，率领大军东征尉迟迥。两军对峙时，韦孝宽的手下暗中向杨坚报告说，有三名将领私下接受了尉迟迥馈赠的黄金，军中人心不安。杨坚对此深为忧虑，其他大臣也建议他临阵换将，只有谋臣李德林进言道："大丞相与诸位将军都是国家官员，没有上下服从的君臣关系，您现在挟天子以令诸侯，才能控取他们。若派其他将领去前线，难以知道他们的腹心；收取尉迟迥贿赂一事，也真假难辨。如今一旦撤换他们，他们或许会畏罪潜逃，如果要逮捕他们，郧国公（韦孝宽）以下诸将必定人人自危。这会重蹈当年燕国以骑劫替换乐毅、赵国以赵括代替廉颇的覆辙。依我之见，不如派一个信得过的人到前线探明虚实，稳住军心。"

于是，杨坚沉住气，没有彻查军中贪腐的事情，而是派亲信高颎前去监督诸军，一举稳定了局势。此后，韦孝宽的军队成功攻破尉迟迥的大本营邺城。不到两个月，三方的武装反抗就被杨坚及其手下将领各个击破。尉迟迥走投无路，被迫自杀，司马消难失败后逃到南朝，王谦兵败被处死。至此，杨坚已经牢牢掌控北周政局，拥有了代周自立的一切条件，此时距离周宣帝去世还不到一年。

581 年，激烈的反抗归于沉寂，新的统治者已经摩拳擦掌。杨坚命人为周静帝起草退位诏书，举行禅位仪式，正式登上帝位。杨坚根据自己在北周时的爵位确定国号，但觉得"随"字带个走字旁，有种溜走的意思，不太吉利，便改随为隋。同时，杨坚也没有放下对宇文皇室的追杀，周静帝宇文阐禅位后不久，就被杨坚派人暗杀，终年仅九岁。

这一年，杨坚改元"开皇"，宣布大赦天下，开启了一个被称为"开皇之治"的盛世。隋文帝杨坚为新政权颁布了施政方针："易周氏（北周）官仪，依汉魏之旧。"北周实行的"六官之制"等制度虽说是仿照周礼，实际上也带有少数民族政权分权施政的遗留。杨坚要建立的"汉魏之旧"，并非单纯恢复南北朝之前的制度，而是结合此前北周、北齐，乃至南朝的政治体制，恢复中华传统的皇帝制度。

为此，杨坚锐意改革，改"六官之制"为三省六部制，更有利于中央集权；看到天下州郡过多的弊端，他又精简地方行政机构，整顿官场风气；为了改革北周"刑政苛酷"的旧制，杨坚命大臣修订《开皇律》，奠定了隋唐法典的基础；杨坚还对其家族赖以兴盛的府兵制进行改革，使府兵实现从六镇鲜卑、关陇豪右的部曲到兵农合一的转变，与均田制相辅相成。

隋朝建立，使魏晋南北朝三四百年来"汉胡互化，以汉为主"的民族融合走向圆满。新生的隋朝，与之后的唐朝，并称为"隋唐帝国"，与此前的秦汉帝国相提并论。

5

南北统一，势在必行。杨坚先从夹在南北之间的后梁政权着手。后梁，又称西梁，是南梁"侯景之乱"后，萧梁后代在西魏扶持下，于长江中游的江陵建立的小朝廷，当时已成隋朝的附庸。开皇七年（587 年），杨坚命后梁国主萧琮北上，随后命大臣出兵南下占领后梁的土地。后梁主萧琮自知不是隋朝的对手，早早认输，但他的叔父萧岩是个硬茬，宁死不愿投降隋朝，于是等后梁主北上后，萧岩前往投奔南陈，后梁的臣民担心隋朝接管地盘后会实行苛政，也吓坏了，于是，后梁文武百官及百姓十万人跟着萧岩跑到南陈，留给隋朝一座空城。

这让隋朝大军有了南下的借口。开皇八年（588 年），隋文帝杨坚下令隋军兵分三路，大举南征，以晋王杨广、秦王杨俊、清河公杨素分别为三路行军元帅。这三个人，前两位是杨坚的儿子，当时都十分年轻，代表隋朝皇室树立威信，而杨素是隋朝的新贵，多次向杨坚献伐陈之策。

在这场战争中，还有两个猛人不得不提，那就是贺若弼与韩擒虎。贺若弼出身武将世家，对自己的本领十分自信。晋王杨广有次问贺若弼，隋军名将杨素、韩擒虎、史万岁三人，谁才是真正的大将。贺若弼说，他们仨都不是，我才是殿下要选择的那个人。贺若弼的父亲贺若敦生前多次与南陈交战，最大的遗愿就是灭南陈，曾留下遗言："吾必欲平江南，然此心不果，汝当成吾志。"这个愿望后来果然由贺若弼实现了。韩擒虎也是个猛将，据说他本名韩擒豹，因为年少时生擒过一头猛虎，就给自己改名叫韩擒虎。韩擒虎在战场上勇猛粗犷，平时又喜欢读经史百家之书，堪称文武双全。在这样一帮能臣猛将的率领下，隋朝大军浩浩荡荡地越过长江。自汉末以来的四百年大乱世，于是在一幕滑稽剧中落下帷幕。

开皇九年（589 年）正月，当贺若弼、韩擒虎的先锋部队横渡长江时，南陈后主陈叔宝还沉醉于声色之中。史载，那日天降大雾，目光所及都是一片朦胧，让人昏昏欲睡，仿佛末日来临前的景象。听闻韩擒虎攻破建康（今江苏南京）的朱雀门，陈后主已经来不及逃走。他与心爱的张贵妃、孔贵嫔抱在一起，躲到了井里。反而是太子陈深保留了南朝皇室的尊严，十五岁的他端坐在座位上，等隋军杀到面前，神色自若地说："诸位远道而来，不会疲惫吗？"

四百年乱世，风水几番轮转，多少能人辈出，多少生灵涂炭。对于这个衰败的时局，当时的天下百姓也累了、倦了。隋军攻入宫中，从井里拉起了陈后主和他的爱妃们。

一个混乱的旧时代宣告终结，一个华丽的新时代即将到来。

第八章　暗夜的微光：纷乱中寻找心灵的避难所

陆氏兄弟：为什么说二陆"才如海命如烟"

晋太康十年（289 年）春，两个操着吴地口音的儒士来到了京师洛阳。他们此行，要拜访的是北方名士领袖、太常张华。那天，名士荀隐也在场。张华便让各人进行自我介绍。年纪较轻的那名儒士举手便言："云间陆士龙。"荀隐一下子来了兴趣，作揖后答道："日下荀鸣鹤。"见对方答得如此工整，陆士龙不免更有较量之心，便继续说道："既开青云见白雉，何不张尔弓布尔矢？"荀隐不慌不忙，回道："本谓云龙骙骙（代指骏马），原是山鹿野麋（代指四不像），兽弱弩强，是以发迟。"

张华听后，抚掌大笑称绝。原来，两人如谜语般的自我介绍，暗含着各自的籍贯及字号。云间，即古时候吴郡松江（今上海）的雅称；而荀隐所对的"日下"，即太阳之下，天子脚下。因荀隐出身颍川荀氏，颍川距离京师洛阳颇近，故称"日下"。两人在不俗的言语交流中，均流露出惊世的才华。待张华与陆士龙兄弟深入交流后，他更是发出一声感叹："伐吴之役，利获二俊。"但此时，陆士龙兄弟还不知道，他们此行洛阳，前程扑朔，凶多吉少。

1

"云间陆士龙"是陆云，与他一起进京的是哥哥陆机，字士衡。两人为三国时期吴国丞相陆逊之孙。汉末三国时代，顾、陆、朱、张四大姓氏代表南方名门的一时风流。而陆机、陆云兄弟出身的吴郡陆氏，则是四大家族中名声最响亮者。在陆逊之后，这个家族又出了陆机、陆云的父亲陆抗这种末世的救国名将。但对于一个江东豪族而言，此二公的威望还不足以支撑起整个吴郡陆氏数百年的荣耀与辉煌。

我们都知道，当一个门阀世家处于上升期时，家族的子弟通常会以"事功"为主。自汉初名臣陆贾的儿子陆烈迁居吴地起，吴郡陆氏便以"习文尚武，以忠名世"为家风传之后世。在"立功、立德、立言"三不朽思想的指导下，陆氏累世涌现出陆闳、陆恭、陆璜、陆续等一批引领风范的当世名流。

陆续的儿子陆稠、陆逢出任东汉各郡太守，造福一方。自东汉初年起，"省诸郡都尉，并职太守"，陆氏家族辈出太守，实际上也使得他们在骨子里就注重"文武结合"，而这正是汉末三国吴郡陆氏得以兴盛的根本原因。

唐长孺先生说："从东汉以至魏晋最基本的统治势力是地方大族，由地方大族中孕育出来的两类人物（堡坞主和士大夫）构成了统治阶级中的当权分子。"文与武的结合，让吴郡陆氏先天就拥有了类似堡坞主和士大夫的"双重身份"。在陆逊故去多年后，吴国末主孙皓有一次与陆逊的族侄陆凯谈话，当听闻对方言及族中供职于朝的官员有"二相，五侯，将军十余人"时，不禁感叹道："盛哉！"然而，陆凯却很耿直地答道："君贤臣忠，国之盛也；父慈子孝，家之盛也。今政荒民弊，覆亡是惧，臣何敢言盛？"

陆凯对于家国的忧虑很快就变成现实，而东吴的灭亡也让吴郡陆氏付出了血的代价。吴国最后一个名将、陆逊之子陆抗死后，羊祜向晋武帝司马炎上《请伐吴疏》。没几年，西晋军队来势汹汹，吴国已无良将可用。紧急关头，孙皓征召陆抗的几个儿子披挂上阵，并让他们分领家中部曲，共抗晋军。陆机由此成为孙皓钦命的牙门将军，负责荆州一线的防御战事。出征前，陆机给因年纪不达标未上战场的弟弟陆云（陆云比陆机小两岁左右）写了首《与弟清河云诗三章》，在诗中他用"昔予翼考，惟斯伊抚，今予小子，缪寻末绪"表达了自己有心承祧祖业却疑虑能力尚浅的复杂心情。

与陆机诚愿驰骋沙场的心情不同，陆云全然没有不切实际的幻想。父亲陆抗的突然薨逝，以及四个哥哥共同为国出征的场景，已经让人在后方的陆云充满了太多的忧伤。在《答兄机》诗中，他写道："衔忧告辞，挥泪海滨。"没想到，陆云竟一语成谶。陆氏兄弟征战沙场，遇晋军水陆并进，四子去，唯二子回。

吴天纪四年（280年）正月，晋朝镇南大将军杜预率大军攻克陆氏兄弟镇守的乐乡（今湖北松滋）。由于杜预此战采取的是"擒贼先擒王"策略，陆氏部曲听闻陆景、陆晏身死后，便陷入了混乱，陆机则被俘虏。虽然吴国灭亡在一定程度上削弱了吴郡陆氏的声望，但正如当初魏国大将邓艾所言，"孙权已没，大臣未附，吴名宗大族，皆有部曲，阻兵仗势，足以建命"，因此，初兴的西晋王朝始终没有放松过对陆氏等吴地大族的打压。这便造成了陆氏兄弟的悲剧。

2

三分归晋后，陆机跟随其他参战的门阀子弟一同被献俘于洛阳。战争已成往事，陆机等被俘子弟在北方名士眼中只是没有气节的家伙。但或许是以家风为傲，每当遇到北方名士无理讪笑，陆机从不愿低眉折腰向北方名士认输。一次，陆机去拜见晋武帝的妹夫王济。王济意欲嘲讽陆机，便指着面前几斛羊酪说："你们江东有什么东西能跟此美味相比吗？"陆机当即不卑不亢地答道："有千里莼羹，但未下盐豉耳。"意思是，江东的莼菜跟羊酪一样美味，关键是它还无需盐豉的加持。

就在陆机踌躇不知该继续留在洛阳，还是南返故里时，比陆机年长十岁左右的北方名士左思写下了成名作《三都赋》。此前，为了尽可能熟悉三国时代逸事，左思走访了大量的三国贵族，其中就包括不知何去何从的陆机。听闻一个北方"乡巴佬儿"要总结阐述自己的家国故事，陆机的内心是抵触的。左思刚找他谈完文章构思，他转头就给在家乡守制的弟弟陆云写了封信说："此间有伧父，欲作《三都赋》，须其成，当以覆酒瓮耳。"可以看出，陆机的观点很明确，要让后世的人知道并评价吴国的得失成败，就应该是像他这种江东世家子弟来执笔，外人写出来的东西是没有价值的。

然而，《三都赋》写成，左思找到了张华求点评。后者拜读后，当即给出"班（固）张（衡）之流也"的高度评价。从此，洛阳纸贵。陆机也赶紧找来《三都赋》仔细研读，最终还是不得不承认自己不如左思。《晋书》记载道，"及（左）思赋出，（陆）机绝叹伏，以为不能加也，遂辍笔焉"。

3

相比于兄长陆机在洛阳自尊心受挫，人在家乡的陆云境遇要好出许多。因为陆云自始至终都未卷入晋吴战争，故西晋一统天下后，扬州刺史周浚就让松滋令蔡洪带着委任状去了陆府，要征召陆云出山。陆云的文章和性格都不大类似陆机。他自小聪明过人，史载其"六岁能属文"。吴国还未灭亡时，尚书令闵鸿曾到陆府作客，陆氏一门俊秀通通出来与之相见，闵鸿却独独指着陆云告诉陆抗："此儿若非龙驹，当是凤雏！"

可惜，陆云这位堪比卧龙凤雏的奇才还未正式出场，吴国就被灭了。但这丝毫没有影响周浚的惜才、爱才之心。陆云决定出仕，到他身边担任公职后，周浚逢人便夸陆云有颜渊之才。所以，陆云刚过"实习期"，就转正补任浚仪（今河南开封）县令了。西晋的浚仪县就是战国时期魏国的都城大梁。这里历来都是京畿要冲，自从西晋代魏后，就成为魏帝曹奂的居留地。由于晋武帝登基时承诺，曹奂及魏国的遗老遗少可在此奉旧朔，因此这些年来，浚仪令虽然换了好几任，但当地的社会问题却始终存在。

陆云到任后，一改前任不作为的处事风格。他严厉约束手下，时常巡视集市，禁止豪强哄抬物价，极力维持县城百姓安居乐业。就在这个风口浪尖上，竟然有人顶风作案，与有夫之妇通奸，并把对方的丈夫杀了。由于主犯背景强大，有司无法将此人入罪，陆云就命人逮捕了该名主犯的妻子，每天好吃好喝供着，连续关了她十几天。过后，陆云也不审问，直接把人放了，并派人尾随其后。他特别叮嘱跟踪人员，要留意该名女子接触了何人，但凡与之有交流的，通通抓回来。果不其然，这名女子憋了十几天没说话，一出县衙，就找到她的同伴串供。这一幕恰巧被陆云的人看到，歹徒就这样被悉数捉拿归案。

此后，陆云在浚仪县就如同后世的包公，百姓不仅到处张贴他的画像，称颂他为官神明，逢年过节更是以祭拜灶神的方式，对他顶礼膜拜。陆云为官有政绩，却引起了上峰的妒忌。待朝廷下来考核时，陆云被上峰参了一本。气不过的他，直接辞官返乡。

4

太康九年（288年），阔别多年的陆机、陆云兄弟终于在家乡华亭（今上海松江）重逢。此时，两人各自结束了自己短暂的出仕经历，对晋朝治下北人看不起南人的状况也有了切身的感受。聆听华亭的风声鹤唳，陆机做了一个重大决定：他要归隐，以后都不做官了。不过，陆机、陆云兄弟生活的年代，世家门阀的崛起正一步步影响着天下的格局。而当时的门阀士族，皆是累世为官的世家。在那个名即为利的时代，人们并不会以家族中一两个人的才华来评判一个家族地位的高低。因此，兄弟俩要想光复吴郡陆氏过去的影响，摆脱北方名士对南人的偏见，除了入仕，别无他法。于是，在家乡蛰伏了一段日子后，按捺不住的陆机与陆云携手，再度北上洛阳。这一次，凭借陆云一句"云间陆士龙"，兄弟俩总算在北方名士张华的支持下一炮而红，史称"二陆入洛，三张减价"（三张指诗人张载及其弟张协、张亢）。

但很快，两人又因出身地域成为北方名士攻击的重点。听说有两个南方来的小子最近特别出风头，卫尉卢珽的儿子卢志专门找了三五个名门子弟前来讨教。卢志出身北方高门范阳卢氏，是汉末大儒卢植的曾孙，曹魏"五朝贤臣"卢毓的孙子，所以他与陆机、陆云一见面，就给了对方一个下马威，问："陆逊、陆抗，是君何物？"魏晋以来人们就极重避讳，卢志当面说出陆机的父、祖之名已十分无礼，说话间还要用"物"代替人，则更是妥妥的拉仇恨行径。陆机一听，当场反唇相讥："如君于卢毓、卢珽。"听到哥哥语气很"冲"，大惊失色的陆云赶紧拉着他往外跑，边走边劝哥哥以和为贵。陆机却扯着嗓子大呼："我父、祖名播海内，宁有不知，鬼子敢尔！"我的父亲和祖父名震天下，谁人不知，这个小子竟敢这么问？

卢志对陆机当下到底有几分恨意，不得而知，但陆云劝陆机的话被记载了下来。陆云称："远邦异域，理当不熟悉我们的祖辈，何至如此计较？"尽管陆机、陆云内心仍认为西晋是"远邦异域"，但他们还是很实在地选择了入仕晋朝以振兴家族这条路。但就在陆氏兄弟准备一展抱负之际，晋武帝驾崩了。由于继任者晋惠帝是个"痴儿"，晋武帝尸骨未寒，司马氏便开始同室操戈，天下又重归战乱。

5

在司马氏内斗初期，晋惠帝的皇后贾南风把持朝政。她萌生出组建智囊团队的想法，其外甥贾谧便拉来了天下首富石崇的赞助，成立"金谷二十四友"文化社团。元康二年（292年），陆氏兄弟接到了"二十四友"的邀请函。听闻陆氏兄弟要在乱世中反其道而行，攀附权贵、追逐权力，陆氏从前的好友顾荣、戴渊等都跑来力劝他们三思而行。看着前来送行的友人，陆机不禁悲从中来。这种心情，在他临别所作的《赴太子洗马时作诗》中也有体现：

> 希世无高符，营道无烈心。
>
> 靖端肃有命，假楫越江潭。
>
> 亲友赠予迈，挥泪广川阴。
>
> 抚膺解携手，永叹结遗音。
>
> 无迹有所匿，寂寞声必沈。

肆目眇弗及，缅然若双潜。

南望泣玄渚，北迈涉长林。

谷风拂修薄，油云翳高岑。

亹亹孤兽骋，嘤嘤思鸟吟。

感物恋堂室，离思一何深。

伫立慨我叹，寤寐涕盈衿。

惜无怀归志，辛苦谁为心。

"惜无怀归志，辛苦谁为心"，陆氏兄弟很明白地告知众人，此去若不能振兴陆氏声名，兄弟将不再归乡，烦请诸位今日在此做个见证。然而，"二十四友"的倡导人贾谧不过是个仗着姨妈声威行事的纨绔子弟。入洛为官的陆机、陆云似乎陷入了一种幻局。人们看到他们总是徘徊于各家权贵间，为无意义的政斗出谋划策——这离当初振兴吴郡陆氏声名的愿望越来越远了。

随着晋惠帝的太子司马遹被废杀，司马氏宗王对贾皇后的忍耐达到了上限。永康元年（300年）四月初三夜，赵王司马伦在齐王司马冏、东宫右卫都督司马雅等人的协助下，率军杀入宫中发动政变。乱兵一哄而上，贾谧死于非命。司马伦在政变中不仅杀了贾氏全家，更将不愿出山辅佐自己的张华一并处斩。张华是北方名士领袖，"二十四友"又大多是北方名士翘楚，司马伦不分青红皂白地对他们大肆屠戮，最终引起了北方名士群体的集体抵制。于是，正愁无处实现政治抱负的陆机，终于凭借南方名士的身份，成为司马伦身边的相国参军。紧接着，为表示陆氏兄弟异于贾谧一党，司马伦在给自己加九锡的同时，也加恩重赏了陆氏兄弟，让陆机出任中书侍郎，替自己起草篡位诏书，而陆云则转任侍御史，负责纠察弹劾朝中不满司马伦的官员。

按说，陆氏兄弟乃天下大才，不可能不懂得篡位失败就会掉脑袋的道理。司马伦让陆机起草篡位诏书之际，江东名士贺循、张翰便以"莼鲈之思"为名，辞官返乡。那么，陆氏兄弟为什么还甘冒天下之大不韪，与司马伦同流合污？实际上，无论是陆机在后来的篡位诏书中称呼司马伦为"明公"，还是司马伦给了陆机一个有名无实的"关中侯"以示敬重，双方都是互相利用，各取所需罢了。

只是司马伦为人向来"庸琐"，又全无司马师、司马昭那种内里透着阴险的战略目光，篡位失败属实是意料之中的事。对于一心想光复吴郡陆氏声望的陆机、陆云而言，跟随这样的庸主，无异于提前喝下了一杯毒药。

6

永宁元年（301年）正月，一切准备就绪的赵王司马伦捧着篡位诏书，废晋惠帝为太上皇，自己僭位称帝。很快，司马伦篡位引起了司马氏宗王的不适。作为赵王曾经的盟友，齐王司马冏在推翻贾皇后之事上也立了大功，最后"摘桃子"做皇帝的，居然不是自己。于是，打着拨乱反正的旗号，司马冏便邀同有"皇帝梦"的河间王司马颙、成都王司马颖起兵。由于"三王"久居地方，各自都有强大的军队，因此，本无谋略的司马伦一伙随即被赶下了台。

赵王司马伦败亡后，陆机因出任了伪帝的中书侍郎一职，不能谨守臣节，而被齐王逮捕。幸运的是，进入洛阳的"三王"都怀揣着坐天下的美梦，成都王司马颖便联合曾受过陆机、陆云兄弟恩惠的吴王司马晏上表力保陆氏兄弟，陆机才幸免于死。自入仕以来，陆氏兄弟屡遭刁难，陆机更是经历了牢狱之灾，因此，陆氏兄弟对司马颖的奋力营救感激涕零。出狱后，陆机立马带着弟弟投奔了司马颖。看着两人"弃暗投明"，司马颖不禁欣喜若狂。他如过去司马伦对待陆机一般，封其为大将军参军、平原内史，并让陆氏兄弟参预机要，令其号召南方士人，为平定乱世出谋划策，建功立业。

在成都王的支持下，陆氏兄弟总算找到了归属感。为了报答成都王的知遇之恩，他们十分卖力地谋划着新朝的未来。在他们的影响下，原先已经辞官返乡的一部分南方名士，如孙拯、孙惠等又抱着一腔从政的激情，再度北上。

然而，成都王终究不是明主。他的幕府虽集合了南北名士，说到底却鱼龙混杂。从前与陆机有过口舌之争的卢志，此刻正是成都王手下的长史，是成都王幕僚里的北方领袖。在西晋南北隔阂的大背景下，一张死亡的大网正悄悄向陆机、陆云以及吴郡陆氏张开。

7

太安二年（303年），成都王与河间王将矛头指向了长沙王司马乂。此时，陆机在成都王府上任事已久，考虑到陆氏家族三代为将，陆机本人也曾有过上战场的经验，司马颖便有意将这份"美差"交给他——指派陆机领北中郎将王粹、冠军将军牵秀、校尉孟超等二十万人攻打洛阳。

牵秀、王粹过去就是贾谧"二十四友"社团的重要成员，两人同为北方名士。

而孟超则是司马颖的心腹宦官孟玖的堂弟。当初，孟超曾打算让自己的父亲去做邯郸县令，便通过孟玖向成都王说情。就在孟老爹成为孟县令的前夕，陆机却提出了反对意见，由此孟氏兄弟对陆机产生了芥蒂。

所以，陆机一听说自己荣任总司令，立马担心队伍不好带。他找到成都王，希望对自己另加重用。成都王却安慰他说："如果功成事定，当封卿为郡公，位列台司。将军勉之矣！"当时，郡公为异姓功臣的最高封爵，成都王对陆机的期盼可见一斑。可陆机对此始终有所抵触，见实在推托不掉，他便郑重告诉司马颖："历史上齐桓公任用管仲，建九合之功；燕惠王怀疑乐毅，结果功败垂成。今日之事，在公不在机也。"意思是要成都王疑人不用，用人不疑。

然而，等两军战斗打响后，陆机就发现成都王根本没把自己的意见当回事。他带的这支军队，部将们只要出身北方的，就通通不遵他的将令。待长沙王司马乂大军逼近之际，王粹、牵秀等更是在军中散布谣言，称陆机一介文人不配领军。孟超也直接对陆机放言："貉奴（北人对南人的蔑称）能作都督吗？"结果，陆机的部队好不容易到达洛阳建春门下，又遭遇长沙王大军突袭，导致出征的二十万大军死伤惨重，陆机帅营直属的部将贾棱等人力战而亡。二十万大军严重受挫，司马颖自然要处理首要责任人。于是，孟玖趁机捏造了陆机谋反的罪证，陆机的死期快到了。

这一年的一个冬夜，陆机做了一场梦。他梦见自己坐在一辆马车上，黑色的帷幔正慢慢地包围、裹紧马车。四周的空气愈发稀薄，黑色的帷幔就像索命的黑无常一样，逐渐勒得他喘不过气来。他极力想要摆脱这种无力的状态，却无论怎么撕扯，也无法改变现状。他猛然惊醒，似乎意识到了什么。天一亮，一队士兵就迅速闯入他的营帐，向其宣布了成都王颁布的死刑核准书。他没有解释什么，只是要求众将士留出些许时间给他整理妆容。他缓缓卸下戎装，换上了一袭如雪的白帢，似乎在向世人宣示他要留清白在人间的决心。历史记住了陆机临刑时的最后一句话："鹤唳华亭，复其闻乎！"由于陆机"坐实"谋反大罪，按律当夷三族。他的两个儿子陆蔚、陆夏也一同被害，其弟陆云、陆耽随后亦遇害。史书说，"及（陆）机之诛，三族无遗"。

二陆命殒，天下痛惜。但这一切回过头来看，似乎都是陆氏兄弟急功近利所致：身处乱世，何来无辜？

王羲之：生命无常，艺术不死

贞观十三年（639年），唐太宗掀起了一场"造神运动"。这位戎马半生的皇帝受翰墨熏陶极深，素来喜欢挥毫作书，而他心中最爱的一位书法家，正是王羲之。为了一睹偶像的真迹，他斥重金搜求王羲之的墨宝，史载"大王真书惟得五十纸，行书二百四十纸，草书二千纸，并以金宝装饰"。这些散落在民间的稀世之珍来到皇宫之后，被精心剪裁装裱，秘藏于内府，就像进入了神坛的祭品。平日里，太宗将王羲之的真迹置于座侧，日夜观览，意犹未尽时，定要亲自临摹一番。有时候一个人欣赏总觉得不够，他便多次拓印《兰亭序》赐给左右重臣，有乐同享。

帝王的趣味确能通过权力的毛细血管扩散到各个领域。要知道，王羲之的书名虽然显赫，但在其死后，名气甚至还不如儿子王献之。而在李世民狂热的推崇之下，王羲之俨然已是一代书圣，天下文人莫不效法王羲之的笔墨。当时，虞世南、褚遂良、欧阳询等人已是书法大家，却也不得不迎合人主所好，奉王书为正宗。

李世民亲自为《晋书·王羲之传》撰赞辞，将与王齐名的张芝、锺繇等人通通斥为不值一提的"区区之类"，却给右军留下了一句"尽善尽美"的评价。百花齐放固然好，但是在统一的大帝国面前，只需要一种能够彰显盛唐气质的艺术典范。王羲之的作品无疑最为符合盛唐的文化气象：包容南北，推陈出新。

十年之后，唐太宗逝世，《兰亭序》真迹陪葬昭陵。唐末之乱，有一个叫温韬的武人掘盗唐陵，关中地区的陵墓纷纷遭灾，其中的书画被一抢而空。李世民与王羲之的缘分似乎在唐帝国的覆灭中烟消云散，可是王羲之的美名却依旧留了下来，此后历朝历代，书圣之名从未易主。

权力的推崇并不是王羲之成为书圣的唯一原因。事实上，王羲之的书法似乎有一种永恒的亲和力，它从江南水乡的土壤中诞生，经过东晋玄风的吹拂，以及士族气质的洗涤，本是极具时代风格和个人烙印的作品，却能和每个时代的人产生共鸣，无论你是帝王将相，还是平民百姓。即便在今天，虽然找不到一件王羲之的真迹，但在历史的蛛丝马迹之中，人们依然能感受到这个来自一千七百年前的书法家的魅力。他就像一座高不可测的山峰，你愈是向上攀爬，愈是觉得神妙无穷。

1

杜牧《润州二首》其一云："大抵南朝皆旷达，可怜东晋最风流。"而王羲之就是最为典型的晋人风度：高门大姓，性格耿直，超尘脱俗，寄情山水。他在"八王之乱"中降生，还没有和北方土地产生紧密联系，便跟随家族——琅邪王氏来到了江南。他的父亲叫王旷，是第一个向司马睿提出镇守江南的人。出身于如此位高权重的一个大家族，王羲之自小便和能够左右一朝风向的人生活在一个圈子里。他的伯父是王导、王敦，岳父是郗鉴，同时又与庾亮、庾翼兄弟关系不错。

身处在权力网络的中心，他自小就被烙印上了文化精英的气质。史载："羲之既少有美誉，朝廷公卿皆爱其才器，频召为侍中、吏部尚书，皆不就。"王羲之的早年人生轨迹和大多数自许旷达的东晋士人相同：名声响彻在外，受征召不去，辞官几次之后，便走马上任。一开始，王羲之在庾亮的帐下任职，庾亮虽然与王导是死对头，对王羲之却非常好，临死前还上书朝廷，称赞羲之，为其打点官途。王羲之后来也投桃报李，在庾翼准备大举北伐之时，给晋康帝上了一道奏折以示支持："羲之死罪。伏想朝廷清和，稚恭遂进镇，东西齐举，想克定有期也。羲之死罪、死罪。"

北伐对于东晋朝廷来说是一件非常尴尬的事情。丧乱之初，北方士人跌跌撞撞来到江南这块陌生的土地上，外有外部势力的窥伺，内有江南土著的排挤，他们难免想念故乡。当东晋朝廷扎下根后，人心思定，覆亡的痛楚被抛之脑后，回望北方的眼神已然变了。相比回到烽烟弥漫的北方，他们更愿意待在风景秀丽的江南，寄情于山水之间。

王羲之是慢慢体会到这种矛盾的心情的。庾亮之后，桓温上位，东晋任命殷浩为扬州刺史以制衡桓氏。扬州刺史殷浩对王羲之的才华很赏识，多次劝他出山。王羲之回信道，与其做一个护军将军，他更想做一位使臣出使四方，前往关西、陇右、巴蜀之地，宣扬晋德。后来他还是接受了护军将军的职位，并且写信劝诫殷浩和桓温修好，不要内斗。永和八年（352 年），殷浩决意北伐，这一次，王羲之摇身一变，成了最积极的北伐反对者。在那些年，他数次上书反对北伐，直言"以区区吴越经纬天下十分之九，不亡何待"，甚至劝殷浩放弃淮水流域，退守长江。

这种言论已然是十足的消极。不过，此时的东晋朝廷也确实不适合北伐，内部斗争不休,外部也缺乏良将。殷浩北伐大败,被废为庶人。王羲之在给友人的信中说:"殷废,责事便行也。令人叹怅无已。"言下之意,殷浩的失败,给桓温清洗朝堂、以武力把持朝政提供了机会。

在担任会稽内史的任上,王羲之也注意到了地方上的顽疾:中央朝令夕改,下层官吏贪污枉法,百姓身上背负的赋役如同一座大山,只能被迫离家逃亡。王羲之想要做一些事,比如推行禁酒,节省粮食,可惜无人支持。他也注意到了地方豪强吞并贫民田土、躲避赋税的现象,却无力改变,毕竟造成这种局面的就是像琅邪王氏这样的大家族。

总而言之,王羲之的为官之路非常不顺心。大人物的斗争,地方的盘剥,都是无解的问题,而他能做的便只有叹息。他在给朋友的信中,流露出非常颓废的一面:"自己来做这没意思的官,纯粹是找罪受。"精明且富有韬略的政治家,和追求个性的艺术家,这两者在绝大多数时候无法兼容在一人身上。现实生活是永远无法旷达的,王羲之唯有超然物外、追求己心,与其纠结于顽疾难除的社会政治,深陷于儒家事功对自我的禁锢,不如寄情山水、钟情艺术。

2

书法是王羲之栖居心灵的场所之一,在黑之线条和白之素纸之间,他找到了人生的一大乐趣。王羲之的书法,有一个明显的成长过程。早年的他笼罩在书法家族的阴影中,努力汲取着前人的养分。王羲之的父亲王旷善行书和隶书,叔父王廙擅长书画。在两位父辈的启蒙下,王羲之自幼勤习书法,七岁时已经善书,十二岁从父亲枕中窃读蔡邕的《笔论》。聪慧的悟性加上刻苦的练习,池水尽墨,王羲之的书法才算入了门道。其后,王羲之得到卫夫人的进一步教导。他自己说:"予少学卫夫人书,将谓大能;及渡江北游名山,见李斯、曹喜等书;又之许下,见钟繇、梁鹄书;又之洛下,见蔡邕《石经》三体书;又于从兄洽处,见张昶《华岳碑》,始知学卫夫人书,徒费年月耳。遂改本师,仍于众碑学习焉。"

他先是从卫夫人学书法,后来自嫌流俗,于是主动跳出藩篱,游览名山大川,求师于前人留下的碑版。可见,他一直都有变古的精神。王羲之的书法不如当时的名家庾翼、郗愔。庾翼在荆州看见人们临习王羲之书体,不屑地说:"小儿辈乃贱家鸡,爱野鹜,皆学逸少(王羲之)书,须吾还,当比之。"庾亮也曾向王羲之求书法,羲之却说:"(庾)翼在彼,岂复假此!"一天,庾翼在庾亮处见到王羲之写给庾亮的章草，发现王羲之书法已大为精进，今非昔比，因此心悦诚服，给王羲之写信道："吾昔有伯英章草十纸，过江颠狈，遂乃亡失，常叹妙迹永绝。忽见足下答家兄书，焕若神明，顿还旧观。"随着年岁的增长，王羲之在书道变革之路上越走越远，终于博采众长，融会贯通，而自成面目，完成了从"古质"之旧体，到"今妍"之新体的转变。

东晋是中国书法史上一个非常重要的阶段，书体朝着简便实用且能表情达意的方向发展。当时流行的书风是隶书和楷书，行书正在定型，草书从章草演变为今草。开创时代的先锋正是王羲之。他众体皆备，且都入神妙之境界，其代表作，楷书有《乐毅论》《黄庭经》《东方朔画赞》等；行书有《兰亭序》《快雪时晴帖》《丧乱帖》等；草书有《十七帖》《初月帖》《远宦帖》等。

王羲之对自己评价甚高："我书比钟繇，当抗行；比张芝草，犹当雁行也。"意为我的楷书可跟钟繇分庭抗礼，草书则与张芝不相上下了。这并不是一种傲慢。他一改汉魏以来质朴的书风，重视线条的自然生动，这代表了一个阶层的雅好，时代精英的审美风尚。晋人素来尚意重韵，《论书》云："须得书意转深，点画之间，皆有意，自有言所不尽，得其妙者，事事皆然。"线条的错落、空间的疏密、笔墨的曲直，就像音乐的节奏，起伏之间，可以传达出作者委婉难言的心绪。

这是书法史的必然，也是时代的必然。宗白华先生在《美学散步》中说："汉末魏晋六朝是中国政治上最混乱、社会上最痛苦的时代，然而却是精神史上极自由、极解放、最富于智慧、最浓于热情的一个时代。因此也就是最富于艺术精神的一个时代。"可以说，王羲之的笔墨之间，是那一代人追求精神自由留下的足迹。

3

永和九年暮春之初，王羲之与群贤在会稽山阴之兰亭，赋诗饮酒，之后作了"天下第一行书"——《兰亭序》。当时的政治情势十分和缓，正如田余庆先生所说："……这十余年间疆场时闻北伐，江汉久息风涛，是东晋南渡以来少有的安定时期。"虽有桓温、殷浩等人意欲北伐，但是他们的目的都不是收复失地、统一天下，而是借此立威。身在后方的士族精英们一如既往地过着逍遥自在的生活。

兰亭集会选择的时间是上巳节，恰好在这一时节，暮春的会稽山水展现她最生机盎然的一面，安居江南的诗人、政治家、哲人和艺术家们可以在山水之间躲避现实生活的苦痛和忧患，将身心沉浸于自然美景中。参与集会的诗坛领袖孙绰作诗云：

> 流风拂枉渚，停云荫九皋。莺语吟修竹，游鳞戏澜涛。
> 携笔落云藻，微言剖纤毫。时珍岂不甘，忘味在闻韶。

流风轻拂水面，白云荫庇着沼泽。竹林中可以听见鸟语，湖水中可以看见鳞戏。正所谓"仰观宇宙之大，俯察品类之盛，所以游目骋怀，足以极视听之娱，信可乐也"。

有人将石崇的《金谷诗序》与《兰亭序》相比，王羲之听说后十分高兴。金谷园为西晋石崇的庄园，元康六年（297年），石崇与潘岳、欧阳建等人聚会于此，宴游赋诗，作了一篇《金谷诗序》。只不过，《金谷诗序》的背后是礼送征西大将军石崇的荣耀，是"娱目欢心之物备矣"的奢靡，是"昼夜游宴""鼓吹递奏，声伎相伴"的享乐。西晋的建立是一种表面的繁荣，在这种繁荣背后，士人们目睹嵇康等人被杀的悲剧，感慨生命无常。与其在意生前身后名，不如抓紧时间及时享乐。潘岳便是这样一个追名逐利之人，他得势之后，其母劝他知足，却终不能改，最终遭遇惨祸。

与西晋士人相比，"王羲之们"偏安一隅，帝国的恢宏和财富的奢靡对他们来说已是过往，他们只能将躁动的心灵投向自然，恬淡自适，物我两忘。虽然《金谷诗序》也提到"感性命之不永，惧凋落之无期"，在某种程度上是西晋文人对生命不永、富贵易凋的感伤和忧惧。而东晋士人走得更远，声色犬马不再是他们的唯一追求，他们在自然中仰望宇宙之广阔、永恒，俯视人生之短促、无常，这种悲伤带有深层的哲学意味。就算知道了"一死生为虚诞，齐彭殇为妄作"的道理，还是难免感受到生命的虚无。这样的精神困境伴随每一个东晋士人。

4

可是，东晋士人真的完全能够忘怀一切，摆脱凡俗的生活吗？在他们追求山水、不理事务的背后，其实依然还有执着、贪婪的一面。旷达和不旷达，常常共存于他们的内心。《世说新语》记载了这么一个故事，王羲之与太傅谢安共登冶城。谢安极目远眺，悠然地遐想着，想要远离世俗。王羲之说："夏禹勤王，手足胼胝；文王旰食，日不暇给。今四郊多垒，宜人人自效。而虚谈废务，浮文妨要，恐非当今所宜。"言辞之中，可以看出王羲之对夏禹和周文王的敬仰，以及对因空谈而荒废政务的厌恶。谢安回答说："秦任商鞅，二世而亡，岂清言致患邪？"似乎二人政治态度与理想是截然不同的，王羲之是一个有政治理想的务实派，而谢安是一个善清谈、无经济大略的典型。可是，当谢氏家族的谢尚、谢奕、谢万兄弟相继退出政坛之后，谢安便只能从自家广袤富裕的田园中出来，主持大局。

因此还有人嘲笑道："卿累违朝旨，高卧东山，诸人每相与言，安石不肯出，将如苍生何！苍生今亦将如卿何！"家族与庄园是东晋士人两个隐形的翅膀，如果没有这两样东西，他们又怎么能够在天空自由翱翔呢？

由于琅邪王氏的没落，王羲之并未在政坛有大的动作。自晋明帝太宁三年（325年）出任秘书郎开始，他一共经历了约三十年的仕宦生涯。在年过五十的时候，王羲之决定辞官，原因主要是他和太原王氏子弟王述有矛盾。王述年少时与王羲之齐名，但是王羲之十分看不起他。一开始，王述在会稽做官，因母丧守孝，留居会稽，王羲之则取代王述在会稽做官。他只去王述家吊问过一次，从此再也不往。王述每当听到角声，以为王羲之来问候自己，便洒扫干净接待王羲之，多年来一直如此，而王羲之竟从不探望王述，两人的矛盾就此种下。后来，王述升任扬州刺史，就职前走遍会稽郡，独不拜访王羲之，临出发前才辞别王羲之。在此之前，王羲之常对佳宾好友说："王怀祖只能做个尚书而已，到晚年可做个仆射。再想谋求会稽这块宝地，恐怕就难了。"等到王述官位显赫，王羲之耻做王述的下属，派人上朝廷，请求把会稽郡改为越州，以脱离扬州管辖。

两人之间的龃龉还有很多。王述是个急性子，有一次吃鸡蛋，他用筷子扎鸡蛋，没有扎到，便十分生气，把鸡蛋扔到地上。鸡蛋在地上旋转，他接着从席上下来用木屐踩，又没有踩到。他愤怒极了，又从地上拾取放入口中，把蛋咬破了就吐掉。王羲之听到后大笑道："即使安期（王述父亲）有这个脾气，也没有可取之处，何况是王述呢！"在这些事情上，我们可以看出王羲之是一位性格乖张、任性使气的贵族官员，全无名士的逍遥放达。

永和十一年（355年），王羲之在父母墓前立誓："从今日开始，断绝名利之念。如果日后改变此心，贪图财利谋求官禄，就是目无尊长而不配做父母之子，天地所不容，名教所难恕！坚定的誓言，有如天日！"这并不是王羲之负气突发的想法，也许从多年之前对烦琐尘事的叹息开始，他便有了奉身而退的念头。一个虽然不那么"达"但努力追求"达"的艺术家，终究还是要回到归隐自然这条路上来。

辞官之后的王羲之，慕仙向道，追求服食。王羲之书帖曰："服足下五色石膏散，身轻，行动如飞也。"五石散虽有暂时缓解病痛之功效，却不能多食，容易对服食者的身体造成极大的伤害。因此，服食并没有给王羲之带来健康，反而使他长期陷入难以治愈的病痛状态。在痛苦与安静交织的晚年，王羲之真正体会到了生命无常。这世上哪有什么真正的超然物外呢？于是，他对谢万说："常常仰慕陆贾、班嗣、杨王孙的为人处世，追寻他们无为清静、超然物外的风范，乃是老夫毕生的心愿。"

升平五年（361年），王羲之离世，也不知在会稽的山野之间体味死亡的时候，他是否参悟了旷达的真谛。

5

王羲之七子一女，皆工书法，但真正与王羲之齐名的还是王献之。唐代书论家张怀瓘在《书估》中记载了这样一件事，王献之在十五六岁的时候，对父亲说："古之章草，未能宏逸，颇异诸体。今穷伪略之理，极草纵之致，不若稿行之间，于往法固殊，大人宜改体。"王羲之笑而不答。

和父亲一样，王献之也感悟到士人在书法上的务简、求美之心，于是提出将"伪略"（简洁多变）与"草纵"（连绵纵引）结合起来，追求一种顺畅自然的新体。王献之也是典型的东晋士人风格，不过更加不羁，他的书法也更具有一种遒峻奔放的气势，有着与父亲不同的美感。而且献之也对自己的书法特别自信，有一次，谢安问王献之："你的书法与你的父亲比较，你觉得怎样？"王献之答曰："当然胜过他！"谢安反驳道："大家的议论可不是这样。"献之又答道："一般人哪里知道呢！"

王献之的书法是晋代书法的另一座高峰，他与其父并称为"二王"，代表了中国书法个性的空前张扬。南朝之时，王献之的书名甚至一度高过王羲之。后来，梁武帝扭转这种尊小王贬大王的局面，把当时书法界"王献之—王羲之—锺繇"的座次，转变为"锺繇—王羲之—王献之"。接着，便是李世民将王羲之推为书圣。从此之后，但凡是好书画的皇帝，大多推崇王羲之。宋代之后，由于刻帖技术的发展，社会上收藏大王墨宝蔚然成风，从帝王贵胄到公卿士子，甚至一般市民，都热衷此道，这成为南宋收藏界的一大奇观。王羲之的书法也从宫廷走向了市井，飞入了寻常百姓家。

当然，魏晋风度早就消散于历史的光尘之中，这种根植于士族的时代精神随着唐宋之变丧失了生长的土壤。但是，真正的艺术却是不会死的，蕴藏在王羲之书法下的美感，也会照见每个时代的"达"与"不达"。

陶渊明：每个人心中都有一个乌托邦

东晋义熙元年（405年），四十一岁的陶渊明下定决心挂冠归田。在此之前，他的生活往返于喧嚣与宁静之间，每一次都满怀希望地赴任官场，然后事与愿违地回归田园。陶渊明先后出仕共五次。第一次是太元十八年（393年），任江州祭酒，时年二十九岁。史载，他"不堪吏职"，没过多久就辞官了。第二次入桓玄军幕，这一次干了三年。第三次被刘裕召为参军。第四次又到了建威将军刘敬宣的幕下。第五次任彭泽县令，做了八十多天之后，以"不为五斗米折腰"为由，戏剧性地结束了自己的政治生涯。

仕还是隐，入世还是出世？这是中国传统士人都要面对的选择。纵观历史，我们很少看到不以"治国平天下"为己任的文士，但遍地都是穷酸落魄不得志的读书人。魏晋就是这样一个失落的年代。历史沦为野心家的舞台，此起彼伏的动乱和政治斗争，将理想主义的士人们卷入旋涡之中，稍有不慎便会丢掉性命。在这种混乱局面下，东汉的名教之治坍塌了，士人坚守的价值信念也崩溃了，越来越多的人转身投向老庄，隐于山林。然而，隐更多是一种自我防卫性的逃避。即便在山林的鸟语花香之间，我们也能依稀看见士人眼望庙堂的灼灼目光。比如梁朝的陶弘景，隐于世外，却依然参与国事，名利双收，被人称为"山中宰相"。如果既要显示清高飘逸，又不想太过困苦，便可以选择"朝隐"。比如向秀，在朝为官也算隐居，不一定非要栖遁山林。

很明显，陶渊明和他们不是一类人。他这一生真正任官的时间，加起来恐怕不超过五年。他出任的不是什么朝廷要职，而是品级不高的地方官，也没有介入权贵们的斗争，更未直接与皇权发生矛盾。因此，政治的黑暗相对离他较远。陶渊明最后一次辞官的理由是不愿为五斗米折腰，也就是不想弯腰曲背迎接上级官员。弯腰迎接上级官员，并不是和上级串通，也不是徇私舞弊，只不过对上级表示恭顺罢了，似乎不是什么大问题。但陶渊明显然不是一个政治性人物，他与充满虚伪机诈的官场格格不入。

就在他拂衣而去、归隐田园这一年，他写下了《归去来兮辞》，其中便有非常出名的两句：

> 悟已往之不谏，知来者之可追。
> 实迷途其未远，觉今是而昨非。

从政是入了迷途，如今已幡然醒悟，痛改前非了。这是他人生最大的转折。

1

在陶渊明眼中，自己此前的出仕经历是生活所逼。《归去来兮辞》中说："余家贫，耕植不足以自给。幼稚盈室，缾无储粟，生生所资，未见其术。亲故多劝余为长吏……家叔以余贫苦，遂见用于小邑……尝从人事，皆口腹自役。"陶渊明小时候还算富足，毕竟也是出身官宦世家，祖父还当过太守。后来，父亲早逝，陶渊明就过得十分清贫了。因此，他没有魏晋士人那种自居清高的傲慢，很早就过上了亦耕亦读的生活。忙时像个村野匹夫一样操持农务，闲时便在树荫下翻阅书卷，自然和典籍是他的两大导师。

少年时，他便是极为娴静内向的一个人，但内心里依然流淌着奔涌的激情。他曾豪迈地说道："猛志逸四海，骞翮思远翥。"那时，他还怀抱着进取的人生态度。尽管家道中落，他并未忘记祖辈的荣耀。在《命子》一诗中，陶渊明按照门阀的观念来记录自己家族的历史，祖辈们的功业对他来说是一种无形的鼓舞。他的外祖父孟嘉曾任大司马，孟嘉的岳父，也是陶渊明的曾祖父，则是大名鼎鼎的陶侃。陶侃并非出身大族，不过凭着自己的孜孜经营，通过征讨苏峻、祖约之乱，一举成为位高权重的人物。但是，这种本事是陶渊明不具备的。陶侃从一个小吏做起，深陷泥潭，折节事人，依靠自己早年辛苦积累起来的政治资本，抓住机会便一飞冲天。而在乱世来临之际，陶渊明想到的是远离污浊而非迎难而上，跟曾祖父当年的做派形成了强烈的反差。于是，他陷入一种困难的境地：怀抱着理想，却不知道如何实现它。这或许就是陶渊明频繁辗转于官场和田园之间的主要原因。

三十多岁，是他一生中最为纠结的年纪。当时朝局混乱，朝廷中以司马道子、司马元显为首的一派，挟持着皇帝，掌握中央政权。以荆州为基地的桓玄一派，已经占据东晋三分之二的地盘，随时准备沿江东下，进军建康。由于外祖父与桓玄的父亲桓温有旧谊，陶渊明或许想碰碰运气，于是便投身桓玄帐下。他进入桓玄幕府之后当了什么官，做了哪些事情，史书无载。桓玄好文，必然需要文学之士，但以陶渊明的性情，不可能以文字应酬长官、歌功颂德，因此，不受重用也是意料之中。

隆安五年（401年），陶渊明母亲去世，他为母守丧，离开了桓府。后来，刘裕打着恢复晋王朝的旗号起兵，陶渊明投入刘裕帐下。与野心家们如此近距离接触之后，即便没有遭受迫害，所见所闻也足够触目惊心。在政治旋涡里几经翻腾，陶渊明感到"深愧平生之志"，并最终选择了离去。

陶渊明归隐十五年后，刘裕篡晋，建立宋朝，还毒死了晋恭帝。《宋书》说："（陶渊明）以曾祖晋世宰辅，耻复屈身后代，自高祖（指刘裕）王业渐隆，不复肯仕。"这里将陶渊明的归隐解释为"忠臣不事二主"的气节。后来，鲁迅持有一种不同的观点："再至晋末，乱也看惯了，篡也看惯了，文章便更和平。代表平和的文章的人有陶潜。"其实，晋之灭亡，早有预兆，而且经过桓玄的变乱，已经亡过一回了。说陶渊明忠于晋室，究竟是忠于哪个皇帝呢？又有哪个皇帝值得去尽忠呢？刘裕弑帝固然令陶渊明不满，但那只不过是污浊泥潭的一个暗角罢了。因此，陶渊明的诗文里几乎从来不写帝王将相，恐怕除了田园的淳朴宁静，他再也找不到任何的慰藉。

2

自彭泽辞官后，陶渊明的心灵达到了真正的愉悦。割断名缰利锁的他，总算体验到了真实、自由的生活。就像《归园田居》第一首写的那样：

少无适俗韵，性本爱丘山。

误落尘网中，一去三十年。

羁鸟恋旧林，池鱼思故渊。

开荒南野际，守拙归园田。

> 方宅十余亩，草屋八九间。
> 榆柳荫后檐，桃李罗堂前。
> 暧暧远人村，依依墟里烟。
> 狗吠深巷中，鸡鸣桑树巅。
> 户庭无尘杂，虚室有余闲。
> 久在樊笼里，复得返自然。

诗人仿佛在青山绿水前长长地呼出了一口浊气，感叹自己逃出了世俗的监狱。闲居、躬耕、饮酒、作诗、游山、玩水，这样一眼就能望到头的生活，倒也是乐趣无穷。幽静的自然环境是其一，真诚的人际关系则是其二。

陶渊明隐居南山后，"闻多素心人"，他非常乐于与他们交往。"素心人"指的是心地纯朴、趣味不俗之人。他们要么是田间的邻居，要么是游离于官场的隐士。"素心人"之间的交往，既无豪门大族的矫情与造作，更无官场上的倾轧与欺诈，有的只是单纯的友谊。

《移居二首》其二中写道：

> 春秋多佳日，登高赋新诗。
> 过门更相呼，有酒斟酌之。
> 农务各自归，闲暇辄相思。
> 相思则披衣，言笑无厌时。

相互往来，无拘无束，或叙谈往事，或品评文章，或登高赋诗。彼此平等相待，没有多余的客套和礼节。只要有酒，大家便会聚在一起，陶渊明如果醉了，便会对客人说"我醉欲眠卿可去"，其真率至此。

大凡隐士都会有社会归属上的困难，陶渊明也不能例外。作为一个读书人，间或与老农共饮、谈谈农事尚可，但他的精神生活绝不可能只满足于此。虽然离开了官场，能和他进行心灵交流的人还是与官场藕断丝连的读书人。种田是为什么？农民会告诉我们，种田是为了生产口粮，为了交上赋税。然而，在诗人眼里，这些并不是最重要的，重要的是身心不受束缚。从这个角度来看，田园只不过是陶渊明自造的心灵栖居地和精神避难所。因此，他也会陷入痛苦之中，并一直鼓励自己坚持下去：

道狭草木长，夕露沾我衣。

衣沾不足惜，但使愿无违。

作为一个"出名"的人物，过去的幽灵依然时不时会找上陶渊明。常常有州郡长官上门，与他结交，诱惑他出山。他的态度也很简单，能避则避，避不开就任其自然。江州刺史王弘，常赠酒给陶渊明，还趁其游览庐山之际，强行与他见面，最后也算有了些许交情。刘裕的亲信檀道济带着新王朝的恩惠前来拉拢："贤者处世，天下无道则隐，有道则至。今子生文明之世，奈何自苦如此？"陶渊明回答说："潜也何敢望贤，志不及也。"表面上说自己并非贤人，实际上否定了世人认为他隐逸求名的看法。说完，便坦然地接受了檀道济馈赠的米肉，随后离去。自由惯了的鸟儿怎么还会再回到那个看似金碧辉煌的"樊笼"之中呢？

3

归园田居并非没有代价。归隐后的第四年，诗人居住的田园遭遇了火灾。这场火灾使陶渊明在经济上损失不少，精神上也受到相当大的打击，刚开始的恬静与惬意感逐渐被冲淡，此后更是陷入了困窘的境地。他在诗中写道："风雨纵横至，收敛不盈廛。夏日长抱饥，寒夜无被眠。"

到了晚年，陶渊明的生活几乎陷于困境。他无计可施，只得向邻里们乞食："饥来驱我去，不知竟何之！行行至斯里，叩门拙言辞。"好在主人的热情招待，化解了他内心的难堪："主人解余意，遗赠岂虚来？谈谐终日夕，觞至辄倾杯。"（《乞食》）接受官员的酒与财，他非常坦然，可是面对如此慷慨的乡民，他却无法心安理得，终于悲观地说，此生是无力回报了，只能等下一世。

感子漂母惠，愧我非韩才。

衔戢知何谢，冥报以相贻。

与贫穷相伴的，是疾病。陶渊明从小就爱生病，后来又没钱调养，导致病魔缠身，严重时，有好几年都无法写作。他曾写道："负疴颓檐下，终日无一欣。"疾病的折磨，苦药的浸泡，时常让诗人一整天都难得有笑脸。与他在文字中构建的诗化田居生活相反，陶渊明这一生几乎都是困顿的，所以他最钟情的人物，大多是历史上不慕荣华的贫士。《咏贫士七首》之五写道："袁安困积雪，邈然不可干。"袁安是东汉著名高士，某年冬天，洛阳令巡视街市，发现袁安门前积雪甚高，命差役扫雪开门，见袁安饥寒交迫，僵卧不起，洛阳令甚为敬仰，荐举他为孝廉。

虽咏古人，实则在讲自己的故事。面对现实生活的困窘，陶渊明的解药之一，是酒。他在《连雨独饮》中说：

运生会归尽，终古谓之然。

世间有松乔，于今定何间。

故老赠余酒，乃言饮得仙。

试酌百情远，重觞忽忘天。

天岂去此哉，任真无所先。

人生短暂，总归一死，无人可免。从生到死之间，人又必须得生活在世故之中。酒并不是医治个人贫穷和社会虚伪的良方，但饮酒可以让人暂时忘却焦虑、疾病，以及社会规训。这就是酒中蕴藏的道了。

常有人载酒来访陶渊明，向他问学、问道。对于诗人来说，问他什么都愿意说，但唯有伐国的不仁之事，是不愿意被问到的。他看到人们四处奔走，只为了功名利禄，而忘却了心中的理想，心情便会激动起来："若复不快饮，空负头上巾。"头上这块代表着"治国平天下"之崇高理想的儒巾，现在不如就用作漉酒巾罢。

由于生之艰难，诗人更容易接受死亡。他想象过自己死后魂魄烟飞云散，仅仅留下枯木一般的肉体寄存在棺木之内，儿女、亲友的啼哭再也听不到了，得失是非也不复存在。诗人想安慰几句亲朋，但已无法张口、无法睁眼，只能听凭别人把他抬出郊外掩埋在荒草漫天的地方，永远不得回来。

肴案盈我前，亲旧哭我旁。

欲语口无音，欲视眼无光。

昔在高堂寝，今宿荒草乡。

荒草无人眠，极视正茫茫。

一朝出门去，归来良未央。

元嘉四年（427年），深秋九月，"天寒夜长，风气萧索，鸿雁于征，草木黄落"，陶渊明意识到自己即将走完人生的逆旅，归于死亡的"本宅"。一切都是命运的安排，坦然接受就好。陶渊明对于身后事的安排是：不起高坟，不栽墓树，让人们在日月交替中忘掉我这个人吧！生前的名誉就已看轻，难道还在乎死后人们为我唱赞歌吗？最后，他说："人生实难，死如之何。呜呼哀哉！"

4

其实，陶渊明心中存着一个梦境，一个理想社会的模样。在《桃花源记》中，他构建了一个东方式的乌托邦："土地平旷，屋舍俨然，有良田、美池、桑竹之属，阡陌交通，鸡犬相闻。其中往来种作，男女衣着，悉如外人；黄发垂髫，并怡然自乐。"桃花源的环境是狭小而封闭的，那里优美宁静，但生产方式原始简朴，经济并不发达，人民称不上富有，充其量自给自足而已。这里多么像老子所说的"小国寡民"的社会："小国寡民……甘其食，美其服，安其居，乐其俗；邻国相望，鸡犬之声相闻，民至老死不相往来。"但是，老子强调的是"小国寡民"式的社会自足性，其着眼点在于不同国家、国民之间的关系；而陶渊明更想说明，桃花源人的"怡然自乐"，是出于对个性解放、精神自由的满足。一个是哲学家的思维，一个是诗人的感觉。

桃花源还可以看到另一个园林的影子——西晋大富豪石崇的金谷园。在偏安江南的东晋时代，早已烟消云散的金谷园可谓是一个繁荣美好的象征，石崇的《金谷诗序》这样写道："有别庐在河南县界金谷涧中，或高或下，有清泉茂林，众果竹柏、药草之属，莫不毕备。又有水碓、鱼池、土窟，其为娱目欢心之物备矣。"金谷园华丽奢靡到了极点，但简单质朴的桃花源是更优于金谷园的胜地。桃花源里既没有金谷坠楼人的生命悲剧，也没有珊瑚耀目的纸醉金迷，更没有荼毒生灵的巧取豪夺。最重要的是，这里也没有历史，"不知有汉，无论魏晋"。

这里既没有英明或昏庸的帝王，也无清廉或贪婪的官吏，甚至一个里甲差役都没有。没有国家、没有税收、没有贪污，就没有上对下的掠夺，也就没有下对上的反抗，更不会有连绵不息的战争。现实的世界则是另一个样子，从秦灭六国到魏晋嬗代，战争、欺骗、剥削所产生的鲜血几乎要将历史全部染红。或许，将过去尘封、将记忆删除，是对人类最好的事情。一个避世的桃源，就成了陶渊明理想的归处，也成了后世无数士人念兹在兹的梦境。

在很长一段时间里，陶渊明都是一个超脱不群、好酒拔俗的雅士形象，人们或许对他的人生选择有异议，却依然乐意沉浸在他的诗里。作为第一个把田园引入文学百花园的大诗人，他被称为"古今隐逸诗人之宗"。

北宋，一场乌台诗案将苏轼打入人生的低谷。蛰居黄州之时，苏轼经世济民的进取之心黯淡了下来，这时，他唤醒了对于陶渊明的历史记忆。他必须找到心灵的桃花源，借此摆脱沉郁的情绪。在开始与自然接触的躬耕生活之后，苏轼仿佛和那个"采菊东篱下"的身影重合了，他发出"梦中了了醉中醒，只渊明，是前生"的感慨，由此产生了再也无法解开的陶渊明情结。

苏轼说："吾于诗人，无所甚好，独好渊明之诗……自曹、刘、鲍、谢、李、杜诸人皆莫及也。"又说："渊明吾所师，夫子仍其后。"此时的陶渊明已经成为一个符号，一个完美的偶像。他为党争时代的落败者提供了一条出路，知其不可为而不为。在士人地位空前高涨的宋代，苏轼虽在历史的深潭中看见了陶渊明，却不可能真正走上桃花源式的避世之路。他将陶渊明内化成一种超脱无累的态度，以坦然接受人生的各种打击。

于是，"悠然见南山"的陶渊明被捧上了圣贤的位置，而"人生实难"的陶渊明却被有意无意地忽略了。

谢道韫：一代才女嫁错郎

那年冬天，天空飘着鹅毛大雪。叔父在江南乌衣巷的府邸内办了个文化沙龙，邀请族中男女讨论文集，年仅八岁左右的她也在其中。雪越下越大。叔父突然来了兴致，转身考起了族中小辈："白雪纷纷何所似？"堂哥谢朗第一个抢答："撒盐空中差可拟。"谢朗在族中以"博涉有逸才"著称，所以他一开口，众人就纷纷竖起了大拇指，唯有出题的叔父对此未置可否。"未若柳絮因风起。"沉吟片刻，她的答案掷地有声，打破了空气的宁静。叔父循声回望，对小侄女稚嫩的身影留下了深刻的印象。就是这样一个充满早慧气息的答案，从此改变她的人生轨迹与历史形象，她成了魏晋时代独一无二的"咏絮才女"——谢道韫。

1

谢道韫身处的时代，是中古贵族的黄金时代。东晋建政以来，士族门阀便在社会的各个方面获得了绝对的特权，皇权孱弱使得"政在士族，祭则司马"的权力格局延续了整个王朝。当谢道韫的叔父谢安凭借挫败桓温、击败苻坚之功屹立于朝堂时，人们均唯陈郡谢氏马首是瞻。仅凭家族名望，谢道韫的人生起点，就是很多人奋斗一生都难以企及的终点。作为"天之娇女"，上天对她也十分眷顾，除了非常疼爱她的叔父谢安，还有一位对她影响至深的父亲谢奕。

谢道韫遗传了父亲狂放不羁、潇洒率真的性格。她喜欢庄子的"无为"，又对孔子的礼教持开放态度。她认为，大丈夫当有所作为，方不负天地授其七尺男儿之躯。因此，当她看到弟弟谢玄在家里无所事事，甚至跟着门阀子弟学坏时，便忿而怒斥道："你为何光长身体不长脑子？莫不是沉迷俗世，自认天资有限？"这句话如同一盆冷水浇醒了谢玄。在姐姐的鞭策下，谢玄发奋图强，后来不仅在"淝水之战"中建立了军功，更是将陈郡谢氏的文风传承至子子孙孙。

在那场大雪过后，谢安又一次召集族中子弟讨论学问，谢玄继其姐姐之后赢得了满堂赞许。谢安问子侄，凭借咱们家族的声望财富，你们大可不必为生计而发愁，也无须像父辈一样在朝堂上绞尽脑汁匡扶社稷，那为何谢氏一门还要注重文教，要求每个人都必须成才呢？谢安的问题从来都是一针见血的。就在诸人犹豫不知如何作答时，谢玄站出来说道："譬如芝兰玉树，欲使其生于庭阶耳。"这就好比芝兰玉树，总想使它们生长在自家的庭院中啊。谢安心里一动，从此对谢玄刮目相看。

2

转眼间，当年在雪日里咏絮成名的小才女已经出落得亭亭玉立了。在婚姻大事上，谢安希望为侄女谢道韫找到一个可以终身托付之人。可东晋时代的世家联姻，并不是一时的荷尔蒙冲动。豪门士族间的婚姻，讲究的是出身匹配与门当户对。能与陈郡谢氏比肩，又能让谢安动起联姻心思的，有且只有"王与马，共天下"的琅邪王氏了。此时的琅邪王氏中，王敦与王导的后人大多都已婚配。唯有谢安的好哥们儿、"书圣"王羲之家里还有几个适龄少年。

谢道韫虽然才情出众，但她既不能亲自挑选如意郎君，也不懂得婚姻大事。

因此，谢安的意见，便极大左右了谢道韫日后的人生。那段时间，谢安没少往王羲之家里跑。王羲之的六个儿子（长子早逝），他一一过目，择婿的精细程度，比当初太尉郗鉴到王家招婿有过之而无不及。

在王家的孩子中，谢安最喜欢的是王羲之的小儿子王献之，因他少负盛名，才华过人，与谢道韫简直是郎才女貌，般配得很。但王献之的一片真心只愿对表姐郗道茂付出，没办法，谢安只能将目光转投到"王老五"王徽之身上。王徽之虽然成名没有弟弟早，但书法造诣却是深得其父精髓。

王徽之知道谢安屡次造访王家是为了择婿，其父王羲之当年"东床佳婿"的逸事，如今已是天下皆闻，所以他也想学父亲当年的做法，将自己最真实的一面展露给谢安。不承想，当谢安看到王徽之不修边幅、蓬头垢发的形象时，却险些被吓坏了。本着对侄女负责的态度，谢安认为，与其让谢道韫嫁给一个平庸之辈，也总好过让她跟这样的浪荡子过一辈子。于是，谢安最终再退而求其次，将谢道韫嫁给了王徽之的二哥王凝之。

但实际上，王徽之的放荡不羁，不仅是在向其父学习，更是在向魏晋风度致敬。嵇康、阮籍等人开创的竹林风流，正是以这样自然且随性的形象闻名于世。谢安对此看不上眼，只能说明他骨子里重视的还只是清谈的形式，并未真正理解"竹林七贤"隐于世外的心境。谢安也不会料到，好人不代表是最合适的人，虎父也不一定无犬子。他看似保险的择婿决定，竟坑害侄女谢道韫一辈子。

3

出嫁当日，第一次见到王凝之的谢道韫怎么也高兴不起来。王凝之虽然继承了王羲之的书法神韵，但要进一步切磋诗词歌赋之类的，就一无是处了。不仅如此，王氏家族南渡时还把家传的天师道思想带到了江南。正如唐长孺先生所言："东晋时期江南天师道似乎自两条线路传入，其一是葛洪信奉的神仙道，其二就是由侨姓琅邪王氏自江北引进的五斗米道。"可见，王氏家族信道是家学渊源，只不过王凝之要比父亲、弟弟以及族中诸人更加虔诚。他常在家中研究如何用符水治病，有时也会化身"王半仙"，在街头摆摊儿替人算命断事，抑或是聚集一帮五斗米道友大谈"天庭秘闻"。

总之，王凝之的信仰与爱好，跟谢道韫格格不入。久而久之，两人相对无言，彼此成了"路人甲"。谢道韫常回娘家，与叔伯兄弟讨论诗词文集，言及夫婿，则表现得十分鄙薄。某次，谢安将侄女叫到跟前，耐心地替王凝之说好话："王郎，逸少（王羲之）之子，人身亦不恶，汝何以恨乃尔？"不料，听完叔父的劝解后，谢道韫竟直言道："一门叔父，则有阿大、中郎；群从兄弟，则有封、胡、遏、末。不意天壤之中，乃有王郎！"这句话中，"阿大、中郎"指的是谢安兄弟，而"封、胡、遏、末"则是谢韶、谢朗、谢玄、谢渊的小名。谢道韫的意思很清楚，既然王谢两家都是天下公认的一等士族子弟，缘何我们谢家个个都是当世豪杰，而王家却出了王凝之这种人？

史籍没有记载谢安听到这句话的反应，但"不意天壤之中，乃有王郎"，谢道韫以区区几个字将自己的夫君贬损得一无是处，足以说明她对叔父乱点的"鸳鸯谱"极其不满。然而，在讲究"玄儒双修"的东晋时代，以儒治国、以玄养性一直都是王、谢两家引领天下思潮的底层理论。在此基础上，谢道韫即便再独立，再开放，再有才，她想与王凝之达成和解，终究只是遥不可及的愿望。

4

既然王凝之不解风情，谢道韫只好不断丰富个人的精神世界。汤用彤先生说："汉代之齐家治国，期致太平，而复为魏晋之逍遥游放，期风流得意也。"随着江山的遗失，经学的衰微，魏晋时代的社会风潮已经从儒学体系的束缚，转变为自我意识的觉醒。这个时候，士人相信人性的自足，看重个体的价值。他们蔑视礼法，努力挣脱两汉时代儒家礼教的精神枷锁。

谢道韫嫁给王凝之之后，虽然每日百无聊赖，但王家却宾客盈门。他们登门不只是为了日常政务，谈玄论道、兰亭集会才是这群社会名流进行思想碰撞的方式。谢道韫很喜欢这种场合，每次一谈玄，她就命侍女搬张凳子到帘后去听讲，她享受这样的时光。不过，名存实亡的婚姻着实令人抓狂。有好几次看到帘障前面的男子于众人间侃侃而谈，她都有种跃跃欲试的想法。但碍于妇人的身份和王家的面子，她只能默默忍受着这种连空气都是尴尬的感觉。

清谈，本就不是件容易的事。西汉的东方朔就说过，清谈之前，必须"见诸玄，志为之逸，肠为之抽，专一书，转诵数十家注，自少至老，手不释卷，尚未敢轻言"。所以，在风云变幻的清谈场上，根本不存在什么"常胜将军"。王羲之一家，除了王献之、王徽之稍微懂点儿清谈之术外，其余子弟皆未入门。

一次，谢道韫躲在帘子后面听小叔子王献之与友人论道。还没辩到一半，对方给出的观点就让王献之无法反驳。在清谈场上论输，多少有点儿丢脸。王献之脸皮薄，又不愿就此认输，刹那间面红耳赤，心跳加速。就在众人起哄准备倒计时之际，谢道韫果断出手，让婢女给王献之递小纸条，告诉他："嫂子愿为小叔解围。"尽管当时的女子思想开放，写出诗雅文集的人不在少数，但能与一众男子角力清谈，大家也都很好奇帘后的谢道韫到底有几分本事。很快，代替王献之上场的谢道韫便通过旁征博引和有力论辩，将刚刚起哄的一众男士驳得哑口无言。魏晋士人最看重清谈，那些被后世称为大家大才者，无一不是清谈高手。谢道韫此番亮相，无疑让与会名士看到了一个兼具"林下之风"的女中名士身影。

此后，每日来王羲之家中向谢道韫请教学问的士子络绎不绝。其中也不乏暗藏野心之人，比如桓温的儿子桓玄。对于父亲当年惜败谢安之手，未能实现改朝换代，桓玄似乎有些耿耿于怀。他特地跑到王凝之府上，劈头盖脸就给谢道韫抛出一个疑问："太傅（谢安）东山二十余年，遂复不终，其理云何？"桓玄所问，指的是谢安当初曾表示自己有东山之志，希望隐居一生，不复朝廷征召。可为何坚持了二十多年后，他还是违背当初的诺言，出山为相，匡扶社稷，这算不算是他对自己撒谎呢？其实，这个问题也困扰了谢安很多年。他出山后不久，就遭到士人郝隆嘲讽，说他是"处则有远志，出则为小草"。那个时候，谢安只能面露惭愧，苦笑一声。

如今，谢道韫给了桓玄一种解释："亡叔太傅先正以无用为心，显隐为优劣，始末正当动静之异耳。"意思是，以隐为优、显为劣，抑或以处为优、出为劣，那都是世人带有偏见的看法，与我叔父过去一生的修行并无相干。况且，我叔父以无用为心，顺应自然，这本来就是超乎物外的心态，何故有你说的"伪君子"之义？谢道韫此话，将谢安在玄学的意境上提升了一个层级。桓玄到底还是才疏学浅，不能再多说一句。

5

谢道韫就这样平平淡淡地在王家过了几十年，当青丝换白发之际，东晋王朝也走到了晚期。399年，继桓玄联合王恭、殷仲堪等人发动"清君侧"后，孙恩、卢循趁势占领了浙江上虞，并打算发兵攻打会稽郡。此时，王凝之任会稽郡内史，是当地的父母官。即便身份、地位、年龄都发生了变化，王凝之却一如少年时，痴迷五斗米道。

巧合的是，孙恩的叔父孙泰，正是公认的五斗米道教主。听说"同道中人"孙恩计划攻打会稽，王凝之窃喜，以为事情好办。但他根本没想明白，孙恩造反是置之死地而后生。其叔父孙泰曾有感于东晋王朝国祚将倾，挑起过叛乱。好在当时的会稽内史谢輶察觉了孙泰的阴谋，第一时间禀告权臣司马道子，一场颠覆晋朝统治的大叛乱，才消弭于无形。

这次，孙恩来势汹汹，谢道韫为了郡中百姓安危，挺身而出劝谏丈夫。王凝之却始终认为孙恩所谓的叛乱，乃是为了解救劳苦大众于水火之中。他作为会稽郡的父母官，理应为全郡百姓请祷上天，如若孙恩的做法不合天道，那么他的祝祷也能唤来天兵天将，所以，没什么好担忧的。

有句话说得好，你永远无法叫醒一个装睡的人。谢道韫见丈夫如此迂腐，只能默默地抹了一把泪，随即招募数百家丁在府中提前操练。尽管这支力量与孙恩的大军对抗无异于以卵击石，但谢道韫似乎想起了叔父当年的教诲："但尽人事，各凭天命！"她没有任何的怨言，只希望在孙恩的大部队来临前，尽可能地守住家园。

战争总是无情的，孙恩率大军杀到会稽郡所山阴城中，压根儿不念及王凝之是自己的道友。手起刀落间，王凝之连同他与谢道韫所生的平之、蕴之、亨之、恩之四子全部遇难。曾经门庭鼎盛的王家，随着族中子女和仆从死的死，伤的伤，仿佛成了一座人间炼狱。面对丈夫及儿子遇害，谢道韫没有退缩。她果断拿起宝剑，打算以死战之姿，守住魏晋最后的"竹林风骨"。但在如潮水般涌来的乱兵中，年近花甲的谢道韫终归形单影只，力量有限，不幸被俘。跟她一起活下来的，还有小外孙刘涛。见到孙恩的那一刻，谢道韫并未低头。孙恩部下欲杀刘涛，谢道韫大喊："事在王门，何关他族？必其如此，宁先见杀。"一声怒吼震住了孙恩，他对这名老阿姨的光辉事迹早有耳闻，如今见她虽手无缚鸡之力，却大有引颈就戮的豪气，不免对其生起英雄般的崇敬。他下令放走了谢道韫和她的小外孙。遭此大难的谢道韫，却再也找不回从前的神采奕奕。带着身上最后一丝竹林之风，她隐居了。

6

晚年，生遭乱世的谢道韫像被时光遗忘了一样，无人知晓，更无人谈起。继王凝之任会稽内史的刘柳是个好研读《老子》之辈。谢道韫早年清谈的风采，刘柳虽未曾目睹，但一直心向往之。会稽内务稍安，他便登门看望这位前任内史的遗孀。

刘柳的到来，唤起起了谢道韫尘封已久的记忆，为世人留下最后一次清谈的风采。但很可惜，这一场辩论并没有史官参与，人们对谢道韫的才识钦慕，也只在刘柳离去对她的评价中看出些许端倪。刘柳曰："内史夫人风致高远，词理无滞，诚挚感人，一席谈论，受惠无穷。"刘柳走了，天空又下起了鹅毛大雪。不知是忆起前事还是心有所感，谢道韫提笔写下了《拟嵇中散咏松诗》：

> 遥望山上松，隆冬不能凋。
> 愿想游下憩，瞻彼万仞条。
> 腾跃未能升，顿足俟王乔。
> 时哉不我与，大运所飘飖。

命运不能随我所欲，那便让我如青松般遗世独立。我就是我，那个因雪而成名、凋零于雪的女子。

谢灵运之死：不疯魔，不成活

刘宋元嘉十年（433 年）冬，寒风刺骨。在当时广州的"闹市区"中，一个长着二尺美髯的中年男子正感慨万分，仰天长叹。寒风刮过他沧桑的脸颊，随风飘来他残存于世间的最后一语："送心自觉前，斯痛久已忍。恨我君子志，不获岩上泯。"中年男子悔恨自己不能彻底归隐，远离庙堂，做一化外放浪形骸之人。然而，如今一切都太晚了。一片唏嘘声中，中年男子的人生画上了句号。世间重归宁静。

1

被杀之人，是大名鼎鼎的中国山水诗鼻祖——谢灵运。他的一句"池塘生春草，园柳变鸣禽"，令"落笔摇五岳"的谪仙李白佩服得五体投地。王勃、杜甫、韩愈、白居易等也曾在自己的作品中歌颂他。

谢灵运出身于南朝名门世家陈郡谢氏，他爷爷是当年在"淝水之战"中指挥东晋部队以少胜多打败前秦的谢玄。在那个以"九品中正制"选贤举能的东晋王朝，门第的高低尤为重要。后世曾有诗云，"旧时王谢堂前燕，飞入寻常百姓家"。诗中的"王"即名相王导、书法家王羲之的那个大家族——琅邪王氏，而诗中所指的"谢"，即陈郡谢氏，刚出生的谢灵运便被烙上了名门贵胄的印章，成了那个时代仅次于宗室皇族的贵族公子。再加上他从小聪明好学，博览群书，深得祖父谢玄宠爱。

谢玄曾说，我自认智力水平正常，怎么就生下了谢瑍（谢灵运的父亲）这种笨蛋。也是奇怪，谢瑍居然有福气生出谢灵运这种再世神童，真是想不到啊！由于其自小聪颖过人，博览群书，诗书上的造诣在江左一带无人能出其右，少年得志的谢灵运逐渐养成了自视甚高的性格。谢灵运曾说，如果天下所有才子创造出来的学问重量为一石（古代计量单位，一石为十斗），那么曹植独占八斗，我自己占一斗，天下人共分剩下的一斗。言外之意，全天下除了曹植，我谁也不服。

在爷爷、父亲相继咽气后，谢灵运承袭了祖父身上的"康乐公"爵位，当时这属于含金量较重的高阶爵位，待遇丰厚。所以，还未满十八岁的谢灵运就享受着来自康乐县三千户人家的供养。那段时间，称得上是谢灵运一生的高光时刻。年纪轻轻名利双收，就差成个家了。不过此时的谢灵运并不着急。作为名门贵族且身负爵位，不趁年轻好好放荡一下，如何对得起自己这高贵的血统。

刚袭爵的谢灵运，经常把马车和衣服搞得很"拉风"，还时不时把一些比较旧的规矩、玩意儿翻出来，修修补补，推陈出新，建立自有品牌，迅速集结了一群疯狂追星的粉丝。这群粉丝跟着他一起玩起了时尚，并给他起名为"谢康乐"。按惯例，像谢灵运这种贵族子弟，朝廷一般都会把他们当成储备干部使用。因此，谢灵运获得了人生中第一份委任状——散骑常侍，委任他为皇帝身边打杂的小秘书。不过，自我感觉良好的谢灵运一看任命书，觉得自己被大材小用了，于是，他死皮赖脸地上书请求朝廷换个新工作给他，经过一通软磨硬泡后，朝廷只好答应让他到大司马手底下去做个实习参谋长。

2

随着谢灵运的太叔爷爷谢安、爷爷谢玄等名臣名将相继谢世，东晋王朝国力便每况愈下。当时，由于东晋长期以来保持皇族与世家大族共存局面，在一定程度上削弱了皇权的影响力。在皇帝的直接干预下，世家大族掌控的朝局大权回到了皇族宗室、会稽王司马道子父子手中。作为皇帝的叔叔，这位皇室长辈并非为人称颂的治世能臣。在会稽王司马道子的管理下，东晋朝局更加波诡云谲，势力盘根错节。他在朝堂上主张排斥自东晋王朝建立以来就一直倚靠的世家高门，因而，众多有学识的寒门士子得到了晋升的机会。这样也对陈郡谢氏等存在已久的世家大族们造成了不同程度的利益损害。

终于有一天，出身世家大族太原王氏的王恭，觉得欺人太甚，联合东晋权臣桓温之子桓玄起兵讨伐司马道子。可惜，天不遂人愿，仗打到一半，王恭就被部将杀了。一起起兵的桓玄见势，趁机占领了长江中游一带，并要求朝廷把国家的军权交给他。东晋元兴元年（402年），彻底膨胀的桓玄学着他爹桓温做起了当皇帝的春秋大梦，黄袍加身，建立桓楚，彻底变成了东晋王朝的叛臣贼子。随后，卖草鞋出身的北府军将领刘裕发动起义，把这颗代表东晋门阀势力的"毒瘤"彻底拔除。至此，支撑东晋朝局多年的各大门阀世家基本失去了与皇权共富贵的特权。

3

420年，寒门出身的刘裕羽翼渐丰，终于扯下了护国的面具，学着他的手下败将桓玄，逼皇帝禅位给自己，建立宋朝，史称刘宋。上位后，对于原先与东晋皇室共天下的门阀世家，他实行了一系列的削弱政策。原来在东晋王朝靠着三千户食邑吃香喝辣的谢灵运，也被降封为康乐侯，福利待遇只有原来的六分之一，食邑变成了五百户。

不用说，本来就极其散漫的谢灵运心里肯定不爽。以前凭借着令人羡慕的贵族公子哥身份为国家打打零工，每个月赚得虽然不多，但是还算稳定。可是，现在不同了，虽然国家给的福利待遇还在，但皇帝明摆着跟他们这群世家大族过不去，以后的日子好不好过很难说。好在谢灵运除了有个"金灿灿"的身份外，在文学上的造诣也是颇具水平的，因此，进入刘宋后的谢灵运很快便获得了新皇帝刘裕的赏识，出任皇帝身边的小秘书——散骑常侍，同时兼领保护太子安全的重任。

谢灵运当年嫌弃过这个职务。如今时代变了，即使他对新皇帝的这个任命依然"不感冒"，依然觉得朝廷是在大材小用，也不得不委下身来。谢灵运常常抱怨自己怀才不遇，没有遇到伯乐，生不逢时。在诗作《游南亭》中，他写道：

戚戚感物叹，星星白发垂。

药饵情所止，衰疾忽在斯。

逝将候秋水，息景偃旧崖。

我志谁与亮？赏心惟良知。

问世间，谁能理解我的心志？烦闷、抑郁、牢骚之情，穿透纸背。不过，与陈郡谢氏大家族命运休戚相关的他，又怎能只凭一己才华，高居庙堂之上呢？三年后，他曾经侍奉过的太子成了皇帝，谢灵运认为，自己即将飞黄腾达，出将入相了。他凭着对新皇帝的了解，时不时吐槽一下皇帝身边的辅政大臣，争取给皇帝留下一个好印象。然而，此举适得其反。不胜其烦的辅政大臣们最终联手将其踢出了朝堂，贬到东海边上的永嘉（今浙江温州）去当了太守。

谢灵运明白，这是变相流放。接到命令的他，只能硬着头皮赶去赴任。好在，老天爷在关上一扇门的同时也为他开启了窗户。原本憋着一肚子气的谢灵运，到了地方，发现此处甚合己意。原来，东晋时期的永嘉郡，虽然地处偏僻，却是一个四季如春、有山有水的好地方。生性喜欢游山玩水的谢灵运自然一见钟情。本应在这里好好反省为官功过的他，抛下了治下的子民和一担子政务，一头扎进了永嘉郡美轮美奂的风景里。

在永嘉郡的这段时间里，谢灵运对本地旅游相当上心，经常带着手下仆役一天行走百余里。在此期间，他不仅游览了雁荡山、楠溪江等著名景点，就连一些小地方，但凡有一点儿山水，他都去过。每到一处风景宜人的景点，他便题一首山水诗，发发牢骚。谢灵运极擅于以山水寄情，抒发内心真实想法。《过白岸亭》一诗里面，他以简短数语表达出自己对世事无常的反感，以及厌倦俗世，愿抱璞归真、脱离凡尘的想法：

荣悴迭去来，穷通成休戚。

未若长疏散，万事恒抱朴。

为了方便游山玩水，探索奇妙风景，他专门发明了一种登山鞋，鞋底前后皆装有可拆卸的木齿，上山时去掉前齿，下山时去掉后齿，上山下山皆省时省力。这种登山鞋被后人称为"谢公屐"。就这样疯玩了一年，他便上奏朝廷，称自己有病，公然辞官，完全没把贬职反省当回事。由于谢灵运对地方政务置若罔闻，他的辞官申请，朝廷很快便同意了。

4

辞官后，谢灵运写下了"虑澹物自轻，意惬理无违"的诗句，看似轻松愉快，实则还是为了表达当政者对自己的轻视。陈郡谢氏的家族墓地在会稽郡始宁县（今浙江上虞），离永嘉郡不远，谢灵运辞官后便回到了那里。彻底抛下政务的他终于有机会发挥自己的才华，修葺祖上留下来的房子，继续他游山玩水写文章的兴趣爱好。

在《过始宁墅》中，谢灵运对自己设计建造的别墅充满自豪：

白云抱幽石，绿筱媚清涟。
葺宇临回江，筑观基曾巅。
挥手告乡曲，三载期归旋。
且为树枌槚，无令孤愿言。

新别墅依山傍水，风景别致，正适合种种花草，逗逗鸟儿，吐纳大自然的新鲜空气。他这种隐于深山的状态，引来了同好归隐的当世名士王弘之、孔淳之等人的聚集。他们经常聚在一起开诗会，讨论写作之事。在此期间，谢灵运在山水诗的领域造诣渐丰，写出了"春晚绿野秀，岩高白云屯""野旷沙岸净，天高秋月明""明月照积雪，朔风劲且哀"等名句，奠定了其山水诗鼻祖的历史地位。

谢灵运完全沉浸在山水诗意的世界里，名诗名篇也不胫而走。不久，谢灵运的伯乐刘义隆终于上位，史称宋文帝。文帝一即位，便下旨诛杀了在朝堂上弄权多年的辅政大臣们。作为京城里众多崇拜谢灵运的文艺青年之一，刘义隆很想尽快目睹自己偶像迷人的风采，于是写信邀请谢灵运出山为官。然而，谢灵运本意不在此，他勉强接受诏命，负责掌管国家重要典籍和文献。

谢灵运所创作的作品在当时名扬四海，每次创作完成，宋文帝总要借去好好观瞻一番，然后再手抄一份好好珍藏。当宋文帝想为晋朝编写《晋史》时，第一时间便想到了谢灵运。谢灵运对这种在别人眼里是美差的活儿不屑一顾，随便列个提纲，交了上去。宋文帝没有怪他，反而按照惯例将他升为侍中。然而，谢灵运仍旧对此不屑一顾。于是，故态复萌的他心灰意懒，无所作为。最后，得罪了满朝文武以及宋文帝的谢灵运，顺理成章地致仕了。

5

重新回归民间的谢灵运再次摆出"不疯魔不成活"的姿态，发挥他腰缠万贯、游山玩水的特长，专营古代旅游资源开发。正所谓，独乐乐不如众乐乐。在旅游资源开发这条路上，谢灵运玩出了新花样。他和族弟谢惠连、东海何长瑜、颍川荀雍、泰山羊璿之化身"江南山水五大才子"，吃喝玩乐，游山玩水。每次出门都带着数百人的"旅游团"，浩浩荡荡，逢山开路，遇水架桥，披荆斩棘，钻入深山。经常被人误以为他们要落草为寇，举兵造反，给当地官员和百姓造成了巨大困扰。

光开山还不够，填湖造田才足以显示出世家大户的气派。财大气粗的谢灵运一眼便相中了回踵湖这块风水宝地，便上书宋文帝请求准许自己围湖造田。对于这种有利民生的好事，宋文帝肯定是支持的，于是便下诏让会稽郡太守配合谢灵运工作。

不过，谢灵运当真属于那种说话不过脑子的人。当时的会稽郡太守是个虔诚的佛教徒，在郡内大兴佛寺，大造佛像，隔三岔五还请僧侣们做做法事，劝诫百姓一心向善。可不知为什么，谢灵运非常讨厌他。第一次见面就跟孟太守说，得道者应该是有慧根之人，光吃素念经有个屁用！本来正常的一场会面，两人把事情说清楚了，也就好了，偏偏谢灵运一开口就得罪人。孟太守一听这话，觉得谢灵运是故意让自己难堪，自然，回踵湖没能要到，还跟太守结下了梁子。

不久后，当谢灵运看上会稽郡内的岖嵝湖时，孟太守百般阻挠，甚至以他带人游山玩水，惊扰当地民众为由，上书告他谋反。这一告，把谢灵运吓得不轻，赶紧跑到京城给皇上磕头认错。宋文帝当然清楚自己偶像没胆造反。所以，宋文帝觉得该给他找点儿事做，就任命他为临川内史（内史与太守职权相同，封国内郡治长官称内史，普通郡为太守）。

江山易改，本性难移。走马上任后的谢灵运发现这里的风景也相当不错，不亚于当年被贬斥的永嘉郡。况且这回是皇帝主动安排自己到这里上班，说明皇帝还是很在乎他的，有皇帝罩着，玩玩没关系。上任后，谢灵运依旧保持玩忽职守、不理政务的休闲状态。本来朝廷里就有一大群官员等着抓谢灵运的把柄。这次，他终于栽在了他们手里。

谢灵运先下手为强，把前来调查他的官员拘押起来。同时，赋诗一首：

> 韩亡子房奋，秦帝鲁连耻。
>
> 本自江海人，忠义感君子。

这话分明是说自己身在宋营心在晋。这回实实在在地把宋文帝得罪了。出于对偶像的欣赏，宋文帝还是尽量保全了谢灵运的性命，以谢玄有再造江南之大功，抵了谢灵运写反诗的罪过，下诏将他流放到广州。不料，数月后，涂口（今湖北武汉）传来消息称，有一伙无业游民打算购买武器到广州劫狱，救回谢灵运。

这简直就是笑话，涂口离广州千里不说，一伙不读书的无业游民如何认识谢灵运，分明是有人栽赃。不过，谢灵运的"毒舌"得罪者甚众，现在人赃并获，不诛九族如何平息众怒？在朝堂一片声讨之下，谢灵运最终走上了不归路。元嘉十年（433年）冬，曾给过自己偶像无数次机会的宋文帝刘义隆，以挥泪斩马谡的心情，判决谢灵运立斩不赦。

临刑前，一首绝命诗道尽了这位山水诗人的无奈及悲哀：

> 龚胜无余生，李业有终尽。
>
> 嵇公理既迫，霍生命亦殒。
>
> 凄凄凌霜叶，网网冲风菌。
>
> 邂逅竟几何，修短非所愍。
>
> 送心自觉前，斯痛久已忍。
>
> 恨我君子志，不获岩上泯。

寒风呼啸，血溅三尺。一代山水诗人谢灵运，终年四十九岁。

萧统：独步千古的"文学皇帝"

萧统生来就是要做太子的。他诞生之时，时任雍州刺史的父亲萧衍正在为争夺天下做着最后的努力。萧统出生的消息传至军中，萧衍的部队随即拿下南齐京师建康城，并废黜了萧宝卷。东昏侯萧宝卷被赶下台后，其弟萧宝融被立为帝。作为推翻东昏暴政的首功之臣，萧衍的权势如日中天，他越发不甘为人臣子。仅仅时隔一年，就一脚踹开萧宝融，在南齐朝廷上演了一出禅让剧，自己登基称帝，改国号为梁，史称梁武帝。萧衍称帝后，才满周岁的萧统被立为皇太子，备受呵护。

1

梁武帝这么着急地立萧统为太子，除了迷信的因素外，更重要的是，他等不起了。萧统出生那年，梁武帝已经三十七岁。在此之前，他虽有妻妾数房，但除了发妻郗氏给他生了三个女儿，再无所出。人到中年，香火无以为继。说实话，换作谁，都难免紧张过度。所以，在萧统出生前，萧衍便收了自己的侄子萧正德为养子。

关于萧正德，正史并没有给他多好的评价。史称其"少而凶慝，招聚亡命，破冢屠牛，兼好弋猎"。可以说，除了名字跟道德优良沾点儿边，萧正德活脱脱就是个亡命之徒。这种人，要是做了南梁开国太子，不说日后会不会给新兴的梁朝带来动乱，他那粗鄙的行为也足以让梁武帝颜面扫地。

好在梁武帝正要夺下江山，老天爷就给他赏了个麟儿，所有的问题迎刃而解。梁武帝给尚在襁褓的萧统赐字"德施"，背后是对太子未来当为天下仁君圣主的期盼。正常情况下，古代男子要在成年加冠时，才会被赐字。梁武帝这么早就给萧统想好了字，可见当时的萧统在梁武帝心中的地位有多重。在梁武帝的谆谆教诲下，萧统小小年纪就显露出开国太子该有的仪容仪表，史称"太子美姿容，善举止，读书数行并下，过目皆忆"。然而，这一切在梁武帝看来，还只是身为储君的基础。太子一出阁，他就给萧统找来了当世大儒沈约当老师。

沈约乃当世大史学家，著有《晋书》《宋书》《齐纪》等史书，早在"竟陵八友"时代就与梁武帝萧衍相熟，可谓是元臣耆老。当初，萧衍意欲登基称帝时，他是第一个站出来上书"劝进"的。选择沈约做太子少傅，不难看出，梁武帝在督促太子遵循儒道的同时，也在为太子铺就政治大道。经过沈约的教导，萧统举止文雅，年纪轻轻就能吟诗作赋。据说，每逢出游或饯别亲友故旧，萧统总得为他们一赋数韵，以表达自己的怀念之情。久而久之，萧统在以儒为本的教育背景下，逐渐变得学识渊博，颇得梁武帝赞许。

2

尽管梁武帝晚年以"佞佛"著称，但他早年接受的，却是地地道道的儒家教育。执政初期，他一度坚持"以儒治国"，令天下百姓看到了太平盛世的希望。为了恢复生产，发展经济，梁武帝不仅颁布了日后《隋律》《唐律》的蓝本——《梁律》，更是全面实行籍田制度，劝课农桑，减免赋税。针对当时人心多浮躁的状况，梁武帝还用心写下了一篇《孝思赋》，劝导臣民以孝为先，弘扬孝道，表彰天下孝子。

梁武帝不遗余力地完成这些政绩，实际上也是对太子萧统的一项行为教育。他希望太子萧统长大后，能以孝当先，做一位仁慈宽厚的圣君。而小小年纪的萧统，似乎也从未让梁武帝失望。自萧统出宫独处开始，他便时时思念父母，每次入宫晨昏定省，总是与父母依依不舍。梁武帝将爱子的这种难舍之情理解为儒家的孝道，遂将原先的规矩改了改，让萧统每五天上一次朝，退朝后可以在宫中住上三五日，以感受家庭的温暖。

除了孝顺的一面，萧统在政务处理上也愈发展现出他的"博爱"之心。天监十一年（512年），十二岁的萧统在宫中偶遇一群来给梁武帝送切结书的廷尉府属员。由于他是第一次见到这种场面，便来了兴致。他吩咐手下召见这群属吏，当面询问他们，能否让自己参与审阅并审理刚刚由他们递交的案件。廷尉的属吏们见太子不过是个半大小孩儿，就想糊弄一下他，半带开玩笑地许可了太子的决定。谁知，萧统年纪不大，判罚却是有理有据。针对刑书上判罚过重的地方，萧统直接改成"署杖五十"。这可难为死了那群前来觐见陛下的官员，他们将此事上报给梁武帝，梁武帝却笑着追认了儿子的判罚结果，并规定日后太子有权旁听所有案件审理，如遇可以轻判的案件，一切统归太子自决。

就在萧统获得旁听权不久，京畿附近的建康县发生了一起诬告他人拐卖人口的案件。在古代，与拐卖人口相关的犯罪，基本都是杀头的大罪。犯人只要对犯罪事实供认不讳，不死也得脱层皮。不过，太子刚刚在廷尉府展露了一番博爱的风范，小小县官怎能不知趣？于是，建康县令将诬告者轻罚"杖四十"，以求切结书能尽快通过东宫审核。但萧统看了切结书，却直言县官渎职。他认为，假若诬告者诬告成功，那么被诬告者将面临家破人亡的风险。这样草菅人命的大罪，轻判杖罚四十，县官还有没有良心？紧接着，他将原先切结书的内容改成了"付冶十年"，也就是判罚诬告者到后方生产基地不分昼夜冶炼十年。自此，朝廷百官才发现，这位仁孝的太子，并不是个任人拿捏的软柿子。萧统在这个时期的太子地位几乎是牢不可破的。

3

随着年龄增长，梁武帝对南朝流行的奢靡之风越发鄙夷。尤其是到了中老年时期，他的节俭节食是出了名的。他日食一餐，吃的基本是粗茶淡饭，喝的是豆浆，从不饮酒。身为皇帝，他除了龙袍，身上几乎没有一件绫罗绸缎。就连一顶帽子、一张被子，也要新三年，旧三年，缝缝补补又三年。

皇帝力行节俭，对天下而言，自然是与民休息的好时机。对于大臣以及太子而言，老皇帝的标榜，也像是一面旗帜，招呼着他们做出正确的选择。不过，与底下刻意逢迎的部分官员不同，萧统对节俭是真心地推崇。自从梁武帝粗茶淡饭后，萧统就要求东宫节衣缩食，"服御朴素，身衣浣衣，膳不兼肉"。

当时，在梁朝的北方，是鲜卑拓跋氏建立的北魏。自南朝宋时代开始，南、北方的战事就此起彼伏，互有胜负。梁武帝普通五年（524年），北魏爆发"六镇起义"，梁武帝认为，这是一雪前耻的大好时机，遂发动北伐。然而，大军出征之时正值雨季，战争的到来使得京师附近粮价飞涨，商家囤积居奇。太子萧统立即吩咐左右，"周行闾巷，视贫困家"，如遇不幸流落街头的无辜人士，他必暗地里加以重赈。为防止冬季灾荒及疫病的漫行，他还在宫中发起衣物捐赠活动，为京城的小家小户送去温暖。

萧统以身作则，赈济灾民，自然收获了极高的民间支持率。可这一切，在其他官员看来，与其说是太子在立名，倒不如说是在"佞儒"。萧统对儒家礼制的痴迷，还远不止于此。北伐期间，萧统的叔父、始兴王萧憺去世。按照旧制，萧统身为太子，是不需要给始兴王这样的臣子服丧的。可萧统认为，这是法理在夺人情。他专门召来了东宫属员，要他们就此事进行探讨，并拿出合适的治丧方案。身为"东宫十学士"之一的刘孝绰认为，亲族治丧不必过于注重形式。太子若想聊表孝心，在始兴王出殡期间停止一切娱乐活动就可以了。萧统对这样的回答，并不满意。他亲下太子令，要求大梁满朝文武以儒家"孝道"为题，讨论出一个合理的治丧形式。最终，在听到东宫学士明山宾"慕悼之解，宜终服月"的建议后，萧统才终于满意。他另下一道太子令，要求各衙门将给旁支亲人服丧一直持续到服终的规定写入国法，形成制度，推广天下效行。

以孝治天下，这本就是梁武帝所提倡的，因此，萧统的政令虽形式大于实际，但梁武帝并没有出面干涉。直到梁武帝目睹了太子一次"愚孝"的行为后，从未对萧统发过脾气的老皇帝，才忍不住批评了两句。普通七年（526年）十一月，太子的生母丁贵嫔病逝。自母亲病起，萧统就"衣不解带，随侍在侧"。其母刚去世，他就表现得极其哀痛，"步从丧还宫，至殡，水浆不入口，每哭辄恸绝"。为人子哭得如此死去活来，连梁武帝都看不下去了，他命人给太子宣旨，称："毁不灭性，圣人之制。礼，不胜丧比于不孝。有我在，那得自毁如此！"梁武帝的言外之意是，太子因为母丧伤身，本来就是不孝。况且你爹现在还搁这杵着，你打算哭给谁看。赶紧给我起身吃饭，养好身体。这也是萧统长这么大第一次挨父亲骂，想着不敬父亲也是不孝，他才勉强每日喝点儿素粥。待丁贵嫔下葬完毕，萧统原本肥壮的身体，"减削过半，每入朝，士庶见者莫不下泣"。

4

本来像萧统这样贤明的太子，只待梁武帝驾崩，便能顺利登基。可是，变故来得如此突然。大通三年（529年），太子萧统被身边的太监鲍邈之诬告行巫蛊诅咒之事。史上著名的"蜡鹅厌祝"事件随即浮出水面。原来，在丁贵嫔薨逝时，身为大孝子的萧统曾给母亲物色了一块风水宝地。后来，因为梁武帝身边的大太监俞三副与人合谋，打算将私田作为丁贵嫔陵寝，向朝廷牟取暴利，梁武帝遂在相关利益人士的诬骗下，改变了最初的决定，将丁贵嫔移葬于俞三副的田地上。

此时，一名曾受过太子恩惠的术士告知萧统，俞三副的田地在风水学上对太子不利。按照术士的说法，要想破解其中的不利因素，只需备齐蜡鹅等厌伏之物，埋于墓侧的长子位即可。萧统不是无神论者，术士的这番话切实提醒了他。孰料，待蜡鹅埋下去不久，东宫的太监鲍邈之就跑到梁武帝面前告状，说太子与另一太监魏雅合谋，刨开丁贵嫔之墓，在里边放了厌胜之物，诅咒梁武帝早死。

鲍邈之从前是太子身边的亲信，但其为人心术不正，没过多长时间就失宠于太子。为了重新获得上面的注意，他决定铤而走险。说实话，梁武帝一开始并不相信这些告密之辞。毕竟，萧统这个孩子是自己看着长大，仁孝之名天下皆知。即便梁武帝晚年"佞佛"，萧统也是尾随其后，崇信三宝，遍览众经。受此影响，萧统还在东宫建慧义殿，没事就组织一帮高僧前来议论佛法，并形成了自己的佛教理论观点。可鲍邈之说得绘声绘色，再加上与梁武帝时代相近的北魏皇帝拓跋珪、拓跋焘爷孙俩都是因太子之祸而死，梁武帝不得不怀疑萧统别有用心。于是，他秘密派人挖开丁贵嫔的墓地查看，果真在里边发现了蜡鹅等物品。

至此，梁武帝不得不相信眼前的"事实"，萧统多年来的仁孝形象，无论是否出自真心，此刻在梁武帝眼中已荡然无存。不过，梁武帝到底是位政治高手。他知道萧统此时在民间乃至朝堂的声望都很高，因此并没有将此事扩大处理，只是将矛头指向当初给萧统提建议的术士，杀了他，以儆效尤。

5

"蜡鹅厌祝"事件发生时，没有任何历史记载表明萧统曾为自己辩解过。这或许基于萧统的自信，他相信梁武帝断不会因小人的诬告，而彻底改变对儿子的看法。萧统的自安，也使得他在人生最后的时光里，有充足的动力去完成一件影响千年的大事——编撰选本。萧统自幼就崇拜陶渊明，曾公开表示自己素爱陶渊明的诗文，"尚想其德，恨不同时"，颇有些"君生我未生，我生君已老"之意。在追偶像的道路上，萧统想到了将陶渊明的诗集以及自先秦至梁朝八九百年间的优秀文学作品，整理成集，旨在文以载道，宣扬"事出于沉思，义归乎翰藻"的文学理念。

选本的工作量毋庸置疑是巨大的，萧统的东宫几乎囊括了当时天下最具学问的一帮士子，包括前文提到的刘孝绰、古代文学批判名著《文心雕龙》的作者刘勰、著有《南史本传》的陆倕等。萧统没事就与他们讨论古籍，商榷古今，"继以文章著述，率以为常"。中国最早的一部诗文总集《文选》由此出炉。凭借这部巨著，萧统一跃成为后世推崇至极的"文宗圣主"。

然而，"文学皇帝"萧统在现实当中却没有机会成为一代圣主。中大通三年（531年）三月，身体一向没啥毛病的萧统与姬妾乘舟于湖上，想要采摘芙蓉花，但一行人玩得太开心，姬妾荡舟太猛，导致太子掉落水中。萧统不擅游泳，被救出时伤及股骨头。因事态较为严重,事发后萧统一不让人找太医,二不让人报告梁武帝,就这样在东宫躺了月余,竟因伤重不治,猝然而逝,年仅三十一岁。消息传到梁武帝耳中,年近古稀的他,快步赶往东宫,放声大哭。之后,再以皇帝的礼仪厚葬萧统,赐谥"昭明"。先前出炉的《文选》,也才有了后来《昭明文选》的称谓。

萧统的猝逝,让梁朝陷入了史无前例的危机。萧统薨逝时,梁武帝已年近古稀。在帝位传承上留给梁武帝的时间似乎不多了。常年"佞佛"的梁武帝不得不打起十二分精神,考虑周全。按照惯例,古代立储讲究"立嫡以长不以贤",太子萧统八岁就与南阳蔡氏成亲,最大的嫡子萧欢此时已是个十六七岁的翩翩少年。因此,萧统去世后,朝野间以萧欢立储的呼声最高。但梁武帝到底是经历过推翻南齐统治的君主,前朝武帝萧赜当年立皇太孙萧昭业导致王朝衰亡的教训仍历历在目。最终,他舍弃皇太孙萧欢,立自己的第三子萧纲为太子。在册封新太子之前,梁武帝将萧统的一众儿子无论嫡庶,通通进爵郡王,以此进一步强调昭明太子的地位。

谁也没想到,梁武帝最后居然寿过耄耋,活到了八十六岁。就连昭明太子的嫡长子萧欢也先于梁武帝去世。只是,活得久,不代表活得好。萧欢去世八年后,太清三年(549年),梁武帝被北方降将、宇宙大将军侯景困于台城,活活饿死。又八年,大梁灭亡。此时,昭明太子萧统已逝去二十六年。

命里有时终须有,命里无时莫强求。人终归无法得到命里没有的东西。但人又往往可以得到命运意外的馈赠,就像千百年后的今天,人们依然因为《昭明文选》的光芒而对萧统留有深刻的记忆,对一个风采的时代,对一段悲情的人生,念念不忘。多少帝王死了便无人记得,唯有昭明太子,作为"文学皇帝"独步千古,被铭记至今!

庾信:为什么说他是杜甫的历史镜像

唐代宗大历五年(770年),一个寒风之夜,杜甫在一条漂泊的破船上,看着远方蒙蒙的细雨。这位诗人的病情越来越重,可心中的悲愤与忧郁却丝毫不减。生命的最后，他想起那个影响了他一生的人。在绝笔诗《风疾舟中伏枕书怀三十六韵奉呈湖南亲友》中，杜甫写下了"哀伤同庾信"的诗句。纷繁的思绪，将他和两百多年前南北朝最有才华的诗人紧紧缠绕在一起。

一场"侯景之乱"，毁掉了庾信的天堂。一场"安史之乱"，同样终结了大唐和杜甫的盛世。国家倾危，己身漂泊，相同的苦难塑造出相同的哀思。遍阅杜甫的诗作，虽然他常常拿宋玉、阮籍等人自比，但是提及最多、感触最深的，还是庾信。从某种意义上，我们可以说，没有庾信就没有杜甫。

1

庾信，字子山，新野人。和杜甫一样，出生于诗书门第。"永嘉之乱"时，庾氏家族为了避免战乱，迁到江陵，逐渐成为一方大族。到了南朝齐梁时期，新野庾氏达到鼎盛，不仅政治上直追王谢家族，文学上更是人才辈出。后人称其为："文宗学府，智囊义窟，鸿名重誉，独步江南。或昭或穆，七代举秀才。且圭且璋，五代有文集。"出身于如此人家，庾信小时候便展现出一个合格的世家贵公子的气质——博学好文，聪敏早慧。那是一个对知识分子来说无比美好的时代。梁武帝立国之后，尚学尚才，发展文教。而他的几位儿子如萧统、萧纲，也都是文质彬彬的人。对于文采超伦的庾信来说，称得上生逢其时了。

南梁普通七年（526年），梁武帝下诏令群臣荐举人才，庾信凭借优渥的家世及出众的才德进入推举之列。为了弥合士族、寒门矛盾以及尽可能多地选拔人才，梁武帝加入了考试制度。不过，这并不能难倒庾信。第二年，十五岁的庾信便以"射策甲科"的优异成绩入侍东宫。昭明太子萧统本人颇爱才士，东宫名士云集，藏书更是多达三万卷。而且，庾信入侍昭明太子东宫的时间，恰值《文选》成书的最后阶段。庾信仿佛置身于文学的海洋，随手一翻便是典籍，随口一交谈便是大文豪，周围的一切都是养料，疯狂地涌进一个少年的心里。

中大通三年（531年）四月，萧统薨逝，七月，他的弟弟萧纲被立为太子。不久之后，庾信入侍萧纲东宫，担任抄撰学士之职。当时，萧纲身边形成了一个文学集团，公开倡导"宫体"文学，形成一时风尚。庾信的父亲庾肩吾长期跟随在萧纲身边，"父子在东宫，出入禁闼，恩礼莫与比隆"。这个集团里还有同样闻名后世的徐摛、徐陵父子。两对父子的创作以香艳绮靡著称，受到时人称赞，被称为"徐庾体"。他们每写一篇文章，大街小巷都在传诵，引来无数模仿之作。

此时的庾信，已经是文坛一颗无法忽视的明星了。而他这段时间的诗赋，大都是娱乐帝王的应制之作——深宫的美景、舞蹈的女子、奢靡的酒宴，歌颂太平，醉生梦死。或许，在一个从十五岁便投身于宫廷文学、一路顺风顺水的诗人看来，这便是真实的世界。

从庾信的《结客少年场行》便可看出他对风月生活的沉醉：

结客少年场，春风满路香。
歌撩李都尉，果掷潘河阳。
隔花遥劝酒，就水更移床。
今年喜夫婿，新拜羽林郎。
定知刘碧玉，偷嫁汝南王。

后来，江州发生叛乱。庾信被派去讨论战事，平定叛乱。当时，反贼听闻庾信的名字，立刻被其名声慑服，四散奔逃。大同十一年（545 年），三十三岁的庾信奉命出使东魏。娴熟的外交辞令，自如的谈判手段，加上一手好文章，让他出色地完成了任务。北方的名流纷纷折服在这位文坛新星之下。此时的庾信，多了几分历练。不过，他依然没有走出那个纸醉金迷的东宫。面对自己三十多年平步青云、一路坦途的人生，他无疑是自得的。他想得到的，生活全都给了他。他沉迷于这繁华的世间，从来不觉得会有什么值得注意的威胁。其实不只是他，整个梁朝不都是沉醉在所谓的文学昌盛、歌舞升平之中吗？然而，这并不是一个和平的世道。

2

南梁太清二年（548 年），侯景举兵反叛，八千兵士直逼建康。五十年来的和平局面陡然间被打破。梁武帝沉溺于佛讲，不修武备，诸王又作壁上观，没有勤王之意，侯景的军队很快就兵临城下。此时，太子萧纲命令庾信率宫中文武千余人，扎营于朱雀航北。然而，庾信根本就不具备任何军事统帅的能力。侯景兵至的时候，庾信还在啃甘蔗，远远飞来的一支箭射中门柱，手中的甘蔗应声而落，吓得他直接弃军而逃。门第之尊、才学之富，在敌人的铁蹄面前，显得如此不堪一击。这一切不仅仅是庾信的悲剧，也是整个梁朝士大夫的悲剧。

　　"侯景之乱"历时四年，江南之地尽成断壁残垣。在这场"千里绝烟，人迹罕见，白骨成聚"的灾难中，庾亮选择逃奔江陵。他一路上风餐露宿，受过关口小吏的敲诈，也险些被当成嫌犯扣押。他从未想过死亡离他如此之近，也从没有看过战火焚烧的世界，以及流离失所的百姓。他在江夏有过停留，遇到曾和他有过断袖之欢的萧氏宗室萧韶。可是，这个曾经形影不离的伴侣，全然忘了庾信以往对他的资助，把庾信当丧家之犬对待。庾信借着酒醉，在众人面前走上萧韶的床，践踏那些食物，看着萧韶说："今天你的相貌可不像从前了。"说完他便后悔了，只觉得耻辱。这次战乱，他失去了名节，也失去了两个儿子和一个女儿。到江陵后不久，他的父亲也死去了。最重要的是，他深爱的那个梁朝，再也回不来了。这段灰暗的时间里，庾信饱尝战乱带来的苦难，创作也蒙上了一层阴霾，已经不再像以往一样淫靡华丽了。比如这首《燕歌行》：

代北云气昼昏昏，千里飞蓬无复根。

寒雁嗈嗈渡辽水，桑叶纷纷落蓟门。

晋阳山头无箭竹，疏勒城中乏水源。

属国征戍久离居，阳关音信绝能疏。

愿得鲁连飞一箭，持寄思归燕将书。

渡辽本自有将军，寒风萧萧生水纹。

妾惊甘泉足烽火，君讶渔阳少阵云。

自从将军出细柳，荡子空床难独守。

盘龙明镜饷秦嘉，辟恶生香寄韩寿。

春分燕来能几日，二月蚕眠不复久。

洛阳游丝百丈连，黄河春冰千片穿。

桃花颜色好如马，榆荚新开巧似钱。

蒲桃一杯千日醉，无事九转学神仙。

定取金丹作几服，能令华表得千年。

　　南梁承圣元年（552年），梁元帝萧绎在江陵即位。萧绎想的不是恢复旧江山，而是巩固自己的权势。他出卖梁国土地，向西魏称臣，还同西魏一起攻击同样称帝的弟弟，尽丧梁、益二州。两年后，四十二岁的庾信受萧绎指派，出使西魏，就边界问题进行谈判。此前，西魏的使节来聘，萧梁方面接待西魏使节的态度和规格都比较差，却又提出按照旧图确立双方边界，西魏掌权者宇文泰闻之大怒，随即制定了进攻江陵的计划。

当时北强南弱，萧梁的国土被不断蚕食是无可避免的，单靠谈判根本无从维持原有的疆界。而西魏干脆就把庾信强制扣留了。当江陵城内外兵火照天、死伤遍地之时，庾信一直被软禁在北方的客馆里。直到有一天，他看见西魏的军队带着他的一家老小来到他的面前。庾信明白，他已经成了亡国之使。梁朝已经没了，而他再也回不去南方了。

3

知道江陵陷落后，庾信大哭了三天，随后被软禁了三年。西魏着力推行汉化政策，所以像庾信这样的文学之士，便在拉拢的名单之中。西魏统治者不断给庾信加官进爵，初为使持节、抚军将军、右金紫光禄大夫、大都督，后来又进封为车骑大将军、仪同三司。可是，这些官职看起来地位很高，实际上都是些空官衔，只有俸禄，没有权力。身为文学侍臣，庾信凭恃的就是一根笔杆。人在北朝，他不得不顺应统治者的安排，像一个提线木偶一样，成为北朝文学的装饰品。他的生存很大程度上依赖于北朝统治者的施舍，所以他只能重拾老本行，写诗作赋歌颂太平以求获得赏赐。

他在《伤心赋》中写道："流寓秦川，飘飘播迁，从宦非宦，归田不田。对玉关而羁旅，坐长河而暮年。已触目于万恨，更伤心于九泉。""从宦非宦，归田不田"二句写出了自己当下的处境：有官衔，但不是官；有小园，但并非隐。天下之大，没有一处心安的地方。从宫廷中最受尊宠、前途无量的贵公子，变成流落异地的亡国羁旅之臣，熟悉的一切突然间不复存在，这无疑是一个巨大的创伤。庾信陷入了深深的忏悔和自责中，被软禁的三年里，他先后写下了《伤心赋》《小园赋》《枯树赋》等辞赋，以及《拟咏怀二十七首》等诗作。在这些文字中，他一遍又一遍地扒开伤口，一遍又一遍地忏悔，一遍又一遍地拷问自己。

在死犹可忍，为辱岂不宽。
古人持此性，遂有不能安。
其面虽可热，其心长自寒。

曾经的战场逃兵，如今苟活于世，庾信自认被钉在历史的耻辱柱上。通常情况下，人在忏悔之后，应有如释重负之感。可是，庾信并没有。他年复一年、日复一日地用本该华丽放荡的宫体文字来重复那些恐怖的回忆。与其说他是解决过去的心理创伤，不如说他陷落在梦魇般的记忆迷宫中无法逃脱。这种忏悔，几乎贯穿了他的余生。

西魏被北周取代后，庾信和一众从南方而来的文士成为麟趾殿学士，参与校书工作。麟趾殿的建置，是为了在奉行关中本位政策的北周社会中划出一块模拟南朝风气的空间，用以安置入北南人中的上层人士，一方面让他们装点北周的文学，一方面将其排斥于国家政治之外。而且，这些文士是和被称作"卑鄙之徒"的技术工作者一齐做麟趾殿学士的，就连北周的臣子都看不下去，对北周明帝说"恐非尚贤贵爵之义"。北朝统治者的冷漠，进一步加深了庾信对故国的思念，而此时的南方已是陈朝的天下。对于这个王朝，庾信并没有任何感情，甚至他对于陈霸先这样的"无赖子弟"十分鄙视。既不想回归江南，却又极度思念江南，在万般矛盾的情感驱使下，他写出了名垂青史的《哀江南赋》。

《哀江南赋》开门见山便说明了主题："粤以戊辰之年，建亥之月，大盗移国，金陵瓦解。余乃窜身荒谷，公私涂炭。华阳奔命，有去无归，中兴道销，穷于甲戌。三日哭于都亭，三年囚于别馆。天道周星，物极不反……追为此赋，聊以记言，不无危苦之辞，唯以悲哀为主。"全赋首先自叙家世，再追溯自己的生平。沿着这段记忆，庾信展开了一幅史诗的画卷。他自梁王朝"朝野欢娱，池合钟鼓""五十年中，江表无事"的繁荣叙起，中间经"竟遭夏台之祸，终视尧城之变"的"侯景之乱"和"中宗之夷凶靖乱、大雪冤耻"的梁元帝萧绎即位，直到"周含郑怒，楚结秦冤"的江陵之变以及百姓"闻陇水而掩泣，向关山而长叹"的被掳关中。庾信复杂坎坷的人生经历和痛苦哀怨的精神世界，尽在此赋中了。后人把庾信这种执拗几乎至病态的情感命名为"乡关之思"，将其称为"望乡诗人"。只不过，这种"乡关之思"和落叶归根还是有所区别。庾信所哀的是梁朝统治下的江南，所恋的是梁朝上的故园。乡关于他而言，已经永远消失了。他思念故乡，不是现实的欲念，而更像是哀伤的赎罪。

4

被扣留在北朝之后，庾信对宇文氏集团的态度在逐渐转变。梁朝已死，他必须寻一个归处。北周是鲜卑人建立的政权，它在军事上非常强大，但在文化上不仅远远落后于南方的梁陈政权，甚至也不如东方的北齐政权。如果没有庾信等南方士族诗人，北周的礼乐文化制度几乎是一片沙漠。因此，在好文的北周武帝眼中，庾信是一个不可或缺的人才。

后来，庾信不仅参与制作了六代之乐，还曾代表北周出使北齐。北周建德五年（576 年），陈朝与北周通好，做了一个交易：南北离乡的人，允许他们回到故乡。陈朝想要庾信，但北周武帝没同意，庾信失去了回到南方的最后机会。北周武帝留下庾信，是不是征求过他的意见，我们不得而知。即使征求庾信的意见，他也不一定愿意回到江南去。

这时，庾信入北时间已久，思想逐渐平和，统治者和他的关系也逐渐亲密。北周上流社会对庾信之文十分喜爱，各位王爷都与他结交，拜他为师，并且讨要诗赋。宇文泰幼子滕王宇文逌"少好经史"，亲自为庾信辑诗文集。宇文逌《庾信集序》云："余与子山，夙期款密，情均缟纻，契比金兰。"面对怀柔的政策，加上性格上的软弱，庾信逐渐接受了这一切。他歌颂北周统治者的作品多了起来，而且这种歌颂并不全是虚情假意的应酬之词。

北周建德六年（577 年），北周的铁蹄攻入邺城，北齐灭亡。庾信特意创作《贺平邺城表》："平定寰内，光宅天下。二十八宿，止余吴越一星；千二百国，裁漏麟洲小水。"在他眼里，被陈氏统治的江东地区，并不是他的故国，盼望着大周帝国能够早日统一海内，光照天下。学者孙明君在《庾信后期政治抉择中的矛盾性》一文中谈道：庾信游走在"汉月"与"胡尘"之中，如同来自金陵的佳人，一方面为"汉月何时更圆"而哭泣，一方面又对眼前的"长安少年"顾盼多姿，缱绻缠绵。于是，看见庾信哭泣哀伤者，以他为望乡诗人，忠诚于故土；看见庾信讨好献媚者，以他为无耻之尤，流下鳄鱼的眼泪。其实，这种矛盾性恰恰就是人性本身。在庾信身上，故国之思的惆怅是真实的，仕周以求闻达也并非虚情假意；痛不欲生是真实的，软弱投机同样也是真实的。

随着年纪的增大，庾信的感情已经不像原来那般汹涌。社会的动乱、政治的变化也激不起他思想上的浪花，他的心灵深处更多是一种倦怠。北周宣帝死后，杨坚矫诏自任丞相辅佐周静帝。与庾信一样同为南来士人的颜之仪发现不对劲，知道这个旨意必定不是宣帝遗诏，于是拒绝在诏书上签字。杨坚前来讨要玉玺，颜之仪也不给。杨坚考虑其名望，将他贬出了长安。庾信知道此事后，写了一首《同颜大夫初晴诗》劝说颜之仪，末句就是"但使心齐物，何愁物不齐"。与其说是安慰颜之仪，不如说是在说服自己放下一切。北周大象元年（579年），庾信因病去职。两年后去世，享年六十九岁。那时，已是隋文帝的时代了。

5

从四十二岁到六十九岁，庾信在北方度过了漫长的二十八个风雨春秋，到死也未能南归。前半生在南方，后半生在北方，这是两个完全不同的世界，这是他的个人史。在庾信生命的最后时刻，南北两个世界即将在政治上实现统一，但在文化上却仍然泾渭分明。

东晋以后，玄风南渡，流行于南朝社会。北方则不然，统治者们并不能接受复杂的南朝文化，而更愿意将儒家思想确立为其治国的根本思想。这股"崇儒好古"的风气，使魏晋以来文人在创作上重抒情的风气在一定程度上被压抑了。于是，南北方俨然形成了不同的文化氛围：北方厚重，南方轻艳。

南北朝后期，统一已是必然趋势，南北文学的裂缝同样需要弥合。西魏破江陵后，打开了一个缺口——大批南方的名士进入北方，庾信便是其中的标杆人物。经过命运的浮沉之后，庾信将南方的绮丽与北方的沉雄很好地结合起来，创造了一种既有别于纯粹浓艳又不同于纯粹质朴的悲壮文风。他的"哀思"超越了六朝人惯于表现的儿女相恋之悲、仕途失意之悲，为那时的文学注入了真挚、深沉的感情。

至此，南风北渐，有若细雨润物。政治是一城一地的得失，文化却讲究潜移默化。即便到了初唐之时，还有人误会庾信是"靡靡之音"的代表，他们认为，南朝的文学轻浮、淫艳，失去了本该有的厚重，是当之无愧的"亡国之音"，而身为南朝文学代表的庾信首当其冲地背上了"辞赋之罪人"的骂名。

随着时间的推移，总会有人发现庾信的价值。唐代文学的新气象，早在建康的宫廷和长安的山河间扎下了根，它等待的是一个羁旅之人，而他恰好需要经历一场战争的洗礼，就像当年庾信经历过的一样。只有同为天涯沦落人，才能够发现彼此的微光。所以，在人生的流离失所与家国浮沉中，杜甫最终发现了一个不一样的庾信——深沉忧郁、撕心裂肺。最能体现杜甫与庾信异代同调之悲的是《咏怀古迹五首》其一：

支离东北风尘际，漂泊西南天地间。

三峡楼台淹日月，五溪衣服共云山。

羯胡事主终无赖，词客哀时且未还。

庾信平生最萧瑟，暮年诗赋动江关。

悲惨的时代氛围和共同的人生命运，在杜甫与庾信之间架起一座跨越时间的桥梁，两人的身影重合在了一起——或许，不仅是杜甫发现了庾信，庾信同样也发现了杜甫。

参考文献

一、古籍、资料汇编

[1]〔汉〕司马迁.史记.北京：中华书局，2006.

[2]〔汉〕班固.汉书.北京：中华书局，2007.

[3]〔汉〕刘向.战国策.上海：上海古籍出版社，1998.

[4]〔晋〕陈寿撰.〔宋〕裴松之注.三国志.北京：中华书局，1982.

[5]〔南朝〕范晔.后汉书.北京：中华书局，2000.

[6]〔南朝〕沈约.宋书.北京：中华书局，1974.

[7]〔南朝〕萧子显.南齐书.北京：中华书局，1996.

[8]〔北魏〕崔鸿撰.〔清〕汤球辑补.十六国春秋辑补.北京：中华书局，2020.

[9]〔北齐〕魏收.魏书.北京：中华书局，1997.

[10]〔唐〕房玄龄.晋书.北京：中华书局，1996.

[11]〔唐〕李百药.北齐书.北京：中华书局，1972.

[12]〔唐〕令狐德棻.周书.北京：中华书局，2011.

[13]〔唐〕姚思廉.梁书.北京：中华书局，1973.

[14]〔唐〕姚思廉.陈书.北京：中华书局，2002.

[15]〔唐〕李延寿.南史.北京：中华书局，1974.

[16]〔唐〕李延寿.北史.北京：中华书局，1974.

[17]〔唐〕魏徵.隋书.北京：中华书局，1997.

[18]〔后晋〕刘昫.旧唐书.北京：中华书局，1975.

[19]〔宋〕欧阳修.新唐书.北京：中华书局，1975.

[20]〔宋〕薛居正.旧五代史.北京:中华书局,1976.

[21]〔宋〕欧阳修.新五代史.北京:中华书局,1976.

[22]〔宋〕司马光.资治通鉴.北京:中华书局,2009.

[23]〔宋〕李焘.续资治通鉴长编.北京:中华书局,2004.

[24]〔宋〕袁枢.通鉴纪事本末.北京:中华书局,2015.

[25]〔三国〕诸葛亮.诸葛亮集.北京:中华书局,2009.

[26]〔晋〕阮籍.阮籍集.上海:上海古籍出版社,1978.

[27]〔晋〕陶潜撰.龚斌校笺.陶渊明集校笺.上海:上海古籍出版社,1996.

[28]〔晋〕陶潜撰.袁行霈笺注.陶渊明集笺注.北京:中华书局,2003.

[29]〔北魏〕杨衒之.洛阳伽蓝记.北京:中华书局,2012.

[30]〔南朝〕刘义庆撰.余嘉锡笺疏.世说新语笺疏.北京:中华书局,2015.

[31]〔北周〕庾信撰.〔清〕倪璠注.庾子山集注.北京:中华书局,1980.

[32]〔清〕顾祖禹.读史方舆纪要.北京:中华书局,2005.

[33] 鲁迅.鲁迅全集.北京:人民文学出版社,2005.

[34] 胡适.胡适全集.合肥:安徽教育出版社,2003.

[35] 谭其骧主编.中国历史地图集.北京:中国地图出版社,1996.

二、专著、论文

[1] 钱穆.国史大纲.北京:商务印书馆,2013.

[2] 夏曾佑.中国古代史.长沙:岳麓书社,2010.

[3] 张荫麟.中国史纲.上海:上海古籍出版社,1999.

[4] 范文澜等.中国通史.北京:人民出版社,2009.

[5] 陈寅恪.金明馆丛稿初编.北京:生活·读书·新知三联书店,2001.

[6] 陈寅恪.隋唐制度渊源略论稿·唐代政治史述论稿.北京:生活·读书·新知三

联书店，2001.

[7] 周一良 . 魏晋南北朝史论集 . 北京：商务印书馆，2020.

[8] 吕思勉 . 三国史话 . 北京：中华书局，2006.

[9] 吕思勉 . 两晋南北朝史 . 上海：上海古籍出版社，2005.

[10] 吕思勉 . 隋唐五代史 . 上海：上海古籍出版社，2005.

[11] 王仲荦 . 魏晋南北朝史 . 上海：上海人民出版社，2020.

[12] 何兹全 . 三国史 . 北京：人民出版社，2011.

[13] 唐长孺 . 魏晋南北朝史论拾遗 . 北京：中华书局，2011.

[14] 唐长孺 . 魏晋南北朝史论丛 . 北京：中华书局，2011.

[15] 黄永年 . 六至九世纪中国政治史 . 上海：上海书店出版社，2004.

[16] 阎步克 . 波峰与波谷：秦汉魏晋南北朝的政治文明 . 北京：北京大学出版社，
2017.

[17] 牟宗三 . 才性与玄理 . 桂林：广西师范大学出版社，2006.

[18] 田余庆 . 东晋门阀政治 . 北京：北京大学出版社，2012.

[19] 田余庆 . 拓跋史探 . 北京：生活·读书·新知三联书店，2011.

[20] 易中天 . 魏晋风度 . 杭州：浙江文艺出版社 2016.

[21] 陈书良 . 六朝人物 . 成都：天地出版社 2018.

[22] 方志远 . 乡关何处：两晋南北朝卷 . 北京：商务印书馆 2017.

[23] 中国魏晋南北朝史学会 . 魏晋南北朝史研究：回顾与探索 . 武汉：湖北教育出
版社，2009.

[24] 朱子彦 . 司马懿传 . 北京：人民出版社，2020.

[25] 仇鹿鸣 . 魏晋之际的政治权力与家族网络 . 上海：上海古籍出版社，2012.

[26] 柳春藩 . 正说司马懿 . 北京：中国青年出版社，2014.

[27] 曹旭 . 竹林七贤 . 北京：中华书局，2009.

[28] 罗新 . 王化与山险 . 北京：北京大学出版社，2019.

[29] 王永平 . 晋宋社会文化史论 . 北京：社会科学文献出版社，2018.

[30] 王永平 . 晋宋社会政治史论 . 北京：中国社会科学出版社，2021.

[31] 王心扬 . 东晋士族的双重政治性格研究 . 上海：上海古籍出版社，2010.

[32] 萧华荣. 簪缨世家：六朝琅邪王氏传奇. 上海：华东师范大学出版社，2021.

[33] 李圳. 羯族与后赵史研究. 北京：人民出版社，2021.

[34] 马生旺. 石勒：武乡千古一帝. 北京：中国社会出版社，2009.

[35] 戴应新. 大夏国与统万城. 西安：三秦出版社，2015.

[36] 赵向群. 五凉史. 北京：社会科学文献出版社，2019.

[37] 钱志熙. 陶渊明传. 北京：中华书局，2012.

[38] 袁行霈. 陶渊明研究. 北京：北京大学出版社，1997.

[39] 田晓菲. 尘几录. 北京：中华书局，2007.

[40] 吕式毅. 见微斋笔记. 北京：东方出版社，2002.

[41] 张金龙. 北魏政治史. 兰州：甘肃教育出版社，2008.

[42] 薛海波. 5—6世纪北边六镇豪强酋帅社会地位演变研究. 北京：中华书局，2020.

[43] 龙耳东. 陈宣帝传. 北京：中国文史出版社，2022.

[44] 雒三桂. 王羲之评传. 北京：人民美术出版社，2007.

[45] 柳丹. 谢灵运. 北京：中国国际广播出版社，1996.

[46] 陈祖美. 谢灵运年谱汇编. 桂林：广西师范大学出版社，2001.

[47] 陈明光. 六朝财政史. 北京：中国财政经济出版社，1997.

[48] 林晓光. 萧赜评传. 上海：上海古籍出版社，2019.

[49] 钱汝平. 萧衍研究. 北京：中国社会科学出版社，2011.

[50] 周贞亮. 梁昭明太子萧统年谱. 台北：台湾商务印书馆，1981.

[51] 曹道衡、傅刚. 萧统评传. 南京：南京大学出版社，2001.

[52] 杜志强. 兰陵萧氏家族及其文学研究. 成都：巴蜀书社，2008.

[53] 赵以武. 梁武帝及其时代. 南京：江苏古籍出版社，2006.

[54] 李晓风. 陆机论. 郑州：中州古籍出版社，2007.

[55] 马荣江. 吴郡二陆文学研究. 北京：社会科学文献出版社，2014.

[56] 刘运好. 陆机陆云考论. 北京：中华书局，2020.

[57] 尹军. 玉出昆冈：陆机陆云评传. 上海：上海古籍出版社，2011.

[58] 韩茂莉. 中国历史地理十五讲. 北京：北京大学出版社，2015.

[59] 杜文玉. 唐代宫廷史. 天津：百花文艺出版社，2010.

[60] 王小甫. 隋唐五代史. 北京：中信出版集团，2017.

[61] 饶胜文. 布局天下：中国古代军事地理大势. 北京：解放军出版社，2006.

[62] 全汉昇. 中国近代经济史论丛. 北京：中华书局，2011.

[63] 葛剑雄等. 简明中国移民史. 福州：福建人民出版社，1993.

[64] 费孝通. 中华民族多元一体格局. 北京：中央民族大学出版社，1999.

[65] 葛剑雄. 统一与分裂：中国历史的启示. 北京：商务印书馆，2013.

[66] 侯家驹. 中国经济史. 北京：新星出版社，2008.

[67] 〔日〕福原启郎. 晋武帝司马炎. 南京：江苏人民出版社，2020.

[68] 〔日〕谷川道雄. 隋唐帝国形成史论. 上海：上海古籍出版社，2011.

[69] 〔英〕崔瑞德等. 剑桥中国秦汉史. 北京：中国社会科学出版社，1992.

[70] 〔英〕崔瑞德等. 剑桥中国隋唐史. 北京：中国社会科学出版社，1990.

[71] 宋展云. 汉末魏晋地域文化与文学研究. 扬州大学博士学位论文，2012.

[72] 丁晓梅. 魏晋平阳贾氏家族研究. 西北大学硕士学位论文，2010.

[73] 王硕. 西晋时期民族关系思想研究. 烟台大学硕士学位论文，2021.

[74] 程刚. 琅邪王氏家族思想信仰之演变——兼论王导、王敦与东晋初期政局之关系. 四川大学硕士学位论文，2007.

[75] 张俊雷. 从代到魏——拓跋珪复国运动研究. 内蒙古大学硕士学位论文，2010.

[76] 韦琦辉. 勋贵集团与东魏北齐政治. 山东大学硕士学位论文，2005.

[77] 赵芳. 娄太后与东魏北齐政治. 天津师范大学硕士学位论文，2017.

[78] 连国龙. 北朝高车斛律氏研究. 内蒙古大学硕士学位论文，2021.

[79] 尚子茜. 刘宋皇帝群体研究. 湘潭大学硕士学位论文，2019.

[80] 王萌. 谢道韫研究. 山东大学硕士学位论文，2012.

[81] 严绘. 陈叔宝及其诗歌研究. 广西师范大学硕士学位论文，2007.

[82] 刘秀. 南朝陈时期的南北关系研究. 天津师范大学硕士学位论文，2019.

[83] 何仁杰. 南朝皇权政治与王谢家族. 武汉大学硕士学位论文，2004.

[84] 王晓毅. 司马懿与曹魏政治. 文史哲，1998. 第4期.

[85] 朱子彦. 汉晋之际质任现象综论. 历史研究，2015. 第6期.

[86] 朱子彦. 论陈霸先的功业与历史地位. 历史教学问题, 2014. 第 5 期.

[87] 林榕杰. 钟会反司马氏考论. 东方论坛, 2009. 第 2 期.

[88] 黄海艳. 从《世说新语》管窥魏晋名士的群体人格. 传播力研究, 2019. 第 31 期.

[89] 王鑫. 从《与山巨源绝交书》看嵇康与山涛的关系. 河南科技学院学报（社会科学版）, 2020. 第 3 期.

[90] 鲁力. 晋武帝立嗣问题考辨. 历史教学, 2005. 第 7 期.

[91] 权家玉. 晋武帝立嗣背景下的贾充. 魏晋南北朝隋唐史资料, 2006. 第 1 期.

[92] 权家玉. 西晋杨骏一族的崛起. 魏晋南北朝隋唐史资料, 2008. 第 1 期.

[93] 权家玉. 东晋南朝时期京口历史地位的变迁. 中国历史地理论丛, 2019. 第 1 期.

[94] 仇鹿鸣. 咸宁二年与晋武帝时代的政治转折. 学术月刊, 2008. 第 11 期.

[95] 仇鹿鸣. 从族到家：宗室势力与西晋政治的转型. 史学月刊, 2011. 第 9 期.

[96] 杜志明. 西晋贾后干政原因探析. 黑龙江史志, 2014. 第 8 期.

[97] 张爱波. 西晋"二十四友"集团交游方式探析. 民俗研究, 2010. 第 2 期.

[98] 侯旭东. 天下秩序、八王之乱与刘渊起兵：一个边缘人的成长史. 史学月刊, 2021. 第 8 期.

[99] 胡鸿. 十六国的华夏化："史相"与"史实"之间. 中国史研究, 2015. 第 1 期.

[100] 韩国磐. 谈谈石勒. 社会科学战线, 1981. 第 3 期.

[101] 朱绍侯. 苻坚与淝水之战. 中原文化研究, 2018. 第 4 期.

[102] 朱绍侯. 石勒——我国少数民族中的法家人物. 开封师院学报, 1974. 第 4 期.

[103] 王洪信. 石勒与北方士族. 邢台师范高专学报, 1996. 第 2 期.

[104] 王仲荦. 试论淝水之战为什么南胜北败与苻秦败亡后的北方局势. 文史哲, 1955. 第 12 期.

[105] 李磊. 中华认同与后秦盛衰. 西南民族大学学报（人文社会科学版）, 2020. 第 2 期.

[106] 李磊. 淝水战后关陇地区的族际政治与后秦之政权建构. 西南民族大学学报（人文社会科学版）, 2018. 第 6 期.

[107] 许涛. 十六国姚秦政权建立因素之综合考察. 哈尔滨师范大学社会科学学报, 2014. 第 4 期.

[108] 崔一楠. 华阴之战与姚苌叛秦. 河南理工大学学报（社会科学版）,2011. 第3期.

[109] 冯君实. 评慕容垂. 松辽学刊（社会科学版）, 1986. 第2期.

[110] 李海叶. 拓跋鲜卑与慕容氏的关系及北魏初年的政治变乱. 内蒙古师范大学学报（哲学社会科学版）, 2008. 第5期.

[111] 李智君. 五凉时期移民与河陇学术的盛衰——兼论陈寅恪"中原魏晋以降之文化转移保存于凉州一隅"说. 中国史研究, 2006. 第2期.

[112] 陆庆夫. 五凉文化简论. 敦煌学辑刊, 1986. 第1期.

[113] 陈寅恪. 述东晋王导之功业. 中山大学学报（社会科学版）, 1956. 第1期.

[114] 李济沧. 论庾亮. 中国文史论丛, 2006. 第3期.

[115] 杨耀坤. 论北魏道武帝拓跋珪. 西北民族研究, 1988. 第12期.

[116] 苗霖霖. 北魏"子贵母死"制再探讨. 云冈研究, 2022. 第4期.

[117] 舒绍昌. 论拓跋焘的历史地位. 晋阳学刊, 1987. 第6期.

[118] 曹道衡. 魏太武帝和鲜卑拓跋氏的汉化. 齐鲁学刊, 2002. 第1期.

[119] 李凭. 襄助北魏孝文帝迁都的三位关键人物. 江海学刊, 2012. 第3期.

[120] 高二旺. 丧礼改革视野下的北魏孝文帝汉化政策. 中南民族大学学报（人文社会科学版）, 2009. 第3期.

[121] 刘继刚. 北魏孝文帝迁都环境因素考论. 中州学刊, 2018. 第10期.

[122] 覃主元. 论北魏冯太后. 广西民族学院学报（哲学社会科学版）, 1994. 第2期.

[123] 苏小华. 试论尔朱氏集团的兴亡. 晋阳学刊, 2005. 第3期.

[124] 吴少珉. 试论北魏"河阴之变". 史学月刊, 1983. 第1期.

[125] 薛海波. 论元颢、陈庆之北伐与南朝在中国统一进程中的地位. 江海学刊, 2015. 第5期.

[126] 薛海波. 北齐灭亡原因新论. 东北师大学报（哲学社会科学版）, 2017. 第6期.

[127] 张晓波. 北魏迁都洛阳后"雁臣"活动探究——以尔朱荣为主要研究对象. 洛阳理工学院学报（社会科学版）, 2020. 第2期.

[128] 杨翠微. 论宇文泰建立府兵制——鲜卑部落制与汉化及军权的初步中央集权化的结合. 中国文化研究, 1998. 春之卷.

[129] 张维训. 宇文泰建立政权的社会经济等分析——宇文泰述论. 中国社会经济史

研究，1998. 第 4 期.

[130] 崔彦华. 晋阳在东魏北齐时的霸府和别都地位. 晋阳学刊，2004. 第 3 期.

[131] 陶贤都. 高欢父子霸府述论. 青岛大学师范学院学报，2006. 第 1 期.

[132] 李文才. 试评北齐文宣帝高洋之器识与才具. 江汉论坛，2011. 第 9 期.

[133] 杨洪权. 一首童谣引起的思考——娄昭君刍议. 烟台师范学院学报（哲学与社会科学版），1995. 第 1 期.

[134] 罗新本. 娄昭君平议——兼论北齐乾明政变. 天府新论，1997. 第 5 期.

[135] 钱龙. 斛律光与北齐兴衰之关系. 江西社会科学，2014. 第 8 期.

[136] 黄寿成. 北齐斛律光被杀缘由再议. 吉林大学社会科学学报，2014. 第 1 期.

[137] 姚潇鸫. 北齐凉风堂考论. 史林，2018. 第 1 期.

[138] 王永平. 略论北魏孝文帝迁都洛阳之个人因素. 江苏科技大学学报（社会科学版），2011. 第 3 期.

[139] 王永平. 高平檀氏家族与晋宋军政局势. 阅江学刊，2013. 第 1 期.

[140] 王永平. 庐陵王刘义真之死与刘宋初期之政局——从一个侧面透视晋宋之际士族与寒门的斗争. 江苏社会科学，2009. 第 4 期.

[141] 王永平. 梁武帝萧衍优遇宗族之举措及整饬门风之失败. 河南科技大学学报（社会科学版），2008. 第 2 期.

[142] 王永平. 论陆机陆云兄弟之死. 南京晓庄学院学报，2002. 第 3 期.

[143] 张金龙. 南朝宋文帝初年政争与禁卫军权. 求是学刊，2003. 第 5 期.

[144] 陈春雷. 京口集团与刘宋政治. 苏州大学学报（哲学与社会科学版），2001. 第 2 期.

[145] 张锐. "永光顾命集团"与刘宋前废帝初年政局. 商丘师范学院学报，2015. 第 7 期.

[146] 陈长琦. 南朝时代的幼王出镇. 华南师范大学学报（社会科学版），1996. 第 1 期.

[147] 汪奎. 萧赜、萧嶷之争与萧齐政局. 许昌学院学报，2016. 第 6 期.

[148] 张子尧. 南齐两皇子"违礼"事件之政治蕴含. 太原师范学院学报（社会科学版），2019. 第 6 期.

[149] 李猛. 萧子良西邸"文学"集团的形成——从政治与职官制度的视角出发. 学

术研究，2019. 第 5 期.

[150] 曹道衡. 论梁武帝与梁代的兴亡. 齐鲁学刊，2001. 第 1 期.

[151] 徐超. 广东高州的冼夫人文化. 寻根，2020. 第 2 期.

[152] 梁满仓. 南朝寒门与世族的最后较量. 文史知识，2006. 第 1 期.

[153] 李晓风. 陆机与入洛南方文人的交游. 河南社会科学，2009. 第 5 期.

[154] 张振龙. "二十四友"事贾谧原因初探. 殷都学刊，1998. 第 3 期.

[155] 王岳川. 王羲之的魏晋风骨与书法境界. 北京大学学报（哲学社会科学版），2011. 第 6 期.

[156] 孙明君. 兰亭雅集与会稽士族的精神世界. 陕西师范大学学报（哲学社会科学版），2010. 第 2 期.

[157] 吕文明. 走向神坛：《兰亭序》对王羲之"书圣"地位的造就. 山东师范大学学报（人文社会科学版），2019. 第 5 期.

[158] 孙立群. 魏晋隐士及其品格. 南开学报，2001. 第 5 期.

[159] 范子烨.《桃花源记》的文学密码与艺术建构. 文学评论，2011. 第 4 期.

[160] 马鹏翔. 女中名士谢道韫的"林下风气". 三峡大学学报（人文社会科学版），2007. 第 5 期.

[161] 刘屹. 王凝之之死与晋宋天师道的渊源. 中国史研究，2011. 第 2 期.

[162] 李岚. 谁谓古今殊，异代可同调——庾信与杜甫关系新探. 中国人民大学学报，1988. 第 5 期.

[163] 江媚. 怎样认识 10 至 13 世纪中华世界的分裂与再统一. 史学月刊，2019. 第 6 期.

[164] 牛贵琥. 庾信入北的实际情况及与作品的关系. 文学遗产，2000. 第 5 期.

[165] 牟发松. 从社会与国家的关系看唐代的南朝化倾向. 江海学刊，2005. 第 5 期.